WiSt-Taschenbücher
Wirtschaftswissenschaftliches Studium

herausgegeben von
Prof. Dr. Erwin Dichtl
Prof. Dr. Otmar Issing

Grundzüge der mikro- und makroökonomischen Theorie

von

Prof. Dr. Joachim Klaus

Dr. Alfred Maußner

Verlag Franz Vahlen München

CIP-Kurztitelaufnahme der Deutschen Bibliothek

Klaus, Joachim:
Grundzüge der mikro- und makroökonomischen Theorie /
von Joachim Klaus ; Alfred Maußner.
– München : Vahlen, 1986
(WiSt-Taschenbücher)
ISBN 3 8006 1181 3
NE: Maußner, Alfred:

ISBN 3 8006 1181 3

Graphiken: Hans Georg Müller, München
Satz und Druck der C. H. Beck'schen Buchdruckerei, Nördlingen

Vorwort

Die Zahl der Lehrbücher, die in den Stoffbereich der mikro- und makroökonomischen Theorie einführen, ist groß genug, um die Frage aufzuwerfen, weshalb wir noch ein weiteres hinzufügen. Das vorliegende Lehrbuch ist entstanden, weil wir glauben, daß bislang eine komprimierte, gleichzeitig mikro- und makroökonomische Theorie umfassende Darstellung fehlt. Deshalb waren wir bestrebt, ein inhaltlich und methodisch geschlossenes Lehrbuch zu schreiben. Der folgende Aufriß seines Inhalts soll das verdeutlichen.

Das Erste Kapitel erläutert die Fragestellung der mikro- und makroökonomischen Theorie und bettet sie in den Fragenkomplex der Wirtschaftstheorie ein. Außerdem versuchen wir, eine knappe Skizze der methodologischen oder wissenschaftstheoretischen Grundhaltung zu geben, auf der die von uns geschilderten Theorien fußen. Die dominierende Rolle logischer Folgerungen im Rahmen modellhaft formulierter Problemstellungen tritt dabei zutage. Ein wichtiges Werkzeug hierfür ist die symbolhafte Sprache der Mathematik. Um denjenigen Lesern Hilfestellung zu geben, die außer ökonomischen Aussagen auch die Forschungsmethode verstehen wollen, haben wir im Vierten Kapitel Grundelemente der für ökonomische Fragen relevanten Mathematik zusammengestellt. Damit ist der eigentliche Lehrstoff von Methodenabschnitten umrahmt. Bei der Auswahl dieses Stoffes haben wir uns von der Vorstellung leiten lassen, dem Studenten soviel an Wissen zu vermitteln, daß er in der Lage ist, zentrale Aussagen der ökonomischen Theorie zum Allokations- und Beschäftigungsproblem zu verstehen. Daher schließt auch das Zweite Kapitel mit einem einfachen Modell des Allgemeinen Mikroökonomischen Gleichgewichts, und das Dritte Kapitel endet mit einer Gegenüberstellung makroökonomischer Flex- und Fixpreismodelle, die kontroverse Ansichten über den Zusammenhang zwischen Preisniveau, Volkseinkommen und Beschäftigung reflektiert.

Ein derart breit gespannter inhaltlicher Bogen kann auf dem beschränkten Raum eines preisgünstigen Taschenbuches nur unter Inkaufnahme besonders knapper Formulierungen realisiert werden. Entstanden ist so ein Grundgerüst ökonomischer Theorie, der praktische Beispiele und ausführliche Erläuterungen fehlen, die dafür aber den Vorzug hat, die logische Grundstruktur mikro- und makroökonomischer Theorien transparent zu machen.

Der Leser, der den Wunsch nach größerer stofflicher Breite hat, kann über die vielfältigen Literaturhinweise sein Wissen vertiefen und erweitern. Anregungen zur Lektüre finden sich in den Fußnoten, soweit auf spezielle Zusammenhänge oder Ergebnisse Bezug genommen wird, am Ende einzelner Abschnitte, soweit es sich um Schriften handelt, die dem Konzept dieses Buches besonders nahekommen und den von uns behandelten Stoff in gleicher, ausführlicher oder knapperer Weise behandeln und schließlich am Ende des Zweiten und Dritten Kapitels, um auf die vielfältige, auch inhaltlich und methodisch von der vorliegenden Darstellung abweichende Literatur zur mikro- und makroökonomischen Theorie aufmerksam zu machen.

Der Stoff wird so dargeboten, daß ein Studienanfänger ohne ökonomische Vorkenntnisse und Schulwissen in Mathematik der Darstellung folgen kann, sofern er mit uns die Bereitschaft zu abstraktem Denken teilt.

Danken möchten wir all denen, die bei der Entstehung dieses Buches geholfen haben: Viele Anregungen haben wir aus Gesprächen mit Herrn Diplom-Volkswirt *Arno Balzer* und Herrn Diplom-Sozialwirt *Alexander Ludwig* bezogen. Herr *Klaus Georg Binder* hat die Druckfahnen äußerst sorgfältig durchgesehen. Frau *Ursula Born-Behmer* und Herr *Werner Frembs* besorgten die Reinzeichnungen der Abbildungen. Das Sachverzeichnis erstellte Herr *Werner Ebert.* Frau *Elisabeth Mahler* brachte mit viel Geduld und Sorgfalt die verschiedenen Versionen des Manuskripts in eine lesbare Form. Herr Diplom-Volkswirt *Dieter Sobotka* hat schließlich für unsere zahlreichen Wünsche bei Drucklegung des Buches viel verlegerisches Verständnis aufbringen müssen.

Nürnberg, im April 1986 *Joachim Klaus* *Alfred Maußner*

Inhaltsverzeichnis

Drittes Kapitel
Makroökonomische Theorie

Viertes Kapitel
Grundlagen ökonomisch-mathematischer Analyse

Erstes Kapitel

Einführung

A. Gegenstand und Aufgabe der Volkswirtschaft

Was heißt wirtschaften?

Eine zentrale Aufgabe im menschlichen Dasein ist die Lösung des Knappheitsproblems, d.h. des Spannungsverhältnisses zwischen prinzipiell unbegrenzten Bedürfnissen und begrenzten Mitteln zu deren Befriedigung. Jeder Einzelne wie jede menschliche Gemeinschaft hat die Frage zu beantworten, wie der begrenzte Vorrat an natürlichen Hilfsmitteln (fruchtbarer Ackerboden, Rohstoffe, Tierbestand) und menschlicher Arbeitskraft genutzt werden soll, um möglichst viele Bedürfnisse zu befriedigen. Anders formuliert: Es ist ständig darüber zu entscheiden, welche Güter, in welcher Menge, von wem, für wen, wann und womit hergestellt werden sollen.

Wirtschaften bedeutet nichts anderes, als diese Entscheidungen ständig neu zu treffen und auszuführen. Die Wirtschaft ist die Menge aller Einrichtungen und Verfahren hierfür.

Erkenntnisobjekt und Aufgabe der Volkswirtschaftslehre

Die Wirtschaft und das wirtschaftliche Handeln des Menschen sind Gegenstand der Wirtschaftswissenschaft. Die Volkswirtschaftslehre als Teilbereich der Wirtschaftswissenschaft befaßt sich mit dem inneren Gefüge und der Funktionsweise der Wirtschaft sowie mit den Beziehungen zwischen den Wirtschaften verschiedener Nationen.

Die Aufgabe der Volkswirtschaftslehre kann darin gesehen werden, die uns umgebende wirtschaftliche Vielfalt ordnend zu erfassen und erklärend zu durchdringen, um so bei der Lösung des Knappheitsproblems zu helfen.

Konkret geht es beispielsweise um die Klärung folgender Fragen:

- Welche Gemeinsamkeiten und Unterschiede weisen die Wirtschaften unterschiedlicher Nationen auf?

- Weshalb sind einige Nationen reicher als andere?
- Wie kommt es, daß die Wirtschaften der westlichen Industrienationen ständige Schwankungen des wirtschaftlichen Aktivitätsniveaus aufweisen, mit Inflation und Arbeitslosigkeit zu kämpfen haben, während aus den Wirtschaften des Ostens von derartigen Problemen kaum etwas zu hören ist, dafür aber häufig von Versorgungskrisen berichtet wird?
- Wie läßt sich erklären, daß bei weitgehender individueller Entscheidungsfreiheit über Konsum und Berufswahl in westlichen Industrieländern kein ungeordnetes Nebeneinander von wirtschaftlichen Aktivitäten, sondern im Gegenteil, ein vergleichsweise geordnetes Miteinander besteht?

B. Zur Methodik der Volkswirtschaftslehre

I. Theorien

Erklärungen in Form von Theorien

Vorstufe systematischer volkswirtschaftlicher Forschung ist die ordnende Klassifikation wirtschaftlicher Erscheinungen. Sie bildet die Grundlage für die Klärung der von der Volkswirtschaftslehre untersuchten Fragen. Antworten darauf haben zumeist den Charakter von Theorien, die – allgemein formuliert – Aussagen über Beziehungen zwischen Objekten sind.

Eine Definition des Theoriebegriffs

Stringenter und enger als im üblichen Sprachgebrauch formuliert, sind Theorien Aussagensysteme, die aus Definitionen, Anwendungsbedingungen und Hypothesen bestehen. Definitionen klären die verwendeten Begriffe, während Hypothesen Behauptungen über einen durch die Anwendungsbedingungen räumlich und zeitlich definierten Ausschnitt der Realität beinhalten. Dabei sind nur solche Behauptungen als Hypothesen anzusehen, die empirischen Informationsgehalt besitzen, d. h. mindestens einen der logisch und empirisch möglichen Sachverhalte ausschließen.

Beispielsweise ist die Aussage: ,,Heute ist schönes Wetter, folglich wird das Wetter morgen schön oder schlecht sein", keine Hypothese mit empirischem Informationsgehalt, da keiner der logisch und empirisch möglichen Sachverhalte (schönes und schlechtes Wetter) ausgeschlossen wird.

Theorien in der genannten Definition sind sogenannte All-Aussagen, d. h. wann immer der beschriebene Ausgangssachverhalt vorliegt, muß die Folgerung erfüllt sein. Andere Sachverhalte werden ausgeschlossen.

Falsifizierbarkeit von Theorien

Aus der zuletzt genannten Eigenschaft von Theorien leitet sich die Möglichkeit ab, Theorien zu falsifizieren, d. h. durch Gegenüberstellung der Implikationen der Theorie mit den beobachtbaren Sachverhalten die Theorie als falsch zurückzuweisen.

Voraussetzung dafür ist, daß geklärt werden kann, ob die Anwendungsbedingungen der Theorie gegeben sind und ob die beobachtbaren Sachverhalte richtig wahrgenommen werden. Da diese Frage mit letzter Klarheit nie beantwortet werden kann (Basissatzproblem), bleibt ein Unschärfebereich für das Zurückweisen von Theorien, der nur durch Konventionen eingegrenzt werden kann.

II. Theoriebildung in der Volkswirtschaftslehre

Induktion und Deduktion

Ausgangspunkt für die Analyse vieler Fragen sind konkrete Ereignisse. Von ihnen auf allgemeine Sachverhalte zurückzuschließen, die zur Erklärung mehrerer, auch noch nicht bekannter Ereignisse geeignet sind (Induktionsschluß), ist jedoch logisch nicht möglich. Beobachtet man beispielsweise daß Schnee in der Sonne schmilzt, kann daraus nicht der Schluß gezogen werden, Schnee schmelze stets bei Sonnenschein. Logisch zulässig ist es hingegen, aus einer Aussage logisch zwingende Implikationen (Folgerungen) abzuleiten (Deduktionsschluß). So folgt aus elementaren physikalischen Zusammenhängen, daß Schnee dann schmelzen wird, wenn die Oberflächentemperatur 0 °C übersteigt.

Die Theoriebildung in der Volkswirtschaftslehre erfolgt daher letztlich auf der Basis der Deduktion. Anregungen für die Lösung bestimmter Fragen können zwar Einzelfälle sein, die Antworten darauf in Form von Theorien müssen jedoch auf deduktivem Weg abgesichert werden.

Abstraktion und Modellbildung

Deduktives Denken, d. h. Ausgehen vom Allgemeinen und nicht vom Besonderen, ist mit Abstraktion verbunden. Bestimmte Sachverhalte werden ausgeklammert. Die komplexe Realität wird auf überschaubare Sachverhalte reduziert. Man gelangt zu Modellen. Diese können allgemein als System von Definitionen und Annahmen charakterisiert werden, die den Forschungsgegenstand in einer für die Zielsetzung des Forschers geeigneten Weise erfassen. Über logische Schlüsse aus den Annahmen können Erkenntnisse über die Beziehungen der in den Modellen erfaßten Objekte gewonnen werden.

Bevor der Frage nachgegangen wird, inwieweit daraus empirisch gehaltvolle Theorien abgeleitet werden können, sollen zunächst einige Überlegungen zur Abstraktion oder isolierenden Betrachtungsweise (*Schlicht*, 1977) in der Volkswirtschaftslehre vorangestellt werden.

Ein Denkmodell kann stets nur Ausschnitte der Realität erfassen. Wie eine Landkarte im Maßstab 1 : 1 ist ein Modell, das die Realität in allen Einzelheiten nachzeichnet, für Analysezwecke unbrauchbar. Nicht alle in der Realität vorfindbaren Eigenschaften und Beziehungen der Modellobjekte gehen daher in ein Modell ein. Damit werden bestimmte Inhalte losgelöst von anderen erfaßt. Simultane und interdependente Wirkungen können voneinander isoliert studiert werden (inhaltliche Isolation). Trennt man Größen entsprechend ihrer Reaktionszeit (inhaltliche Isolation in zeitlicher Hinsicht), kann der Wirtschaftsprozeß gleichsam in eine Abfolge einzelner Schritte zerlegt werden. Ein gutes Beispiel hierfür liefert die Theorie der Preisbildung. Die Produktionstechnik eines Unternehmens verändert sich in Relation zum Preis der damit erzeugten Güter langsam. Die Preisbildung kann zunächst bei gegebener Produktionstechnik untersucht werden. Den Einfluß der Produktionstechnik auf den Preis ermittelt man anschließend, indem man zuläßt, daß sich die Produktionstechnik ändert, aber dafür unterstellt, der zu jeder ihrer Ausprägungen gehörende Preis stelle sich unmittelbar ein. Die mittels dieses Verfahrens abgeleiteten Ergebnisse sind offensichtlich nur so gut, wie die Annahme über die relativen Reaktionszeiten der betrachteten Größen erfüllt ist. Die Trennung in vorgegebene, konstante Werte (Modelldaten, (modell)exogene Variable) und davon abhängige Größen (Modellvariable, (modell)endogene Variable) vernachlässigt zudem Interdependenzen zwischen exogenen und endogenen Variablen. Sie isoliert inhaltlich in kausaler Hinsicht. Beispielsweise wird in der Theorie der Güterpreisbildung auf Partialmärkten das Nominaleinkommen der Nachfrager konstant gehalten. Vernachlässigt wird dadurch, daß Preisänderungen für das betrachtete Gut möglicherweise das Nominaleinkommen ändern, weil die Konsumenten ihre Arbeitsangebotsentscheidung revidieren.

Um bestimmte Sachverhalte zu untersuchen, kann es auch angebracht sein, diese analytisch in Teilsachverhalte aufzuspalten, obwohl in der Realität immer nur der gesamte Sachverhalt in Erscheinung tritt. Ein Beispiel hierfür bietet die Zerlegung des Effektes einer

Preisänderung in Substitutions- und Einkommenseffekt. Zusammenhänge werden somit nur gedanklich getrennt (hypothetische Isolation). Daneben werden Denkmodelle konzipiert, in denen von vorneherein auf entscheidende Merkmale der Realität verzichtet wird, die daher hypothetisch-spekulativ sind und keinen Anspruch erheben, direkt die Realität erklären zu wollen. Sie sind solange nützlich, wie man sich davon auch Aufschlüsse über reale Phänomene erwarten kann. Beispielsweise kann das Studium einer Naturaltauschwirtschaft Hinweise liefern, die für das Verständnis der Funktionsweise einer Geldtauschwirtschaft hilfreich sind. Ebenso kann das Studium des Knappheitsproblems im Rahmen einer radikal vereinfachten und ideal konzipierten Wirtschaft dazu beitragen, Funktionsmängel realer Wirtschaften aufzudecken.

Der Gleichgewichtsbegriff

In der ökonomischen Methodik spielt der Gleichgewichtsbegriff eine zentrale Rolle. Im Lichte der vorangegangenen Ausführungen zur Abstraktion und Modellbildung in der Ökonomie ist Gleichgewicht ein theoriegebundener Begriff ohne direktes empirisches Korrelat. Man hat darunter die von den Modellannahmen implizierten Eigenschaften und Ausprägungen der vom Modell erklärten Größen, d. h. der modellendogenen Variablen zu verstehen. Der Inhalt des Gleichgewichtsbegriffs variiert damit mit der Konzeption des Modells und folglich mit dem Analysezweck und -anspruch. Ein und dieselbe ökonomische Situation (z. B. Arbeitslosigkeit) kann damit vom Standpunkt eines Modells ein Gleichgewicht und aus der Perspektive eines anderen Ansatzes kein Gleichgewicht sein.

Realitätsnähe der Annahmen eines ökonomischen Modells

Werden die Implikationen ökonomischer Modelle zur Bildung von Theorien herangezogen, taucht die Frage auf, inwieweit die Modellannahmen realitätsnah zu sein haben, um von einer empirisch gehaltvollen Theorie sprechen zu können.

Hierzu werden in der Ökonomie unterschiedliche Positionen vertreten. So gehen die sogenannten Instrumentalisten davon aus, daß der Realitätsgehalt der Annahmen ohne Bedeutung ist. Entscheidend ist vielmehr, ob die aus den Annahmen folgenden Implikationen der Realität nicht widersprechen. Aus dieser Sicht werden folglich auch

Theorien akzeptiert, die aus völlig realitätsfernen Annahmen folgen, sofern ihre Implikationen von der Realität nicht widerlegt werden.

Demgegenüber wird von einigen Vertretern des kritischen Rationalismus gefordert, alle Theoriebestandteile, die Aussagen über die Realität beinhalten, müssen einer empirischen Überprüfung standgehalten haben, bevor eine Theorie akzeptiert werden kann.

Grundsätzlich ist zu diesem Problemkreis folgendes festzustellen:

- Wie bereits erläutert wurde, kann jedes ökonomische Modell nur einen Teilausschnitt der komplexen wirtschaftlichen Realität erfassen und muß daher mit seinen Annahmen bis zu einem gewissen Grade abstrahieren. Deshalb ist jede Annahme bereits von ihrem Charakter her in gewissem Maß realitätsfern.
- Die Überprüfung einer Annahme auf ihre Realitätsnähe kann nur auf der Basis von Aussagen über die Realität erfolgen. Bereits diese Aussagen sind aber zumeist von theoretischen Vorstellungen abhängig und können letztlich nicht verifiziert werden. Nur auf der Basis von Konventionen können daher Annahmen als realitätsfern verworfen werden.
- Theorien, die auf Annahmen beruhen, die jeglichen Realitätsbezug vermissen lassen, bislang aber nicht empirisch widerlegt wurden, mögen zwar zu Prognosezwecken gute Dienste leisten, ein tieferes Verständnis ökonomischer Zusammenhänge ist damit aber nicht gewonnen.
- Unter forschungsökonomischen Gesichtspunkten ist es schließlich nicht angebracht, jede Annahme auf ihre Realitätsnähe hin zu überprüfen und sofern sie dem Test nicht standhält, sofort zu verwerfen. Es kann sinnvoll sein, von einem Grundstock möglichst allgemeiner Postulate auszugehen, auch wenn diese ob ihres Abstraktionsgrades nicht unmittelbar empirisch prüfbar sind, und darauf zusammen mit konkreten, testbaren Aussagen ein Theoriegebäude zu entwerfen. Erst wenn dieses auf Grenzen und ständig wachsende Widersprüche stößt, empfiehlt sich, an eine Revision der Basis zu gehen.

C. Mikro- und Makroökonomische Theorie

I. Wirtschaftssystem und Wirtschaftsordnung

Der Systembegriff als gedankliches Ordnungsschema

Eine Möglichkeit, die uns umgebende wirtschaftliche Vielfalt ordnend zu erfassen und Teilgebiete der Volkswirtschaftslehre herauszuarbeiten, bietet die Anwendung systemtheoretischer Begriffe auf das Phänomen Wirtschaft.

Allgemein läßt sich ein System definieren als eine Gesamtheit, die aus einzelnen Elementen und aus Beziehungen zwischen diesen Elementen besteht. Dabei sind Elemente Einheiten, die aus analytischen Gründen nicht weiter aufgespalten werden. Je nachdem, ob nur Beziehungen zwischen den Systemelementen oder auch zwischen diesen und der Systemumwelt erfaßt werden, spricht man von einem geschlossenen bzw. von einem offenen System.

Wendet man diese Vorstellung auf Wirtschaften an, kann sie wie folgt konkretisiert werden: Die Wirtschaft eines räumlich abgegrenzten Gebietes bildet ein System, dessen Elemente die Wirtschaftssubjekte sind. Als Wirtschaftssubjekte bezeichnet man dabei kleinste Einheiten, denen – zumindest gedanklich – ein Wirtschaftsplan zugeordnet werden kann. In diesem Plan schlagen sich die Entscheidungen über wirtschaftliche Tatbestände nieder. Je nach untersuchter Fragestellung kann der Begriff des Wirtschaftssubjektes enger oder weiter gefaßt werden. Zumeist geht die Wirtschaftstheorie von den Wirtschaftssubjekten Haushalte, Unternehmen und Staat aus.

Bei der Definition dieser Begriffe wird erstmals das Isolationsprinzip angewandt. Nicht berücksichtigt werden beispielsweise Familiengröße, Geschlecht, Rechtsform der Unternehmen oder Art der staatlichen Behörden. Erfaßt werden unabhängig vom spezifischen Träger bestimmte ökonomische Funktionen. Demnach werden als Haushalte diejenigen Einzelpersonen, Familien oder familienähnlichen Gemeinschaften bezeichnet, die einerseits Güter, wie etwa Arbeitsleistungen, veräußern und die andererseits aus dem so erworbenen Einkommen Güter nachfragen, mittels derer sie ihre Bedürfnisse zu befriedigen vermögen. Unternehmen heißen alle Einheiten, die durch den Einsatz von Arbeitsleistungen, Maschinen und Rohstoffen Güter produzieren, die entweder dem Konsum oder zur Produktion anderer Güter dienen. Zum Staat werden alle Institutionen gezählt, die hoheitliche Befugnisse haben. Ihre Aufgabe ist. u. a. darin zu sehen, Regeln für das gesellschaftliche Zusammenleben zu erstellen und deren Einhaltung zu überwachen. In Erfüllung seiner Aufgaben beeinflußt der Staat direkt die wirtschaftliche Aktivität, indem er beispielsweise Arbeitsplätze anbietet, Güter nachfragt und Steuern erhebt.

In arbeitsteiligen Wirtschaften produziert nicht jeder Haushalt alle zur Befriedigung seiner Bedürfnisse notwendigen Güter selbst. Er ist daher darauf angewiesen, wirtschaftliche Kontakte zu anderen Wirtschaftssubjekten aufzunehmen. Die daraus erwachsenden Beziehungen zu anderen Wirtschaftssubjekten bilden die Relationen des Systems Wirtschaft. *Abbildung 1.1* illustriert den Systemgedanken. Dabei steht H für Haushalt, U für Unternehmen und S für Staat. Auf den Verbindungslinien zwischen diesen Systemelementen sind Beispiele für wirtschaftliche Beziehungen vermerkt.

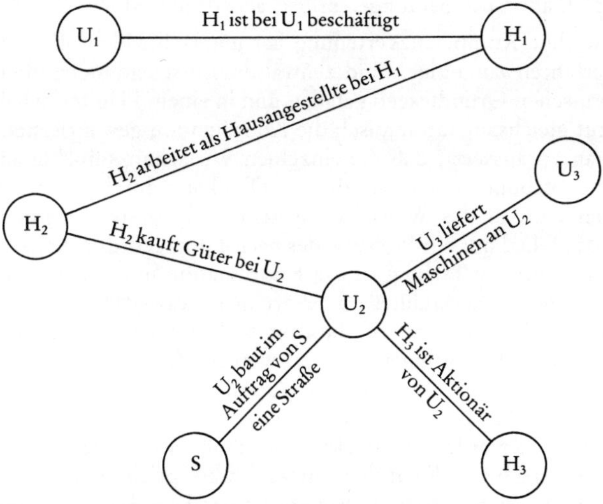

Abbildung 1.1

Wirtschaftsordnung

Im Rahmen der Systemvorstellung kann der Wirtschaftsprozeß als Abfolge wirtschaftlicher Kontakte definiert werden. Welche von den zwischen den Wirtschaftssubjekten prinzipiell möglichen Beziehungen dabei tatsächlich zustande kommen, hängt davon ab, welche Relationen zwischen den Wirtschaftssubjekten institutionell erlaubt bzw. aufgrund nicht formell kodifizierter Verhaltensweisen generell möglich sind. Der Wirtschaftsprozeß wird mithin von der Ordnung des Systems determiniert. Solche Ordnungen zu klassifizieren und ihre Funktionsweise vergleichend zu untersuchen, ist Gegenstand der Wirtschaftsordnungstheorie.

Marktwirtschaft und Planwirtschaft

Nach dem Gesichtspunkt der Entscheidungsbefugnis über die wirtschaftlichen Grundfragen werden von der Ordnungstheorie häufig zwei gegensätzliche, idealtypische Ordnungen unterschieden: In einem Ordnungstyp werden alle Entscheidungen zentral von einer Instanz getroffen und an die einzelnen Wirtschaftssubjekte zur Ausführung verwiesen. Im anderen Typ treffen die Wirtschaftssubjekte prinzipiell alle Entscheidungen selbst, also dezentral.

Die jeweilige Kompetenzverteilung hat unterschiedliche Koordinationsverfahren zur Folge. Sind zentral die Entscheidungen über die ökonomischen Grundfragen gefallen und in einem Plan festgehalten, ist damit gleichsam automatisch die Koordination gewährleistet, sofern man voraussetzt, daß die einzelnen Wirtschaftssubjekte an die Plandaten gebunden werden können. Dies kann durch einen hierarchischen Aufbau des Wirtschaftssystems sichergestellt werden, in dem jedes Glied nur auf Weisung des nächst übergeordneten handelt. In der dezentralen Lösung ist die Koordination nur auf freiwilliger Basis möglich. Dies schließt a priori nicht aus, daß als Ergebnis freiwilliger Vereinbarung für bestimmte Entscheidungstatbestände ebenfalls zentrale Lösungen etabliert werden. Ansonsten fordert die Arbeitsteilung den Austausch von Gütern und Leistungen. Die gedachten oder im räumlichen Sinn tatsächlich vorhandenen Orte für diesen Tausch werden als Märkte bezeichnet. In Bezug auf das jeweils vorherrschende Koordinationsverfahren spricht man daher von Markt- bzw. Planwirtschaft. Erstere ist der Forschungsgegenstand der hier behandelten Teile der mikro- und makroökonomischen Theorie.

II. Mikroökonomische Theorie

Das Allokationsproblem

Betrachten wir ein marktwirtschaftliches Wirtschaftssystem. Arbeitsteilung bedeutet, daß kein Wirtschaftssubjekt dieses Systems alle die Güter selbst erzeugt, die erforderlich sind, um seine Bedürfnisse, etwa nach Nahrung und Unterkunft, zu befriedigen. Die Wirtschaftssubjekte sind demnach bei der Lösung des Knappheitsproblems aufeinander angewiesen. Zentrales Anliegen der mikroökonomischen Theorie ist es, zu erklären, wie in diesem Wirtschaftssystem die Abstimmung zwischen den Systemelementen erfolgt, die nötig ist, um den gegebenen Bestand an Rohstoffen, Land, Gebäuden, Maschinen usw. zusammen mit menschlicher Arbeitskraft in jene Güter zu transformieren, welche die Bedürfnisse der Mitglieder des Systems befriedigen. Diese Fragestellung wird kurz und prägnant mit dem Begriff Allokationsproblem umschrieben.

Der analytische Ansatz der Mikroökonomie

Der gedankliche Rahmen und der Forschungsansatz, der von der Mikroökonomie zur Analyse des Allokationsproblems herangezogen wird, können anhand von *Abbildung 1.2* veranschaulicht werden. Sie erlaubt gleichzeitig, den im zweiten Kapitel zur Mikroökonomie präsentierten Stoff einzuordnen.

Die wirtschaftliche Realität wird im Sinne inhaltlicher Isolation reduziert auf ein Wirtschaftssystem, in dem es nur Haushalte und Unternehmen gibt. Die Haushalte sind Eigentümer aller Produktionsfaktoren. Diese werden häufig in Boden (Land und Rohstoffe), Kapital (Produktionsapparat der Unternehmen) und Arbeit (menschliche Arbeitskraft der Personen des Haushalts) unterteilt. Die Haushalte entscheiden prinzipiell unabhängig voneinander und von den Unternehmen darüber, in welchem Ausmaß sie den Unternehmen die produktiven Dienste der Produktionsfaktoren überlassen und welche Güter sie mit dem daraus erzielten Einkommen von den Unternehmen zu erwerben gedenken. Ebenso entscheiden die Unternehmen isoliert voneinander und von den Haushalten darüber, welche Güter sie in welchem Umfang und mittels welcher Produktionstechnik erzeugen. Verbunden hiermit ist die Entscheidung über Art und Menge der verwendeten Produktionsfaktoren.

Miteinander konfrontiert werden die Pläne der Haushalte und Unternehmen beim Tausch der angebotenen und nachgefragten Güter. In einer Naturaltauschwirtschaft, in der nur Güter gegeneinander getauscht werden, muß es für jedes Güterpaar einen Markt geben, auf dem der Tausch – zumindest gedanklich – stattfindet. In einer Geldwirtschaft, in der Geld gegen Ware bzw. Ware gegen Geld getauscht wird, ist für jedes Gut ein Markt notwendig. In einer Geldwirtschaft mit n Produkten und *l* Produktionsfaktoren gibt es demnach n + *l* Märkte; n Produkt- und *l* Faktormärkte. Die Relation, in der auf einem Markt ein Gut gegen ein anderes oder gegen Geld getauscht wird, wird als Preis bezeichnet.

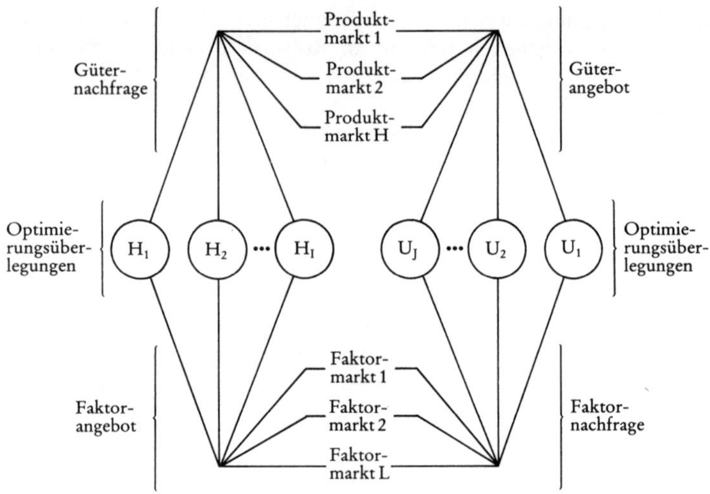

Abbildung 1.2

Die Entscheidungen der einzelnen Wirtschaftssubjekte werden analysiert, indem davon ausgegangen wird, die Haushalte und Unternehmen verhielten sich rational. Das bedeutet, Haushalte und Unternehmen versuchen, aus jeder Situation für sich das Beste zu machen (ökonomisches Prinzip). Theoretisch formuliert heißt das, ein gegebenes Ziel wird mit einem Minimum an Aufwand zu erreichen versucht (Minimalprinzip) oder mit gegebenen Mitteln wird eine maximale Zielerfüllung angestrebt (Maximalprinzip). Mittels dieser Annahme werden in den ersten beiden Abschnitten des zweiten Kapitels zunächst die Entscheidungen der Haushalte und Unternehmen untersucht und daraus Angebotspläne für Faktoren und Produkte und Nachfragepläne für Produkte und Faktoren abgeleitet. Anschließend wird zunächst auf einzelnen Märkten für Produkte und Faktoren die Preisbildung untersucht. Im darauf folgenden Abschnitt D wird die Partialbetrachtung aufgegeben. Simultanität und Interdependenz der Entscheidungen werden in einem einfachen mikroökonomischen Totalmodell behandelt, dessen Struktur *Abbildung 1.2* wiedergibt.

III. Makroökonomische Theorie

Das Beschäftigungsproblem

Das Studium des Allokationsproblems erfordert aufgrund der Komplexität der Mikrostruktur teilweise drastische Vereinfachungen. Insbesondere wird zumeist die Funktionsfähigkeit der konstruierten Wirtschaftsmodelle unterstellt, was bedeutet, daß alle Beschäftigung suchenden Produktionsfaktoren auch tatsächlich in der Produktion verwendet werden. Inwieweit diese Annahme gerechtfertigt ist, bleibt eine offene Frage. Sie zu untersuchen, d. h. nach den Bestimmungsgründen von Produktions- und Beschäftigungsniveau zu fragen, ist eine der Hauptaufgaben der makroökonomischen Theorie.

Der analytische Ansatz der Makroökonomie

Die makroökonomische Theorie reduziert die Mikrostruktur. Die Haushalte werden zum (Sektor) Haushalt, die Unternehmen zum (Sektor) Unternehmen zusammengefaßt. Statt vieler Produkte wird zumeist nur ein produziertes Gut betrachtet, das vielfältig verwendbar ist (Konsum, Investition). Dafür werden andererseits eine Reihe von Merkmalen realer Wirtschaften miterfaßt, die in Mikromodellen häufig vernachlässigt werden (müssen). Dazu zählt insbesonders der Bereich finanzieller Institutionen. Damit kann die Makroökonomie über das Beschäftigungsproblem hinaus auch eine Reihe weiterer Probleme untersuchen, wie etwa die Frage nach den Ursachen für den Kaufkraftschwund des Geldes (Inflation).

Die von der Makroökonomie untersuchten Phänomene sind das Ergebnis der Interaktion einzelner Wirtschaftssubjekte. Somit drängt sich die Frage auf, ob (a) das Rationalverhalten auch ein geeigneter Ausgangspunkt makroökonomischer Analysen ist und ob (b) nicht doch jedes makroökonomische Ergebnis letztlich in einem geeigneten mikroökonomischen Modell zu erklären ist.

Die Meinungen hierzu sind geteilt. Im angelsächsischen Bereich dominiert in jüngster Zeit die Forderung, makroökonomische Erkenntnisse mikroökonomisch zu fundieren und damit unter Rückgriff auf das Rationalprinzip zu erklären.

Man kann andererseits, wie das hier geschieht, die Auffassung vertreten, Mikro- und Makroökonomie seien verschiedene, qualitativ gleichwertige Forschungsansätze. Begründen läßt sich dies durch eine Reihe qualitativer Unterschiede zwischen Mikrorealität und Makroerscheinung. Beispielsweise kann man zeigen, daß unter bestimmten Bedingungen limitationale Produktionstechniken auf der Ebene der einzelnen Unternehmen gesamtwirtschaftlich zu einer substitutionalen Produktionsfunktion führen[1]. Aus dieser Perspektive verliert auch das Rationalverhalten auf Makroebene seinen zentralen theoriebildenden Charakter. An seine Stelle treten plausible Zusammenhänge zwischen makroökonomischen Aggregatgrößen, wie etwa die makroökonomische Konsumfunktion.

Problematisch an dieser Sicht ist, daß damit ad hoc Hypothesen breiter Raum gegeben wird, der auf Mikroebene durch die Vereinbarkeit mit dem Rationalprinzip eng begrenzt wird. Die Kontroversen im Bereich der makroökonomischen Forschung sind vorwiegend auf diese unterschiedliche Bewertung des makroökonomischen Ansatzes zurückzuführen. Im dritten Kapitel (Abschnitt B. VI) wird dies deutlich zutage treten.

Kontrollfragen

(1) Was versteht man unter dem Knappheitsproblem? Was heißt wirtschaften?

(2) Was ist eine Theorie? Wann hat eine Hypothese empirischen Informationsgehalt? Nehmen Sie Stellung zur Behauptung, jede Theorie sei falsifizierbar.

(3) Was versteht man unter inhaltlicher Isolation eines Sachverhaltes? Versuchen Sie, Beispiele für die beiden Arten der inhaltlichen Isolation zu finden. Wann spricht man von hypothetischer Isolation?

---

[1] Siehe hierzu *H. S. Houthakker* (1955–56).

(4) Erläutern Sie die Begriffe System, Wirtschaftssubjekt, Wirtschaftssystem und Wirtschaftsordnung. Nennen Sie Beispiele für wirtschaftliche Beziehungen. Charakterisieren Sie die beiden Idealtypen Markt- und Planwirtschaft anhand der Merkmale Entscheidungsbefugnis und Koordinationsform.

(5) Erläutern Sie das Allokations- und das Beschäftigungsproblem, und zeigen Sie die Verbindung zum mikro- und makroökonomischen Forschungsansatz auf.

Literatur zur Ergänzung und Vertiefung

Blaug (1980); *Böventer* (1984), Kapitel I; *Cezanne, Franke* (1983), 1. und 2. Kapitel; *Herberg* (1985), Kapitel 1; *Kromphardt* (1981); *Merk* (1985); *Schlicht* (1977); *Weintraub* (1979), Part I.

Zweites Kapitel

Mikroökonomische Theorie

A. Theorie des Haushalts

I. Wirtschaftliche Entscheidungen des Haushalts

1. Das Entscheidungsfeld

Wir wollen die Gesamtheit der Tatbestände, über die ein Haushalt zu einem gegebenen Zeitpunkt zu entscheiden hat, als Entscheidungsfeld bezeichnen. Es läßt sich charakterisieren, indem wir den Begriff eines Gutes, genauer eines wirtschaftlichen Gutes, aufschlüsseln.

Unter einem wirtschaftlichen Gut versteht man jedes Mittel, das (a) direkt oder indirekt dazu beiträgt, menschliche Bedürfnisse zu befriedigen und das (b) in Relation zu diesen Bedürfnissen nicht unbegrenzt verfügbar ist. Somit zählen beispielsweise Rohstoffe und menschliche Arbeitskraft, wie überhaupt alle Produktionsfaktoren, zu den wirtschaftlichen Gütern, da sie indirekt, d. h. über die Herstellung von konsumierbaren Gütern, wie Brot, Bedürfnisse befriedigen helfen. Güter in dieser Definition sind auch Dienstleistungen, wie etwa ärztliche Hilfe, Haareschneiden oder der Transport von Waren. Soweit Dinge in Bezug auf die damit stillbaren Bedürfnisse unbegrenzt vorhanden sind, wie (früher) etwa saubere Atemluft, sind sie keine wirtschaftliche, sondern freie Güter.

Ist es prinzipiell möglich, jedermann, der nicht bereit ist, für den Konsum eines Gutes oder die Nutzung eines Produktionsfaktors ein Entgelt zu bezahlen, vom Gebrauch dieses Gutes auszuschließen, wird das betreffende Gut als privates Gut bezeichnet. Es werden sich nämlich Unternehmen bereitfinden, dieses Gut herzustellen. Ist der Ausschluß hingegen nicht möglich, wird kein Unternehmen das betreffende Gut produzieren. Ist das Gut produziert, kann es jeder nutzen, ohne zur Zahlung verpflichtet werden zu können. Der Hersteller kann somit seine Produktionskosten nicht über entsprechende

Erlöse abdecken. Für solche Güter müssen daher andere Koordinationsmechanismen als der Tausch etabliert werden. Sie bestehen zumeist darin, daß sich Individuen zusammenschließen und gemeinsam über Produktion und Nutzung entscheiden und jedes Mitglied (notfalls zwangsweise) an den Produktionskosten beteiligen. Güter, für die das Ausschlußprinzip nicht angewandt wird, werden deshalb auch als Kollektivgüter oder öffentliche Güter bezeichnet.

Entsprechend ihrem direkten oder indirekten Beitrag zur Bedürfnisbefriedigung können Konsum- oder Produktivgüter (Produktionsfaktoren) unterschieden werden. Insgesamt gelangen wir daher zu folgender Güterklassifikation:

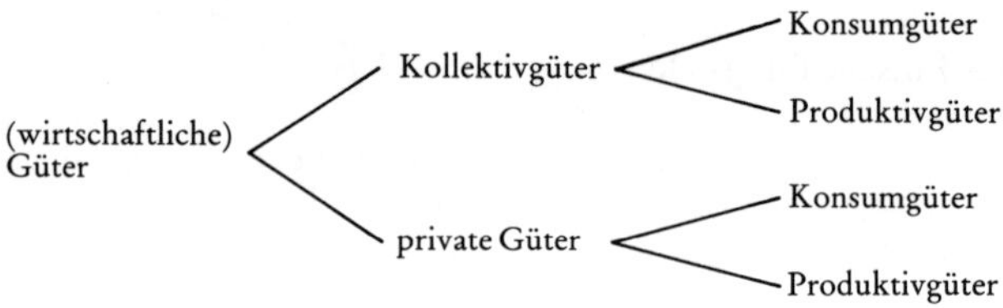

Zur Befriedigung seiner Bedürfnisse wird ein Haushalt in der Regel beide Arten von Gütern (private und kollektive Güter) benötigen. Er muß deshalb entscheiden, in welchem Maße er beide Güterarten nachfragt. Da wir unser Augenmerk auf den Koordinationsmechanismus Markt richten, klammern wir diese Entscheidung aus und konzentrieren uns ausschließlich auf private Güter.

Betrachten wir die Entscheidung, private Güter zu erwerben. Sie ist nicht unabhängig vom Ausmaß, in dem der Haushalt beabsichtigt, den Unternehmen die produktiven Dienste seiner Produktionsfaktoren zu überlassen. Davon wird die Höhe seines Einkommens bestimmt. Umgekehrt beeinflußt sein Kaufentschluß seine Entscheidung, Produktionsfaktoren anzubieten. Beide Entscheidungen sind interdependent.

Blickt der Haushalt über die Gegenwart hinaus, dann wird er nicht nur Konsumgüter erwerben, sondern auch Produktionsgüter. Diese erlauben ihm künftig ein höheres Einkommen und höheren Konsum. Seine Entscheidung über künftigen Konsum ist damit abhängig von seinem Konsumplan der Gegenwart und umgekehrt. Das gilt mutatis mutantis für sein Angebot an produktiven Diensten.

Die einzelnen Entscheidungstatbestände sind somit in sachlicher wie zeitlicher Hinsicht interdependent. Um das Entscheidungsproblem nicht in dieser Komplexität angehen zu müssen, werden wir einzelne Gesichtspunkte herausgreifen und isoliert untersuchen. So unterstellen wir zunächst ein gegebenes Einkommen und untersuchen nur die Nachfrage nach Konsumgütern in einer Periode. Später betrachten wir für ein Konsumgut und einen Produktionsfaktor (Arbeit) die simultane Nachfrage-Angebotsentscheidung, wobei ebenfalls der Planungszeitraum auf eine Periode reduziert ist. Anschließend wird für gegebenes Einkommen in einzelnen Perioden die Aufteilung der Konsumnachfrage auf verschiedene Perioden betrachtet. Bevor die Analyse in diese Richtungen vorangetrieben wird, sind allerdings noch Instrumente zu entwickeln, die es erlauben, die Entscheidungssituation eines Haushalts weiter zu präzisieren.

2. Instrumente zur Analyse der Haushaltsentscheidung

Der Güterraum

Ohne die Allgemeinheit unserer Ergebnisse zu beschränken, können wir davon ausgehen, daß es l verschiedene Güter gibt, über deren Konsum oder produktive Verwendung der Haushalt zu einem gegebenen Zeitpunkt zu entscheiden hat. Bezeichnet man mit q_i, $i = 1, 2, \ldots, l$, die Menge eines Gutes i, dann äußert sich eine Entscheidung in der Wahl eines Warenkorbes oder Güterbündels $\mathbf{q} = (q_1, q_2, \ldots, q_l)$. Die Menge aller Güterbündel, die für den Haushalt überhaupt denkbar sind, heißt Güterraum. Hierfür verwenden wir Q als Symbol. Der Güterraum ist für einen Haushalt vorgegeben. In ihm spiegeln sich physische und technische Grenzen der Aktivität des Haushalts. Beispielsweise kann die tägliche Arbeitszeit 24 Stunden nicht überschreiten.

Die Menge eines Gutes i, q_i, kann als eine reelle Zahl dargestellt werden, sofern man die Maßeinheit (z. B. Kilogramm, Liter, Stück) nicht explizit erfaßt. Nachgefragte und angebotene Güterquanten können unterschieden werden, indem man für erstere positive, für letztere negative reelle Zahlen wählt. Ein Güterbündel ist dann ein Punkt im l-dimensionalen reellen Zahlenraum, dem R^l. Der Güterraum ist eine (echte) Teilmenge dieses Raumes. *Abbildung 2.1* veranschaulicht für $l = 2$ (q_1: = Konsumgut, q_2: = Freizeit) die Begriffe Güterbündel und Güterraum. Hierbei ist die q_1-q_2-Ebene die graphische Wiedergabe des R^2, die schattierte Fläche der Güterraum Q, der nach unten begrenzt ist, $\mathbf{q}^1$ und $\mathbf{q}^2$ sind Beispiele für zwei Güterbündel mit den Quanten q_1^1, q_2^1 bzw. q_1^2, q_2^2. Unterstellt wurde in dieser Darstellung, es könnten beliebig kleine oder große Mengen der betreffenden Güter gewählt werden, mit anderen Worten es wurde von beliebiger Teilbarkeit der Güterquanten ausgegangen. Diese Annahme wollen wir im weiteren stets aufrechterhalten. Sie erlaubt es, eine Reihe mathematischer Techniken zu verwenden, welche die Analyse vereinfachen und die Zusammenhänge prägnant darzustellen ermöglichen.

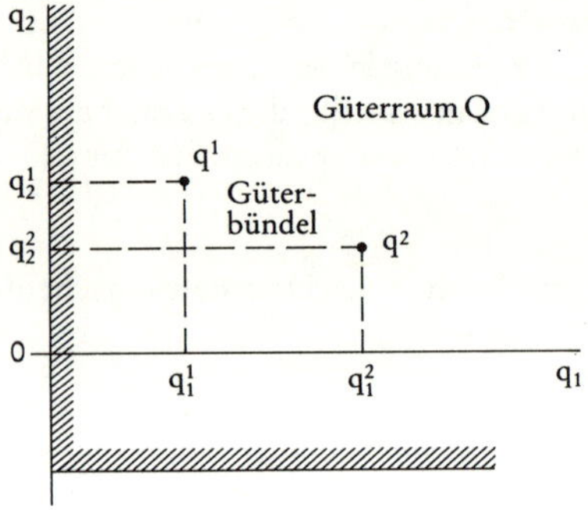

Abbildung 2.1

Budgetrestriktion

Mit dem Güterraum werden die physischen und technischen Grenzen der Haushaltsentscheidung festgelegt. Die ökonomische Grenze wird durch die Budgetrestriktion bestimmt.

Verfügt der Haushalt zum Entscheidungszeitpunkt über die Anfangsbestände $e_1, e_2, \ldots, e_l$, die für einige oder alle der *l* Güter auch Null sein können, und sind dem Haushalt die Preise der *l* Güter vorgegeben, dann ist die Wahl eines bestimmten Warenkorbes auf die Güterbündel begrenzt, die der Bedingung

$$\sum_{i=1}^{l} p_i(q_i - e_i) \leqq 0$$

genügen. Diese Gleichung beschreibt die Budgetrestriktion des Haushaltes.

Nutzenfunktion und Präferenzordnung

Der Haushalt konsumiert Güter, um seine Bedürfnisse zu befriedigen. Daher liegt es nahe, den Grad der Bedürfnisbefriedigung durch ein Güterbündel oder anders formuliert den Nutzen dieses Bündels heranzuziehen, um indirekt die Bedürfnisse eines Haushalts zu erfassen.

Theoriegeschichtlich gesehen, ging man zunächst von einer kardinalen Nutzenfunktion aus. Sie ordnet jedem Güterbündel $\mathbf{q} \in Q$ genau eine reelle Zahl $U(\mathbf{q})$ als Nutzenmaß zu. Für den Graph dieser Nutzenfunktion wurde zumeist das 1. *Gossen*sche Gesetz postuliert, das besagt, mit zunehmender Menge eines Gutes und konstanten Mengen aller anderen Güter nimmt der Nutzen mit abnehmender Rate zu. Geht man davon aus, daß die Nutzenfunktion zweimal stetig differenzierbar ist (d. h. sowohl die ersten als auch die zweiten partiellen Ableitungen von U sind stetige Funktionen) lautet dieses Gesetz in formaler Schreibweise:[1]

$$U_i := \frac{\partial U}{\partial q_i} > 0$$

und $\qquad$ für alle $i = 1, 2, \ldots, l$.

$$U_{ii} := \frac{\partial^2 U}{\partial q_i^2} < 0$$

Vom theoretischen Standpunkt aus ist die Forderung, der Konsument könne jedem Güterbündel einen kardinalen Nutzenwert zuordnen, nicht unbedingt erforderlich. Das ordinale Nutzenkonzept forderte deshalb nur mehr, der Haushalt sei in der Lage zu beurteilen, ob ihm ein Güterbündel $\mathbf{q}^1$ mehr, weniger oder gleichviel Nutzen spendet als ein Bündel $\mathbf{q}^2$. Die Nutzendifferenz ist nicht bezifferbar. Der Nutzen wird auf einer Ordinalskala gemessen.

Im Zuge der mengentheoretischen Analyse der Haushaltsentscheidungen wurde schließlich noch ein drittes Konzept entwickelt, um die Bedürfnisse des Haushalts theoretisch zu fassen: Das Konzept der Präferenzordnung. Hierbei geht man davon aus, daß der Haushalt in der Lage ist, paarweise die Güterbündel des Güterraumes zu vergleichen. $\mathbf{q}^1 \gtrsim \mathbf{q}^2$ bedeutet dann, der Haushalt hält das Güterbündel $\mathbf{q}^1$ für mindestens ebenso gut (geeignet zur Befriedigung seiner Bedürfnisse) wie das Güterbündel $\mathbf{q}^2$. Mittels dieser Relation werden die Bündel des Güterraumes geordnet.[2] Für einen Teil der Güterbün-

---

[1] Das Zeichen := bzw. =: bedeutet: wird definiert durch. Dabei steht links (rechts) vom Doppelpunkt der definierte und rechts (links) vom Gleichheitszeichen der zu definierende Ausdruck.

[2] Erweiternd und vertiefend Abschnitt A. II. im Vierten Kapitel.

del trifft die starke Präferenzordnung $\succ$ zu. $\mathbf{q}^1 \succ \mathbf{q}^2$ meint, das Güterbündel $\mathbf{q}^1$ ist besser als das Güterbündel $\mathbf{q}^2$. Es gilt zwar $\mathbf{q}^1 \succsim \mathbf{q}^2$ aber nicht $\mathbf{q}^2 \succsim \mathbf{q}^1$. Trifft sowohl $\mathbf{q}^1 \succsim \mathbf{q}^2$ als auch $\mathbf{q}^2 \succsim \mathbf{q}^1$ zu, hält der Haushalt beide Alternativen für gleichermaßen wünschenswert, wofür wir $\mathbf{q}^1 \sim \mathbf{q}^2$ schreiben und davon sprechen, $\mathbf{q}^1$ sei indifferent zu $\mathbf{q}^2$.

Damit das Konzept der Präferenzordnung für die theoretische Analyse nutzbar wird, muß es einer Reihe von Anforderungen genügen. Wir gehen von folgenden Eigenschaften aus:

A 1: Vollständigkeit
Für alle Paare verschiedener Güterbündel $\mathbf{q}^1, \mathbf{q}^2 \in Q$ gelte $\mathbf{q}^1 \succsim \mathbf{q}^2$ oder $\mathbf{q}^2 \succsim \mathbf{q}^1$ oder beides, d. h. $\mathbf{q}^1 \sim \mathbf{q}^2$.

A 2: Transitivität
Aus $\mathbf{q}^1 \succsim \mathbf{q}^2$ und $\mathbf{q}^2 \succsim \mathbf{q}^3$ folge $\mathbf{q}^1 \succsim \mathbf{q}^3$.

A 3: Reflexivität
Es gelte $\mathbf{q}^1 \succsim \mathbf{q}^1$.

A 4: Stetigkeit
Die Menge aller Güterbündel $\mathbf{q}$, die mindestens ebenso gut sind wie das Bündel $\mathbf{q}^1$, in Zeichen $\{\mathbf{q} : \mathbf{q} \succsim \mathbf{q}^1, \mathbf{q}, \mathbf{q}^1 \in Q\}$, und die Menge aller Güterbündel $\mathbf{q}$, denen gegenüber $\mathbf{q}^1$ zumindest gleichwertig ist, $\{\mathbf{q}: \mathbf{q}^1 \succsim \mathbf{q}, \mathbf{q}, \mathbf{q}^1 \in Q\}$, sind abgeschlossen in Q.[3]

A 5: Unersättlichkeit
Sei $\mathbf{q}^1 \geqq \mathbf{q}^2$, d. h. $q_i^1 \geqq q_i^2$ für alle $i = 1, 2, \ldots, l$, dann gelte $\mathbf{q}^1 \succsim \mathbf{q}^2$. Sei $\mathbf{q}^1 > \mathbf{q}^2$, d. h. $q_i^1 \geqq q_i^2$ wobei zumindest für ein i das strikte Größerzeichen erfüllt ist, dann gelte $\mathbf{q}^1 \succ \mathbf{q}^2$.

A 6: Strikte Konvexität
Sei $\mathbf{q}^1 \sim \mathbf{q}^2$, mit $\mathbf{q}^1 \neq \mathbf{q}^2$ und $0 < \lambda < 1$, dann gelte
$[\lambda \mathbf{q}^1 + (1 - \lambda)\, \mathbf{q}^2] \succ \mathbf{q}^j,\ j = 1, 2.$

A 1 fordert, daß der Haushalt in der Lage sein muß, alle Güterbündel seines Güterraumes im Hinblick auf ihren relativen Beitrag zur Bedürfnisbefriedigung zu vergleichen. Es darf kein Bündel geben, das er nicht allen anderen in dieser Hinsicht gegenüberstellen kann. A 2 verlangt, daß der Haushalt konsistente Vergleiche vornehmen kann.

---

[3] Zum Begriff „abgeschlossene Menge" siehe Abschnitt A. I. im Vierten Kapitel.

Wird q^1 als zumindest ebenso gut wie q^2 und q^2 als zumindest ebenso gut wie q^3 eingestuft, dann darf q^3 nicht q^1 vorgezogen werden. Andernfalls wäre der Haushalt inkonsistent. A 3 ist aus formalen Gründen explizit zu fordern, da andere Relationen als die Präferenzrelation $\succsim$ nicht unbedingt reflexiv sind.[4] A 4 sichert, daß die Präferenzordnung keine abrupten Übergänge enthält. Wird q^1 q^2 und q^3 q^2 vorgezogen, muß auf der Verbindungslinie von q^1 mit q^3 ein q^4 liegen, das indifferent zu q^2 ist. A 5 besagt, daß der Haushalt ein Güterbündel dann einem anderen vorzieht, wenn jenes wenigstens von einem Gut mehr enthält, von den anderen aber nicht weniger als dieses. Die inhaltliche Interpretation von A 6 verlangt eine Vorüberlegung. Betrachten wir hierzu *Abbildung 2.2.*

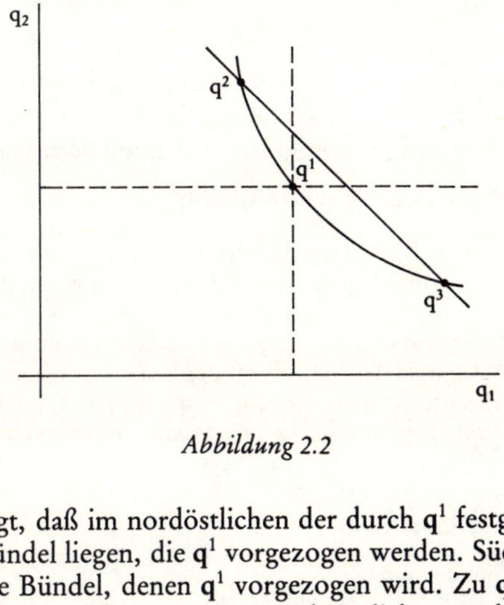

Abbildung 2.2

Aus A 5 folgt, daß im nordöstlichen der durch q^1 festgelegten Quadrate alle Bündel liegen, die q^1 vorgezogen werden. Südwestlich von q^1 liegen alle Bündel, denen q^1 vorgezogen wird. Zu q^1 indifferente Bündel können mithin nur im nordwestlichen und südöstlichen Quadrat liegen. A 4 sichert, daß es solche zu q^1 indifferenten Bündel gibt. Andernfalls wiese $\succsim$ Sprünge auf. Für zu q^1 indifferente Bündel, wie etwa q^2 und q^3 kann die q_1-q_2-Ebene ebenfalls in Quadrate eingeteilt werden. Hieraus folgt, daß die Indifferenzmenge $\{q: q \sim q^1, q, q^1 \in Q\}$ eine Kurve (für $l > 2$ eine Hyperfläche) ist. A 6 fordert, daß

[4] Beispielsweise ist die Relation „ist Vater von" auf der Menge der Männer nicht reflexiv.

diese Kurve (Hyperfläche) konvex ist, d. h. wie in *Abbildung 2.2* verläuft, denn $[\lambda \mathbf{q}^2 + (1 - \lambda) \mathbf{q}^3]$, $0 < \lambda < 1$, sind alle Punkte auf der Verbindungslinie von $\mathbf{q}^2$ mit $\mathbf{q}^3$. Die Steigung der Indifferenzkurve, die sogenannte Grenzrate der Substitution, nimmt somit ab, je mehr von q_1 in einem Güterbündel ist. A 6 besagt daher, ein Haushalt sei umso weniger bereit, auf eine Mengeneinheit q_2 zugunsten weiterer Einheiten von q_1 zu verzichten, je mehr Quanten von q_1 er bereits besitzt. Die relative Wertschätzung eines Gutes nimmt mithin mit seiner relativen Knappheit zu. A 6 tritt im Präferenzkonzept an die Stelle des 1. *Gossen*schen Gesetzes im kardinalen Nutzenkonzept.

Die Indifferenzrelation $\sim$ teilt den Güterraum vollständig in nichtleere, paarweise punktfremde Indifferenzmengen auf. Es gibt somit keinen Punkt des Güterraumes, der nicht auf einer Indifferenzkurve bzw. -fläche liegt.[5]

Die drei genannten Konzepte, die Bedürfnisse eines Haushaltes theoretisch zu erfassen, stehen nicht unverbunden nebeneinander. Es läßt sich zeigen, daß die Präferenzordnung, die A 1–A 4 genügt, eine stetige, ordinale Nutzenfunktion $U: Q \rightarrow R$ impliziert,[6] für die gilt:

$U(\mathbf{q}^1) \geqq U(\mathbf{q}^2)$ genau dann, wenn $\mathbf{q}^1 \gtrsim \mathbf{q}^2$

Eine ordinale Nutzenfunktion wiederum kann durch eine beliebige reellwertige Funktion dargestellt werden, sofern diese die obige Be-

---

[5] Beweis: Angenommen es gäbe ein $\mathbf{q}^1$, das zu keiner Indifferenzmenge gehöre. Da aber aufgrund der Reflexivität der Präferenzordnung $\mathbf{q}^1 \sim \mathbf{q}^1$ gilt, existiert eine Indifferenzmenge $\{\mathbf{q}: \mathbf{q} \sim \mathbf{q}^1, \mathbf{q}^1, \mathbf{q} \in Q\}$ mit $\mathbf{q} = \mathbf{q}^1$ als einzigem Element. Jedes $\mathbf{q}$ gehört damit zu einer Indifferenzmenge.
Nun sei unterstellt, die Indifferenzmengen

$I_{q^1} := \{\mathbf{q}: \mathbf{q} \sim \mathbf{q}^1, \mathbf{q}, \mathbf{q}^1 \in Q\}$ und

$I_{q^2} := \{\mathbf{q}: \mathbf{q} \sim \mathbf{q}^2, \mathbf{q}, \mathbf{q}^2 \in Q\}$

seien nicht disjunkt, so daß

$I_{q^1} \cap I_{q^2} \neq \emptyset.$

Dann existiert ein

$\mathbf{q}^3 \in I_{q^1}, \mathbf{q}^3 \in I_{q^2},$

so daß folgt $\mathbf{q}^3 \sim \mathbf{q}^1$ und $\mathbf{q}^3 \sim \mathbf{q}^2$, bzw. (aufgrund der Symmetrie von $\sim$) $\mathbf{q}^1 \sim \mathbf{q}^3$, woraus wegen der Transitivität der Präverenzordnung $\mathbf{q}^1 \sim \mathbf{q}^2$ folgt und damit $I_{q^1} = I_{q^2}$, d. h. die beiden Indifferenzmengen sind punktegleich. Im Umkehrschluß ist damit gezeigt, daß voneinander verschiedene Indifferenzmengen punktefremd sind.

[6] Vgl. *Gerard Debreu* (1959), Section 4, 6.

dingung erfüllt. Repräsentiert beispielsweise die Funktion $\phi(q)$ die Präferenzen des Haushaltes, dann werden diese auch durch die Funktion $\Psi(q) := \Psi[\phi(q)]$, $\Psi' > 0$, abgebildet. Eine ordinale Nutzenfunktion kann deshalb als beliebige monoton zunehmende Transformation Ψ einer kardinalen Nutzenfunktion gedacht werden. Die Beliebigkeit der Transformation impliziert die Ordinalität der Skala, auf welcher der Nutzen gemessen wird.

Vom Konzept der Nutzenfunktion aus gesehen, sind die Indifferenzmengen Projektionen des Produktraumes $Q \otimes R$ in den Güterraum Q. *Abbildung 2.3* veranschaulicht dies für $l = 2$. Bei kardinaler Nutzenmessung ist jeder Indifferenzkurve eine reelle Zahl für das Nutzenniveau zugeordnet. Im Falle ordinaler Nutzenmessung ist diese Zuordnung nicht eindeutig festgelegt. Für eine Nutzenfunktion, die eine Präferenzordnung repräsentiert, die A 1–A 6 genügt, ist damit nur bestimmt, daß Indifferenzkurven die weiter nordöstlich in der q_1-q_2-Ebene liegen, ein höheres Nutzenniveau beinhalten als Kurven die südwestlich davon liegen.

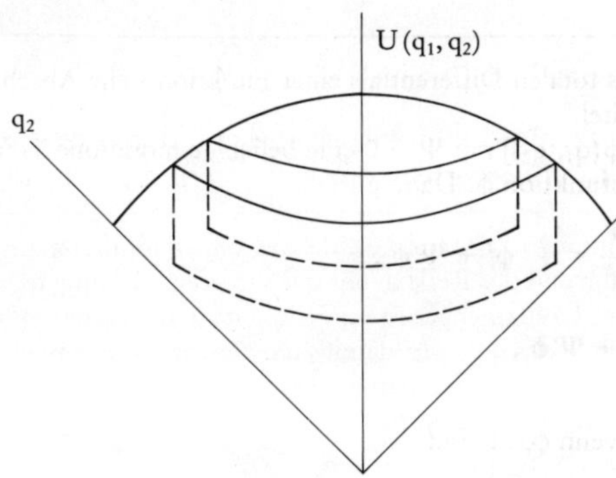

Abbildung 2.3

Nutzenfunktionen, die zu strikt konvexen Indifferenzkurven führen, sind strikt quasi konkav, d. h. aus $f(q^1) \geqq f(q^2)$ folgt $f[\lambda q^1 + (1 - \lambda) q^2] > f(q^2)$ für alle $\lambda \in (0,1)$[7].

[7] Beweis: Aus $U(q^1) \geqq U(q^2)$ folgt per Definition der quasi konkaven Funktion

$U[\lambda q^1 + (1 - \lambda) q^2] > U(q^2)$.

Damit folgt für die unterliegende Präferenzordnung

$q^1 \succsim q^2 \Rightarrow \lambda q^1 + (1 - \lambda) q^2 \succ q^2$.

Betrachten wir für $l = 2$ die stetige Nutzenfunktion $U(\mathbf{q})$. Für beliebige Veränderungen dq_1 und dq_2 der Gütermengen beschreibt das totale Differential von U näherungsweise die Nutzenänderung.[8] Es gilt:

$$dU = U_1 dq_1 + U_2 dq_2.$$

Entlang einer Indifferenzkurve führt eine Veränderung der Mengen von Gut 1 und Gut 2 zu keiner Nutzenveränderung. Folglich gilt hier $dU = 0$. Dann erhält man für die Steigung der Indifferenzkurve, die Grenzrate der Substitution:

$$-\frac{dq_2}{dq_1} = \frac{U_1}{U_2}.$$

Dieser Ausdruck und die Vorzeichen der ersten partiellen Ableitung der Nutzenfunktion gelten unabhängig vom unterstellten Nutzenkonzept. Dies gilt nicht für die Vorzeichen der zweiten partiellen Ableitungen.[9]

---

[8] Zum Begriff des totalen Differentials einer Funktion siehe Abschnitt B. II im Vierten Kapitel.

[9] Beweis: Sei $\Psi[\phi(q_1, q_2)]$ mit $\Psi' > 0$ eine beliebige monotone Transformation der Nutzenfunktion ϕ. Dann gilt:

$$\frac{\partial \Psi}{\partial q_i} = \Psi' \phi_i, \quad \frac{\partial^2 \Psi}{\partial q_i^2} = \Psi'' \phi_i^2 + \Psi' \phi_{ii},$$

$$\frac{\partial^2 \Psi}{\partial q_i q_j} = \Psi'' \phi_i \phi_j + \Psi' \phi_{ij},$$

so daß $\frac{\partial \Psi}{\partial q_i} > 0$ wenn $\phi_i > 0$ und

$$\frac{\partial \Psi / \partial q_i}{\partial \Psi / \partial q_j} = \frac{\phi_i}{\phi_j}, \text{ aber}$$

$$\frac{\partial^2 \Psi}{\partial q_i q_j}, \frac{\partial^2 \Psi}{\partial q_i^2} \lesseqqgtr 0$$

unabhängig vom Vorzeichen von ϕ_{ij} bzw. ϕ_{ii}, $i, j = 1, 2$.

II. Die Güternachfrage des Haushalts

1. Der optimale Konsumplan

Beschreibung der Entscheidungssituation

Mit den im vorangegangenen Abschnitt entwickelten Instrumenten können wir nun verschiedene Entscheidungssituationen eines Haushalts präzise beschreiben und Einflußgrößen der Entscheidung herausarbeiten.

In diesem Abschnitt sei ein Haushalt betrachtet, der unter n Konsumgütern wählen kann und dem dafür ein gegebenes Einkommen $y > 0$ zur Verfügung steht. Der Güterraum wird somit auf die Menge aller Konsumgüterbündel eingeschränkt. Wir symbolisieren nachgefragte Gütermengen durch positive reelle Zahlen und unterstellen, daß der Konsumraum mit der Menge aller n-Tupel nicht negativer reeller Zahlen, R^n_+, identisch ist. Die Bedürfnisse des Haushalts stellen wir durch eine differenzierbare ordinale Nutzenfunktion $U: R^n_+ \rightarrow R_+$ dar, die eine Präferenzordnung repräsentiert, die A 1–A 6 genügt. $U(\mathbf{q})$ ist der (bis auf eine monoton wachsende Transformation) bestimmte Nutzenindex des Konsumbündels $\mathbf{q} = (q_1, q_2, \ldots, q_n)$. Die Preise der n Konsumgüter sind dem Haushalt bekannt und vorgegeben. Wir fassen sie in dem Vektor $\mathbf{p} = (p_1, p_2, \ldots, p_n)$, $p_i > 0$ für alle $i = 1, 2, \ldots, n$, zusammen. Die Budgetrestriktion des Haushaltes ist damit $\mathbf{p}^T \mathbf{q} \leqq y$.[10]

Bezogen auf diese Ausgangssituation verhält sich der Haushalt rational, wenn er seine Konsumentscheidung so trifft, daß sein Nutzen bei gegebenem Einkommen maximiert wird. Die Annahme, der Haushalt sei unersättlich, gewährleistet, daß er ein Güterbündel wählt, das sein Einkommen vollständig ausschöpft. Dieses Konsumgüterbündel ist die Lösung der nachstehenden Optimierungsaufgabe:

---

[10] Bekanntlich ist

$$\mathbf{p}^T\mathbf{q} = \begin{pmatrix} p_1 \\ p_2 \\ \cdot \\ \cdot \\ \cdot \\ p_n \end{pmatrix} (q_1, q_2, \ldots, q_n) = \sum_{i=1}^{n} p_i q_i$$

$$\max_{\mathbf{q}} U(\mathbf{q})$$

unter der Nebenbedingung (1)

$$\sum_{i=1}^{n} p_i q_i = y.$$

Graphische Lösung

Für $n = 2$ können wir die Optimierungsaufgabe (1) graphisch lösen. Dafür benutzen wir *Abbildung 2.4.*

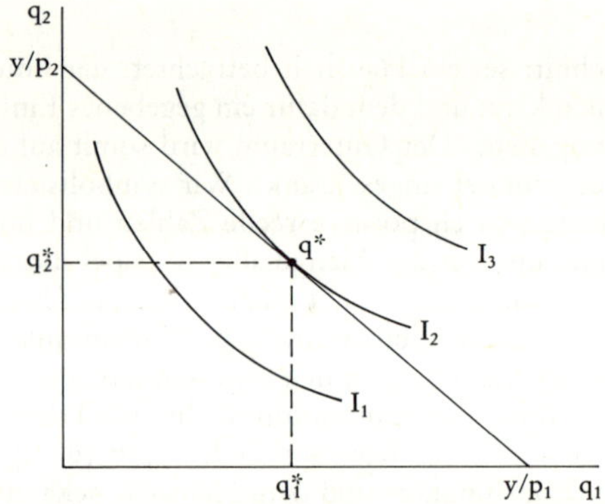

Abbildung 2.4

Der Konsumraum liegt im ersten Quadranten der q_1-q_2-Ebene. Die Budgetrestriktion $p_1q_1 + p_2q_2 = y$ ist eine Gerade mit der Steigung $-p_1/p_2$ und den Achsenabschnitten y/p_1 und y/p_2. Güterbündel links unterhalb und auf dieser Geraden kann der Haushalt mit seinem Einkommen y kaufen. Der Güterraum ist flächendeckend mit Indifferenzkurven überzogen. Je weiter nordöstlich diese liegen, desto höher ist der ihnen zugeordnete Nutzenindex. Hieraus folgt, daß $\mathbf{q}^*$ (1) löst.

Andere Güterbündel als $\mathbf{q}^*$, die ebenfalls auf der Budgetlinie liegen, gehören zu Indifferenzkurven, die unterhalb von I_2 liegen und spenden daher geringeren Nutzen als $\mathbf{q}^*$. Güterbündel mit einem größeren Nutzen als $\mathbf{q}^*$ liegen auf Indifferenzkurven rechts oberhalb von I_2. Diese kann der Haushalt mit seinem Einkommen jedoch nicht erwerben.

In q^* ist die Budgetgerade Tangente an die Indifferenzkurve I_2. Die Steigung der Budgetlinie

$$\frac{dq_2}{dq_1} = -\frac{p_1}{p_2}$$

entspricht demnach der Steigung der Indifferenzkurve, der Grenzrate der Substitution

$$\frac{dq_2}{dq_1} = -\frac{U_1}{U_2},$$

d. h. das Preisverhältnis ist gleich dem Verhältnis der Grenznutzen

$$\frac{p_1}{p_2} = \frac{U_1}{U_2}.$$

Anders formuliert: Die subjektive Wertschätzung, U_1/U_2, stimmt mit dem vorgegebenen Austauschverhältnis beider Güter überein. Solange dies nicht erfüllt ist, kann der Haushalt seinen Nutzen vergrößern, indem er das eine Gut gegen das andere austauscht. Ist beispielsweise $U_1/U_2 > p_1/p_2$ und damit gemäß den oben stehenden Beziehungen

$$-\frac{p_2\,dq_2}{p_1} > dq_1 = -\frac{U_2}{U_1}\,dq_2,$$

kann der Haushalt seinen Nutzen erhöhen, wenn er auf die Menge dq_2 von Gut 2 verzichtet und für den eingesparten Betrag, p_2dq_2, die Menge p_2dq_2/p_1 von Gut 1 erwirbt. Diese Menge ist größer als diejenige Menge, die notwendig wäre, um das Nutzenniveau aufrechtzuerhalten, d. h. $dq_1 = -[U_2 \mid U_1]\,dq_2$. Folglich steigt der Nutzen.

Algebraische Lösung

Das Optimierungsproblem (1) muß für den Fall von mehr als zwei Konsumgütern algebraisch gelöst werden. Die notwendigen Bedingungen, die eine optimale Lösung erfüllt, können mittels des *Lagrange*-Verfahrens[11] abgeleitet werden. Die *Lagrange*-Funktion L mit dem *Lagrange*-Multiplikator λ[12] ist:

---

[11] Dieses Verfahren wird im Abschnitt C. III im Vierten Kapitel besprochen.

[12] Bei kardinaler Nutzenmessung entspricht das optimale λ dem Grenznutzen des Einkommens. Siehe Abschnitt C. IV im Vierten Kapitel.

$$L = U(\mathbf{q}) + \lambda \left(y - \sum_{i=1}^{n} p_i q_i \right).$$

Daraus folgen n + 1 notwendige Bedingungen:

$$\frac{\partial L}{\partial q_i} = U_i - \lambda p_i = 0 \text{ für alle } i = 1, 2, \ldots, n \tag{2}$$

$$\frac{\partial L}{\partial \lambda} = y - \sum_{i=1}^{n} p_i q_i = 0. \tag{3}$$

Demnach muß das nutzenmaximale Konsumbündel auf der Hyperebene liegen, welche die Budgetrestriktion bildet (Gleichung (3)). Außerdem muß für alle beliebigen Güterpaare des optimalen Konsumplanes gelten:

$$\frac{U_i}{U_j} = \frac{p_i}{p_j},$$

d. h. das Verhältnis der Grenznutzen muß dem jeweiligen Güterpreisverhältnis entsprechen.

Geht man von einer kardinalen Nutzenfunktion aus, so daß der Grenznutzen eines jeden Gutes bezifferbar ist, kann (2) in der Form

$$\frac{U_1}{p_1} = \frac{U_2}{p_2} = \ldots = \frac{U_n}{p_n} \tag{2'}$$

geschrieben werden. U_i/p_i wird als der gewogene Grenznutzen des Gutes i bezeichnet. Der Preis dieses Gutes, d. h. die Anzahl der Geldeinheiten je Gütereinheit, fungiert als Gewicht. (2') verlangt somit, daß der Grenznutzen je Geldeinheit für alle Güter gleich zu sein hat. Dies ist das 2. *Gossen*sche Gesetz vom Ausgleich der gewogenen Grenznutzen.

2. Güternachfragefunktion

Allgemeine Nachfragefunktion

An *Abbildung 2.4* kann abgelesen werden, daß jeder Kombination von Einkommen und Güterpreisen genau ein optimaler Konsumplan zugeordnet ist. Die nachgefragten Mengen von Gut 1 und 2 können folglich bei gegebenen Präferenzen als Funktionen von p_1, p_2 und y dargestellt werden:

$$q_1 = q_1(p_1, p_2, y)$$

$$q_2 = q_2(p_1, p_2, y).$$

Es kann gezeigt werden, daß die Annahmen A 1–A 6 hinreichen, die Existenz stetiger Nachfragefunktionen

$$q_i = q_i(p_1, p_2, \ldots, p_n, y) \text{ für alle } i = 1, 2, \ldots, n$$

zu begründen.[13] Demnach ist die Nachfrage eines Haushalts nach einem Gut (bei gegebenen Präferenzen) eine Funktion aller Güterpreise und seines Einkommens.

Diese sogenannten allgemeinen Nachfragefunktionen sind homogen vom Grade Null.[14] Werden alle Güterpreise und das Einkommen um den gleichen Prozentsatz geändert, verändert sich die nachgefragte Menge nicht. Ein Blick auf *Abbildung 2.4* mag genügen, um uns davon zu überzeugen, daß diese Behauptung zutrifft.[15] Multipliziert man p_1, p_2 und y mit dem Faktor a, verändert die Budgetgerade ihre Lage nicht. Mithin erhalten wir auch kein neues Optimum.

Spezielle Nachfragefunktionen

Spezielle Nachfragefunktionen beschreiben den Zusammenhang zwischen der nachgefragten Menge eines Gutes und jeweils einer der unabhängigen Variablen der allgemeinen Nachfragefunktion. Die anderen Variablen werden gedanklich konstant gehalten.

Betrachten wir zunächst die Beziehung zwischen Einkommen und Güternachfrage für $n = 2$. Steigt das Einkommen des Haushalts, dann verschiebt sich die Budgetlinie in *Abbildung 2.4* parallel nach rechts oben. *Abbildung 2.5 a* zeigt unterschiedliche Einkommensniveaus des Haushalts samt den zugehörigen optimalen Konsumplänen. Die Verbindungslinie der Optima wird Einkommens-Konsum-Kurve oder *Engel*-Kurve (nach dem Statistiker *Engel*) genannt.

---

[13] Das kann zum einen direkt aus A 1–A 6 abgeleitet werden. Siehe hierzu z. B. *Malinvaud* (1972), S. 20–29. Setzt man zusätzlich zu A 1–A 6 noch voraus, die Nutzenfunktion sei zweimal stetig differenzierbar, folgt über das Theorem impliziter Funktionen (Viertes Kapitel, Abschnitt B. V.), daß in der Nähe einer Lösung von (1) differenzierbare Nachfragefunktionen existieren.

[14] Eine Funktion $y = f(x_1, x_2, \ldots, x_m)$ heißt homogen vom Grade υ, wenn gilt: $a^{\upsilon}y = f(ax_1, ax_2, \ldots, ax_m)$.

[15] Der Leser möge versuchen diese Behauptung für die Funktion $q_i = q_i(\mathbf{p}, y)$, anhand des *Lagrange*-Ansatzes zu beweisen.

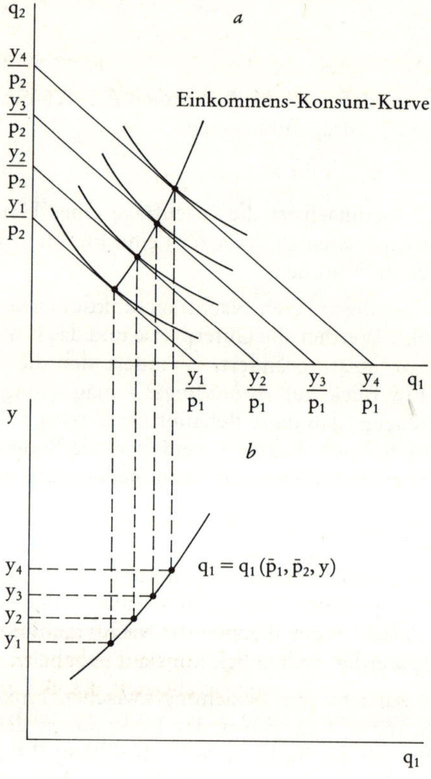

Abbildung 2.5

Mit Hilfe von *Abbildung 2.5a* kann die spezielle Nachfragefunktion $q_1 = q_1(\bar{p}_1, \bar{p}_2, y)$ konstruiert werden. (Ein Querstrich über einer Variablen zeigt an, daß diese konstant gehalten wird.) Hierzu trägt man die verschiedenen Einkommen aus *Abbildung 2.5a* auf der Ordinate von *Abbildung 2.5b* ab und lotet das zu jedem y_j, $j = 1, 2, 3, 4$, gehörige optimale q_1^j von der Abszisse von *2.5a* auf die Abszisse von *2.5b*. Die Verbindungslinie der so konstruierten Punkte ist die gesuchte Funktion.

Anhand des Verlaufs der Einkommens-Konsum-Kurve bzw. der zugehörigen speziellen Nachfragefunktion können verschiedene Güterarten unterschieden werden. So spricht man von „normalen“ oder „superioren“ Gütern, wenn mit dem Einkommen auch die nachgefragte Menge des Gutes zunimmt. Sinkt die Nachfrage mit steigendem Einkommen, heißt das betreffende Gut „inferior“. Demnach sind beide Güter in *Abbildung 2.5a* normale Güter. *Abbildung 2.6* zeigt die Einkommens-Konsum-Kurve für den Fall, daß Gut 1 inferior ist.[16]

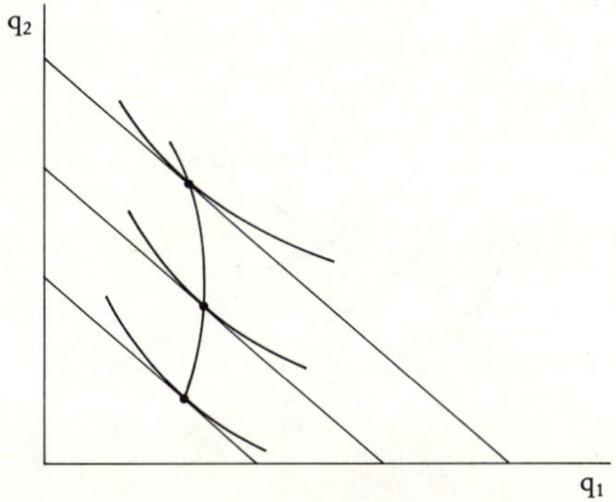

Abbildung 2.6

Auf prinzipiell gleiche Weise können die speziellen Nachfragefunktionen $q_1 = q_1(p_1, \bar{p}_2, \bar{y})$ und $q_1 = q_1(\bar{p}_1, p_2, \bar{y})$ abgeleitet werden.[17] Steigt der Preis von Gut 1, dann dreht sich die Budgetgerade im Punkt y/p_2 nach links. *Abbildung 2.7a* zeigt für unterschiedlich hohe Preise p_1^j, j = 1, 2, 3, 4, für Gut 1 die jeweiligen optimalen Konsumpläne. Die Verbindungslinie dieser Optima wird als Preis-Konsum-Kurve bezeichnet. *Abbildung 2.7b* zeigt die zugehörige Nachfragefunktion. Die Konstruktion der Funktion $q_1 = q_1(\bar{p}_1, p_2, \bar{y})$ zeigt *Abbildung 2.8.*

Der Verlauf dieser beiden speziellen Nachfragekurven hängt von Richtung und Stärke zweier Effekte ab. Eine Preiserhöhung für Gut 1 bedeutet zunächst, daß es in Relation zu Gut 2 teuerer wird. Gemäß der Optimalbedingung $U_1/U_2 = p_1/p_2$ wird sich die Zusammensetzung des Konsumbündels ändern. Dieser Effekt heißt Substi-

---

[16] Für n = 2 können nicht gleichzeitig beide Güter inferior sein. Das würde gegen A 5 verstoßen.

[17] Die entsprechenden Funktionen für q_2 möge der Leser zu Übungszwecken ableiten.

tutionseffekt und beschreibt – geometrisch gesehen – die Bewegung entlang einer Indifferenzkurve. Solange diese strikt konvex ist, d. h. die Grenzrate der Substitution mit zunehmender Menge von Gut 1 sinkt, ist der Substitutionseffekt stets negativ, d. h. das relativ teurere Gut wird gegen das billigere Gut (für n > 2 gegen die billigeren Güter) ausgetauscht.

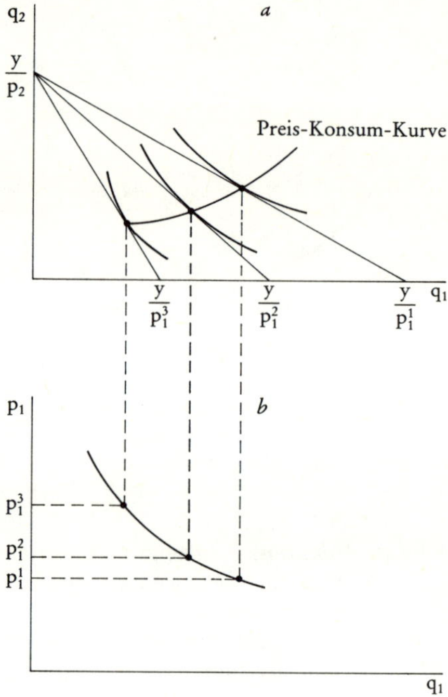

Abbildung 2.7

Daneben bewirkt eine Preiserhöhung, daß der Haushalt mit dem Nominaleinkommen y weniger Güter erwerben kann als vor der Preiserhöhung. Das reale Einkommen, d. h. das in Kaufkrafteinheiten gemessene Einkommen, ist gesunken. Bei normalen Gütern wird demnach die Nachfrage über den Substitutionseffekt hinaus abnehmen. Bei inferioren Gütern wird sie indessen zunehmen. Die Richtung dieser Einkommenseffekt genannten Wirkungskomponente ist mithin nicht eindeutig.

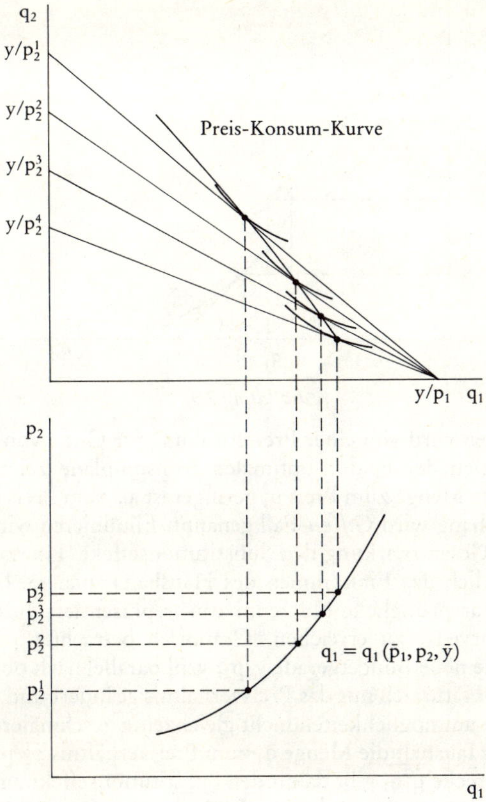

Abbildung 2.8

Die Nachfragefunktion $q_1 = q_1(p_1, \bar{p}_2, \bar{y})$ hat demgemäß eine negative Steigung, wenn Gut 1 superior ist oder – falls es inferior ist – der Substitutionseffekt den positiven Einkommenseffekt dominiert. Andernfalls ist die Steigung dieser Kurve positiv.

Die Nachfragefunktion $q_1 = q_1(\bar{p}_1, p_2, \bar{y})$ hat eine positive Steigung, wenn Gut 1 inferior ist, so daß Substitutions- und Einkommenseffekt in die gleiche Richtung wirken oder – falls Gut 1 superior ist – wenn der Substitutionseffekt den Einkommenseffekt dominiert.

Abbildung 2.9 zeigt, wie graphisch Substitutions- und Einkommenseffekt getrennt werden können.

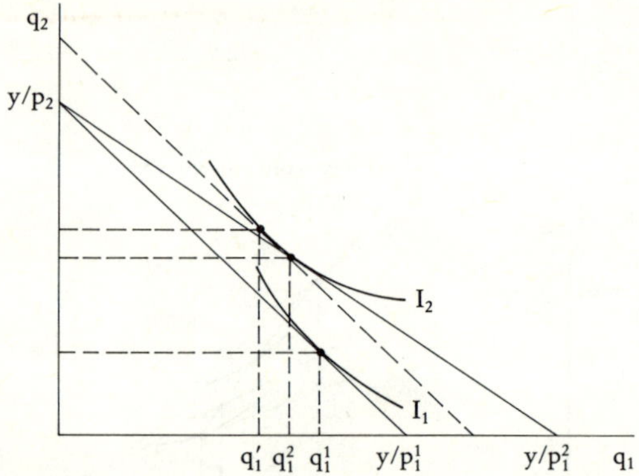

Abbildung 2.9

Ausgegangen wird von einer Preiserhöhung für Gut 1 von p_1^2 auf p_1^1. Der Vergleich der beiden optimalen Konsumpläne zeigt, daß die nachgefragte Menge zum Preis p_1^2 geringer ist als zum Preis p_1^1. Dieser Zusammenhang wird *Giffen*-Fall genannt. Eliminieren wir zunächst aus dieser Gesamtwirkung den Substitutionseffekt. Hierzu erhöhen wir gedanklich das Einkommen des Haushalts solange, bis es ausreicht, das ursprüngliche Nutzenniveau, repräsentiert durch die Indifferenzkurve I_2, zu erreichen. Graphisch betrachtet verschieben wir dazu die neue Budgetgerade y/p_2, y/p_1^1 parallel nach oben, bis sie I_2 tangiert. Hätte sich nur das Preisverhältnis geändert und wären die realen Konsummöglichkeiten nicht gleichzeitig geschmälert worden, würde der Haushalt die Menge q_1' zum Preisverhältnis p_1^1/p_2 nachfragen. Die Strecke $\overline{q_1^2 q_1'}$ gibt damit den Substitutionseffekt an. Folglich ist der Einkommenseffekt die Strecke $\overline{q_1' q_1^1}$. Er ist positiv und betragsmäßig größer als der Substitutionseffekt.

Elastizitäten

Für empirische wie theoretische Fragen ist interessant, wie sensibel die Nachfrage nach einem Gut auf Änderungen ihrer Determinanten reagiert. Ein Maß hierfür wird mit dem Begriff der Elastizität zur Verfügung gestellt.

Unter einer Elastizität versteht man generell den Quotienten aus den relativen Änderungen zweier Größen, die miteinander funktional verknüpft sind. Dabei steht die unabhängige Größe im Nenner des Bruches.

Elastizitäten können als Punkt- oder als Bogenelastizitäten berechnet werden. *Abbildung 2.10* hilft, diese Konzepte zu erläutern.

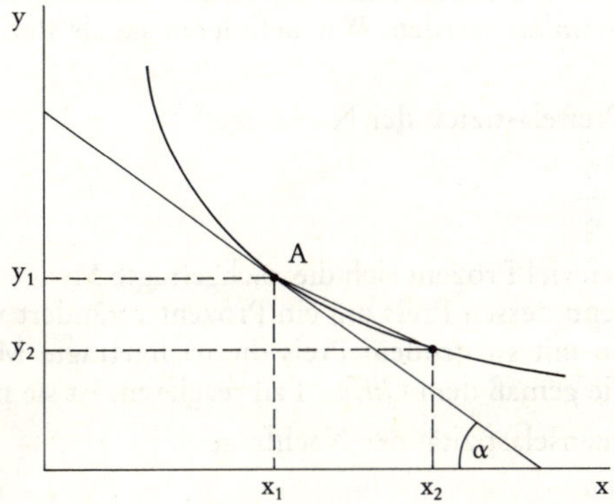

Abbildung 2.10

Betrachtet wird eine beliebige Funktion $y = y(x)$. Die Bogenelastizität mißt die Veränderung von y, wenn die unabhängige Variable x um $\triangle x = x_1 - x_2$ sinkt. y steigt dann um $\triangle y = y_1 - y_2$. Als Bezugsgrößen kommen alle x und y zwischen x_1 und x_2 bzw. y_1 und y_2 in Betracht. Üblicherweise wählt man $(x_1 + x_2)/2$ und $(y_1 + y_2)/2$. Die Bogenelastizität ist demnach in unserem Beispiel:

$$\frac{\triangle y/y}{\triangle x/x} := \frac{(y_1 - y_2)/(y_1 + y_2)}{(x_1 - x_2)/(x_1 + x_2)} = \frac{y_1 - y_2}{x_1 - x_2} \cdot \frac{x_1 + x_2}{y_1 + y_2}.$$

Die Punktelastizität zieht demgegenüber die Steigung der Tangente in einem Punkt der Kurve heran, um die Änderungsraten zu berechnen. Demnach wäre die Punktelastizität in A:

$$\frac{dy/y}{dx/x} \equiv \frac{dy}{dx} \cdot \frac{x_1}{y_1}, \text{ wobei } \frac{dy}{dx} := -\tan \alpha.$$

Der Vorteil, die Sensitivität der Nachfrage mit dem Elastizitätsbegriff und nicht mit den Änderungen $\triangle y/\triangle x$ bzw. der Steigung dy/dx zu erfassen, liegt auf der Hand: Güter, deren Mengen in unterschiedlichen Maßeinheiten (Liter, Pfund) ausgedrückt werden und/

oder deren Stückpreise weit auseinander klaffen, werden vergleichbar.[18]

Bezogen auf die allgemeine Nachfragefunktion können drei Elastizitätsbegriffe definiert werden. Wir definieren sie als Punktelastizitäten.

Die direkte Preiselastizität der Nachfrage[19, 20]

$$\varepsilon_{q,p} := \frac{\partial q}{\partial p} \cdot \frac{p}{q}$$

gibt an, um wieviel Prozent sich die nachgefragte Menge eines Gutes verändert, wenn dessen Preis um ein Prozent verändert wird. Sie ist negativ, wenn mit steigendem Preis die nachgefragte Menge sinkt. Für Güter, die gemäß dem *Giffen*-Fall reagieren, ist sie positiv.

Die Einkommenselastizität der Nachfrage

$$\varepsilon_{q,y} := \frac{\partial q}{\partial y} \cdot \frac{y}{q}$$

gibt an, um wieviel Prozent eine einprozentige Einkommensänderung die Güternachfrage ändert. Sie ist positiv für normale Güter und negativ für inferiore Güter.

Die Kreuzpreiselastizität

$$\varepsilon_{q_i, p_j} := \frac{\partial q_i}{\partial p_j} \cdot \frac{p_j}{q_i}$$

gibt an, um wieviel Prozent die Nachfrage nach einem Gut i zu- oder abnimmt, wenn der Preis eines anderen Gutes j um ein Prozent erhöht oder gesenkt wird. Mit Hilfe der Kreuzpreiselastizität können komplementäre und substitutive Güter unterschieden werden. Bei substitutiven Gütern, wie etwa Butter und Margarine, nimmt die

---

18 Würde man anderenfalls beispielsweise vergleichen, wie eine Preisänderung um je 10 Pfennige die Nachfrage nach Kaugummis und Luxusappartements verändert, käme man zu dem irreführenden Ergebnis, die Nachfrage nach Luxusappartements sei nicht preisreagibel.

19 Häufig wird bei der Definition der Elastizitäten die (totale) Ableitung dq/dp anstelle der partiellen Ableitung verwendet. Korrekt ist die partielle Ableitung, denn stets wird der Einfluß einer Variablen auf die Nachfrage unter der impliziten oder expliziten Annahme untersucht, die anderen Einflußgrößen seien konstant.

20 Auf eine Indizierung von q und p mit i wurde verzichtet.

Nachfrage nach Gut i ab, wenn der Preis von Gut j fällt. Komplementäre Güter, wie etwa Tabak und Pfeife, sind nur nutzenstiftend, wenn sie gleichzeitig und in einem bestimmten mengenmäßigen Verhältnis konsumiert werden. Steigt daher der Preis für eines der Güter und geht daraufhin dessen Konsum zurück, wird auch weniger vom hierzu komplementären Gut benötigt. Demnach ist bei komplementären Gütern die Kreuzpreiselastizität negativ, bei substitutiven Gütern positiv. Berücksichtigt man allerdings, daß Preisänderungen stets Substitutions- und Einkommenseffekte haben, ist diese Charakterisierung nicht ganz korrekt. Denkbar ist beispielsweise, daß Gut i komplementär zu Gut j ist und außerdem inferior, so daß bei einem Überwiegen des Einkommenseffektes die Kreuzpreiselastizität nichtsdestoweniger positiv ist. Um derartige Fälle zu berücksichtigen, heißen Güter Bruttosubstitute (-komplemente) wenn $\varepsilon_{q_i, p_j} > 0$ (< 0) ist. Von Nettosubstituten (-komplementen) spricht man hingegen, wenn nach Eliminierung des Einkommenseffektes $\varepsilon_{q_i, p_j} > 0 (< 0)$ ist.

Vernachlässigen wir für einen Augenblick die Abhängigkeit der Nachfrage von allen anderen Größen und betrachten nur den Zusammenhang zwischen Preis und Menge eines Gutes in Gestalt der Funktion $q = q(p)$. Ist diese Funktion eine Gerade, wie in *Abbildung 2.11a* dargestellt[21], kann die direkte Preiselastizität der Nachfrage in Punkt B durch das Streckenverhältnis $\overline{BD}/\overline{BE}$ ausgedrückt werden.[22]

---

[21] Ökonomischer Tradition zufolge, wird dabei die unabhängige Variable p nicht wie üblich auf der Abszisse, sondern auf der Ordinate abgetragen.

[22] Es ist $\frac{\partial q}{\partial p} \equiv \frac{dq}{dp} = \frac{1}{dp/dq} = \frac{1}{-\tan\alpha} = \frac{1}{-\frac{\overline{CE}}{\overline{CB}}} = -\frac{\overline{CB}}{\overline{CE}}$.

Somit ist $\varepsilon_{q,p} = -\frac{\overline{CB}}{\overline{CE}} \cdot \frac{\overline{OC}}{\overline{CB}} = -\frac{\overline{OC}}{\overline{CE}}$.

Hieraus folgt wegen

$\sin\alpha = \frac{\overline{CE}}{\overline{BE}} = \frac{\overline{OC}}{\overline{BD}}$ und somit $\frac{\overline{OC}}{\overline{CE}} = \frac{\overline{BD}}{\overline{BE}}$

$$\varepsilon_{q,p} = -\frac{\overline{BD}}{\overline{BE}}.$$

$$\varepsilon_{q,p} = -\frac{\overline{BD}}{\overline{BE}}$$

Entlang einer linearen Nachfragefunktion nimmt $\varepsilon_{q,p}$ daher die in *Abbildung 2.11 b* angegebenen Werte ein.

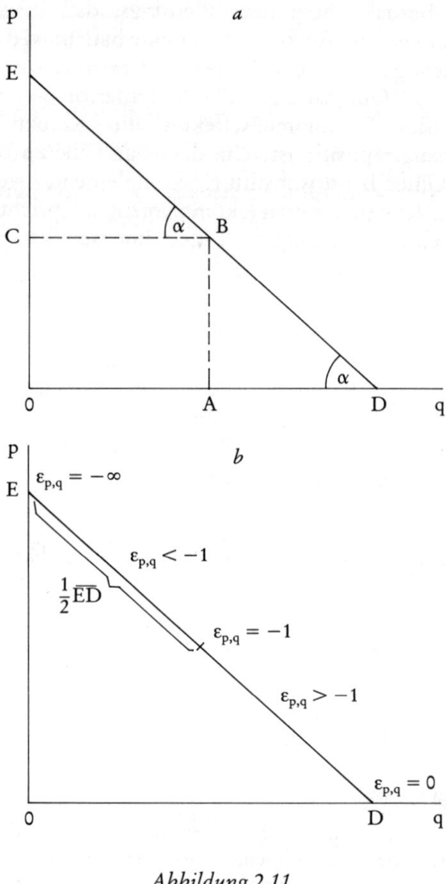

Abbildung 2.11

3. Indirekte Nutzenfunktion, Ausgabenfunktion und kompensierte Nachfragefunktion

Indirekte Nutzenfunktion

Setzt man die optimalen Güterquanten, die das Maximierungsproblem (1) lösen und die gemäß den vorstehenden Ausführungen Funktionen der Preise und des Einkommens sind, in die Nutzenfunktion ein, erhält man die sogenannte indirekte Nutzenfunktion

$$V(\mathbf{p}, y) := U(q_1(\mathbf{p}, y), q_2(\mathbf{p}, y), \ldots, q_n(\mathbf{p}, y)),$$

wobei $\mathbf{p} = (p_1, p_2, \ldots, p_n)$ ist. Sie gibt den zu jeder Preis-Einkommens-Konstellation $(\mathbf{p}, y)$ gehörigen maximalen Nutzen an.

Die indirekte Nutzenfunktion wächst strikt monoton mit y, d. h. aus $y > y'$ folgt $V(\mathbf{p}, y) > V(\mathbf{p}, y')$, fällt strikt monoton mit $\mathbf{p}$, d. h. aus $\mathbf{p} > \mathbf{p}'$ folgt $V(\mathbf{p}, y) < V(\mathbf{p}', y)$ und ist homogen vom Grade Null in $(\mathbf{p}, y)$.[23, 24]

Ausgabenfunktion

Sei $U^* = U(\mathbf{q}^*)$ und $\mathbf{q}^*$ die Lösung von (1). Wir können ein zu (1) duales Entscheidungsproblem formulieren: Bei gegebenen Preisen soll der Haushalt das Konsumbündel wählen, das den Nutzen U^* mit den geringstmöglichen Ausgaben $a = \mathbf{p}^T\mathbf{q} = \sum_{i=1}^{n} p_i q_i$ erreicht:

$$\begin{aligned} &\textit{min } a = \mathbf{p}^T\mathbf{q} \\ &\textit{unter der Nebenbedingung} \\ &U^* = U(\mathbf{q}). \end{aligned} \tag{1'}$$

---

[23] Zu weiteren Eigenschaften der indirekten Nutzenfunktion, die aus A 1–A 6 folgen, siehe z. B. *Varian* (1985), S. 126 f.

[24] Beweis: Sei $y > y'$. Wenn $\mathbf{q}'$ der zu $(\mathbf{p}, y')$ gehörige optimale Konsumplan ist, d. h.

$$\mathbf{p}^T\mathbf{q}' = \sum_{i=1}^{n} p_i q_i' = y'$$

gilt, dann ist mit y ein Güterbündel $\mathbf{q}''$ erreichbar, das zumindest von einem Gut mehr enthält bei gleichen Mengen der anderen Güter wie $\mathbf{q}'$. Aus A 5 folgt dann aber $U(\mathbf{q}'') > U(\mathbf{q}')$ und damit $V(\mathbf{p}, y) > V(\mathbf{p}, y')$. Analog kann die strikte Monotonie in $\mathbf{p}$ bewiesen werden.
Die Nullhomogenität folgt aus der Tatsache, daß die Hyperebene $\mathbf{p}^T\mathbf{q} = y$ mit der Hyperebene $a\mathbf{p}^T\mathbf{q} = ay$ identisch ist.

Betrachten wir *Abbildung 2.4.* Der Nutzenindex, welcher der Indifferenzkurve I_2 zugeordnet ist, entspricht U^*. Bei gegebenen Preisen p_1 und p_2 kann eine Schar von Ausgabenkurven $a = p_1q_1 + p_2q_2$ definiert werden. Sie haben die gleiche Steigung wie die Budgetgerade, nämlich $-p_1/p_2$. Je größer a gewählt wird, desto weiter rechts oben in der q_1-q_2-Ebene liegt die entsprechende Ausgabenkurve. Um U^* zu erreichen, ist offensichtlich zumindest $a = y$ aufzuwenden, d. h. die ausgabenminimierende Lösung (1′) fällt mit der nutzenmaximierenden Lösung (1) zusammen. Dieses Ergebnis gilt auch für $n > 2$.[25]

Gehen wir davon aus, daß die optimalen Gütermengen $\bar{q}_i$ der Lösung $\mathbf{q}^*$ von (1′) differenzierbare Funktionen der unabhängigen Variablen des Minimierungsproblems sind, d. h. Funktionen der Preise $\mathbf{p} = (p_1, p_2, \ldots, p_n)$ und des Nutzens U. Dann können wir eine Funktion

$$a(\mathbf{p}, U) := \sum_{i=1}^{n} p_i \bar{q}_i(\mathbf{p}, U)$$

definieren. Diese Funktion heißt Ausgabenfunktion. Sie gibt für gegebene Preise die minimalen Ausgaben an, die notwendig sind, um den Nutzen U zu erreichen.

Die Ausgabenfunktion ist die Inverse, d. h. die Umkehrfunktion der indirekten Nutzenfunktion. Wie wir gesehen haben, ist die indirekte Nutzenfunktion strikt monoton in y. Sie kann folglich nach y als Funktion von $\mathbf{p}$ und U aufgelöst werden. Dafür schreiben wir

---

[25] Beweis: Wie bereits erwähnt wurde, sichern A 1–A 6 die Existenz einer eindeutigen Lösung von (1). Wir setzen voraus, daß auch (1′) eindeutig lösbar ist. Wir zeigen zunächst, daß dann eine Lösung $\mathbf{q}^*$ des Maximierungsproblems (1) zugleich das Minimierungsproblem (1′) löst.
Angenommen, das träfe nicht zu und ein $\mathbf{q}'$ mit $\mathbf{p}^T\mathbf{q}' < \mathbf{p}^T\mathbf{q}^*$ und $U(\mathbf{q}') = U(\mathbf{q}^*)$ würde (1′) lösen. Da $\mathbf{q}'$ und $\mathbf{q}^*$ in der Budgetmenge $B := \{\mathbf{q} : \mathbf{p}^T\mathbf{q} \leqq \mathbf{p}^T\mathbf{q}^*, \mathbf{q} \in Q\}$ liegen, die konvex ist, muß auch $\mathbf{q}'' = \lambda\mathbf{q}' + (1 - \lambda)\, \mathbf{q}^*$ in B liegen. Aus der strikten Quasikonkavität der Nutzenfunktion folgt dann $U(\mathbf{q}'') > U(\mathbf{q}^*)$. Das widerspricht der Annahme, $\mathbf{q}^*$ löse (1), folglich muß $\mathbf{q}^*$ das Minimierungsproblem lösen.
Nun beweisen wir die umgekehrte Aussage: Löst $\mathbf{q}^*$ das Minimierungsproblem (1′), dann löst es auch das Maximierungsproblem (1). Wiederum unterstellen wir, dies träfe nicht zu und es gebe ein $\mathbf{q}'$ mit $\mathbf{p}^T\mathbf{q}' = \mathbf{p}^T\mathbf{q}^*$ und $U(\mathbf{q}') > U(\mathbf{q}^*)$. Die Stetigkeit der Nutzenfunktion sichert, daß es in jeder beliebig kleinen Umgebung von $\mathbf{q}'$ ein $\mathbf{q}'' := \lambda\mathbf{q}'$, $\lambda \in (0,1)$, gibt, das $U(\mathbf{q}') > U(\mathbf{q}'') > U(\mathbf{q}^*)$ genügt und $\mathbf{p}^T\mathbf{q}'' < \mathbf{p}^T\mathbf{q}^*$ erfüllt. Dann aber könnte $\mathbf{q}^*$ das Minimierungsproblem nicht lösen.

$y = V^{-1}(\mathbf{p}, U)$. Außerdem wissen wir, daß $\mathbf{q}^*$ sowohl die Lösung von (1) als auch von (1′) ist. Demnach ist im Optimum y mit a identisch und es ist $a = a(\mathbf{p}, U) \equiv V^{-1}(\mathbf{p}, U)$.

Kompensierte Nachfragefunktion

Differenziert man die Ausgabenfunktion partiell nach dem Preis eines Gutes i, erhält man die kompensierte Nachfragefunktion $\bar{q}_i(\mathbf{p}, U)$.[26] Im Unterschied zur Nachfragefunktion $q_i(\mathbf{p}, y)$, die ein Element der Lösungsmengen von (1) ist, enthält $\bar{q}_i(\mathbf{p}, U)$ anstelle des Einkommens den Nutzen. Ändert sich der Preis des Gutes i, dann erhält man aus $\bar{q}_i(\mathbf{p}, U)$ nur die Nachfrageänderung aufgrund des Substitutionseffektes. Um zu einem höheren (geringeren) Preis weiterhin das Nutzenniveau U zu ermöglichen, müssen die Ausgaben entsprechend erhöht (gesenkt) werden. Das aber ist genau der Weg, auf dem wir den Einkommenseffekt gedanklich eliminiert haben. Aus diesem Grund wird die Nachfragefunktion $\bar{q}_i(\mathbf{p}, U)$ als kompensierte Nachfrage bezeichnen. Sie hat in jedem Punkt eine größere (kleinere) Steigung als die nicht kompensierte Nachfragefunktion $q_i(\mathbf{p}, y)$, je nach dem ob Gut i superior oder inferior ist.

Slutsky-Gleichung

Mit Hilfe der bislang abgeleiteten Beziehungen kann nun leicht ein algebraischer Ausdruck gefunden werden, der den Einfluß einer

---

[26] Beweis: Aus der Definition der Ausgabenfunktion folgt

$$a(\mathbf{p}, U) - \sum_{i=1}^{n} p_i \bar{q}_i(\mathbf{p}, U) = 0.$$

Sei $\mathbf{p}' = (p'_1, p'_2, \ldots, p'_n)$ ein anderer Preisvektor und $\bar{\mathbf{q}}'_1 = (\bar{q}'_1, \bar{q}'_2, \ldots, \bar{q}'_n)$ die zugehörige Lösung von (1′). Dann gilt:

$$a(\mathbf{p}', U) = \sum_{i=1}^{n} p_i' \bar{q}_i'(\mathbf{p}', U) \leqq \sum_{i=1}^{n} p_i' \bar{q}_i(\mathbf{p}, U),$$

weil die $\bar{q}_i$ bezüglich $\mathbf{p}'$ nicht optimal sind. Daraus folgt:

$$a(\mathbf{p}', U) - \sum_{i=1}^{n} p_i' \, \bar{q}_i(\mathbf{p}, U) \leqq 0.$$

Dieser Ausdruck erreicht sein Maximum, d.h. den Wert Null, wenn $\mathbf{p} = \mathbf{p}'$. Notwendig für ein Maximum ist aber, daß dort alle partiellen Ableitungen verschwinden:

$$\frac{\partial a}{\partial p_i'} - \bar{q}_i(\mathbf{p}', U) = 0.$$

Preisänderung auf die Güternachfrage in Substitutions- und Einkommenseffekt aufspaltet.

Im Nutzenmaximum bzw. Ausgabenminimum gilt

$$\bar{q}_i(\mathbf{p}, U^*) \equiv q_i(\mathbf{p}, a(\mathbf{p}, U^*)),$$

denn dort ist $y \equiv a(\mathbf{p}, U^*)$. Leitet man diese Identitätsgleichung nach p_i ab, erhält man

$$\frac{\partial \bar{q}_i(\mathbf{p}, U^*)}{\partial p_i} = \frac{\partial q_i(\mathbf{p}, y)}{\partial p_i} + \frac{\partial q_i(\mathbf{p}, y)}{\partial y} \cdot \frac{\partial a(\mathbf{p}, U^*)}{\partial p_i}.$$

Wegen $\partial a/\partial p_i = \bar{q}_i(\mathbf{p}, U^*) \equiv q_i(\mathbf{p}, a(\mathbf{p}, U^*))$ folgt:

$$\frac{\partial q_i(\mathbf{p}, y)}{\partial p_i} = \frac{\partial \bar{q}_i(\mathbf{p}, U^*)}{\partial p_i} - \frac{\partial q_i(\mathbf{p}, y)}{\partial y} q_i(\mathbf{p}, y).$$

Diese Gleichung heißt *Slutsky*-Gleichung. Eine Preisänderung um $\triangle p_i$ führt demnach näherungsweise zu einer Nachfrageänderung um $\triangle q_i$, die sich wie folgt zusammensetzt:[27]

$$\triangle q_i \approx \frac{\partial q_i}{\partial p_i} \triangle p_i = \underbrace{\frac{\partial \bar{q}_i}{\partial p_i} \triangle p_i}_{\text{Substitutionseffekt}} - \underbrace{\frac{\partial q_i}{\partial y} q_i \triangle p_i}_{\text{Einkommenseffekt}}$$

III. Das Faktorangebot des Haushalts

1. Das Arbeitsangebot

Wir geben nun die Annahme auf, das Einkommen des Haushalts, über das er für Konsumzwecke verfügen kann, sei vorgegeben. Statt dessen betrachten wir einen Haushalt, der zu dem vorgegebenen Lohnsatz w arbeiten kann. Bei einer Arbeitszeit von n erzielt er ein Einkommen von $y = wn$. Hierfür kann er Konsumgüter erwerben. Ist $t > 0$ das Zeitbudget des Haushalts, beispielsweise 24 bzw. 720 Stunden, wenn wir die tägliche bzw. monatliche Arbeitsangebotsentscheidung untersuchen, dann ist seine Freizeit $f = t - n$.

---

[27] Diese Formel folgt aus dem Begriff des Differentials einer Funktion. Siehe hierzu Abschnitt B. II des Vierten Kapitels.

Wir unterstellen, das Wohlbefinden des Haushalts hänge von seiner Freizeit und den konsumierten Gütermengen ab. Arbeit ist damit nur indirekt nutzenstiftend, weil aus dem erzielten Einkommen Güter gekauft werden können. Ein direkter Nutzen der Arbeit, etwa durch die sozialen Kontakte am Arbeitsplatz oder die Selbstentfaltung, die Arbeit (manchem) ermöglicht, wird ausgeschlossen. Bezogen auf unser theoretisches Instrumentarium, hat der Haushalt demnach eine Präferenzordnung, die über Güterbündel definiert ist, die außer den Quanten der Konsumgüter noch die Menge an Freizeit enthalten. Wir beschränken uns auf ein Konsumgut q, stellen dessen Menge und die Menge an Freizeit durch nicht-negative reelle Zahlen dar, gehen davon aus, beide Gütermengen seien unendlich teilbar und setzen voraus, daß die Präferenzordnung auf R_+^2 A 1–A 6 genügt. Wir können dann von der Nutzenfunktion U(q, f) ausgehen. Sie sei zweimal stetig differenzierbar.

Sei p der Preis des Konsumgutes. Die Budgetrestriktion des Haushalts ist dann $pq = w(t - f)$ und sein Entscheidungsproblem lautet

max $U(q, f)$

unter der Nebenbedingung

$pq = w(t - f)$.

Abbildung 2.12 zeigt die graphische Lösung dieser Aufgabe.

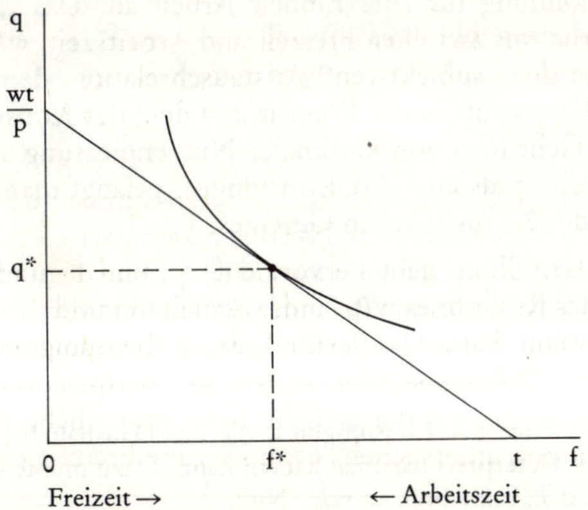

Abbildung 2.12

Die Budgetrestriktion ist eine Gerade mit der Steigung $dq/df = -w/p$ und den Achsenabschnitten wt/p und t.[28] Die Nutzenfunktion wird durch Indifferenzkurven repräsentiert, die dicht die q-f-Ebene bedecken. Das Nutzenmaximum liegt dort, wo eine Indifferenzkurve die Budgetlinie tangiert, d. h. beim Punkt (q^*, f^*). Die nutzenmaximale Arbeitszeit des Haushalts ist demgemäß $n^* = t - f^*$, sie entspricht dem Streckenabschnitt $\overline{tf^*}$ auf der Abszisse von *Abbildung 2.12.*

Im Optimum entspricht die Steigung der Indifferenzkurve, die Grenzrate der Substitution, der Steigung der Budgetlinie. Die Grenzrate der Substitution erhalten wir wieder aus dem totalen Differential der Nutzenfunktion:[29]

$$dU = U_q dq + U_f df = 0 \Rightarrow \frac{dq}{df} = -\frac{U_f}{U_q}.$$

Folglich ist das Nutzenmaximum charakterisiert durch die Bedingung:

$$\frac{w}{p} = \frac{U_f}{U_q}.$$

Auf der linken Seite dieser Gleichung steht der relative Preis der Freizeit. Nimmt sie um eine Einheit zu, sinkt das Einkommen um w und damit der Konsum um w/p. Der Ausdruck w/p kann daher auch als Reallohn bezeichnet werden. Er gibt, in Gütereinheiten gemessen, die Entlohnung für eine Einheit Arbeit an. Das „objektive" Austauschverhältnis zwischen Freizeit und Arbeitszeit, w/p, muß im Maximum mit der „subjektiven" Austauschrelation, dem Quotienten aus dem Grenznutzen der Freizeit und dem des Konsums, übereinstimmen. Geht man von kardinaler Nutzenmessung aus und interpretiert Freizeit als eine Art Konsumgut, gelangt man wiederum zur Aussage des 2. *Gossen*schen Gesetzes.

Aus dieser Darstellung geht hervor, daß q^* und f^* und damit n^* Funktionen des Reallohnes w/p sind, wenn man t und die Präferenzordnung konstant hält. Der Verlauf der Arbeitsangebotsfunktion

---

[28] wt/p ist die Menge des Konsumgutes, die der Haushalt bei gegebenem Lohnsatz und Güterpreis maximal kaufen kann. Dazu müßte er allerdings nur arbeiten, d. h. seine Freizeit wäre Null.

[29] $U_q := \frac{\partial U}{\partial q}$; $U_f := \frac{\partial U}{\partial f}$

n = n(w/p) hängt wiederum von Stärke und Richtung des Einkommens- und Substitutionseffektes ab. Steigt beispielsweise der Reallohn, weil bei konstantem Güterpreis der Lohnsatz erhöht wurde, dann wird Freizeit gegenüber der Arbeit relativ teuerer. Bei strikt konvexen Indifferenzkurven wird Freizeit gegen Arbeit substituiert. Dies ist der Substitutionseffekt einer Lohnerhöhung. Andererseits steigt mit der Lohnerhöhung auch das Einkommen. Die gleiche Gütermenge wie bisher kann mit einer geringeren Arbeitszeit erworben werden. Ist Freizeit ein superiores Gut, d. h. wird mit zunehmendem Einkommen mehr Freizeit gewünscht, sinkt das Arbeitsangebot durch den Einkommenseffekt. Das Arbeitsangebot nimmt folglich mit steigendem Reallohn dann zu, wenn der Substitutionseffekt den Einkommenseffekt dominiert oder die Freizeit ein inferiores Gut ist, wofür wenig spricht. In diesen beiden Fällen erhält man die folgende Arbeitsangebotsfunktion eines Haushaltes:

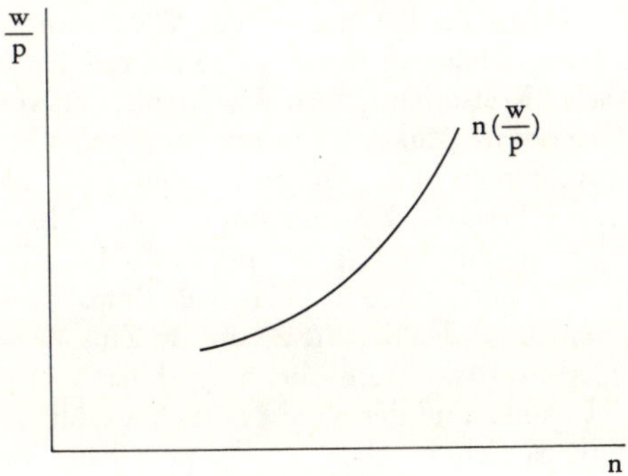

Abbildung 2.13

2. Sparen und Kapitalangebot

Wir sind bislang stets davon ausgegangen, daß der von uns betrachtete Haushalt sein Einkommen vollständig zum Erwerb von Konsumgütern nutzt. Dieses Verhalten ist rational, solange von der Unersättlichkeit der Bedürfnisse ausgegangen wird, und davon, daß der Haushalt nur für eine Periode plant. Menschliches Verhalten ist aber in aller Regel nicht nur gegenwartsbezogen. Wir müssen deshalb den Analyserahmen auf die zeitliche Dimension der Haushaltsentscheidung ausweiten.

Plant ein Haushalt für mehrere Perioden, kann er seinen künftigen Konsum beeinflussen, indem er in der Gegenwart auf Konsum verzichtet, d.h. spart. Legt er die Ersparnis zinsbringend an, verfügt er künftig über ein höheres Einkommen. Seine Konsummöglichkeiten in der Zukunft werden vergrößert. Die Palette der Möglichkeiten, Ersparnisse zinsbringend anzulegen, ist groß. Sie reicht von Spareinlagen bei Banken über von Unternehmen emittierte festverzinsliche Wertpapiere bis hin zu verbrieften Eigentumsrechten an Unternehmen, etwa in Form von Aktien. Gleich welche Form der Anlage gewählt wird, stets stellt der Haushalt damit direkt oder indirekt den Unternehmen Produktionsmittel zur Verfügung. Aus deren produktiven Beitrag erwachsen die Zins- oder Dividendenzahlungen. Aus diesem Blickwinkel heraus, sind Sparen und Kapitalangebot zwei Seiten einer Medaille.

Wir wollen nun die Grundzüge der Spar- und Kapitalangebotsentscheidung eines Haushalts herausarbeiten. Wiederum vereinfachen wir drastisch. Unser Haushalt plane für zwei Perioden (Gegenwart und Zukunft) seine Konsumausgaben. Die Menge der Konsumgüter, die er in der Gegenwart (Zukunft) zu erwerben gedenkt, sei c_0 (c_1). Das Nominaleinkommen in der Gegenwart sei $y_0 > 0$, dasjenige der Zukunft $y_1 > 0$, der Preis des Konsumgutes sei $p_0 > 0$ bzw. $p_1 > 0$, so daß $p_0(1 + \pi) = p_1$ mit $\pi := (p_1 - p_0)/p_0$ als Inflationsrate gilt. Alternativ zum Konsum könne der Haushalt Ersparnisse zum Nominalzinssatz r anlegen oder Kredite zu diesem Zins aufnehmen, um damit seinen Gegenwartskonsum über y_0/p_0 hinaus zu vergrößern. In der zweiten Periode muß der Kredit zurückbezahlt werden. Eine Neuverschuldung ist nicht möglich. Wir können damit die Budgetrestriktion des Haushaltes aufstellen. Sie lautet:

$$(1 + r)(y_0 - p_0c_0) + y_1 = p_1c_1.$$

Auf der linken Seite steht das Einkommen, welches dem Haushalt in der Periode zwei zur Verfügung steht. Es ist die Summe aus dem künftigen Nominaleinkommen und dem verzinsten Konsumverzicht der Gegenwart. Dieses Gesamteinkommen legt die künftigen Konsumausgaben fest.

Wir wollen diese Budgetgleichung etwas umformulieren. Dazu klammern wir auf der linken Seite p_0 aus und dividieren durch p_1. Das Ergebnis ist:

$$(1 + \varrho)(e_0 - c_0) + e_1 = c_1.$$

Der Ausdruck $\varrho := (r - \pi)/(1 + \pi)$ in dieser Gleichung wird als Realzins bezeichnet. Er gibt den in Kaufkrafteinheiten gemessenen Ertrag einer Kaufkrafteinheit an, wenn diese für eine Periode zinsbringend angelegt wird.[30]

$e_0 := y_0/p_0$ ($e_1 := y_1/p_1$) ist das in Kaufkrafteinheiten angegebene Einkommen der Gegenwart (Zukunft), d. h. das Realeinkommen.

Die Präferenzen des Haushalts seien wieder durch eine zweimal stetig differenzierbare Nutzenfunktion $U(c_0, c_1)$ darstellbar. Sie bildet den Güterraum R^2_+, der nun aus allen zulässigen Paaren (c_0, c_1) besteht, auf die Menge der nichtnegativen reellen Zahlen ab. Für die der Nutzenfunktion zugrunde liegenden Präferenzordnung gehen wir von A 1–A 6 aus.

Als Grenzrate der intertemporalen Substitution bezeichnet man die Steigung der Indifferenzkurven der Nutzenfunktion $U(c_0, c_1)$. Für sie gilt:[31]

$$-\frac{dc_1}{dc_0} = \frac{U_{c_0}}{U_{c_1}},$$

d. h. die Grenzrate der Substitution entspricht dem Quotienten aus dem Grenznutzen des gegenwärtigen und des künftigen Konsums. Ist die Grenzrate der intertemporalen Substitution entlang der Winkelhalbierenden des I. Quadranten der c_0-c_1-Ebene, d. h. bei $c_0 = c_1$,

---

[30] Legt man eine Geldeinheit für eine Periode an, ist r der nominelle Zinsertrag am Ende dieser Periode. Beim Güterpreis p_1, der dann vorliegt, ist der in Kaufkrafteinheiten gemessene Ertrag folglich r/p_1 bzw. $r/(1 + \pi)p_0$. Zusätzlich zu diesem Ertrag verbucht der Anleger einen Gewinn bzw. Verlust, der sich daraus ergibt, daß sich die Kaufkraft der angelegten Geldeinheit während der Anlageperiode verändert. Ein Gewinn (Verlust) in Höhe von $(1 - p_1/p_0)$ liegt vor, wenn der künftige Güterpreis niedriger (höher) ist als der gegenwärtige. In Kaufkrafteinheiten gemessen ist dieser zusätzliche Ertrag $(1 - p_1/p_0)/p_1$. Setzt man $p_1 = (1 + \pi)p_0$ in diesen Ausdruck, ergibt sich $-\pi/(1 + \pi)p_0$. Somit ist der Gesamtertrag in Kaufkrafteinheiten, der aus der Anlage einer Geldeinheit erzielt wird: $(r - \pi)/(1 + \pi)p_0$. Da die Kaufkraft einer Geldeinheit im Anlagezeitpunkt $1/p_0$ beträgt, ist der Ertrag, bezogen auf die angelegten Kaufkrafteinheiten

$$\frac{r - \pi}{(1 + \pi)p_0} : \frac{1}{p_0} = \frac{r - \pi}{1 + \pi} = \varrho$$

[31] $U_{c_0} := \frac{\partial U}{\partial c_0}$; $U_{c_1} := \frac{\partial U}{\partial c_1}$

größer als Eins, ist der Haushalt mithin nur dann bereit, auf eine Einheit Gegenwartskonsum zu verzichten, wenn er dafür mehr als eine Einheit künftigen Konsums erhält, spricht man davon, der Haushalt habe eine positive Zeitpräferenz.

Das Entscheidungsproblem des Haushalts kann nun formuliert werden. Es lautet:

max $U(c_0, c_1)$

unter der Nebendingung

$(1 + \varrho)(e_0 - c_0) + e_1 = c_1.$

Abbildung 2.14 zeigt die Lösung dieses Problems.

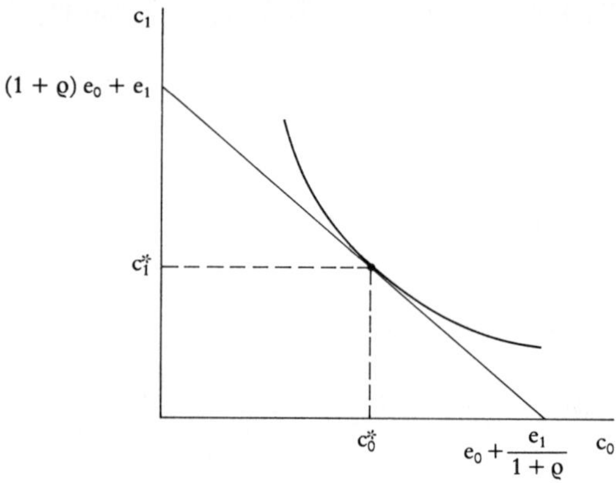

Abbildung 2.14

Die Budgetrestriktion ist wiederum eine Gerade mit der Steigung $dc_1/dc_0 = -(1 + \varrho)$ und den Achsenabschnitten $e_0 + e_1/(1 + \varrho)$ bzw. $(1 + \varrho)e_0 + e_1$. Das Nutzenmaximum liegt dort, wo eine Indifferenzkurve zur Tangente an die Budgetgerade wird. In diesem Punkt (c_0^*, c_1^*) entspricht die Steigung der Indifferenzkurve der Steigung der Budgetgeraden. Es gilt mithin:

$$\frac{U_{c_0}}{U_{c_1}} = 1 + \varrho.$$

Das subjektive Austauschverhältnis zwischen Gegenwarts- und Zukunftskonsum entspricht der vorgegebenen Austauschrate, d. h. dem Realzins.

Aus diesem Ergebnis folgt, daß die Ersparnis des Haushalts eine Funktion des Realzinses und seines (hier vorgegebenen) Einkommensstromes ist. Zinsänderungen haben wieder Einkommens- und Substitutionseffekte zur Folge. Sinkt der Zins, wird heutiger Konsum gegenüber künftigem Konsum billiger. Der Konsum in der Gegenwart wird vergleichsweise zunehmen. Sind gegenwärtiger und künftiger Konsum normale Güter, wird andererseits aufgrund des Einkommenseffektes der Konsum beider Perioden sinken. Ist der Substitutionseffekt stets betragsmäßig größer als der Einkommenseffekt oder ist der Konsum der Gegenwart ein inferiores Gut, so steigt die Ersparnis, wenn der Realzins zunimmt: $s(\varrho) := e_0 - c_0(\varrho)$, $s' > 0$.

Kontrollfragen

(1) Was ist ein wirtschaftliches Gut? Unterscheiden Sie private und öffentliche Güter anhand des Ausschlußprinzips. Zeigen Sie die sachliche und zeitliche Interdependenz der Entscheidungstatbestände im Entscheidungsfeld eines Haushalts.

(2) Erläutern Sie die Begriffe Güterbündel, Güterraum und Budgetrestriktion. Was versteht man unter einer Nutzenfunktion? Unterscheiden Sie kardinale und ordinale Nutzenfunktionen. Welche Beziehung besteht zwischen dem Konzept einer Präferenzordnung und dem Konzept der Nutzenfunktion? Wann spricht man von einer vollständigen, transitiven, reflexiven, stetigen, strikt konvexen Präferenzordnung? Was bedeutet Unersättlichkeit? Was ist eine Indifferenzkurve? Leiten Sie den algebraischen Ausdruck für die Steigung einer Indifferenzkurve, die sogenannte Grenzrate der Substitution, her.

(3) Leiten Sie für $n = 2$ den optimalen Konsumplan eines Haushalts graphisch her. Welcher Bedingung genügt dieser Plan? Leiten Sie für eine differenzierbare kardinale Nutzenfunktion $U(q)$, $q = (q_1, q_2, \ldots, q_n)$, aus den notwendigen Bedingungen für ein Nutzenmaximum des 2. *Gossen*sche Gesetz ab.

(4) Welchen Zusammenhang beschreibt die allgemeine Nachfragefunktion nach einem Gut? Was bedeutet die Feststellung, diese Funktion sei homogen vom Grade null in p und y? Welche spe-

ziellen Nachfragefunktionen können aus der allgemeinen Nachfragefunktion abgeleitet werden? Leiten Sie für n = 2 graphisch die spezielle Nachfragefunktion $q_1 = q_1 (\bar{p}_1, \bar{p}_2, y)$ ab; unterstellen Sie hierbei, Gut 1 sei inferior. Unterscheiden Sie zwischen Einkommens-Konsum- und Preis-Konsum-Kurve. Welche Beziehung besteht zwischen der Annahme A 6 und der Richtung des Substitutionseffektes? Stellen Sie für n = 2 graphisch Einkommens- und Substitutionseffekt einer Preisänderung für Gut 2 dar. Wann spricht man vom *Giffen*-Fall? Wodurch unterscheiden sich Punkt- und Bogenelastizität? Welche Elastizitätsbegriffe werden aus der allgemeinen Nachfragefunktion für ein Gut abgeleitet?

(5) Erläutern Sie die Begriffe indirekte Nutzenfunktion, Ausgabenfunktion und kompensierte Nachfragefunktion. Leiten Sie mittels dieser Konzepte die *Slutsky*-Gleichung ab. Was stellt diese Gleichung dar?

(6) Bestimmen Sie graphisch das nutzenmaximale Arbeitsangebot eines Haushaltes. Angenommen, Freizeit und Konsum sind superiore Güter, unter welcher Bedingung hat dann die Arbeitsangebotsfunktion eine positive Steigung? Wann spricht man davon, der Haushalt habe eine positive Zeitpräferenz? Was versteht man unter dem Realzins? Leiten Sie algebraisch die Bedingung für einen optimalen Zwei-Perioden-Konsumplan ab. Wann hat die Sparfunktion eines Haushaltes eine positive Steigung?

Literatur zur Ergänzung und Vertiefung

Baumol (1977), Chapter 9, 10 und 14; *Böventer* (1984), Kapitel II; *Herberg* (1985), Kapitel 2; *Neumann* (1982), Band II, V. Kapitel; *Schumann* (1984), Kapitel I; *Varian* (1985), Kapitel 3.

B. Theorie des Unternehmens

I. Wirtschaftliche Entscheidungen des Unternehmens

1. Das Entscheidungsfeld

Wie bereits erwähnt, bezeichnen wir als Unternehmen diejenigen Wirtschaftssubjekte, die Rohstoffe und Vorprodukte mit Hilfe von Maschinen und menschlicher Arbeitskraft in konsumreife Güter oder weitere Vorprodukte umwandeln. Wirtschaftliche Güter sind außer durch ihre physikalisch-stofflichen Eigenschaften auch durch den Ort, an dem sie und durch die Zeit, zu der sie verfügbar sind, gekennzeichnet. Jede Veränderung dieser Merkmale ist mithin ein Transformationsprozeß. Somit zählen zu den Unternehmen nicht nur Betriebe des verarbeitenden Gewerbes, sondern beispielsweise auch Handelsbetriebe und Speditionen.

Die Gestaltung des Transformationsprozesses, d. h. die Wahl der Produktionsmethode, hängt vom jeweiligen Stand des technischen Wissens ab. Eine weitere Beschränkung in der Wahl der Produktionsverfahren bildet der zu einem bestimmten Zeitpunkt vorhandene Produktionsapparat. Für das Unternehmen stellen sich damit folgende Entscheidungsprobleme:

- In intertemporaler Hinsicht ist das Problem zu lösen, wie der Produktionsapparat im Hinblick auf künftige Marktchancen und technische Neuerungen zu verändern ist.
- In intratemporaler Hinsicht sind die Fragen zu beantworten,
  - welche Produktionsmethoden aus der durch technisches Wissen und vorhandenen Produktionsapparat beschränkten Menge möglicher Transformationsprozesse ausgewählt und realisiert werden, und
  - welche Güterarten und -mengen zu produzieren sind (Wahl des Produktprogrammes und Aktivitätsniveaus).

Die Periodenlänge, die dieser Abgrenzung der Entscheidungsprobleme zugrunde liegt, wird implizit durch den Zeitbedarf abgesteckt, der erforderlich ist, um den Produktionsapparat, also beispielsweise

Werkshallen, Verwaltungsgebäude und Fertigungsstraßen, neuen technischen und Markterfordernissen anzupassen.

Die einzelnen Teilbereiche dieses Entscheidungsfeldes sind nicht unabhängig voneinander. In sachlicher Hinsicht beeinflußt beispielsweise die Wahl des Produktprogrammes die Wahl der Produktionstechnik, soweit bestimmte Güter nur mit ganz speziellen Fertigungsverfahren erzeugt werden können. Das Ergebnis der kurzfristigen Entscheidungen bestimmt den Unternehmensgewinn. Dieser schafft die finanziellen Voraussetzungen künftiger Veränderungen des Produktionsapparates. Umgekehrt legt dessen Wahl künftige kurzfristige Handlungsmöglichkeiten fest.

Auch hier wollen wir bestimmte Teilaspekte dieser komplexen Entscheidungssituation herausgreifen und isoliert untersuchen. Das begriffliche Instrumentarium hierfür stellt der nächste Abschnitt vor.

2. Instrumente zur Analyse der Unternehmensentscheidung

Menge der Produktionsmöglichkeiten

Betrachten wir einen Produktionsprozeß y, mit dem die Mengen q_i, $i = 1, 2, \ldots, n$, von n Gütern produziert werden. Die hierbei verbrauchten Mengen m anderer Güter seien x_j, $j = 1, 2, \ldots, m$. Vernachlässigen wir die jeweilige Maßeinheit und drücken die Gütermengen nur durch reelle Zahlen aus, so kann das betrachtete Produktionsverfahren als n + m-Tupel reeller Zahlen, $y = (q_1, q_2, \ldots, q_n, x_{n+1}, x_{n+2}, \ldots, x_{n+m})$, dargestellt werden.

Die Produktionstechnik, über die ein Unternehmen verfügt, läßt sich mithin als Menge aller aufgrund dieser Technik realisierbaren Produktionsprozesse erfassen. Diese Produktionsmöglichkeitenmenge Y ist eine Teilmenge des n+m-dimensionalen euklidischen Zahlenraumes, in Zeichen: $Y \subset R^{n+m}$.

Wir können die Menge der Produktionsmöglichkeiten so weit fassen, daß sie alle bei einem gegebenen Stand des technischen Wissens möglichen Produktionsprozesse enthält. Dann enthalten einzelne Produktionsprozesse auch unterschiedliche Verbrauchsmengen von Produktionsfaktoren, die in der kurzen Frist nicht variabel sind. Bei Analysen der kurzfristigen Handlungsmöglichkeiten des Unternehmens müssen wir von gegebenen Verbrauchsmengen dieser Faktoren ausgehen. Die Produktionsmöglichkeitenmenge reduziert sich dann auf die Produktionsprozesse, die diese vorgegebenen Mengen enthalten.

Die Menge der Produktionsmöglichkeiten kann durch die Konzepte der Teilbarkeit und Additivität der Produktionsprozesse näher beschrieben werden. Gehört ein Produktionsprozeß **y** zu Y, in Zeichen $\mathbf{y} \in Y$, und gehört auch der Produktionsprozeß $\lambda\mathbf{y}$, $\lambda \in (0,1)$ zu Y, $\lambda\mathbf{y} \in Y$, liegt Teilbarkeit vor. Von Additivität spricht man, wenn zwei oder mehrere Produktionsprozesse, die einzeln möglich sind, $\mathbf{y}^1, \mathbf{y}^2 \in Y$, auch zusammen durchgeführt werden können, $\mathbf{y}^1 + \mathbf{y}^2 \in Y$.[1]

Produktionsfunktionen

Ein Produktionsprozeß wird als effizient bezeichnet, wenn es keinen anderen Produktionsprozeß gibt, der bei gleichen Faktorverbrauchsmengen (Inputs) von mindestens einem Gut mehr und von allen anderen gleich viel produziert wie dieser, bzw. wenn sich kein Produktionsprozeß findet, der bei gleichen Produktionsmengen (Outputs) von zumindest einem Faktor weniger und von allen anderen gleich viel verbraucht wie der betrachtete Prozeß. Beispielsweise sind in *Abbildung 2.15* alle Produktionsprozesse unterhalb der Segelfläche 0ABC ineffizient.

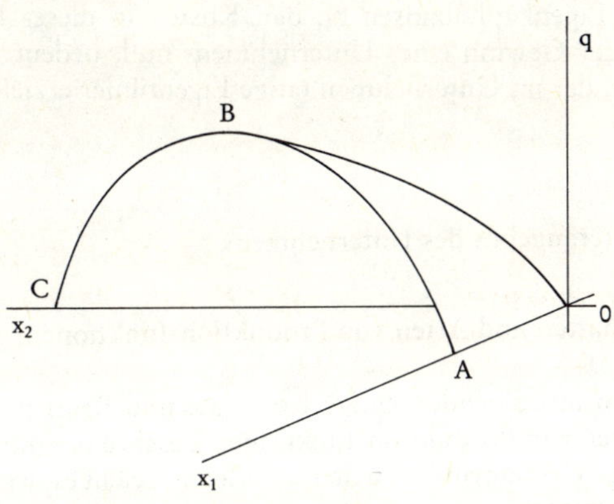

Abbildung 2.15

[1] Wobei $\lambda\mathbf{y} = (\lambda q_1, \lambda q_2, \ldots, \lambda q_n, \lambda x_1, \lambda x_2, \ldots, \lambda x_m)$
und $\mathbf{y}^1 + \mathbf{y}^2 = (q_1^1 + q^2, \ldots, q_n^1 + q_n^2, x_1^1 + x_1^2, \ldots, x_m^1 + x_m^2)$.

Die Menge aller effizienten Produktionsprozesse wird Produktionsfunktion genannt. Sie ist im allgemeinen Fall von n produzierten Gütern und m Produktionsfaktoren eine vektorwertige Funktion. Sie ordnet m-Tupeln von Inputs n-Tupel von Outputs zu.[2] Vom ökonomischen Standpunkt aus sind ineffiziente Produktionsprozesse uninteressant. Wir werden deshalb die Produktionstechnik eines Unternehmens nur mit der Produktionsfunktion darstellen.

Gewinnmaximierung

Ziel des Handelns des Haushalts war die Befriedigung seiner Bedürfnisse. Für das Unternehmen wollen wir davon ausgehen, daß es danach strebt, seinen Gewinn zu maximieren. Begrenzen wir den Planungszeitraum des Unternehmens auf eine Periode, ist der jeweilige Periodengewinn die relevante Zielgröße. Erstreckt sich der Analysezeitraum auf mehrere Perioden, muß von einer anderen Zielgröße ausgegangen werden. In Frage kommt hier die Summe der abdiskontierten Gewinne der einzelnen Perioden.

Der Gewinn einer Periode ist die Differenz aus den Erlösen und den Kosten des Unternehmens. Die Erlöse erzielt das Unternehmen durch den Verkauf seiner Produkte. Die Kosten sind der wertmäßige Ausdruck für die in der Produktion verbrauchten Faktormengen. Folglich zählen auch kalkulatorischer Unternehmerlohn und kalkulatorische Eigenkapitalzinsen zu den Kosten in dieser Begriffsfassung. Ist der Gewinn eines Unternehmens null, bedeutet das demnach nicht, der im Unternehmen tätige Eigentümer erziele kein Einkommen.

II. Das Güterangebot des Unternehmens

1. Eigenschaften und Arten von Produktionsfunktionen

Wir werden im folgenden einige Konzepte und Begriffe vorstellen, mittels derer wir Produktionsfunktionen beschreiben können. Um das jeweilige Grundprinzip zu demonstrieren, reicht es, wenn wir uns

[2] Genauer gesagt ist die Produktionsfunktion im allgemeinen Fall nur dann eine Funktion, wenn jedem Input-Tupel genau ein Ouptut-Tupel zugeordnet ist. Zur Definition von Funktionen und vektorwertigen Funktionen siehe Abschnitt B. I im Vierten Kapitel.

auf den Fall beschränken, in dem ein Gut q mittels zweier in der Betrachtungsperiode variabler Faktoren n und k_1 produziert wird. Ohne dadurch etwas einzuschränken, wollen wir zur Veranschaulichung den Faktor n als Arbeit bezeichnen und k_1 als variables Kapital. Um später kurz- und langfristige Angebotsfunktionen abzuleiten, gehen wir davon aus, daß zusätzlich zu den beiden variablen Faktoren noch ein in der Betrachtungsperiode fixer Produktionsfaktor existiert, den wir mit k_2 symbolisieren. Für längerfristige Zusammenhänge ist unsere Produktionsfunktion $q = f(n, k_1, k_2)$. Bei kurzfristigen Analysen haben wir die Produktionsfunktion $q = f(n, k_1, \bar{k}_2)$. Um die Schreibarbeit zu erleichtern, können wir den Einfluß von $\bar{k}_2$ in der Form der Produktionsfunktion erfassen, indem wir definieren: $q = g(n, k_1) := f(n, k_1, \bar{k}_2)$. Soweit Mißverständnisse ausgeschlossen sind, indizieren wir das variable Kapital nicht und schreiben dafür nur k.

Die mit der Produktionsfunktion erfaßte Beziehung ist ein Zusammenhang zwischen Stromgrößen. Betrachtet werden die während eines Zeitintervalls erzeugten und verbrauchten Gütermengen. Wenn wir einen Produktionsfaktor als fixen Faktor bezeichnen, heißt das demnach, daß die Verbrauchsmenge dieses Faktors vom Unternehmen kurzfristig nicht geändert werden kann.

Substitutionalität der Produktionsfaktoren

Existieren für eine bestimmte Outputmenge mehrere effiziente Produktionsprozesse, kann also der gleiche Output durch verschiedene Faktorkombinationen erzielt werden, spricht man von einer substitutionalen Produktionstechnik. Existiert hingegen für jede Produktionsmenge nur ein effizienter Produktionsprozeß, heißt die Produktionstechnik limitational.

Wir können diese Konzepte für unsere Produktionsfunktion $q = g(n, k)$ graphisch veranschaulichen. Dazu betrachten wir Produktionsprozesse, die eine festgelegte Menge $\bar{q}$ des Gutes produzieren. Die hierfür erforderlichen Verbrauchsmengen der Faktoren Arbeit und Kapital können wir dann in ein k-n-Diagramm eintragen.

Beschreibt die Produktionsfunktion g eine substitutionale Technik, dann muß es mindestens zwei Punkte in diesem Diagramm geben. Der geometrische Ort aller effizienten Produktionsprozesse, die zum gleichen Produktionsergebnis führen, wird als Isoquante bezeichnet.

Bei limitationaler Technik ist die Isoquante für jedes Produktionsniveau nur ein Punkt.

Gibt es für das gleiche Produktionsniveau mehrere effiziente Prozesse, ist die Verbindungslinie zwischen diesen Punkten im k-n-Diagramm konvex. Prozesse, die graphisch gesehen nordöstlich eines Prozesses liegen, sind ineffizient, da sie, um die gleiche Menge des Gutes zu produzieren, von k oder/und n mehr verbrauchen als der betrachtete Prozeß. In *Abbildung 2.16a* ist beispielsweise der Prozeß $\mathbf{y}^4$ ineffizient. Effizient sind die Prozesse $\mathbf{y}^1$, $\mathbf{y}^2$ und $\mathbf{y}^3$.

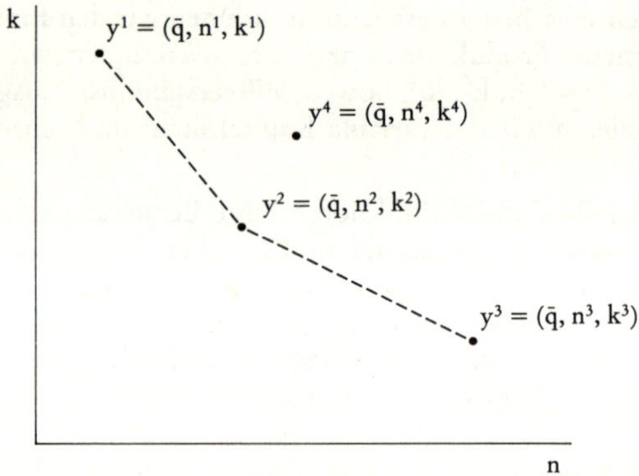

Abbildung 2.16a

Wir beschreiben nun die Eigenschaften einer substitutionalen Produktionsfunktion, die es uns erlauben, in der späteren Analyse eine Reihe mathematischer Hilfsmittel einzusetzen. Wir fordern, daß

B 1: Output- und Inputmengen unendlich teilbar sind,

B 2: die Produktionsfunktion strikt quasi-konkav ist,

B 3: die Produktion strikt monoton mit allen Inputs wächst,

B 4: die Produktionsfunktion zweimal stetig differenzierbar ist,

B 5: zulässige Faktorkombinationen alle nicht-negativen reellen Zahlen sind und der Nullvektor ein zulässiger Produktionsprozeß ist, so daß f: $R^3_+ \rightarrow R_+$ ist.

Diese Annahmen gewährleisten, daß die Isoquanten der kurzfristigen Produktionsfunktion g(n, k) strikt konvexe, stetige Kurven sind, die lückenlos die k-n-Ebene überziehen. Je weiter nordöstlich eine

Isoquante liegt, desto größer ist das Produktionsniveau, das ihr zugeordnet ist (vgl. *Abbildung 2.16b*).

Die Steigung der Isoquanten wird als Grenzrate der Substitution der Produktionsfaktoren bezeichnet. Sie gibt das Austauschverhältnis zwischen zwei Produktionsfaktoren an, das eingehalten werden muß, um weiterhin das gleiche Produktionsniveau zu erzielen. Den algebraischen Ausdruck für die Grenzrate der Substitution erhält man aus dem totalen Differential der Produktionsfunktion. Dieses ist:

$$dq = g_n dn + g_k dk,$$

wobei $g_n := \partial q/\partial n$ das Grenzprodukt der Arbeit und $g_k := \partial q/\partial k$ das Grenzprodukt des (variablen) Kapitals ist. Beide Ausdrücke sind nach B 3 positiv und nach B 4 stetige Funktionen von n und k. Sie geben den jeweiligen Produktionszuwachs an, der mit einer geringfügigen Erhöhung jeweils eines Faktors verbunden ist, wenn der Verbrauch des anderen Faktors konstant ist (partielle Faktorvariation). Werden die Faktoren entlang einer Isoquante substituiert, ändert sich das Produktionsergebnis nicht. Folglich ist $dq = 0$. Damit erhält man für die Grenzrate der Substitution:

$$-\frac{dk}{dn} = \frac{g_n}{g_k}.$$

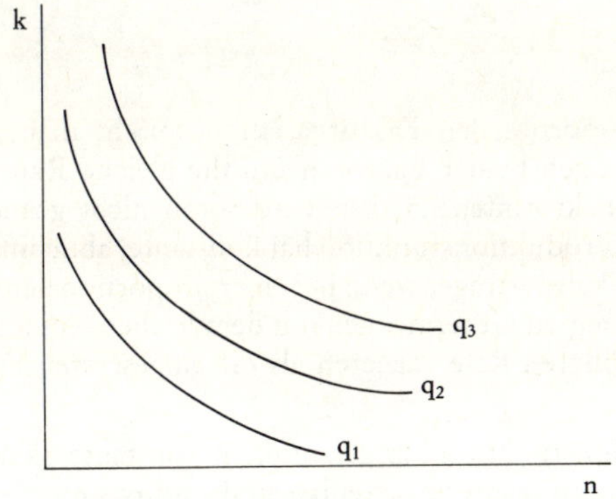

Abbildung 2.16b

Strikte Konvexität der Isoquanten bedeutet nun, daß eine stetige Verringerung eines Faktors nur dadurch ausgeglichen werden kann, daß eine immer größere Menge des anderen Faktors verwendet werden muß. Ein Ausdruck für die relative Stärke dieses Zusammenhanges ist die Substitutionselastizität σ. Als Punktelastizität für die Produktionsfunktion g(n, k) definiert, lautet der algebraische Ausdruck für σ

$$\sigma := \frac{d(k/n)}{dGRS} \cdot \frac{GRS}{k/n},$$

wobei GRS := g_n/g_k. Die Substitutionselastizität gibt mithin an, um wieviel Prozent die Kapitalintensität k/n steigt (sinkt), wenn die Grenzrate der Substitution um ein Prozent zunimmt (abnimmt).

Betrachten wir zum Kontrast eine mit analogen Eigenschaften versehene limitationale Produktionsfunktion. Jedes Produktionsniveau kann nur durch eine Inputkombination realisiert werden. Ist das Faktorverhältnis k/n für alle Outputniveaus das gleiche, führt nur eine beliebige Vervielfachung beider Faktoren, die dieses Verhältnis gleich läßt, zu einer effizienten Produktionssteigerung.

Ein Beispiel für eine derartige Technologie ist *Leontief* oder Input-Output Technologie

$$q = \min \{\alpha_1 n, \alpha_2 k\}.$$

Effiziente Prozesse sind die, für welche $\alpha_1 n = \alpha_2 k$, so daß α_1/α_2 das fixe Faktoreinsatzverhältnis ist. Die Substitutionselastizität dieser Technik ist Null.

Skalenelastizität

Von einer proportionalen Faktorvariation spricht man, wenn die Verbrauchsmengen beider Faktoren um die gleiche Rate verändert werden. Die Faktorintensität k/n wird somit nicht geändert. Man sagt nun, eine Produktionsfunktion hat konstante, abnehmende bzw. zunehmende Skalenerträge, wenn bei einer proportionalen Faktorvariation die erzeugten Gütermengen mit der gleichen, einer geringeren bzw. einer größeren Rate variieren als die eingesetzten Faktormengen.

Eine Produktionsfunktion hat genau dann konstante Skalenerträge, wenn die Produktionsprozesse teilbar und additiv sind.[3] Ist die Teil-

[3] Beweis: Zunächst zeigen wir, daß Teilbarkeit und Additivität notwendige Voraussetzungen konstanter Skalenerträge sind. Wir müssen also zeigen, daß konstante Skalenerträge Teilbarkeit und Additivität implizieren. Formal definiert, bedeuten konstante Skalenerträge, daß für jede positive Zahl,

barkeit nicht, wohl aber die Additivität gegeben, hat die Produktionsfunktion zunehmende Skalenerträge. Im umgekehrten Fall treten abnehmende Skalenerträge auf. *Abbildung 2.17* illustriert diese Fälle. Hierfür wurde von nur einem Produktionsfaktor n ausgegangen. Die Menge der Produktionsmöglichkeiten ist schraffiert. Ihr Rand ist die Produktionsfunktion.

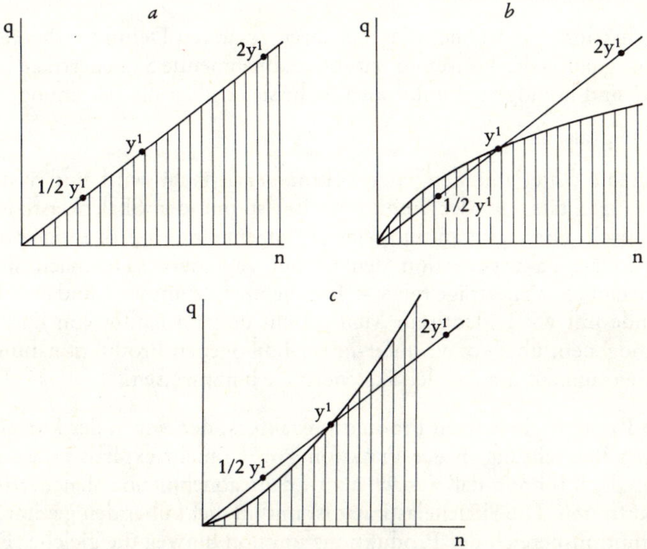

Abbildung 2.17

Bild a zeigt konstante, Bild b abnehmende Skalenerträge. Hier gilt offensichtlich für jedes $y \in Y$, daß auch $\lambda y \in Y$, $\lambda \in [0,1]$. Allerdings ist beispielsweise $y^1 + y^1 = 2\,y^1 \notin Y$. Produktionsprozesse sind dann nicht additiv, wenn bestimmte Produktionsfaktoren fix sind. In vie-

---

$\lambda > 0$, aus $y \in Y$ auch $\lambda y \in Y$ folgt. Setzen wir beispielsweise $\lambda \in [0,1]$, folgt Teilbarkeit. Wählen wir z. B. $\lambda = 2$ folgt Additivität. Nun beweisen wir den umgekehrten Zusammenhang, d. h. aus Teilbarkeit und Additivität folgen konstante Skalenerträge. Sei $\lambda > 0$ eine beliebige positive Zahl und μ die größte ganze Zahl, die in λ enthalten ist. Aus der Additivität folgt, daß wenn $y \in Y$ auch $y + y = 2\,y \in Y$, somit $2\,y + y = 3\,y \in Y$ usw., so daß wir schließlich erhalten $\mu y \in Y$. Die Teilbarkeit gewährleistet, daß auch $(\lambda - \mu)\,y \in Y$. Über die Additivität folgt dann $(\lambda - \mu)\,y + \mu y = \lambda y \in Y$.

len Fällen kann daher langfristig von Additivität ausgegangen werden. Beispielsweise kann auf längere Sicht zu einer bestehenden Werkshalle noch eine weitere gebaut werden. Bild c zeigt zunehmende Skalenerträge. Hier liegen Unteilbarkeiten vor. Beispielsweise gehört $(\frac{1}{2})\, y^1$ nicht zur Produktionsmöglichkeitenmenge, wenngleich y^1 dazugehört. Einzelne Prozesse von Y können auch zusammen betrieben werden. Sie sind additiv.

Produktionsfunktionen, die über ihren gesamten Definitionsbereich hinweg entweder konstante, zu- oder abnehmende Skalenerträge haben, sind homogene Funktionen, d. h. sie erfüllen die Gleichung

$$a^v q = g(an, ak).$$

a ist die Rate, mit der jeder Faktor vervielfacht wird und v der Homogenitätsgrad der Funktion. Er ist mit der Skalenelastizität identisch. Diese gibt an, um wieviel Prozent eine einprozentige proportionale Faktorvariation den Ouput verändert.[4] Demnach sind konstante Skalenerträge mit $v = 1$, zunehmende mit $v > 1$ und abnehmende mit $v < 1$ identisch. Man spricht deshalb häufig von linearhomogenen, über- bzw. unter-linear-homogenen Produktionsfunktionen, um auf die Art der Skalenerträge hinzuweisen.

Die Existenz eines fixen Produktionsfaktors, den wir in der kurzfristigen Betrachtung in der Funktion $g(n, k)$ nicht explizit erfassen, kann dazu führen, daß zunächst zu-, dann abnehmende Skalenerträge auftreten. Die Skalenelastizität ist mithin nicht über den gesamten Definitionsbereich der Produktionsfunktion hinweg die gleiche. Eine Funktion, die diesen Zusammenhang beschreiben kann, zugleich aber einige aus formalen Gründen wünschenswerte Eigenschaften homogener Funktionen hat, ist die homothetische Produktionsfunktion

$$q = h(g(n, k)).$$

Sie ist eine Transformation h einer linear-homogenen Funktion g. Für die Transformation h wird unterstellt, sie sei strikt monoton und

---

[4] Beweis: Wir betrachten das Produktionsniveau $\bar{q} := g(\bar{n}, \bar{k})$. Für einen beliebigen Vervielfachungsfaktor a folgt $q = a^v \bar{q} := g(a\bar{n}, a\bar{k})$. Dann ist

$$\frac{\partial q}{\partial a} = v a^{v-1} \bar{q} = v \frac{q}{a} \text{ und somit } \frac{\partial q}{\partial a} \cdot \frac{a}{q} = v.$$ Auf der linken Seite dieser Gleichung steht die Definition der Skalenelastizität.

habe einen ertragsgesetzlichen Kurvenverlauf,[5] so daß zunächst $\nu > 1$, dann $\nu < 1$.

Für eine beliebige Faktorkombination $(\bar{n},\bar{k})$ und den zugehörigen Output $\bar{q} := g(\bar{n},\bar{k})$ kann man die Funktion

$$q = a^{\nu}\bar{q} := g(a\bar{n},a\bar{k})$$

bzw. die Funktion

$$q = h(a\bar{q}) := h(g(a\bar{n},a\bar{k}))$$

definieren. Sie ist eine Ertragsfunktion bei proportionaler Faktorvariation und läßt sich graphisch in einem q-a-Diagramm darstellen. *Abbildung 2.18* zeigt die Art des Verlaufs der Ertragskurven für die vier geschilderten Typen substitutionaler Produktionsfunktionen.

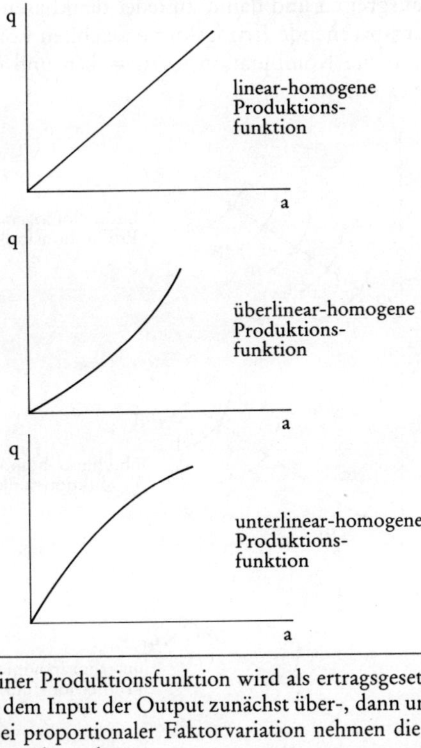

[5] Der Verlauf einer Produktionsfunktion wird als ertragsgesetzlich bezeichnet, wenn mit dem Input der Output zunächst über-, dann unterproportional wächst. Bei proportionaler Faktorvariation nehmen die Skalenerträge also zunächst zu, dann ab.

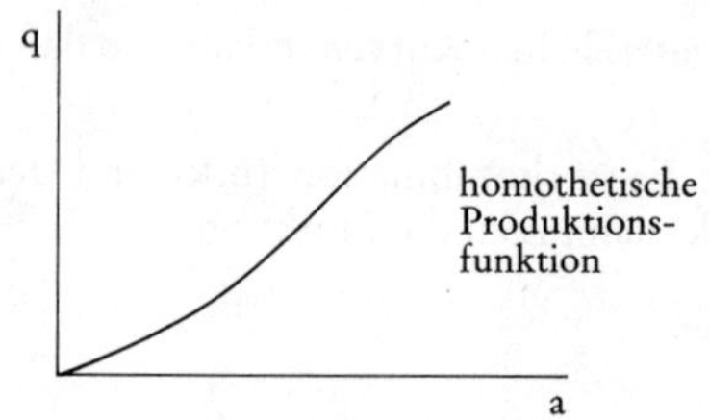

Abbildung 2.18

Für die *Leontief*-Technologie ist $q = a(\alpha_1/\alpha_2)$ die Ertragsfunktion, die somit den gleichen Kurvenzug wie die linear homogene substitutionale Produktionsfunktion hat. Der Unterschied zwischen beiden Techniken liegt darin, daß wir bei letzterer eine beliebige Kombination k/n herausgreifen und damit zu jeder denkbaren Faktorkombination eine entsprechende Ertragskurve zeichnen können, während bei ersterer nur die Kombination $\alpha_1/\alpha_2 = k/n$ und damit nur eine Ertragskurve existiert.

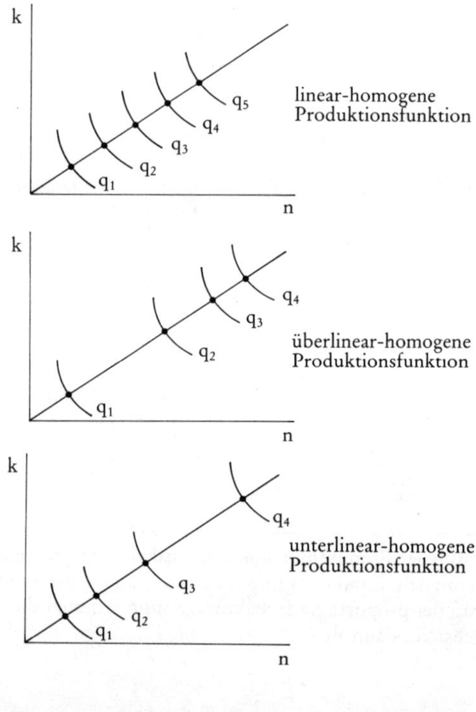

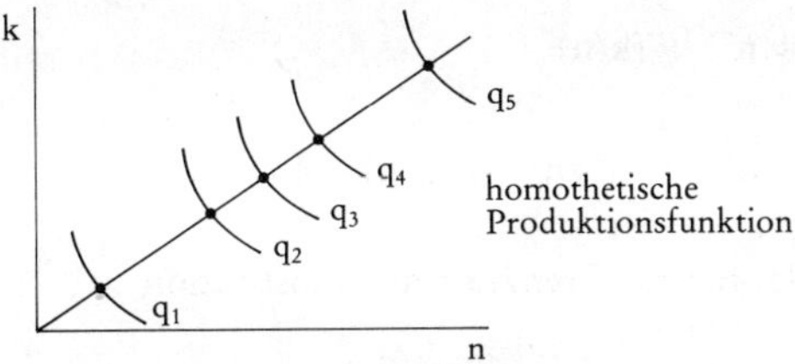

$\Delta q := q_{i+1} - q_i, i = 1, 2, 3, 4, 5$

Abbildung 2.19

Die Skalenelastizität einer Produktionsfunktion läßt sich im übrigen auch aus dem Isoquantenschema ablesen. Bei proportionaler Faktorvariation wird die Produktion entlang eines Fahrstrahls aus dem Ursprung des n-k-Diagramms verändert. Die Steigung des Fahrstrahls entspricht der konstanten Kapitalintensität k/n. Greifen wir eine Abfolge von Isoquanten heraus, die jeweils ein um $\triangle q$ höheres Produktionsniveau haben, dann sind die Isoquantenabstände entlang des Fahrstrahls gleich, nehmen zu bzw. ab, wenn konstante, ab- bzw. zunehmende Skalenerträge vorliegen (vgl. *Abbildung 2.19*).

Eigenschaften homogener und homothetischer Produktionsfunktionen

Betrachten wir eine substitutionale Produktionsfunktion, die den Annahmen B 1–B 5 genügt. Die zugehörige Funktion g(n, k) sei homogen oder homothetisch. Dann ist die Grenzrate der Substitution unabhängig vom Produktionsniveau. Sie wird nur durch die Faktorintensität k/n bestimmt. Wir zeigen dies für die homogene Produktionsfunktion $q = g(n, k)$. Dazu setzen wir $a = 1/n$ und erhalten

$$\left(\frac{1}{n}\right)^{\nu} q = g(1, k/n),$$

wofür wir auch schreiben können

$$q = n^{\nu}\,\gamma(k/n),$$

wenn wir für die Funktion $g(1, k/n)$ eine neue Funktion $\gamma(k/n)$ definieren, welche die Konstante 1 implizit in der Funktionsform erfaßt. Aus dieser letzten Gleichung erhalten wir für die Grenzprodukte beider Faktoren

$$g_k := \frac{\partial q}{\partial k} = n^{\nu-1}\gamma'(k/n)$$

$$g_n := \frac{\partial q}{\partial n} = n^{\nu-1}\left(\nu\gamma(k/n) - \gamma'(k/n)\,\frac{k}{n}\right).$$

Hieraus folgt für die Grenzrate der Substitution

$$-\frac{dk}{dn} = \frac{g_n}{g_k} = \frac{\nu\gamma(k/n) - \gamma'(k/n)k/n}{\gamma'(k/n)}.$$

Dieser Ausdruck ist eine Funktion der Faktorintensität k/n. Entlang eines Fahrstrahls aus dem Ursprung des k-n-Diagrammes ist mithin die Steigung der Isoquanten konstant und unabhängig von der Höhe der Produktion q. Auf dem gleichen Weg kann diese Aussage auch für homothetische Funktionen bestätigt werden.

Zwischen dem Produktionsergebnis und den Grenzprodukten der Faktoren besteht bei homogenen Funktionen folgende Beziehung, die auch als *Euler*-Satz für homogene Funktionen bekannt ist:

$$\nu q = \frac{\partial q}{\partial n}\,n + \frac{\partial q}{\partial k}\,k.$$

Zum Nachweis dieses Zusammenhanges brauchen wir nur die oben hergeleiteten Ausdrücke für die Grenzprodukte beider Faktoren auf der rechten Seite dieser Gleichung einsetzen und berücksichtigen, daß $q = n^{\nu}\,\gamma(k/n)$ ist.

2. Kostenfunktionen

Minimalkostenkombination

Läßt sich die Produktionstechnik eines Unternehmens durch eine substitutionale Produktionsfunktion beschreiben, die B 1–B 5 genügt, gibt es für jede Produktionsmenge q unendlich viele technisch effiziente Produktionsprozesse. Mithin stellt sich die Frage, welchen Prozeß ein Unternehmen wählt, um eine bestimmte Menge, beispielsweise $\bar{q}$, zu produzieren. Um diese Frage zu beantworten, gehen wir davon aus, daß das Unternehmen die Herstellungskosten der Menge $\bar{q}$ minimieren will. Bei einer gegebenen Produktionsmenge wird dadurch der Gewinn maximiert.

Die variablen Produktionskosten c_v, d. h. die von der Produktionsmenge abhängigen Kosten, sind

$$c_v = wn + v_1k_1,$$

wenn w der Lohnsatz je Arbeitseinheit und v_1 der Nutzungspreis einer Einheit variablen Kapitals ist. Wir wollen annehmen, beide Faktorpreise seien dem Unternehmen fest vorgegeben. Durch die Wahl eines geeigneten Produktionsprozesses können nur die variablen Kosten minimiert werden. Die Kosten des fixen Produktionsfaktors c_f, d. h. das Produkt aus dessen Nutzungspreis v_2 mit der vorgegebenen Verbrauchsmenge $\bar{k}_2$ können kurzfristig nicht beeinflußt werden. Wir können sie zunächst außer acht lassen.

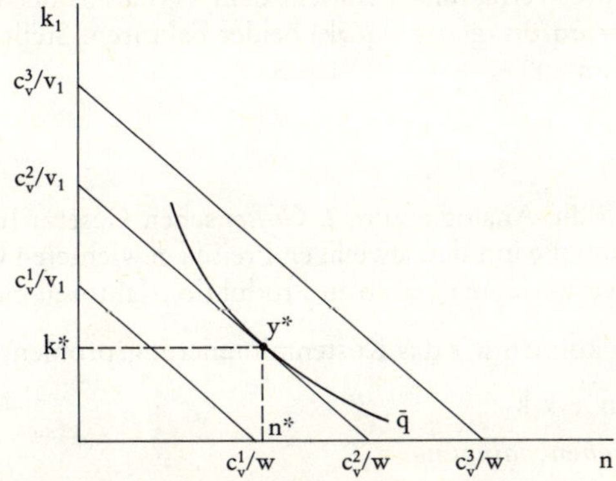

Abbildung 2.20

Das Kostenminimierungsproblem und seine Lösung, die Minimalkostenkombination, können graphisch illustriert werden. Die Isoquante in *Abbildung 2.20* beschreibt alle effizienten Produktionsprozesse, mittels derer die Menge $\bar{q}$ hergestellt werden kann. Durch die Gleichung $c_v = wn + v_1k_1$ werden alle Kombinationen von Arbeit und variablem Kapital dargestellt, die zur Kostensumme c_v führen. Die Gerade, welche diese Gleichung beschreibt, heißt daher Isokostenlinie. Sie hat die Steigung $dk/dn = - w/v_1$ und die Achsenabschnitte c_v/v_1 und c_v/w. Für verschiedene Kostensummen $c_v^1 < c_v^2 < c_v^3$ erhält man eine Schar von Isokostenkurven. Die Produktionskosten der Menge $\bar{q}$ sind offensichtlich minimal, wenn $\bar{q}$ mit dem Prozeß

$$y^* = (\bar{q}, n^*, k_1^*)$$

hergestellt wird. An dieser Stelle tangiert die Isokostenkurve mit der Kostensumme c_v^2 die Isoquante. Isokostenkurven weiter nordöstlich davon sind höhere Kosten zugeordnet. Die Kosten von Isokostenlinien unterhalb von c_v^2 sind zu gering angesetzt, um damit in ausreichender Menge Produktionsfaktoren zu beschaffen.

Im Kostenminimum entspricht die Steigung der Isokostenlinie der Steigung der Isoquanten, d. h. der Grenzrate der Substitution. Die Optimalbedingung für ein Kostenminimum lautet daher

$$\frac{w}{v_1} = \frac{g_n}{g_k}.$$

Das Faktorpreisverhältnis entspricht dem Verhältnis der Grenzprodukte ($g_n := \partial q/\partial n$, $g_k := \partial q/\partial k$) beider Faktoren. Stellt man diese Gleichung um zu[6]

$$\frac{g_n}{w} = \frac{g_k}{v_1},$$

erkennt man die Analogie zum 2. *Gossen*schen Gesetz: Im Kostenminimum sind die mit den jeweiligen Preisen gewichteten Grenzprodukte aller verwendeten variablen Produktionsfaktoren gleich groß.

Algebraisch können wir das Kostenminimierungsproblem

$$\begin{aligned} &\textit{min}\ c_v = wn + v_1 k_1 \\ &\textit{unter der Nebenbedingung} \qquad (1) \\ &\bar{q} = g(n, k_1) \end{aligned}$$

wieder mit Hilfe des *Lagrange*-Verfahrens lösen. Die *Lagrange*-Funktion lautet

$$L = wn + v_1 k_1 + \lambda[\bar{q} - g(n, k_1)].$$

Daraus erhalten wir die notwendigen Bedingungen

$$\frac{\partial L}{\partial n} = w - \lambda g_n = 0$$

---

[6] Die Produktionsfunktion $q = g(n, k)$ ist im Gegensatz zur Nutzenfunktion $U = U(q_1, q_2)$ stets auf einer kardinalen Skala definiert. Deshalb kann die Optimalbedingung auch in der zweiten Version geschrieben werden.

$$\frac{\partial L}{\partial k} = v_1 - \lambda g_k = 0$$

$$\frac{\partial L}{\partial \lambda} = \bar{q} - g(n, k_1) = 0.$$

Aus den ersten beiden Gleichungen folgt die bereits abgeleitete Optimalbedingung $w/v_1 = g_n/g_k$. Die dritte Bedingung sichert, daß $\bar{q}$ mittels eines effizienten Prozesses produziert wird, d. h. mit einem Prozeß, der zur Produktionsfunktion gehört. In der graphischen Herleitung hatten wir dies implizit unterstellt, da die Isoquante nur aus effizienten Prozessen besteht. Die notwendigen Bedingungen sind erfüllt, da nach B 2 die Produktionsfunktion g strikt quasi-konkav ist.[7] Der optimale Wert des *Lagrange*-Multiplikators gibt in diesem Problem die Grenzkosten $\partial c_v/\partial q$ an.[8]

Expansionspfad

Das Kostenminimum, das unter den Annahmen B 1–B 5 graphisch und algebraisch bestimmt wurde, ist eindeutig, wie uns ein Blick auf *Abbildung 2.20* sagt. Die variablen Produktionskosten der Menge $\bar{q}$ sind damit eindeutig durch $c_v^* = wn^* + v_1k_1^*$ bestimmt. Auf die gleiche Weise können für beliebige andere Produktionsmengen die jeweils minimalen variablen Produktionskosten gefunden werden. Addiert man jeweils die Fixkosten $c_f = v_2\bar{k}_2$ hinzu, erhält man die minimalen Gesamtkosten

$$c^* = c_v^* + c_f = c_v^* + v_2\bar{k}_2.$$

Die Kostenfunktion ist die eindeutige Zuordnung von Produktionsmengen zu ihren minimalen Produktionskosten. Aus der Optimierungsaufgabe (1) geht hervor, daß die unabhängigen Größen der Funktion der variablen Kosten die Faktorpreise w und v_1, die gegebene Verbrauchsmenge des fixen Kapitals[9] und die Produktionsmenge q sind. Für die Gesamtkosten c können wir daher schreiben

$$c = c(w, v_1, v_2, k_2, q) := c_v(w, v_1, k_2, q) + v_2k_2.$$

---

[7] Siehe Abschnitt C. V im Vierten Kapitel.

[8] Siehe ebenda.

[9] Die Grenzprodukte der Faktoren n und k_1 sind Funktionen aller Faktormengen, also auch von k_2. So erklärt sich, daß k_2 eine Determinante der Minimalkostenkombination ist.

Bei gegebenen Faktorpreisen sind die Produktionskosten nur eine Funktion der produzierten Menge. Diese spezielle Kostenfunktion $c(\bar{w}, \bar{v}_1, \bar{v}_2, \bar{k}_2, q)$ kann aus dem Expansionspfad hergeleitet werden, d.i. die Verbindungslinie der Kostenminimas aller denkbaren Produktionsmengen.

Wie gezeigt wurde, ist die Grenzrate der Substitution bei homogenen und homothetischen Produktionsfunktionen vom Produktionsniveau unabhängig. Sie wird nur von der Faktorintensität k_1/n festgelegt. Diese bestimmt sich im Kostenminimum für beide Funktionstypen aus der Gleichung

$$\frac{w}{v_1} = \frac{g_n}{g_k} = \frac{v\gamma(k_1/n) - \gamma'(k_1/n)k_1/n}{\gamma'(k_1/n)}.$$

Das vorgegebene Faktorpreisverhältnis legt mithin die Faktorintensität fest. Diese gilt dann unabhängig von der Höhe der Produktion. Der Expansionspfad ist demnach eine Gerade aus dem Ursprung des k_1-n-Diagrammes. Seine Steigung entspricht der Faktorintensität k_1/n, welche die vorstehende Gleichung löst.

Mit Ausnahme der homothetischen Produktionsfunktion gilt dieses Ergebnis für inhomogene Funktionen nicht. Deren Expansionspfad ist eine beliebig gekrümmte Kurve (siehe *Abbildung 2.21*). Aussagen über den Kostenverlauf lassen sich daher nur machen, wenn man die inhomogene Produktionsfunktion explizit angibt. Wir beschränken uns daher im weiteren auf homogene und homothetische Funktionen.

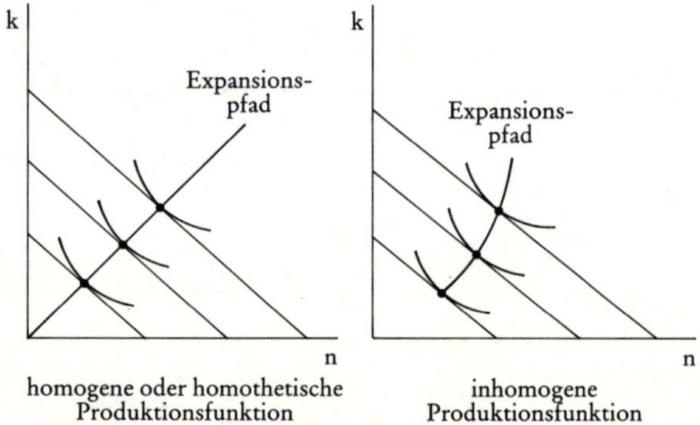

Abbildung 2.21

Gesamtkostenverläufe

Aus der zuletzt genannten Eigenschaft homogener und homothetischer Funktionen folgt, daß der Verlauf der Kurve der variablen Kosten nur mehr von der Skalenelastizität abhängt. Ist $\upsilon = 1$, steigen also Output- und Inputmenge stets im gleichen Verhältnis, muß bei gegebenen Faktorpreisen und mithin gegebener und konstanter Faktorintensität auch die Relation zwischen Produktionsmenge und Kosten konstant sein. Die Kurve der variablen Kosten ist demnach eine Gerade im c-q-Diagramm, die durch den Ursprung verläuft. Verschiebt man sie um den Betrag von c_f parallel nach oben, erhält man die Gesamtkostenkurve (siehe *Abbildung 2.22*). Ist $\upsilon > 1 (\upsilon < 1)$, wachsen also die Produktionsmengen überproportional (unterproportional) zu den Inputmengen, sinken (steigen) die Stückkosten mit der Ausbringungsmenge. Für die vier Typen von Produktionsfunktionen erhalten wir daher folgende Kostenverläufe *(Abbildung 2.22)*.

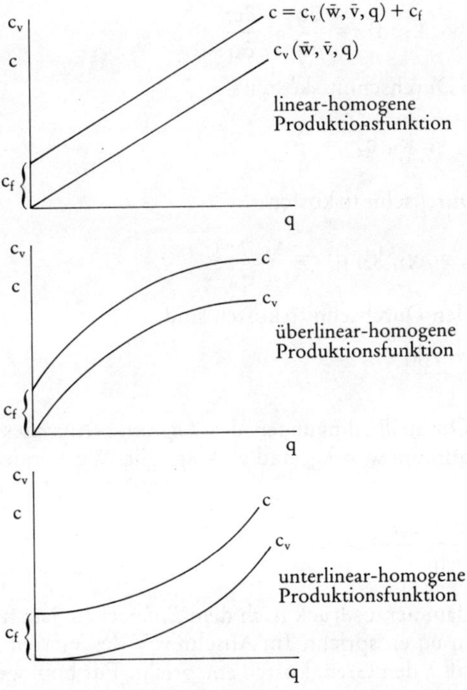

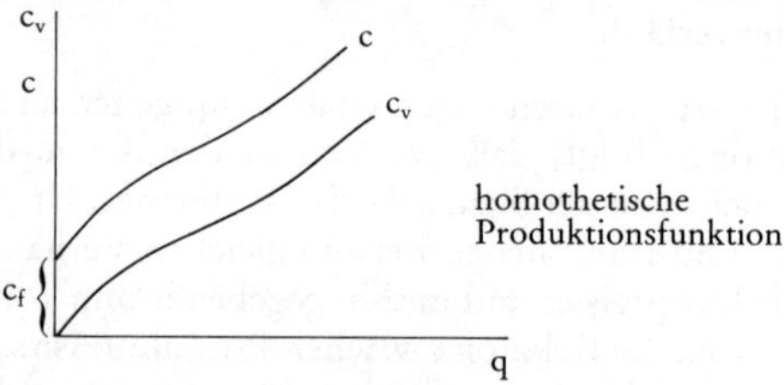

Abbildung 2.22

Grenz- und Durchschnittskosten

Aus der Kostenfunktion können weitere Funktionen abgeleitet werden:

- Grenzkosten

$$GK(w, v_1, k_2, q) := \frac{\partial c}{\partial q} \equiv \frac{\partial c_v}{\partial q}$$

- variable Durchschnittskosten

$$vDK(w, v_1, k_2, q) := \frac{c_v}{q}$$

- totale Durchschnittskosten

$$tDK(w, v_1, v_2, k_2, q) := \frac{c_v + c_f}{q}$$

Die variablen Durchschnittskosten sind

$$\frac{c_v}{q} = \frac{wn + v_1 k_1}{q}.$$

Aus den Optimalbedingungen des *Lagrange*-Ansatzes wissen wir, daß im Optimum $w = \lambda g_n$ und $v_1 = \lambda g_k$ gilt. Wir können daher auch schreiben

$$\frac{c_v}{q} = \frac{\lambda(g_n n + g_k k_1)}{q} = \upsilon\lambda,$$

weil der Klammerausdruck nach dem *Euler*schen Satz für homogene Funktionen υq entspricht. Im Abschnitt V des Vierten Kapitels zeigen wir, daß λ den Grenzkosten entspricht. Für homogene Funktionen beschreibt die vorstehende Gleichung mithin eine Beziehung zwischen variablen Durchschnittskosten, Grenzkosten und der Skalenelastizität υ. Ist die Skalenelastizität Eins, sind variable Durchschnittskosten und Grenzkosten gleich. Sie müssen dann auch konstant sein. Schließlich können die Stückkosten nur zu- bzw. abnehmen, wenn die nächste, zusätzlich hergestellte Einheit mehr- bzw. weniger kostet als der Durchschnitt der bisher produzierten Stückzahl. Ist die Skalenelastizität größer (kleiner) als Eins, sind die Grenzkosten kleiner (größer) als die durchschnittlichen variablen Kosten. Diese sinken (steigen) folglich mit der Produktionsmenge. Der Verlauf der Grenzkostenkurve kann daraus allerdings nicht abgeleitet werden.[10]

Grenz- und variable Durchschnittskosten für eine homothetische Produktionsfunktion können aus der Kombination der beiden Fälle ($\upsilon > 1$, $\upsilon < 1$) entwickelt werden. Das Minimum der Kurve der variablen und der totalen Durchschnittskosten liegt im Schnittpunkt dieser Kurven mit der Grenzkostenkurve. Dies folgt aus der gleichen Überlegung, mit der die Konstanz der variablen Durchschnittskosten im Fall konstanter Skalenerträge begründet wurde ($\upsilon = 1$). Für alle vier Typen von Produktionsfunktionen nähert sich schließlich die Kurve der totalen Durchschnittskosten der Kurve der variablen Durchschnittskosten asymptotisch an, da mit zunehmender Produktion die Fixkosten je Einheit immer geringer werden. *Abbildung 2.23* faßt die Ergebnisse dieses Abschnitts graphisch zusammen.

---

[10] Der Verlauf der Grenzkostenkurve kann aus *Abbildung 2.19* abgeleitet werden. Bei gleichen Isoquantenabständen entlang des Expansionspfades ($\upsilon = 1$) nehmen Produktionsmenge und Kosten jeweils um den gleichen Prozentsatz zu, so daß $\Delta c/\Delta q = \text{const.}$ Demnach sind die Grenzkosten konstant. Zunehmende Isoquantenabstände ($\upsilon < 1$) implizieren für gleiche Ertragszuwächse überproportional wachsenden Faktorverbrauch, so daß $\Delta c/\Delta q$ steigt. Folglich hat die Grenzkostenkurve eine positive Steigung. Abnehmende Isoquantenabstände ($\upsilon > 1$) zeigen, daß der Faktorverbrauch unterproportional zur Produktionsmenge wächst, weshalb $\Delta c/\Delta q$ sinkt. Die Grenzkostenkurve hat in diesem Fall eine negative Steigung.

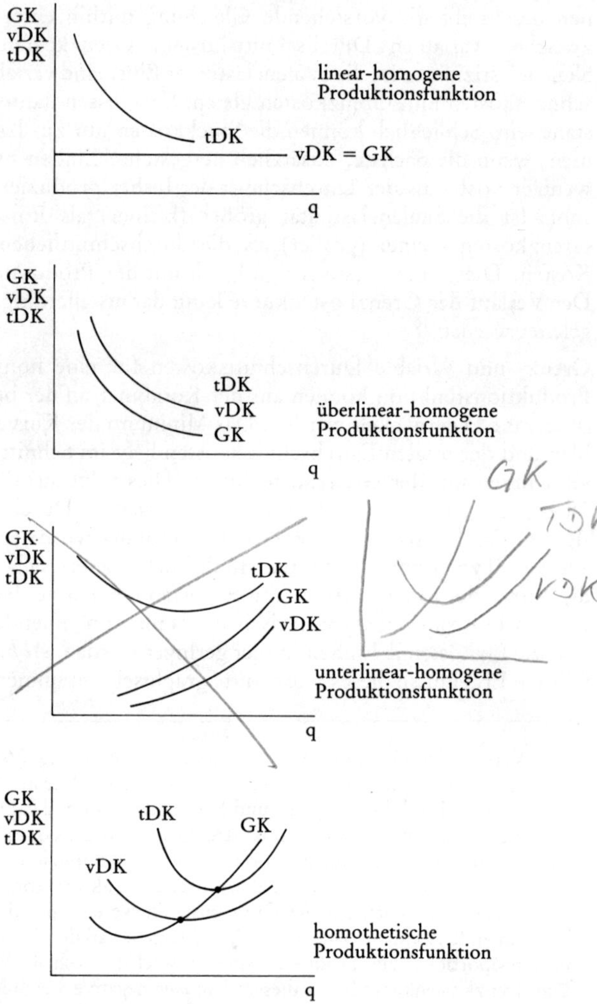

Abbildung 2.23

nicht relevant bis S 79

Kurz- und langfristige Kostenfunktion

Die Kostenfunktion $c = c(w, v_1, v_2, k_2, q)$ wurde abgeleitet, indem für jedes Outputniveau q die geringstmöglichen Kosten ermittelt wurden. Außer den Preisen für die Produktionsfaktoren wurde auch die Verbrauchsmenge des Faktors k_2 vorgegeben. Langfristig ist auch der Produktionsapparat des Unternehmens gestaltbar und variabel. Das kurzfristig fixe Kapital ist auf längere Sicht frei wählbar. Die bisher abgeleitete Kostenfunktion kann deshalb nur für die Zeitspanne gelten, für die k_2 nicht zu verändern ist. Sie ist eine kurzfristige Kostenfunktion.

Betrachten wir nun das Kostenminimierungsproblem aus längerfristiger Perspektive. Alle drei Faktoren sind nun variabel. Die Produktionsfunktion ist durch $q = f(n, k_1, k_2)$ gegeben. Die Preise der drei Produktionsfaktoren sind w, v_1, v_2. Die Minimalkostenkombination für die Produktionsmenge $\bar{q}$ ist nun die Lösung der folgenden Optimierungsaufgabe:

$$\mathit{min}\; c_\ell = wn + v_1k_1 + v_2k_2$$

unter der Nebenbedingung (2)

$$\bar{q} = f(n, k_1, k_2).$$

Wir setzen voraus, die Lösung dieses Minimierungsproblems sei eindeutig.

Die langfristige Kostenfunktion erhält man, indem für alle denkbaren Produktionsmengen diese Optimierung durchgeführt wird. Neben der Produktionsfunktion sind die exogenen Variablen dieses Optimierungskalküls die Faktorpreise und die Produktionsmenge. Die langfristige Kostenfunktion c_ℓ lautet daher:

$$c_\ell = c_\ell(w, v_1, v_2, q).$$

Jeder vorgegebenen Verbrauchsmenge des fixen Faktors k_2 ist eine spezielle kurzfristige Kostenfunktion

$$c = c(\bar{w}, \bar{v}_1, \bar{v}_2, \bar{k}_2, q)$$

zugeordnet. Wir wollen nun zeigen, daß die langfristige spezielle Kostenfunktion $c_\ell(\bar{w}, \bar{v}_1, \bar{v}_2, q)$ alle kurzfristigen Kostenfunktionen umschließt oder einhüllt. *Abbildung 2.24* illustriert diesen Gedanken.

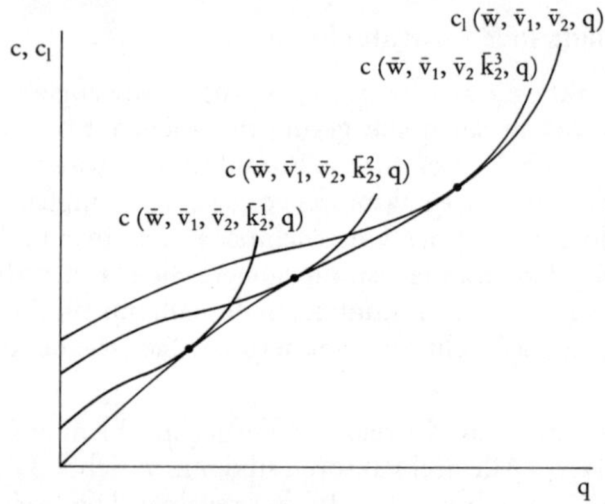

Abbildung 2.24

Für verschieden große Inputmengen des fixen Faktors, $k_2^1 < k_2^2 < k_2^3$, sind die zugehörigen kurzfristigen Kostenfunktionen eingezeichnet. Die langfristige Kostenfunktion umschließt von unten alle drei kurzfristigen Kostenfunktionen. Sie hat mit jeder genau einen Punkt gemeinsam. Zu diesem Ergebnis führt folgende Überlegung.

Für eine beliebige Produktionsmenge $\bar{q}$ sind die langfristigen Kosten c_l das Ergebnis einer optimalen Wahl der Inputmengen aller drei Produktionsfaktoren. Diese Wahl wird außer von $\bar{q}$ von den Faktorpreisen determiniert. Wir können für die optimale Lösung bezüglich k_2 deshalb $k_2^*(w, v_1, v_2, \bar{q})$ schreiben. Wurde diese Wahl getroffen, kann k_2^* kurzfristig nicht mehr geändert werden, unabhängig davon, ob die Produktionsmenge $\bar{q}$ ist oder nicht. Optimal können nur noch n und k_1 eingesetzt werden. Wir gelangen zur kurzfristigen Kostenfunktion $c(w, v_1, v_2, k_2^*, q)$. Offensichtlich ist $c(w, v_1, v_2, k_2^*, \bar{q}) \equiv c_l(w, v_1, v_2, \bar{q})$, denn die kurzfristige Kostenminimierung (1) muß für $\bar{q}$ zum gleichen Ergebnis führen wie das langfristige Kalkül (2). Denn k_2 wurde für $\bar{q}$ optimal gewählt. In $\bar{q}$ ist zudem die Steigung der kurzfristigen Kostenkurve gleich der Steigung der langfristigen Kostenkurve,[11] so daß c_l c in $\bar{q}$ tangiert.

[11] Um dies zu zeigen, unterdrücken wir zunächst die Abhängigkeit der Kosten von den Faktorpreisen. Wir definieren deshalb

$$C(q, k_2(q)) := c_\ell(\bar{w}, \bar{v}_1, \bar{v}_2, q)$$

als langfristige Kostenfunktion, wobei $k_2(q)$ die kostenminimale Verbrauchsmenge des kurzfristig fixen Kapitals bei der Menge q ist, und

Die langfristige Kostenfunktion ist nurmehr eine Funktion der Faktorpreise und der Produktionsmenge. Es gibt keine Fixkosten. Aus der langfristigen Kostenfunktion können wir daher nur eine langfristige Grenzkosten-(lGK) und variable Durchschnittskostenfunktion (lvDK) ableiten.

Der Verlauf der langfristigen Kostenfunktion wird durch die Produktionstechnik bestimmt. Hat die Produktionsfunktion $f(n, k_1, k_2)$ konstante Skalenerträge, die Funktion $g(n, k_1) := f(n, k_1, \bar{k}_2)$ hingegen zunächst zu-, dann abnehmende Skalenerträge, sind die langfristigen variablen Durchschnittskosten konstant, während die kurzfristigen u-förmig verlaufen. Möglich ist natürlich auch, daß kurz- wie langfristig zunächst zu-, dann abnehmende Skalenerträge vorliegen, so daß kurz- wie langfristige variable Durchschnittskosten mit der Produktionsmenge zunächst sinken, dann steigen (vgl. *Abbildung 2.25*).

$$C(q, k_2) := c(w, v_1, v_2, k_2, q)$$

als kurzfristige Kostenfunktion.
Im Punkt $q = \bar{q}$ gilt

$$C(\bar{q}, k_2(\bar{q})) \equiv C(\bar{q}, \bar{k}_2), \bar{k}_2 = k_2(\bar{q}).$$

Die Steigung der langfristigen Kostenkurve im Punkt $q = \bar{q}$ ist:

$$\frac{dC}{dq} = \frac{\partial C(\bar{q}, \bar{k}_2)}{\partial q} + \frac{\partial C(\bar{q}, \bar{k}_2)}{\partial k_2} \frac{dk_2}{dq}.$$

Da aber $\bar{k}_2$ die optimale Verbrauchsmenge bei $\bar{q}$ ist, muß gelten

$$\frac{\partial C(\bar{q}, \bar{k}_2)}{\partial k_2} = 0.$$

Daraus folgt:

$$\frac{dC}{dq} = \frac{\partial C(\bar{q}, \bar{k}_2)}{\partial q}.$$

Die langfristigen Grenzkosten bei $\bar{q}$ entsprechen den kurzfristigen Grenzkosten bei $(\bar{q}, \bar{k}_2)$.
Dieses Ergebnis ist ein Beispiel für die Anwendung des Einhüllungsatzes (envelop-theorem). Ausführlich hierzu *Akira Takayama* (1974), S. 160–175; *Varian* (1985), S. 336–338.

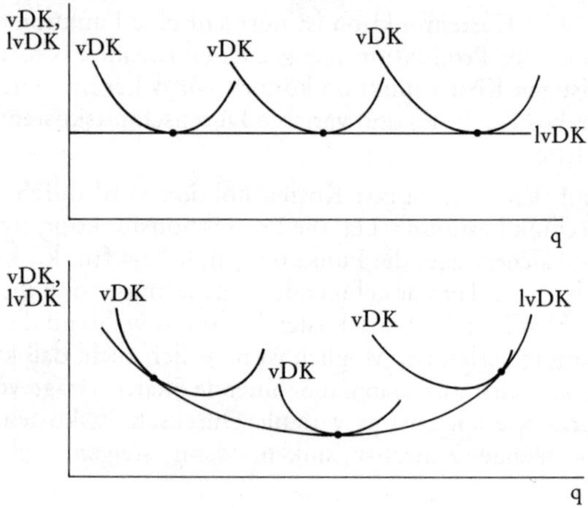

Abbildung 2.25

Dualität zwischen Produktions- und Kostenfunktion

Ähnlich der Beziehung zwischen Nutzenfunktion und Ausgabenfunktion sind auch Produktions- und Kostenfunktion duale Konzepte. Es läßt sich zeigen,[12] daß unter bestimmten Annahmen bezüglich der Eigenschaften der Produktionsmöglichkeitenmenge jeder Produktionsfunktion genau eine Kostenfunktion zugeordnet ist. Umgekehrt kann von dieser Kostenfunktion, unterstellt, sie allein wäre beobachtbar, auf die zugrundeliegende Produktionsfunktion zurückgeschlossen werden. Produktionstheoretische Zusammenhänge können mithin alternativ mittels Produktions- oder Kostenfunktion abgebildet werden.

Anschließend seien noch einige Eigenschaften der Kostenfunktion genannt, die denen der Ausgabenfunktion gleichen und die aus B 1–B 5 ableitbar sind. Insbesondere ist die Kostenfunktion linearhomogen in den Faktorpreisen, sie wächst strikt monoton mit der Produktion q, und ihre Ableitung nach dem Preis eines Produktions-

---

[12] Siehe hierzu *Baumol* (1977), S. 353–373; *Varian* (1985), S. 67ff.

faktors liefert die kompensierte Nachfragefunktion nach diesem Faktor[13] *(Shephard's Lemma).*

---

[13] Beweise: Wir beweisen diese Aussagen nur für den hier skizzierten Fall eines mit zwei Inputs produzierten Gutes. Die Verallgemeinerungen auf den n-Faktoren-Fall kann der Leser anhand der Struktur der Beweise unmittelbar herleiten.

Der *Lagrange*-Ansatz zu (1) lautet $L = wn + v_1 k_1 + \lambda(\bar{q} - g(n, k))$. Multiplizieren wir beide Faktorpreise mit dem Faktor a, lautet der neue *Lagrange*-Ansatz $L = awn + av_1k_1 + \lambda(\bar{q} - g(n, k))$. In beiden Fällen erhalten wir als notwendige Bedingung $g_n/g_k = w/v_1$. Damit ändern sich die optimalen Lösungen n^* und k_1^* nicht. Sind die Kosten im ersten Fall durch $c = wn^* + v_1k_1^*$ gegeben, lauten sie nun $c' = awn^* + av_1k_1^* = ac$.

Sei (n^*, k_1^*) die Minimalkostenkombination der Menge $\bar{q}$ und

$$\bar{c}_v = wn^* + v_1k_1^*$$

die zugehörige Kostensumme. Per Definition der Minimalkostenkombination liegen auf der Isokostenlinie $\bar{c}_v = wn + v_1k_1$ Produktionsprozesse mit Produkionsmengen $q \leqq \bar{q}$. Welches $q' > \bar{q}$ wir auch wählen, nach B 3 muß es durch einen Prozeß erstellt werden, der in bezug auf einen Produktionsprozeß auf der Isokostenlinie $\bar{c}_v = wn + v_1k_1$ mehr von zumindest einem Faktor enthält als dieser, so daß $c'_v > \bar{c}_v$ folgt.

Seien n^* und k_1^* die Lösungen des kurzfristigen Kostenminimierungsproblems bei den Faktorpreisen $(\bar{w}, \bar{v}_1)$ und der Produktionsmenge $\bar{q}$. $c_v(w, v_1, \bar{k}_2, \bar{q})$ seien die minimalen Produktionskosten von $\bar{q}$ bei den Faktorpreisen (w, v_1). Dann ist offensichtlich

$$c_v(w, v_1, \bar{k}_2, \bar{q}) - wn^* - v_1k_1^* \leqq 0,$$

da n^* und k_1^* zwar optimal bezüglich $(\bar{w}, \bar{v}_1)$, aber nicht bezüglich (w, v_1) gewählt sind. Das Maximum des vorstehenden Ausdrucks liegt bei $(\bar{w} = w, \bar{v}_1 = v_1)$. Aus den Bedingungen erster Ordnung für ein Maximum

$$\left.\frac{\partial[c_v(w, v_1, \bar{k}_2, \bar{q}) - wn^* - v_1k_1^*]}{\partial w}\right|_{\substack{w=\bar{w}\\ v_1=\bar{v}_1}} = 0$$

$$\left.\frac{\partial[c_v(w, v_1, \bar{k}_2, \bar{q}) - wn^* - v_1k_1^*]}{\partial v_1}\right|_{\substack{w=\bar{w}\\ v_1=\bar{v}_1}} = 0$$

folgt

$$\frac{\partial c_v}{\partial w} = n^* \text{ und } \frac{\partial c_v}{\partial v_1} = k_1^*.$$

3. Angebotsfunktionen

Kurzfristiges Gewinnmaximum bei vollkommener Konkurrenz

Mit dem bisher entwickelten produktions- und kostentheoretischen Instrumentarium können wir nun einen Teilbereich des Entscheidungsfeldes eines Unternehmens präzise formulieren. Wir behandeln die Frage, von welchen Größen die Produktions- und Angebotsmenge eines Gutes festgelegt wird. Dazu versetzen wir das Unternehmen in eine bestimmte Marktform, die wir später als vollkommene Konkurrenz kennenlernen werden. Im Augenblick reicht es zu wissen, daß in dieser Situation das Unternehmen weder den Preis für das von ihm produzierte Gut noch die Preise der verwendeten Produktionsfaktoren beeinflussen kann. Zu dem vorgegebenen Güterpreis kann das Unternehmen jede geplante Produktionsmenge absetzen. Ebenso kann es zu den festgelegten Faktorpreisen beliebig viele Faktorleistungen erwerben. Wir formulieren das Entscheidungsproblem mit Hilfe der Kostenfunktion und schränken den Planungszeitraum auf eine Periode ein.

Der Gewinn des Unternehmens ist unter diesen Umständen

$$G = pq - c(w, v_1, v_2, k_2, q). \qquad (3)$$

Die einzige Variable und damit der einzige Aktionsparameter des Unternehmens ist die Produktionsmenge q. Die Produktionsmenge, die den Gewinn maximiert, erfüllt die notwendige Bedingung

$$\frac{dG}{dq} = p - \frac{\partial c}{\partial q} = 0$$

und die hinreichende

$$\frac{d^2G}{dq^2} = -\frac{\partial^2 c}{\partial q^2} < 0 \text{ bzw. } \frac{\partial^2 c}{\partial q^2} > 0.$$

Demnach muß die Produktion bis zu der Menge ausgedehnt werden, bei welcher der Erlös der letzten produzierten Einheit, d. h. p, deren Herstellungskosten, d. h. $\partial c/\partial q$, entspricht. Diese Menge ist jedoch nur dann ein Gewinnmaximum, wenn bei ihr die Grenzkostenkurve eine positive Steigung hat, $\partial^2 c/\partial q^2 > 0$. Andernfalls nimmt mit weiterer Produktion der Nettoerlös je zusätzlich hergestellter Einheit zu. Das Gewinnmaximum muß bei einer größeren Menge liegen.

Hieraus geht hervor, daß das Gewinnmaximum eindeutig ist, sofern die Produktionstechnik in einem bestimmten Bereich zunehmende

Grenzkosten zeitigt. Das ist bei homothetischer Produktionsfunktion mit ertragsgesetzlichem Verlauf und bei unterlinear-homogenen Produktionsfunktionen der Fall. Für diese beiden Fälle zeigt *Abbildung 2.26* das Gewinnmaximum. Es liegt im Schnittpunkt des aufwärtsgeneigten Astes der Grenzkostenkurve mit der horizontalen Preislinie. Der Gewinn, das Produkt aus Stückgewinn (p-tDK) bei q* und produzierter Menge, entspricht der Fläche der schraffierten Rechtecke.

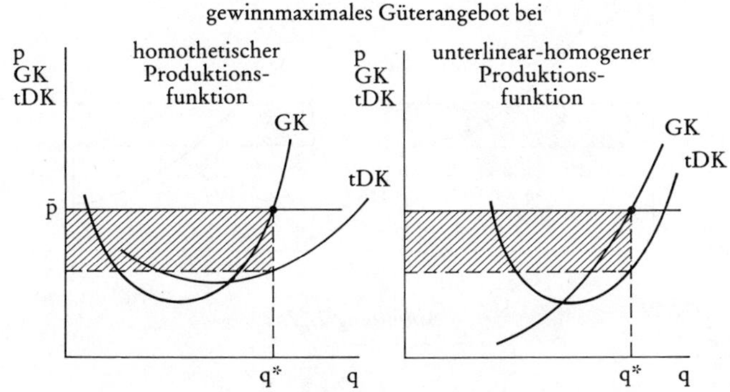

Abbildung 2.26

Bei konstanten und sinkenden Grenzkosten können wir das Gewinnmaximum nicht ohne eine zusätzliche Überlegung bestimmen. Im ersten Fall wächst der Gewinn mit jeder zusätzlich produzierten Einheit, solange der Preis über den Grenz- und damit variablen Durchschnittskosten liegt. Bei sinkenden Grenzkosten findet sich zu jedem positiven Preis eine Produktionsmenge, ab welcher der Stückgewinn positiv wird und mit weiterer Produktion steigt. In beiden Situationen nimmt der Gewinn mit weiterer Produktion zu. Eine eindeutig gewinnmaximale Menge gibt es nicht. Nun ist die Annahme, ein Unternehmen könne kurzfristig seine Produktion beliebig ausdehnen, nicht gerechtfertigt. Der kurzfristig fixe Produktionsfaktor k_2 wird schließlich die Produktion limitieren. Er legt eine bestimmte Produktionskapazität $\bar{q}$ des Unternehmens fest, die kurzfristig nicht überschritten werden kann. Das optimale Angebot eines Unternehmens mit linear-homogener Produktionsfunktion g(n, k) liegt daher bei $\bar{q}$, solange der Preis nicht kleiner als die Grenzkosten ist. In diesem Fall wird das Unternehmen nicht produzieren. Für ein

Unternehmen, dessen Grenzkosten mit der Produktionsmenge sinken, ist es ebenfalls optimal, $\bar{q}$ zu produzieren, vorausgesetzt der Preis ist nicht kleiner als die totalen Durchschnittskosten bei der Menge $\bar{q}$.

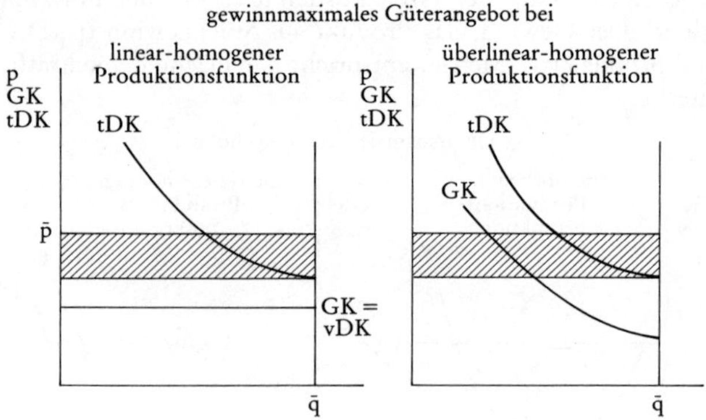

Abbildung 2.27

Kurzfristige Angebotsfunktionen

Die Lösung des Gewinnmaximierungsproblems wird vom Güterpreis p und den Determinanten der Grenzkostenfunktion bestimmt. Das kurzfristige Güterangebot eines Unternehmens ist mithin eine Funktion von p, w, v_1 und k_2

$$q = q(p, w, v_1, k_2).$$

Wir wollen den Zusammenhang zwischen Güterpreis und Angebotsmenge, d. h. den Graph der Funktion $q(p, \bar{w}, \bar{v}_1, \bar{k}_2)$ näher betrachten. Gehen wir zunächst von einer homothetischen Produktionsfunktion mit ertragsgesetzlichem Verlauf aus. Das Minimum der variablen Durchschnittskosten bildet eine absolute Preisuntergrenze. Liegt der Preis darunter, wird das Unternehmen die Produktion des Gutes einstellen, weil der Erlös nicht einmal die variablen Kosten deckt. Im Bereich zwischen dem Minimum der variablen und dem Minimum der totalen Durchschnittskosten reicht der Erlös aus, um auch einen Teil der Fixkosten zu decken. Diese mit dem Aufbau des Produktionsapparates bereits angefallenen Kosten können zumindest teilweise abgegolten werden, wenn zum vorliegenden Preis produziert wird. Auf längere Sicht muß das Unternehmen allerdings die Produktion einstellen. Die Erlöse reichen nicht aus, um den Produktionsapparat zu erneuern. Die Angebotsfunktion $q = q(p, \bar{w}, \bar{v}_1, \bar{k}_2)$ verläuft im p-q-Diagramm (siehe *Abbildung 2.28*) somit entlang der Ordinate bis zum Minimum der totalen Durchschnittskosten (zeit-

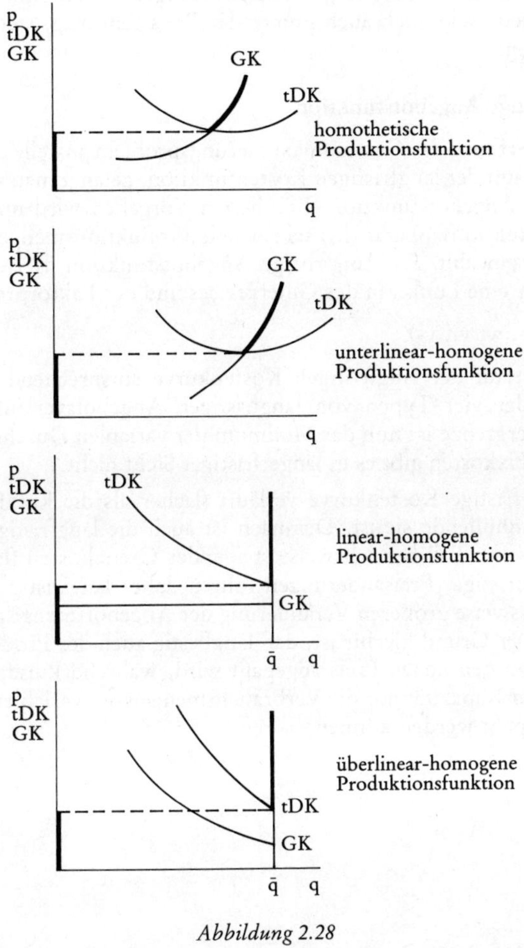

Abbildung 2.28

weilig nur bis zum Minimum der variablen Durchschnittskosten) und folgt von da ab der Grenzkostenkurve. Diese Überlegungen gelten sinngemäß auch für die anderen behandelten Produktionsfunktionen. An die Stelle des Minimums der totalen Durchschnittskosten (variablen Durchschnittskosten) tritt bei linear-homogener und bei überlinear-homogener Produktionsfunktion die Höhe der totalen bzw. variablen Durchschnittskosten an der Kapazitätsgrenze $\bar{q}$. Überhalb der Preisuntergrenze ist das Angebot vollkommen preisunelastisch: Wie hoch auch immer der Preis sein mag, stets wird $\bar{q}$ angeboten.

Langfristige Angebotsfunktion

Formuliert man das Gewinnmaximierungsproblem anstelle der kurzfristigen mit der langfristigen Kostenfunktion, gelangt man zur langfristigen Angebotsfunktion. Bei diesem Vorgehen wird unterstellt, der Produktionsapparat (k_2) sei für jede Produktionsmenge kostenminimal gewählt. Die langfristige Angebotsfunktion q_ℓ ist deshalb nur mehr eine Funktion des Güterpreises und der Faktorpreise

$$q_l = q_l(p, w, v_1, v_2).$$

Dem Verlauf der langfristigen Kostenkurve entsprechend erhalten wir wieder vier Typen von langfristigen Angebotsverläufen. Die Preisuntergrenze ist nun das Minimum der variablen Durchschnittskosten. Fixkosten gibt es in längerfristiger Sicht nicht.

Die langfristige Kostenkurve verläuft flacher als die kurzfristigen, deren Einhüllende sie ist. Demnach ist auch die langfristige Angebotskurve im Fall bereichsweise steigender Grenzkosten flacher als die kurzfristige. Preisänderungen führen daher langfristig zu einer vergleichsweise größeren Veränderung der Angebotsmenge als kurzfristig. Der Grund hierfür ist, daß langfristig auch der Produktionsapparat an den neuen Preis angepaßt wird, während kurzfristig bei gegebener Kapazität nur die Verbrauchsmengen der variablen Faktoren angepaßt werden können.

nicht rel. bis 91

III. Die Faktornachfrage des Unternehmens

Nachfrage nach kurzfristig variablen Produktionsfaktoren

Hat das Unternehmen seine gewinnmaximale Produktion ermittelt, sind gleichzeitig Produktionsmethode und Verbrauchsmengen der Produktionsfaktoren festgelegt, da zu jedem Punkt der Kostenfunktion ein Punkt der Produktionsfunktion gehört. Über Güterangebot und Faktornachfrage wird mithin simultan entschieden. Die Größen, welche das Güterangebot determinieren, bestimmen auch die Faktornachfrage. Kurzfristig ist die Nachfrage nach einem Faktor somit eine Funktion des Güterpreises, der Preise der variablen Produktionsfaktoren und der Verbrauchsmenge des fixen Produktionsfaktors. Auf längere Sicht, d.h. wenn auch der kurzfristig fixe Faktor variabel ist, ist die Faktornachfrage eine Funktion des Güterpreises und der Preise aller Produktionsfaktoren. Für die Nachfrage nach Arbeit n und variablem Kapital k_1 können wir daher folgende kurzfristigen Nachfragefunktionen definieren:

$$n = n(p, w, v_1, k_2)$$

$$k_1 = k_1(p, w, v_1, k_2).$$

Die Beziehung zwischen Faktorpreisen und Faktornachfrage können wir anhand von *Abbildung 2.29* diskutieren.

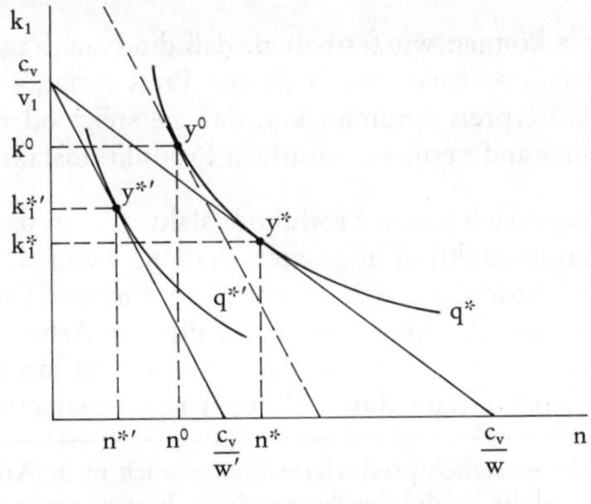

Abbildung 2.29

$y^* = (q^*, n^*, k_1^*)$ sei der gewinnmaximale Produktionsprozeß beim Güterpreis p und den Faktorpreisen w und v_1. Nun sei angenommen, der Lohnsatz steige von w auf w'. Dies löst zwei Effekte aus. Arbeit wird im Verhältnis zum variablen Kapital teuerer. Bei strikter Konvexität der Isoquanten, d.h. abnehmender Grenzrate der Substitution, wird Arbeit durch Kapital substituiert. Die Arbeitsnachfrage sinkt. Außerdem steigen mit dem Lohnsatz die Grenzkosten.[14] Bildlich gesprochen verschiebt sich die Angebotsfunktion des Unternehmens nach links. Die gewinnmaximale Produktionsmenge sinkt von q^* auf $q^{*\prime}$. Aufgrund dieses Niveaueffektes sinkt die Nachfrage nach beiden Faktoren. Der Substitutionseffekt kann graphisch isoliert werden, indem man die Isokostenkurve mit dem neuen Faktorpreisverhältnis w'/v_1 solange parallel verschiebt, bis sie die Isoquante mit dem alten Produktionsniveau q^* tangiert. Das ist im Punkt y^0 der Fall. Der Rückgang der Nachfrage nach Arbeit von n^* auf n^0 ist der Substitutionseffekt, der Rückgang von n^0 auf $n^{*\prime}$ der Niveaueffekt. Beide Effekte wirken in die gleiche Richtung. Anders ist es bei der Wirkung auf die Kapitalnachfrage. Der Substitutionseffekt der Lohnerhöhung steigert die Kapitalnachfrage, der Niveaueffekt senkt sie. Der Gesamteffekt ist indeterminiert.

Steigt der Güterpreis, kommt es entlang der Grenzkostenkurve zu einer Angebotserhöhung. Bei homogener oder homothetischer Produktionsfunktion nimmt bei konstanten Faktorpreisen die Nachfrage nach beiden Faktoren zu, und zwar derart, daß die Faktorintensität k_1/n konstant bleibt.

Als Ergebnis können wir festhalten, daß die Nachfrage nach einem Produktionsfaktor sinkt, wenn dessen Preis steigt, daß sie steigt, wenn der Güterpreis zunimmt und daß sie steigt oder sinkt, wenn der Preis eines anderern, substitutiven Produktionsfaktors steigt.

Die Nachfrage nach einem Produktionsfaktor kann dann direkt aus der Produktionsfunktion abgeleitet werden, wenn der betreffende Produktionsfaktor der einzige kurzfristig variable Faktor ist. Betrachten wir eine Produktionstechnik, die nur Arbeit als variablen Faktor kennt. Sie sei durch die Produktionsfunktion $q = x(n)$ beschrieben, deren Graph durch abnehmende Grenzerträge gekenn-

[14] Solange jede zusätzlich produzierte Einheit auch mehr Arbeitsleistungen erfordert, sind die Produktionskosten dieser Einheit um so größer, je größer der Lohnsatz ist.

zeichnet sei: $x'(n) > 0$, $x''(n) < 0$. Der Gewinn des Unternehmens lautet

$$G = px(n) - wn.$$

Notwendig für ein Gewinnmaximum ist

$$\frac{dG}{dn} = px'(n) - w = 0.$$

Hinreichend ist

$$\frac{d^2G}{dn^2} = px''(n) < 0.$$

Die hinreichende Bedingung ist gemäß der vorstehenden Annahme über die Produktionsfunktion erfüllt. Die notwendige Bedingung fordert, daß die Produktion bis zu dem Punkt auszudehnen ist, an dem der Erlöszuwachs, der mit einer weiteren Einheit Arbeit zu erzielen ist, px', den dadurch zusätzlich verursachten Kosten, w, entspricht. Anders formuliert: Das Grenzprodukt der Arbeit, x', muß der realen, d. h. in Gütereinheiten bemessenen, Entlohnung, w/p, entsprechen. Da per Voraussetzung die Produktionsfunktion strikt monoton ist, kann die notwendige Bedingung

$$\frac{w}{p} = x'(n)$$

nach n als Funktion des Reallohnes w/p aufgelöst werden.[15] Wir erhalten die Arbeitsnachfrage als Funktion des Reallohnes $n = n(w/p)$.

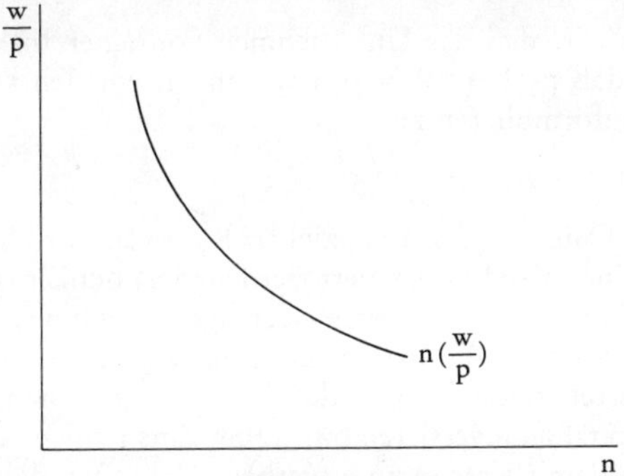

Abbildung 2.30

[15] Siehe hierzu Abschnitt A. II im Vierten Kapitel.

Ihr Graph ist mit dem Graphen der Grenzproduktkurve identisch. Wir erhalten damit den in *Abbildung 2.30* eingezeichneten Kurvenverlauf.

Der Nutzungspreis des Kapitals

Wir haben mit v_1 bzw. v_2 den Nutzungspreis des variablen bzw. fixen Kapitals bezeichnet, ohne näher zu erläutern, worin dieser besteht. Das wollen wir nachholen.

Dazu stellen wir uns ein Unternehmen vor, das in der Gegenwart zum Preis p_0 eine Einheit Kapital erwerben, für eine Periode nutzen und anschließend zum Preis p_1 wieder verkaufen kann. Die Produktionsfunktion des Unternehmens sei $g(n, k)$.

Bei gegebenem Arbeitseinsatz nimmt mit dem Erwerb einer Einheit Kapital die Produktion um g_k, das Grenzprodukt des Kapitals, zu. Durch die Nutzung in der Produktion werde die erworbene Einheit Kapital um δ verschlissen. Der Gesamterlös, der am Periodenende aus dem Verkauf der zusätzlichen Produktion und des Restkapitals $(1 - \delta)$ erzielt wird, beträgt

$$p_1(g_k + 1 - \delta).$$

Die Ertragsrate der zum Preis p_0 erworbenen Kapitaleinheit, d. h. der Nettoerlös bezogen auf das eingesetzte Kapital, ist dann

$$\frac{p_1\,(g_k + 1 - \delta) - p_0}{p_0}.$$

Unterstellen wir, daß das Unternehmen von einer Inflationsrate π ausgeht, so daß $p_0(1 + \pi) = p_1$ ist, können wir den vorstehenden Ausdruck umformulieren zu

$$(1 + \pi)\,[g_k + 1 - \delta] - 1.$$

Das Kapital kann aus den finanziellen Reserven des Unternehmers oder durch einen Kredit finanziert werden. Sei r der Zinssatz, zu dem das Unternehmen Kredit erhalten oder eigene Zahlungsmittel ausleihen kann. Übersteigt die Ertragsrate einer zusätzlich im Unternehmen investierten Kapitaleinheit den Zins, lohnt es sich, verfügbare Mittel in Kapital zu investieren bzw. zum Zins r einen Kredit aufzunehmen, um damit Kapital zu erwerben. Geht man davon aus, daß mit zunehmendem Kapital bei gegebenem Arbeitseinsatz das Grenzprodukt des Kapitals sinkt, gibt es eine Kapitalmenge, bei deren produktiver Verwendung die Ertragsrate der letzten eingesetzten Kapitaleinheit dem Zins entspricht. Durch weitere Investitionen in Kapital kann der Gewinn nicht mehr erhöht werden. Der optimale Kapitaleinsatz errechnet sich mithin als Lösung der Gleichung

$$(1 + \pi)\,[g_k(n, k) + 1 - \delta] - 1 = r.$$

Hierfür kann auch geschrieben werden

$$g_k = \varrho + \delta,$$

wobei

$$\varrho := \frac{1+r}{1+\pi} - 1$$

der bereits aus der intertemporalen Konsumentscheidung des Haushalts bekannte Realzins ist.

Der Ausdruck $\varrho + \delta$ ist der reale Kapitalnutzungspreis, d. h. in unserer Symbolik v_1/p bzw. v_2/p. Er setzt sich zusammen aus dem Realzins und der Abschreibungsrate. Formuliert man nämlich das Gewinnmaximierungsproblem des Unternehmens mit Hilfe der Produktionsfunktion und nicht mit der Kostenfunktion, so daß für den Gewinn bei langfristiger Gewinnmaximierung

$$G = pf(n, k_1, k_2) - wn - v_1k_1 - v_2k_2$$

zu schreiben ist, lauten die notwendigen Bedingungen für einen gewinnmaximalen Kapitaleinsatz

$$f_{k_1} = \frac{v_1}{p}$$

$$f_{k_2} = \frac{v_2}{p}.$$

Nachfrage nach langfristig variablen Faktoren

Wie eben hergeleitet wurde, erfordert langfristige Gewinnmaximierung, daß langfristig die Menge fixen Kapitals so bemessen wird, daß ihr Grenzprodukt bei der langfristig optimalen Produktionsmenge ihrem Nutzungspreis entspricht. Kurzfristig kann diese Beziehung nicht realisiert werden. Kurzfristig fixes Kapital ist gerade dadurch gekennzeichnet, daß die Anpassung seiner Verbrauchsmenge an ihr langfristiges Optimum Kosten verursacht, die eine kurzfristige Variabilität ausschließen.

Die Erweiterung des Produktionsapparates verursacht Kosten, die zusätzlich zum Preis der erworbenen Kapitalgüter anfallen. Beispiele hierfür sind Installationskosten und Kosten der Neuorganisation des Arbeitsablaufes. Sind Kapitalgüter ins Unternehmen integriert, sind sie für andere Unternehmen häufig unbrauchbar, weil sie unternehmenstypisch angepaßt sind. Diese Art von Kapital kann deshalb nicht nach Bedarf beliebig verkauft werden.

Die optimale Menge dieser Kapitalgüter wird daher schrittweise angesteuert. Außer dem jeweiligen Kapitalnutzungspreis wird die augenblickliche Nachfrage nach ihnen auch von den jeweiligen Anpassungskosten bestimmt.

Kontrollfragen

(1) Erläutern Sie den in der mikroökonomischen Theorie verwendeten Unternehmensbegriff. Zeigen Sie beispielhaft die sachliche und zeitliche Interdependenz der Entscheidungstatbestände im Entscheidungsfeld eines Unternehmens auf.

(2) Definieren Sie die Begriffe Produktionsprozeß, Produktionsmöglichkeitenmenge und Produktionsfunktion; verwenden Sie hierbei den Begriff der Effizienz. Welche Rolle spielt die Annahme der Gewinnmaximierung in der Theorie des Unternehmens?

(3) Wann spricht man von einer limitationalen, wann von einer substitutionalen Produktionstechnik? Leiten Sie den algebraischen Ausdruck für die Grenzrate der Substitution der Produktionsfunktion $g(n, k)$ ab. Was beinhaltet die Annahme von der strikten Konvexität der Isoquanten? Welchen Zusammenhang erfaßt die Substitutionselastizität? Was versteht man unter konstanten, zu- bzw. abnehmenden Skalenerträgen? Welche Beziehung besteht zwischen der Art der Skalenerträge und der Teilbarkeit und Additivität der Produktionsprozesse? Welchen Zusammenhang beschreibt die Skalenelastiztität? Zeichnen Sie die Ertragsfunktion bei proprotionaler Faktorvariation für über-, unterlinear- und linear-homogene Produktionsfunktionen. Wann spricht man von einer homothetischen Produktionsfunktion? Zeigen Sie, daß bei diesem Funktionstyp die Grenzrate der Substitution vom Produktionsniveau unabhängig ist. Beweisen Sie den *Euler*-Satz für die homogene Produktionsfunktion $g(n, k)$.

(4) Leiten Sie algebraisch die Bedingungen für ein Kostenminimum ab; gehen Sie dazu von der Produktionsfunktion g(n, k) aus. Wie verläuft der Expansionspfad für homogene und homothetische Produktionsfunktionen? Wodurch wird seine Steigung festgelegt? Zeichnen Sie die gedanklichen Schritte nach, die von der Produktions- zur Kostenfunktion führen. Zeichnen Sie jeweils für eine linear-homogene, eine über- bzw. unterlinear-homogene und eine homothetische Produktionsfunktion mit ertragsgesetzlichem Verlauf den Graphen der Gesamtkosten-, der Grenzkosten-, der variablen und der totalen Durchschnittskostenfunktion. Sind die langfristigen Kosten niedriger als die kurzfristigen? Begründen Sie ihre Auffassung. Was versteht man unter Dualität zwischen Produktions- und Kostenfunktion?

(5) Welchen Zusammenhang beschreibt die Angebotsfunktion eines Unternehmens? Wodurch unterscheiden sich kurz- und langfristige Angebotsfunktion? Zeichnen Sie die Angebotsfunktion für je eine linear-homogene, eine über- bzw. unterlinear-homogene und eine homothetische Produktionsfunktion. Weshalb wird ein Unternehmen zumindest kurzfristig auch bei einem Preis anbieten, der nur mehr die variablen Durchschnittskosten deckt?

(6) Wovon hängt die Nachfrage nach kurzfristig variablen Produktionsfaktoren ab? Erläutern Sie anhand einer geeigneten Zeichnung die Auswirkung einer Lohnänderung auf die Nachfrage nach Arbeit und variablem Kapital. Leiten Sie für ein Unternehmen mit der Produktionsfunktion q = x(n) die Nachfragefunktion nach Arbeit, n, ab. Was versteht man unter dem Nutzungspreis des Kapitals? Welche Rolle spielen Anpassungskosten im Zusammenhang mit der Nachfrage nach langfristig variablen Produktionsfaktoren?

Literatur zur Ergänzung und Vertiefung

Baumol (1977), Chapter 11, 12 und 14; *Böventer* (1984), Kapitel III; *Herberg* (1985), Kapitel 3; *Neumann* (1982), Band II, III. Kapitel; *Schumann* (1984), Kapitel II; *Varian* (1985), Kapitel 1.

C. Theorie der Preisbildung auf Einzelmärkten

I. Marktform und Preisbildung

Der Markt als (gedachter, fiktiver) Ort des Tausches

In den Abschnitten A und B dieses Kapitels wurde untersucht, wie Haushalte und Unternehmen ihre Angebots- und Nachfrageentscheidung treffen. Die Abstimmung dieser individuellen Pläne erfolgt beim Tausch. Die räumlich vorhandenen (z. B. Wochenmarkt, Börse) oder nur gedachten, fiktiven (z. B. Versandhandel) Orte zur Aufnahme von Tauschkontakten bezeichnet man als Märkte. Ihre Eigenschaften bestimmen wesentlich das Tauschergebnis. Am Beginn der Preistheorie muß folglich die Charakterisierung von Märkten und die Bildung von Markttypen stehen.

Merkmale zur Charakterisierung von Märkten

Märkte werden mittels qualitativer und quantitativer Merkmale beschrieben. Die wichtigsten qualitativen Merkmale sind der Grad der Marktvollkommenheit, die Möglichkeit des Marktzutritts und der Organisationsgrad.

Ein Markt wird als vollkommen bezeichnet, wenn er den folgenden fünf Anforderungen (der sogenannten Homogenitätsbedingung) genügt.

(1) Die auf dem Markt getauschten Güter weisen keinerlei Unterschiede auf im Hinblick auf ihre stofflichen und funktionalen Eigenschaften (sachliche Homogenität der Güter).
(2) Zwischenmenschliche Beziehungen haben keinen Einfluß auf das Tauschergebnis (personelle Homogenität).
(3) Die Kosten der Raumüberwindung sind für alle Käufer bzw. Verkäufer die gleichen (räumliche Homogenität).
(4) Angebotene und nachgefragte Güter unterscheiden sich in zeitlicher Hinsicht nicht. Beispielsweise müssen alle Verkäufer die gleiche Lieferfrist haben (zeitliche Homogenität).
(5) Käufer und Verkäufer kennen alle für ihre Dispositionen am Markt relevanten Daten (vollständige Markttransparenz).

Erfüllt ein Markt eine oder mehrere dieser Bedingungen nicht, heißt er unvollkommener Markt. Auf einem vollkommenen Markt kann sich für das gehandelte Gut nur ein Preis bilden. Es gibt keinen sachlichen oder persönlichen Grund für unterschiedliche Preise. Darüber sind alle Marktteilnehmer informiert. Demgemäß wird auch keiner einen Preis fordern oder akzeptieren, der vom Einheitspreis abweicht.

Der Marktzutritt kann prinzipiell für alle Nachfrager und Anbieter möglich sein. Markteintrittsbarrieren werden durch rechtliche Regelungen (z. B. Patentschutz, Niederlassungsordnung für Ärzte) oder ökonomisch-technische Faktoren (z. B. Mindestgröße für einen Betrieb) geschaffen.

Eine im Vergleich zu den erstgenannten Kriterien untergeordnete Rolle bei der Preisbildung spielt der Organisationsgrad eines Marktes. Organisierte Märkte sind beispielsweise Effektenbörsen und Auktionen, wo das Marktgeschehen formell und informell festgelegten Spielregeln folgt. Auf nicht organisierten Märkten fehlen feste Regeln.

Unter quantitativen Merkmalen zur Charakterisierung von Märkten versteht man die Anzahl und die Marktanteile von Anbietern und Nachfragern, die sich auf einem Markt gegenüberstehen. Eine einfache Typisierung nach quantitiven Merkmalen zeigt *Abbildung 2.31*.

Nachfrager / Anbieter	einer	wenige	viele
einer	Bilaterales Monopol	Beschränktes Monopol	Monopol
wenige	Beschränktes Monopson	Bilaterales Oligopol	Oligopol
viele	Monopson	Oligopson	(Bilaterales) Polypol

Quelle: *Ott* (1974), S. 39.

Abbildung 2.31

Anbieter \ Nachfrager	ein großer	ein großer, viele, wenige oder (ein) kleine(r)	wenige mittlere	wenige mittlere, viele, wenige oder (ein) kleine(r)	viele kleine
ein großer	bilaterales Monopol	teilmonopsonistisch beschränktes Monopol	oligopsonistisch beschränktes Monopol	teiloligopsonistisch beschränktes Monopol	Monopol
ein großer, viele, wenige oder (ein) kleine(r)	teilmonopolistisch beschränktes Monopson	bilaterales Teilmonopol	oligopsonistisch beschränktes Teilmonopol	teiloligopsonistisch beschränktes Teilmonopol	Teilmonopol
wenige mittlere	oligopolistisch beschränktes Monopson	oligopolistisch beschränktes Teilmonopson	bilaterales Oligopol	teiloligopsonistisch beschränktes Oligopol	Oligopol
wenige mittlere, viele, wenige oder (ein) kleine(r)	teiloligopolistisch beschränktes Monopson	teiloligopolistisch beschränktes Teilmonopson	teiloligopolistisch beschränktes Oligopson	bilaterales Teiloligopol	Teiloligopol
viele kleine	Monopson	Teilmonopson	Oligopson	Teiloligopson	bilaterales Polypol

Quelle: *Ott* (1974), S. 41.

Abbildung 2.32

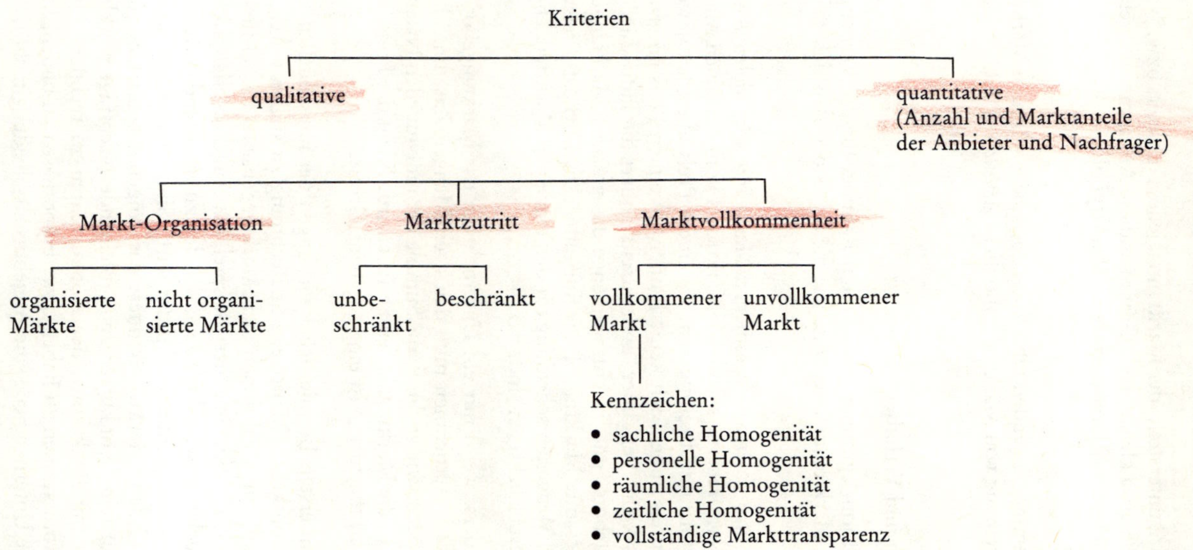

Abbildung 2.33

Hierbei wird unterstellt, der Marktanteil jedes Anbieters bzw. Nachfragers sei in etwa gleich groß. Gibt man diese Annahme auf, gelangt man zu einer differenzierteren Markttypologie (vgl. *Abbildung 2.32*).

Einen zusammenfassenden Überblick über die erwähnten Merkmale zur Beschreibung von Märkten ermöglicht *Abbildung 2.33.*

Marktform und Verhaltensweisen

Die Marktform legt einen bestimmten Rahmen für die Verhaltensweisen der Marktteilnehmer fest, wie die folgenden Beispiele zeigen sollen.

Betrachtet man einen vollkommenen Markt mit sehr vielen Anbietern und Nachfragern, so ist der Marktpreis vom einzelnen Marktteilnehmer nicht zu beeinflussen: Zu einem Preis über dem jeweiligen Marktpreis finden sich keine Käufer, zu einem Preis unter dem Marktpreis keine Verkäufer; andererseits ändert die individuell geplante Angebots- und Nachfragemenge das gesamte Marktangebot bzw. die gesamte Marktnachfrage nur unmerklich, so daß Preiswirkungen der Mengenentscheidung für den einzelnen Marktteilnehmer nicht zu berücksichtigen sind.

Dies ist anders, wenn nur ein Unternehmen das Marktangebot bestreitet. Das Unternehmen muß den Preis-Mengen-Zusammenhang berücksichtigen, wie er durch die Summe der individuellen Nachfragepläne (d. h. die Marktnachfrage) erfaßt wird. Nicht der Preis, sondern die Marktnachfrage ist eine gegebene Größe.

Während im ersten Beispiel Rückwirkungen der individuellen Entscheidung von keiner Marktseite in Rechnung zu stellen waren, im zweiten Fall nur Reaktionen der Marktgegenseite berücksichtigt werden mußten, zeigt ein drittes Beispiel, das Angebotsoligopol, daß die individuelle Entscheidung auch von den zu erwartenden Reaktionen der Mitkonkurrenten beeinflußt wird. Sind nämlich nur wenige Anbieter auf dem Markt, verändert das Angebot eines Unternehmens die für seine Konkurrenten verbleibende Nachfrage merklich. Folglich ist mit Reaktionen der Konkurrenten zu rechnen. Ohne darüber Informationen zu haben bzw. Hypothesen zu bilden, kann das einzelne Unternehmen seine Angebotsentscheidung nicht fällen.

Markttypisierung als Analysemethode

Vom methodischen Standpunkt aus gesehen, ist die Typisierung von Märkten ein Beispiel für die inhaltliche Isolation: Die Komplexität realer Märkte wird stark reduziert, um Bestimmungsfaktoren der Preisbildung herauszuarbeiten. Beispielsweise klammert man mit der Homogenitätsannahme Einflüsse wie Transportkosten und unvollständige Information über die Preise einzelner Anbieter aus, um die Rolle der mengenmäßigen Besetzung der Marktseiten herauszustellen. Hierbei können das Polypol und das Monopol als theoretische Extremfälle von zwischen ihnen liegenden Marktformen gesehen werden.

Durch Variation der Marktform können so unterschiedliche Aspekte des Problems der Preisbildung getrennt analysiert werden. In diesem Sinne wird im folgenden die Preisbildung auf vollkommenen Märkten für das Polypol, das Monopol und das Dyopol untersucht. Mit dem Modell der monopolistischen Konkurrenz wird schließlich die Preisbildung auf einem unvollkommenen Markt analysiert.

II. Güterpreisbildung

1. Preisbildung bei vollständiger Konkurrenz

Das Marktgleichgewicht: Existenz, Eindeutigkeit und Stabilität

Von vollständiger (vollkommener) Konkurrenz sprechen wir, wenn auf einem vollkommenen Markt viele Anbieter vielen Nachfragern gegenüberstehen. Gemessen an der gesamten Gütermenge, die auf diesem Markt umgesetzt wird, ist der Anteil des einzelnen Unternehmens bzw. Haushalts so gering, daß der individuelle Plan keinen merklichen Einfluß auf das Marktgeschehen ausübt. Haushalte wie Unternehmen müssen den Preis als Datum akzeptieren, den sie auf diesem Markt vorfinden. Zu einem höheren Preis fände ein Unternehmen keine Käufer, und umgekehrt fände zu einem niedrigeren Preis ein Haushalt keine Verkäufer.

Aus Abschnitt A wissen wir, daß die Nachfrage eines Haushalts nach einem Gut eine Funktion aller Güterpreise und seines Einkommens ist. Die Marktnachfrage erhalten wir als Summe der Nachfragepläne der Haushalte. Sie ist eine Funktion der Haushaltspräferenzen, der

Güterpreise und der Verteilung der Einkommen auf die Haushalte. Da wir zunächst nur das Geschehen auf einem Markt studieren, können wir mit Ausnahme des Preises für das betrachtete Gut alle anderen Einflußgrößen der Marktnachfrage konstant setzen. Die Marktnachfrage q^d (im folgenden kurz Nachfrage genannt) nach dem Gut q ist dann nur eine Funktion des Preises p dieses Gutes:

$$q^d = q^d(p).$$

Der Graph dieser Kurve im p-q-Diagramm wird von den Graphen der individuellen Nachfragefunktionen bestimmt. Auf einzelwirtschaftlicher Ebene sind je nach Richtung und Stärke von Substitutions- und Einkommenseffekt viele Kurvenzüge möglich. Die Summation kann diese verstärken oder ausgleichen. Mit der Annahme der Nutzenmaximierung bei gegebenen Präferenzen ist folglich jeder Verlauf der Marktnachfrage logisch vereinbar. Nur aufgrund zusätzlicher Annahmen über Präferenzen und Einkommensverteilung[1] oder aufgrund empirischer Beobachtung gelangt man zu der üblicherweise unterstellten Nachfragekurve mit negativer Steigung.

Das Güterangebot auf einem Markt erhält man analog als Summe der Angebotspläne der Unternehmen. Abschnitt B zeigt, daß diese von der Produktionstechnologie, den Preisen der Produktionsfaktoren und dem Preis des produzierten Gutes bestimmt werden. Wir setzen mit Ausnahme des Güterpreises auch hier alle Angebotsdeterminanten gedanklich konstant und gelangen so zur Marktangebotsfunktion q^s:

$$q^s = q^s(p).$$

Diese Funktion hat eine positive Steigung, sofern die Angebotsfunktionen der einzelnen Unternehmen eine positive Steigung haben oder die Unternehmen unterschiedliche Kapazitätsgrenzen haben. Das Marktangebot ist preisunelastisch (vgl. *Abbildung 2.34b*), wenn bei konstanten oder zunehmenden Skalenerträgen auf Unternehmensebene die Kapazitätsgrenze bei allen Unternehmen die gleiche ist.[2]

---

[1] Hierzu beispielsweise *Werner Hildenbrand* (1983); *John Muellbauer* (1975).

[2] Der Leser kann sich das verdeutlichen, wenn er für mehrere identische Unternehmen mit konstanten Skalenerträgen in der Produktion die Angebotsfunktionen graphisch summiert.

Untersuchen wir nun mit Hilfe von Marktangebots- und -nachfragefunktion das Problem der Koordination individueller Pläne. Dazu betrachten wir *Abbildung 2.34*.

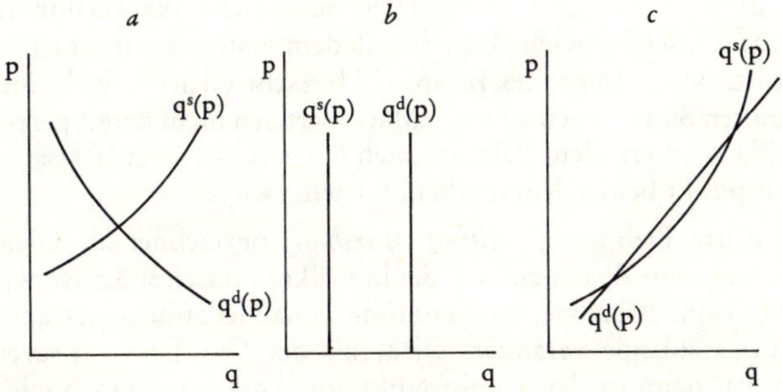

Abbildung 2.34

Sie zeigt drei mögliche Fälle. Marktangebot und -nachfrage haben

(a) einen Schnittpunkt,
(b) keinen Schnittpunkt,
(c) mehrere Schnittpunkte.

Ein Schnittpunkt beider Kurven ist ein Preis p^*, bei dem die nachgefragte der angebotenen Menge entspricht, d. h. es gilt

$$q^s(p^*) = q^d(p^*).$$

Die Entscheidungen der Konsumenten sind in diesem Punkt mit den Entscheidungen der Produzenten kompatibel. Jeder Haushalt kann die Menge des Gutes, die er zum Preis p^* erwerben möchte, auch tatsächlich kaufen, und jedes Unternehmen ist in der Lage, seine gewinnmaximale Produktion zum Preis p^* zu veräußern (Markträumung). Der Preis erfüllt die Aufgabe, die Pläne von Haushalten und Unternehmen zu koordinieren. Beim Preis p^* und der zugeordneten Menge $q^* = q^s(p^*) = q^d(p^*)$ existiert ein Marktgleichgewicht.

Im Fall (b) ist der Preis nicht in der Lage, die Pläne der Marktteilnehmer zu koordinieren, während bei (c) mehrere Preise diese Aufgabe erfüllen können.

Eine andere Definition des Begriffs des Gleichgewichts, die mit der erstgenannten nicht identisch ist, rekurriert auf die den Marktkurven unterliegenden individuellen Pläne. Für einen Preis, bei dem Angebot und Nachfrage übereinstimmen, können Produzenten und Konsumenten ihre Pläne erfüllen. Bleiben die Plandaten konstant, werden die Pläne in der Folgeperiode erneut aufgestellt. Das Geschehen reproduziert sich.

Daß dieser (von der schwedischen Schule der Nationalökonomie geprägte) Gleichgewichtsbegriff mit dem erstgenannten nicht identisch ist, belegt folgendes Beispiel: Herrscht Gleichgewicht im erstgenannten Sinn, haben aber die Marktparteien nicht damit gerechnet, ihre Pläne zu erfüllen, dann ist nach der zweiten Begriffsfassung der Schnittpunkt beider Kurven kein Gleichgewicht.

Eine dritte Definition *(Alfred Marshall)* bezeichnet als Gleichgewicht nur jene Zustände, auf die hin (ökonomische) Kräfte wirken. Gibt es keine Prozesse, die dazu führen, daß jeder beliebige anfängliche Preis solange verändert wird, bis der Gleichgewichtspreis erreicht ist, dann ist der Schnittpunkt von Angebots- und Nachfragekurve kein Gleichgewicht im letztgenannten Sinn.

Diese Auflistung der Gleichgewichtsbegriffe verdeutlicht nochmals, daß der Begriff des Gleichgewichts ein analytisches Hilfsmittel ist. Stellt man auf die Frage der Koordinationsmöglichkeit ab, dann ist der erste Begriff hinreichend geeignet. Interessieren die Verhaltensweisen der Wirtschaftssubjekte, die sie an den Tag legen, wenn sie nicht in der Lage sind, ihre Pläne zu realisieren, ist das zweite Konzept des Marktgleichgewichts vorzuziehen. Der dritte Gleichgewichtsbegriff schließlich muß herangezogen werden, sofern man untersucht, ob der Preis nicht nur prinzipiell, sondern auch faktisch das Koordinationsproblem löst. Das bloße Vorhandensein eines Schnittpunktes von Angebots- und Nachfragefunktion besagt nicht, daß der Gleichgewichtspreis zustande kommt.[3]

Die Frage, ob ein Marktgleichgewicht im erstgenannten Sinn auch ein Zustand ist, auf den hin ökonomische Kräfte wirken, d.h. ein stabiles Gleichgewicht (vgl. Fußnote 3), ist ungleich schwieriger zu beantworten als die Frage nach dem Schnittpunkt beider Kurven. Ihre Beantwortung erforderte prinzipiell ein Eingehen auf die kon-

---

[3] Der hiermit angesprochene Fragenkreis wird zumeist nicht als Problem verschiedener Gleichgewichtsbegriffe, sondern als Frage nach Existenz und Stabilitätseigenschaften eines Gleichgewichts behandelt. Ein Gleichgewicht im erstgenannten Sinn heißt global (lokal) stabil, wenn jeder Preis abseits von p^* (in der Nähe von p^*) nicht auf Dauer bestehen kann und schließlich nach p^* konvergiert. Ein stabiles Gleichgewicht ist mit anderen Worten ein Gleichgewicht im dritten, oben genannten Sinn.

kreten Aktionen und Reaktionen der Wirtschaftssubjekte beim Tausch. Zumeist vereinfacht man, indem das Ergebnis einzelwirtschaftlicher Verhaltensweisen auf Marktebene postuliert wird. Ein Beispiel hierfür ist das sogenannte Cob-Web-Theorem, das im folgenden dargestellt wird.

Ausgegangen wird von folgenden Annahmen:

- Das Angebot ist eine Funktion des Preises der Vorperiode; während der aktuellen Periode ist die angebotene Menge preisunelastisch.
- Die Nachfrage ist eine Funktion des jeweiligen Preises.
- Der Preis stellt sich in jeder Periode so ein, daß die Nachfrage das jeweilige Angebot absorbiert.

Geht man von linearen Angebots- und Nachfragefunktionen aus, dann lassen sich diese Annahmen wie folgt formalisieren:

$$q_t^s = A + ap_{t-1} \tag{1}$$

$$q_t^d = B + bp_t \tag{2}$$

$$q_t^s = q_t^d, \tag{3}$$

wobei q_t^s (q_t^d) das Angebot (die Nachfrage) zum Zeitpunkt t, p_t der Preis zum Zeitpunkt t, p_{t-1} der Preis der Vorperiode ist und A, B, a und b beliebige Parameter sind.

Setzt man (1) und (2) in (3) ein, erhält man eine Gleichung, welche die zeitliche Entwicklung des Preises beschreibt. Sie lautet:

$$p_t = \frac{A - B}{b} + \frac{a}{b} p_{t-1}. \tag{4}$$

Bei Gleichung (4) handelt es sich um eine lineare inhomogene Differenzengleichung 1. Ordnung. Ihre Lösung setzt sich additiv zusammen aus einer allgemeinen Lösung der homogenen Differenzengleichung

$$p_t = \frac{a}{b} p_{t-1} \tag{5}$$

und einer beliebigen Lösung der inhomogenen Gleichung (4).[4]

Als Lösung der inhomogenen Gleichung betrachten wir den Gleichgewichtspreis $p^* = p_t = p_{t-1}$, d. h. den Preis, der sich in aufeinander

---

[4] Siehe beispielsweise *Giancarlo Gandolfo* (1980), S. 7ff.

folgenden Perioden reproduziert. Für diesen Preis erhält man aus (4) die Lösung:

$$p^* = \frac{A - B}{b - a}. \tag{6}$$

Für die Lösung des homogenen Teils der Differenzengleichung geht man von einem Anfangswert C aus. Nach (5) ist der Preis zum Zeitpunkt t = 1 dann:

$$p_1 = \frac{a}{b} C.$$

Der Preis für t = 2 ist:

$$p_2 = \frac{a}{b} p_1 = \frac{a}{b} \cdot \frac{a}{b} C = \left(\frac{a}{b}\right)^2 C.$$

Sukzessives Einsetzen liefert für den Preis zum Zeitpunkt t:

$$p_t = \left(\frac{a}{b}\right)^t C.$$

Somit ist die Lösung für den Preis zum Zeitpunkt t allgemein:

$$p_t = \left(\frac{a}{b}\right)^t C + \frac{A - B}{b - a}. \tag{7}$$

Gibt man einen Anfangspreis p_0 vor, dann errechnet sich aus (7) für die unbekannte Konstante C:

$$C = p_0 - p^*.$$

Somit ist die Lösung der Differenzengleichung (4):

$$p_t = \left(\frac{a}{b}\right)^t (p_0 - p^*) + p^*. \tag{8}$$

Aus dieser Gleichung folgt für die Entwicklung des Preises:

(a) $-1 < \frac{a}{b} < 0$, d. h. die Steigung der Angebotskurve ist positiv (negativ) und die der Nachfragekurve negativ (positiv), wobei die Nachfrage preisreagibler ist als das Angebot: $|b| > |a|$. In diesem Fall konvergiert jeder Preis p_0 zyklisch zum Gleichgewicht *(Abbildung 2.35 a):*

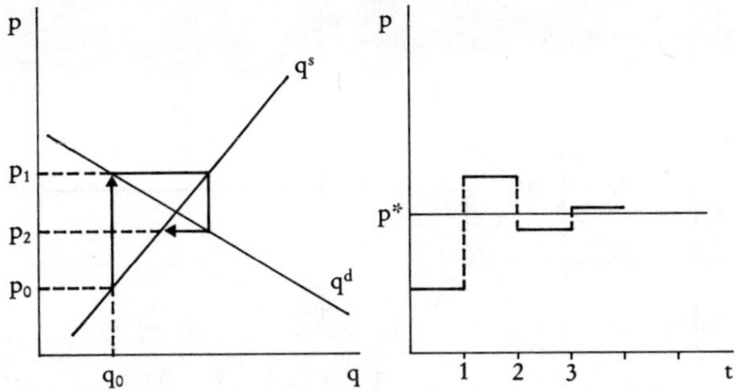

Abbildung 2.35 a

(b) $0 < \frac{a}{b} < 1$, d. h. die Steigung beider Kurven ist positiv (negativ) und die Nachfrage ist preisreagibler als das Angebot: $|b| > |a|$. In diesem Fall konvergiert jeder Preis p_0 monoton zum Gleichgewicht *(Abbildung 2.35 b)*:

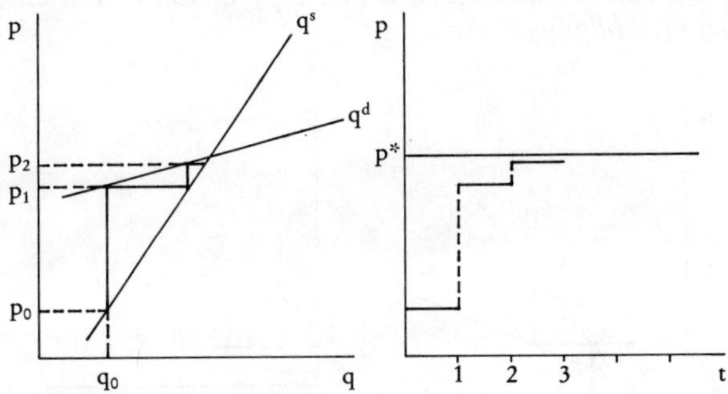

Abbildung 2.35 b

(c) $\frac{a}{b} < -1$, d. h. positive (negative) Steigung der Angebotskurve bei negativer (positiver) Steigung der Nachfragekurve, wobei die Angebotskurve preisreagibler ist als die Nachfragekurve: $|a| > |b|$. In diesem Fall entfernt sich jeder Preis p_0 zyklisch vom Gleichgewicht *(Abbildung 2.35 c)*:

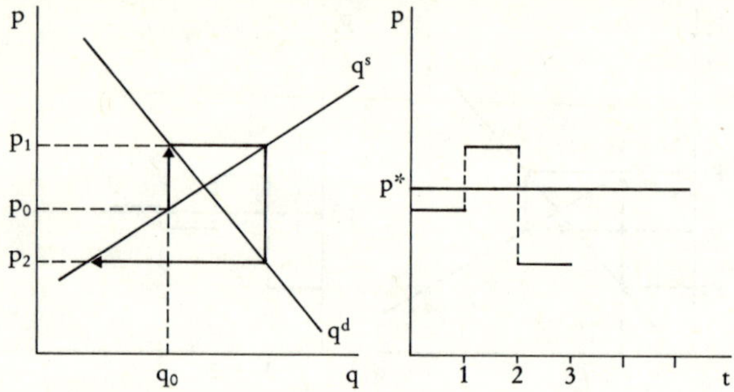

Abbildung 2.35 c

(d) $\frac{a}{b} > 1$, d. h. beide Kurven haben eine positive (negative) Steigung und wiederum ist die Steigung der Angebotskurve betragsmäßig größer als die der Nachfragekurve: $|a| > |b|$. In diesem Fall entfernen sich alle anfänglichen Preise p_0 monoton vom Gleichgewicht *(Abbildung 2.35 d):*

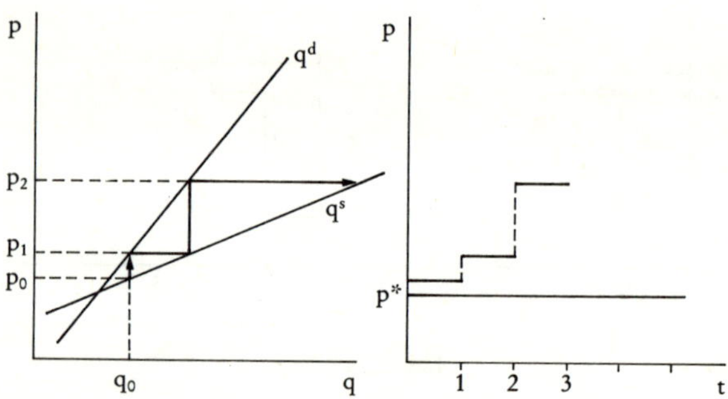

Abbildung 2.35 d

(e) $\frac{a}{b} = -1$. In diesem Fall oszilliert der Preis zwischen p_0 und $p_1 = 2p^* - p_0$ *(Abbildung 2.35 e):*

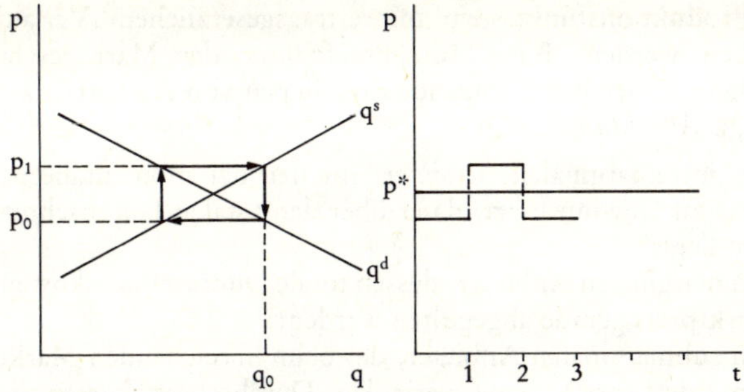

Abbildung 2.35 e

Eine Bewegung zum Gleichgewicht tritt demnach nur in den Fällen (1) und (2) auf. Hier ist das Gleichgewicht global stabil, denn jeder beliebige Preis p_0, gleich wie weit entfernt er vom Gleichgewicht (im ersten Sinn) liegt, bewegt sich im Zeitverlauf auf p^* zu. In den anderen Fällen ist das Gleichgewicht instabil.

Nicht erfaßt wurde ein Fall, in dem Preise innerhalb eines bestimmten Intervalls um p^* das Gleichgewicht erreichen, Preise außerhalb dieses Intervalls von p^* divergieren. Ein solches lokal stabiles Gleichgewicht (vgl. Fußnote 3) kann immer dann auftreten, wenn die Steigungen von Angebots- und Nachfragekurven nicht – wie in diesem Beispiel unterstellt – konstant sind.

Am Beispiel des Cob-Web-Theorems wird deutlich, daß nicht nur die Pläne, sondern auch die Verhaltensweisen der Marktteilnehmer gewissen Anforderungen genügen müssen,[5] soll der Preis Haushalts- und Unternehmensentscheidungen wirksam koordinieren.

Kurz- und langfristiges Gleichgewicht bei vollständiger Konkurrenz

Wir wenden uns nun der Frage zu, welche Rolle der freie Zutritt zu einem Markt für die Preisbildung spielt. Hierzu klammern wir den ersten Fragenkreis aus, indem wir unterstellen, die jeweiligen Marktgleichgewichte seien stabil. Außerdem sei angenommen, die Produktionstechnik der anbietenden Unternehmen könne durch homotheti-

[5] Im Cob-Web-Theorem muß auf Marktebene die Nachfrage elastischer auf Preisänderungen reagieren als das Angebot, damit das Gleichgewicht stabil ist. Vgl. (a) und (b).

sche Produktionsfunktionen mit ertragsgesetzlichem Verlauf beschrieben werden. Eine Momentaufnahme des Marktgeschehens wird dann in der Regel folgende drei Typen von Anbietern aufdekken (vgl. *Abbildung 2.36*):

(a) den intramarginalen Anbieter, für den der momentane Marktpreis zu Gewinn führt, da er über den totalen Durchschnittskosten liegt;
(b) den marginalen Anbieter, dessen totale Durchschnittskosten vom Marktpreis gerade abgegolten werden;
(c) den submarginalen Anbieter, der beim herrschenden Marktpreis zumindest noch seine variablen Durchschnittskosten decken kann.

Diese kurzfristige Situation kann allerdings langfristig nicht erhalten bleiben. Der submarginale Anbieter wird spätestens dann aus dem Markt ausscheiden müssen, wenn sein Produktionsapparat erneuert werden muß. Hierfür fehlen ihm die finanziellen Mittel, denn er konnte seine Fixkosten nicht über den Preis erlösen. Andererseits werden die Gewinne des intramarginalen Anbieters andere Unternehmen anreizen, in diesen Markt einzutreten. Gewinn können sie jedoch nur erzielen, wenn sie dieselbe Produktionstechnik verwenden wie die intramarginalen Anbieter. Hinsichtlich deren Technik sei unterstellt, daß sie die beste verfügbare Technik ist. Das Eindringen neuer Anbieter erhöht das Marktangebot. Die Angebotskurve verschiebt sich nach rechts (von q^s auf $q^{s'}$ in *Abbildung 2.36*). Der Marktpreis fällt (von p_k^* auf p_l^* in *Abbildung 2.36*). Marginale Anbieter werden zu submarginalen und scheiden schließlich aus dem Markt aus. Der Prozeß kommt zum Stillstand, wenn alle am Markt befindlichen Anbieter mit der besten Produktionstechnik arbeiten und keine Gewinne anfallen, welche neue Anbieter zum Markteintritt veranlassen könnten. Dies ist dann der Fall, wenn alle am Markt befindlichen Unternehmen im Minimum ihrer totalen Durchschnittskosten produzieren (vgl. *Abbildung 2.36*). Da langfristig auch der Produktionsapparat variabel ist, fällt dieser Punkt mit dem Minimum der langfristigen variablen Durchschnittskosten zusammen.

Vollständige Konkurrenz führt daher langfristig bei gegebener Nachfrage und gegebenem technischen Wissen dazu, daß dieses in der besten Produktionstechnik verkörperte Wissen ausgeschöpft wird und somit ein Höchstmaß an Versorgung der Konsumenten erreicht wird.

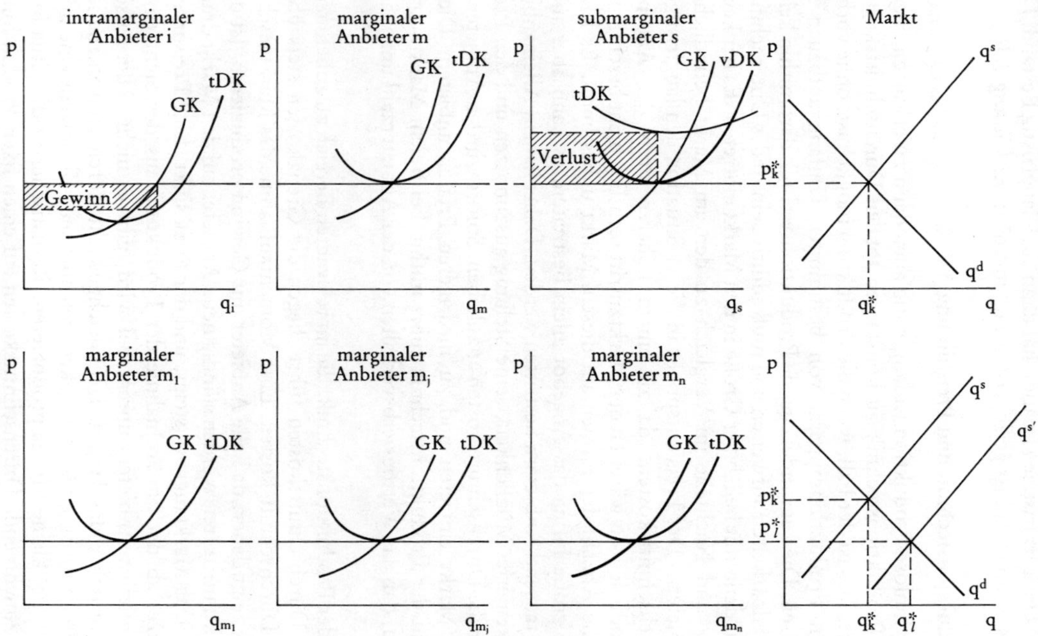

Abbildung 2.36

Ist der Marktzutritt beschränkt, kann dieser Prozeß nicht stattfinden. Die kurzfristige Situation hat dann auch langfristig Bestand. Der Versorgungsgrad ist geringer (vgl. q_k^* mit q_l^* in *Abbildung 2.36*).

Produktionstechnik und Preisbildung

Gewinnlose Produktion ist langfristig auch dann zu erwarten, wenn die Produktionstechnik zu konstanten totalen Durchschnittskosten führt. Das ist der Fall, wenn die Produktion möglich ist, ohne vorher einen Produktionsapparat von bestimmten Umfang aufbauen zu müssen. Die zugrundeliegende Produktionstechnik darf mithin keine Unteilbarkeiten aufweisen und muß additiv sein. Jedes Unternehmen kann dann mit beliebiger Größe in den Markt eintreten. Es hat keine Vor- und Nachteile im Vergleich zu den am Markt befindlichen Anbietern. Der Preis entspricht in dieser Situation den langfristigen Durchschnittskosten, da zu einem höheren Preis das Angebot unendlich groß wäre. Ist der Marktzutritt rechtlich nicht beschränkt, ist die Anzahl der Firmen auf diesem Markt unbestimmt. Es kann eine große Firma das Angebot allein bestreiten, es kann aber auch von tausend Anbietern bestritten werden. Dabei hat ein Alleinanbieter keinerlei Möglichkeit, seine Stellung auszunutzen und den Preis über die Durchschnittskosten anzuheben. Sofort würden Anbieter in den Markt eintreten und zu niedrigeren Preisen anbieten. Diese Form der Produktionstechnik führt mithin bei freiem Marktzutritt dazu, daß das Wettbewerbsverhalten von der Anbieterzahl unabhängig ist.

Bei der Produktionstechnik, die im relevanten Bereich zu zunehmenden Durchschnittskosten führt, liegen die Grenzkosten stets über den Durchschnittskosten. Eine Momentaufnahme des Marktgeschehens zeigt daher, daß alle Anbieter mit Gewinn produzieren. Ist der Marktzutritt frei, werden ständig neue Anbieter auf den Markt drängen. Das Marktangebot steigt, und der Preis sinkt. Eine Preisuntergrenze, ab der die Aufnahme der Produktion aus der Sicht eines potentiellen Anbieters unrentabel wird, gibt es nicht. Theoretisch würde daher das langfristige Gleichgewicht durch eine unendlich große Zahl von Anbietern gekennzeichnet sein, die jeweils eine infinitesimal kleine Menge produzieren. Realistischer ist die Situation, daß zunehmende Durchschnittskosten auf einen fixen Produktionsfaktor zurückzuführen sind, der auch langfristig nicht vermehrbar ist und der von daher den Marktzutritt beschränkt. Die Gewinne der Produzenten können in diesem Fall als Rente für den fixen Faktor interpretiert werden. Am Beispiel der landwirtschaftlichen Produktion läßt sich dies verdeutlichen.

Der zu bearbeitende Boden ist ein nichtvermehrbarer Produktionsfaktor. Er ist im Besitz der Landwirte. Der Landbesitzer kann nun überlegen, ob er sein Land verpachtet oder selbst bewirtschaftet. Bei einem Preis von p für seine Erzeugnisse und einer optimalen Ausbringungsmenge q^* bei Kosten von $c(q^*)$ wird die Pacht, die ein Pächter maximal bereit ist zu bezahlen, $pq^* - c(q^*)$ sein. Bei sehr vielen potentiellen Pächtern wird sich im Gleichgewicht genau diese Pacht ergeben. Der Gewinn aus landwirtschaftlicher Produktion kann daher als Rente für den fixen Produktionsfaktor Boden aufgefaßt werden. Sein gegebener Bestand stellt eine (natürliche) Schranke für den Marktzutritt dar.

Bei sinkenden Durchschnittskosten liegen die Grenzkosten stets unter den Durchschnittskosten. Würden sich die Anbieter nach der Regel Preis = Grenzkosten verhalten, erzielten sie stets Verluste. Bei beschränktem Marktzutritt ist es deshalb wahrscheinlich, daß eine Unternehmung versucht, die anderen Unternehmen aus dem Markt zu drängen, um sich dann wie ein Monopolist zu verhalten. Bei freiem Marktzutritt ist dies nicht möglich, da sofort Konkurrenten in den Markt eintreten würden. Da aber ein gegenseitiges Unterbieten für alle Verluste bringt, ist es denkbar, daß sich über Absprachen eine Art Kartell bildet, das versucht, über politische Einflußnahme den Marktzutritt zu erschweren.

2. Preisbildung bei Monopol

Welche Rolle die Zahl der Anbieter für die Preisbildung spielt, läßt sich ermessen, wenn man die Preisbildung bei vollständiger Konkurrenz mit der im Monopol vergleicht.

Wir betrachten einen vollständigen Markt. An die Stelle der vielen Anbieter bei vollständiger Konkurrenz tritt im Monopol ein Anbieter, der Monopolist. Ihm stehen viele Nachfrager gegenüber. Ihre Nachfragepläne nach dem vom Monopolisten produzierten Gut summieren sich zur Marktnachfrage $q^d(p)$. p ist der Preis des Gutes. Er ist für den Monopolisten keine vorgegebene Größe. Vorgegeben ist dem Monopolisten nur der Preis-Mengen-Zusammenhang, den die Marktnachfragefunktion beschreibt. Wählt er eine der beiden

Größen (Preis, Menge) als Aktionsparameter, ergibt sich die andere aus der Nachfragefunktion.

Das Gewinnmaximum des Monopolisten

Wir gehen davon aus, daß der Monopolist die Produktionsmenge q als Aktionsparameter wählt. Er wird dann diejenige Menge produzieren und anbieten, die seinen Gewinn G maximiert. Sei c(q) die Kostenfunktion des Monopolisten und $p(q) := (q^d)^{-1}(q)$ die Inverse der Nachfragefunktion, dann lautet das Entscheidungsproblem des Monopolisten

$$\max_{q} G := p(q)\,q - c(q).$$

Notwendig für ein Gewinnmaximum ist

$$\frac{dG}{dq} = p(q) + qp'(q) - c'(q) = 0,$$

$$\text{mit: } p'(q) := \frac{dp}{dq}, \; c'(q) := \frac{dc}{dq}.$$

Daneben muß gelten

$$\frac{d^2G}{dq^2} = e''(q) - c''(q) < 0,$$

wobei

$e := p(q)\,q$ der Erlös,

$e'(q) = \dfrac{d[p(q)q]}{dq} = p(q) + qp'(q)$ der Grenzerlös und

$e''(q) = \dfrac{d^2[p(q)q]}{dq^2} = 2p'(q) + qp''(q)$ die Steigung der Grenzerlöskurve ist.

Die notwendige Bedingung für ein Gewinnmaximum besagt, daß dort der Grenzerlös $e'(q)$ den Grenzkosten $c'(q)$ entsprechen muß. Dabei ist im Monopol der Grenzerlös nicht identisch mit dem Marktpreis. Jede Ausweitung des Angebots um eine Einheit erbringt als zusätzlichen Erlös den momentanen Preis p, verringert um den durch die Angebotsausweitung verursachten Erlösverfall, der das

Produkt aus Preisverfall je Stück, $p'(q)$, und abgesetzter Stückzahl, q, ist.

Der Schnittpunkt von Grenzerlös- und Grenzkostenkurve ist allerdings nur ein Gewinnmaximum, wenn dort die Steigung der Grenzerlöskurve, $e''(q)$, kleiner ist als die der Grenzkostenkurve, $c''(q)$, d.h. die Grenzkostenkurve muß die Grenzerlöskurve von unten links her schneiden.

Für eine lineare Güternachfragefunktion $q = A - ap$ mit der Inversen $p = A/a - (1/a)q$ und der Erlösfunktion $pq = (A/a)q - (1/a)q^2$ erhält man das Gewinnmaximum graphisch wie in *Abbildung 2.37* gezeigt.

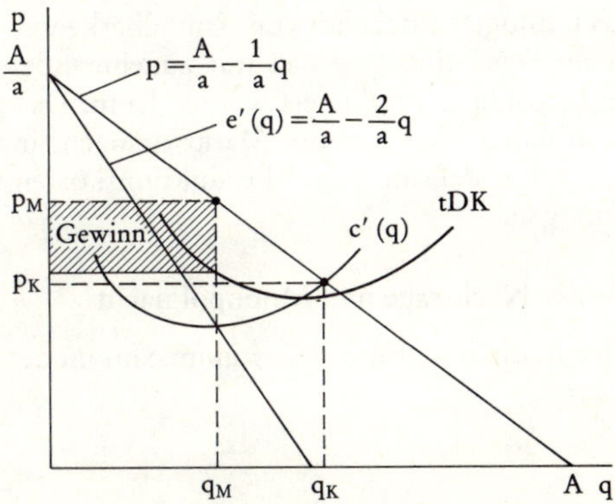

Abbildung 2.37

Mit Hilfe von *Abbildung 2.37* können Monopol und vollständige Konkurrenz einander gegenübergestellt werden. Dazu unterstellen wir, die aggregierte Güterangebotsfunktion bei vollständiger Konkurrenz falle mit dem ansteigenden Ast der Grenzkostenkurve des Monopolisten zusammen.[6] Der Preis, der sich bei vollständiger Konkurrenz einstellen würde, liegt folglich im Schnittpunkt der Grenzkostenkurve $c'(q)$ mit der Inversen der Nachfragekurve. *Abbil-*

[6] Die aggregierte Güterangebotsfunktion bei vollständiger Konkurrenz erhält man, indem man für alle Preise p die gewinnmaximale Angebotsmenge jedes Unternehmens aus der Grenzkostenfunktion ermittelt und die Summe dieser Menge bildet. Die Angebotsfunktion reflektiert daher die Grenzkosten der Anbieter bei vollständiger Konkurrenz.

dung 2.37 zeigt, daß dieser Preis, p_k, stets unterhalb des Monopolpreises p_M liegt. Bei einer Nachfragefunktion mit negativer Steigung ist demnach die Angebotsmenge des Monopolisten (q_M) stets kleiner als die bei vollständiger Konkurrenz (q_K).

Ein Angebotsmonopol kann auf Dauer nur bestehen, wenn der Marktzutritt versperrt ist. Andernfalls würde der Gewinn des Monopolisten weitere Anbieter auf den Markt ziehen. Das Angebot nähme zu und der Preis würde sinken. Monopole findet man daher dort, wo Verfügungsrechte und andere rechtliche Regelungen nur einen Anbieter erlauben (z. B. Patente, Fernmeldemonopol der Deutschen Bundespost, Regionale Energieversorgungsunternehmen, die in der Bundesrepublik Deutschland ein Gebietsmonopol haben) oder die Produktionstechnologie aufgrund von Unteilbarkeiten zu zunehmenden Skalenerträgen führt, so daß mit zunehmender Unternehmensgröße immer billiger produziert werden kann. Das größte Unternehmen kann daher kleinere vom Markt drängen, indem es den Preis so niedrig setzt, daß diese ihre Produktionskosten nicht mehr zu decken vermögen.

Preiselastizität der Nachfrage und Monopolmacht

Die notwendige Bedingung für ein Gewinnmaximum des Monopolisten

$$p + q\frac{dp}{dq} = c'$$

kann mit Hilfe einiger Umformungen etwas anders dargestellt werden.

Klammert man auf der linken Seite der Gleichung p aus, erhält man:

$$p\left(1 + \frac{dp}{dq}\frac{q}{p}\right) = c'.$$

Berücksichtigt man, daß

$$\varepsilon := \frac{dq}{dp}\frac{p}{q}$$

die direkte Preiselastizität der Nachfragefunktion q^d ist, kann umgeformt werden zu

$$\frac{p - c'(q)}{p} = -\frac{1}{\varepsilon}.$$

Bei einer Nachfragefunktion mit negativer Steigung ist $\varepsilon < 0$, so daß der Ausdruck auf der rechten Seite der vorstehenden Gleichung stets positiv ist.

Bei vollständiger Konkurrenz entspricht der Preis den Grenzkosten. Die relative Abweichung des Monopolpreises von den Grenzkosten, d. h. $(p - c')/p$, kann daher als Maß für die Monopolmacht angesehen werden. Diese Macht nimmt offensichtlich zu, je weniger preiselastisch die Marktnachfrage ist, je kleiner also $|\varepsilon|$ ist.

3. Preisbildung bei Oligopol

Oligopolistische Interdependenz

Wiederum betrachten wir einen vollkommenen Markt. Es gibt wenige Anbieter und sehr viele Nachfrager. Das ist die Situation des Angebotsoligopols. Wir greifen einen Anbieter i heraus und untersuchen dessen Angebotsentscheidung. Die Marktnachfrage sei wieder $q^d(p)$ mit der Inversen $p(q)$, wobei

$$q = \sum_{j=1}^{n} q_j$$

ist und n die Zahl der Anbieter. Die gewinnmaximale Angebotsmenge des Anbieters i, q_i^*, ist die Lösung von

$$\max_{q_i} G_i := p(q)q_i - c_i(q_i),$$

wobei G_i der Gewinn von i und $c_i(q_i)$ seine Kostenfunktion ist. Notwendig für ein Gewinnmaximum ist

$$\frac{dG_i}{dq_i} = p(q) + p'(q)\left[\frac{dq_1}{dq_i} + \frac{dq_2}{dq_i} + \ldots + 1 + \ldots + \frac{dq_n}{dq_i}\right] q_i - $$
$$- c_i'(q_i) = 0$$

$$\text{mit: } p'(q) := \frac{dp}{dq},\ c_i'(q_i) := \frac{dc_i}{dq_i}.$$

Die Ausdrücke dq_j/dq_i, $j = 1, 2, \ldots, n$, $j \neq i$, sind Ausdruck der gegenseitigen Abhängigkeit der Anbieter. Da es nur wenige Anbieter auf dem Markt gibt, verändert die Angebotsentscheidung eines Anbieters das Marktangebot merklich, d. h. sie ruft Preisänderungen hervor. Reagieren die Mitanbieter auf dieses Signal, indem sie ihre Angebotsentscheidung revidieren, $dq_j/dq_i \neq 0$, treten weitere Preisänderungen auf, die der Anbieter i bei seiner Entscheidung in Rechnung stellen muß. Er kann sein Gewinnmaximierungsproblem mithin erst lösen, wenn er Hypothesen darüber bildet, wie seine Mitkonkurrenten auf seine Handlungsweise reagieren. Umgekehrt müssen seine Mitanbieter überlegen, wie er auf ihre Angebotsentscheidung reagiert. Die Oligopolsituation beinhaltet daher ein Element der Zirkularität gemäß der Formel: „Was glaube ich, daß die anderen glauben, daß ich glaube ..."

Gemäß der Vielfalt der Verhaltensannahmen, die zur Lösung dieses Problems denkbar sind, existieren viele Ansätze der Oligopoltheorie. Zwei davon wollen wir anhand des Dyopols skizzieren, d. h. eines Angebotsoligopols mit nur zwei Anbietern.

Die *Cournot-Nash*-Lösung für das Dyopol

Um die Darstellung zu vereinfachen, gehen wir von einer linearen Nachfragefunktion

$$q = A - ap$$

mit der Inversen

$$p = B - bq, \; B := A/a, \; b := 1/a$$

aus. Außerdem unterstellen wir konstante Grenz- und Durchschnittskosten, so daß c_1q_1 bzw. c_2q_2 die Gesamtkosten des Anbieters 1 bzw. 2 sind, wenn er die Menge q_1 bzw. q_2 produziert.

Die Gewinne beider Anbieter sind dann

$$G_1 := (B - bq)q_1 - c_1q_1$$

$$G_2 := (B - bq)q_2 - c_2q_2$$

mit: $q = q_1 + q_2$.

Die *Cournot-Nash*-Lösung geht nun von der Annahme aus, jeder Anbieter betrachte das Angebot des Mitanbieters als gegeben und unabhängig von seinem eigenen Angebot. Folglich sind die Reaktionsterme dq_1/dq_2 und dq_2/dq_1 gleich Null. Die notwendige Bedingung für ein Gewinnmaximum des jeweiligen Anbieters lautet folglich:

$$\frac{dG_1}{dq_1} = B - b(q_1 + q_2) - bq_1 - c_1 = 0$$

$$\frac{dG_2}{dq_2} = B - b(q_1 + q_2) - bq_2 - c_2 = 0.$$

Daraus erhält man das Angebot jedes Anbieters als Funktion des Angebots seines Konkurrenten:

$$q_1 = \frac{B - c_1}{2b} - \frac{1}{2} q_2$$

$$q_2 = \frac{B - c_2}{2b} - \frac{1}{2} q_1.$$

Die Lösung dieses Gleichungssystems mit den Unbekannten q_1 und q_2 liefert das Gesamtangebot des Marktes. Graphisch findet man diese Lösung als Schnittpunkt der beiden Geraden, welche die obigen Gleichungen beschreiben (vgl. *Abbildung 2.38*).

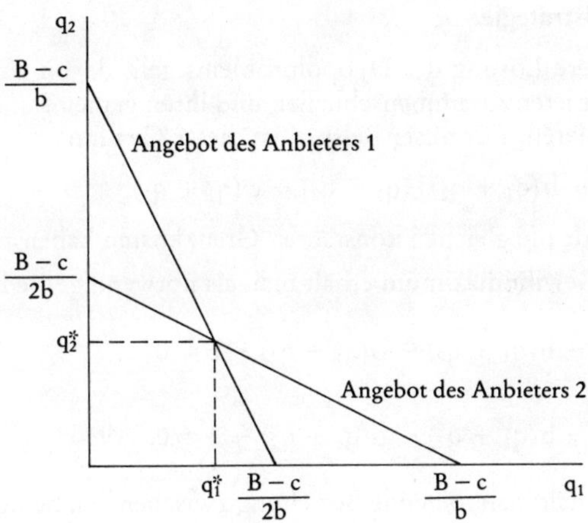

Abbildung 2.38

Unterstellt man, die Durchschnittskosten beider Anbieter seien gleich, $c_1 = c_2 = c$, erhält man

$$q_1^* = q_2^* = \frac{B - c}{3b},$$

so daß das Gesamtangebot

$$q^* = q_1^* + q_2^* = \frac{2}{3}\left(\frac{B - c}{b}\right)$$

ist. Dies ist kleiner als das Angebot bei vollständiger Konkurrenz, q_k^*, das nach der Regel Preis gleich Grenzkosten aus der Nachfragefunktion als

$$q_k^* = \frac{B - c}{b}$$

folgt.

Die *Cournot-Nash*-Lösung ist ein statisches Konzept. Sie erlaubt, ein Marktgleichgewicht im Sinne einer für beide Anbieter gewinnmaximalen Preis-Mengen-Kombination zu ermitteln. Ungeklärt bleibt das Zustandekommen dieser Lösung. Man könnte es sich beispielsweise so vorstellen, daß jeder Anbieter die Reaktionskurve seines Konkurrenten kennt und daraus q_1^* bzw. q_2^* berechnet.

Monopolstrategie

Eine andere Lösung des Dyopolproblems geht davon aus, daß sich beide Anbieter zusammenschließen und ihren gemeinsamen Gewinn G maximieren. Für unser Beispiel ist dieser Gewinn

$$G := [B - b(q_1 + q_2)]\,(q_1 + q_2) - c\,(q_1 + q_2),$$

wenn beide die gleichen konstanten Grenzkosten haben.

Für das Gewinnmaximum erhält man als notwendige Bedingungen

$$\frac{\partial G}{\partial q_1} = B - b(q_1 + q_2) - b(q_1 + q_2) - c = 0$$

$$\frac{\partial G}{\partial q_2} = B - b(q_1 + q_2) - b(q_1 + q_2) - c = 0.$$

Daraus erhält man folgende Beziehung zwischen den beiden Produktionsmengen:

$$q_1 = \frac{B - c}{2b} - q_2.$$

Somit ist das Gesamtangebot:

$$q = q_1 + q_2 = \frac{B - c}{2b}.$$

Diese Menge ist kleiner als die Angebotsmenge der *Cournot-Nash*-Lösung. Der Gleichgewichtspreis ist höher. Absprachen stellen die Konsumenten also schlechter.

Anbieterzahl und Marktmacht

Kehren wir zur Ausgangsformel der Gewinnmaximierung im Oligopol zurück:

$$\frac{dG_i}{dq_i} = q(q) + p'(q)\left(\frac{dq_1}{dq_i} + \ldots + 1 + \ldots + \frac{dq_n}{dq_i}\right) q_i - c_i'(q_i) = 0.$$

Geht man davon aus, daß jeder Anbieter i das Angebot seiner Mitkonkurrenten als gegeben und unabhängig von seiner eigenen Angebotsentscheidung sieht (*Cournot-Nash*-Annahme), vereinfacht sich diese Formel zu:

$$p(q) + p'(q)\, q_i = c_i'(q_i)$$

oder:

$$p\left(1 + \frac{dp}{dq}\frac{q}{p}\frac{q_i}{q}\right) = c_i'(q_i).$$

Geht man davon aus, daß der Marktanteil für alle n Anbieter gleich groß ist, d. h. $q_i/q = 1/n$, und berücksichtigt die Definition der direkten Preiselastizität der Nachfrage

$$\varepsilon = \frac{dq}{dp}\frac{p}{q},$$

erhält man

$$p\left(1 + \frac{1}{n\varepsilon}\right) = c_i'(q_i)$$

bzw.

$$\frac{p - c_i'(q_i)}{p} = -\frac{1}{n\varepsilon}.$$

Mißt man das Ausmaß der (horizontalen) Konzentration des Angebots durch die Anzahl der Anbieter und deren Marktanteil 1/n, dann zeigt diese Formel, daß die Möglichkeiten des einzelnen Anbieters, seinen Preis über die Grenzkosten anzuheben, um so geringer werden, je größer die Anbieterzahl ist. Für sehr viele Anbieter ($n \rightarrow \infty$) wird der Ausdruck auf der rechten Seite dieser Gleichung Null, so daß der Preis den Grenzkosten entsprechen muß. Für nur einen Anbieter erhalten wir die Formel, die bei der Monopolpreisbildung bereits hergeleitet wurde. Vollkommene Konkurrenz und Monopol sind somit zwei Pole eines Spektrums unterschiedlicher Markttypen, wenn man für deren Charakterisierung nur die Zahl der Wirtschaftssubjekte auf der Angebotsseite heranzieht.

4. Preisbildung bei monopolistischer Konkurrenz

Wir geben nun die Homogenitätsannahme auf, verzichten allerdings nicht auf alle für sie konstitutiven Merkmale, sondern durchbrechen sie nur im Hinblick auf die sachliche Gleichwertigkeit der Güter. Unterstellt sei, das Gut jedes Anbieters unterscheide sich geringfügig von den Gütern seiner Konkurrenten. Aus dieser Perspektive ist jeder Anbieter Monopolist. Anders als beim Monopol auf dem vollkommenen Markt gibt es aber in Gestalt der Güter der Mitanbieter eine Vielzahl enger Substitute für das Produkt eines Anbieters, wodurch sein Monopolspielraum eingeengt wird. Diese Situation, verbunden mit einer großen Zahl von Anbietern und Nachfragern, charakterisiert die Marktform der monopolistischen Konkurrenz.

Kurzfristiges Gleichgewicht bei monopolistischer Konkurrenz

Wir untersuchen zunächst die Angebotsentscheidung eines Anbieters i, $i = 1, 2, \ldots, n$. Wie dem Monopolisten ist ihm in Gestalt der aggregierten Nachfrage der Haushalte nach seinem Gut ein Preis-Mengen-Zusammenhang vorgegeben. Im Unterschied zum Monopol wird dieser aber vom Verhalten der Konkurrenten beeinflußt. Bei gleichem Preis p_i für sein Gut, wird der Anbieter i um so weniger absetzen können, je niedriger die Preise seiner Konkurrenten sind, weil immer mehr Nachfrager auf die billigeren Substitute ausweichen. Unabhängige Variable der Inversen der Güternachfragefunktion des Anbieters i sind daher neben seiner eigenen Produktionsmenge q_i die Produktionsmengen q_j, $j = 1, 2, \ldots, n$, $j \neq i$, seiner Konkurrenten:

$$p_i = p_i(q_1, q_2, \ldots, q_i, \ldots, q_n).$$

Sei $c_i(q_i)$ die Kostenfunktion des Anbieters i. Sein gewinnmaximales Güterangebot ist die Lösung von

$$\max_{q_i} G_i := p_i(q_1, \ldots, q_i, \ldots, q_n)q_i - c_i(q_i).$$

Die notwendige Bedingung für ein Gewinnmaximum ist

$$\frac{dG_i}{dq_i} = p_i + q_i \sum_{j=1}^{n} \frac{\partial p_i}{\partial q_j} \frac{dq_j}{dq_i} - c_i' = 0.$$

Die dq_j/dq_i, $j = 1, 2, \ldots, n$, $j \neq i$, beschreiben den Einfluß der Angebotsentscheidung des i auf die Verhaltensweise seiner j Konkurrenten.

Nun sind wir von einer großen Zahl von Anbietern ausgegangen. Es ist demnach plausibel anzunehmen, die Angebotsmenge des i ändere die Marktsituation unmerklich, so daß seine Konkurrenten kein Signal wahrnehmen, das sie zu einer Reaktion veranlassen würde. In Kenntnis dieses Zusammenhanges wird i von $dq_j/dq_i = 0$ für alle $j \neq i$ ausgehen. Die notwendige Bedingung für ein Gewinnmaximum lautet dann

$$p_i + q_i \frac{\partial p_i}{\partial q_i} = c_i'.$$

Wie im Fall des Monopols auf dem vollkommenen Markt liegt das Gewinnmaximum des i im Schnittpunkt von Grenzerlös- und Grenzkostenfunktion. *Abbildung 2.39* illustriert dies für eine lineare Preis-Absatz-Funktion $p_i(q_1, \ldots, q_i, \ldots, q_n)$.

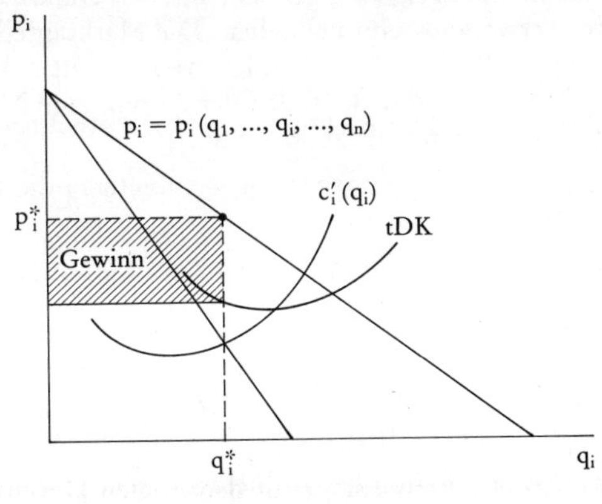

Abbildung 2.39

Die Lage der Preis-Absatz-Funktion und damit das gewinnmaximale Güterangebot des Anbieters i hängt vom Angebot seiner Konkurrenten ab. Zu jedem n–1 Tupel

$$(q_1, \ldots, q_{i-1}, q_{i+1}, \ldots, q_n)$$

gibt es ein Gewinnmaximum des i. Folglich ist sein Angebot eine Funktion der Angebotsmengen seiner Konkurrenten

$$q_i^* = q_i(q_1, q_2 \ldots, q_{i-1}, q_{i+1}, \ldots, q_n).$$

Ein Gleichgewicht auf Marktebene liegt vor, wenn die Pläne aller Anbieter miteinander vereinbar sind, d. h. eine Lösung des nachstehenden Gleichungssystems existiert:

$$q_i^* = q_i(q_1^*, \ldots, q_{i-1}^*, q_{i+1}^*, \ldots, q_n^*), \; i = 1, 2, \ldots, n.$$

Langfristiges Gleichgewicht bei monopolistischer Konkurrenz

Wir haben für eine gegebene Anbieterzahl n das Konzept eines Marktgleichgewichts bei monopolistischer Konkurrenz beschrieben. Der einzelne Anbieter i wird – wie *Abbildung 2.39* zeigt – in diesem Gleichgewicht in der Regel einen Gewinn erzielen, der aus dem Monopolspielraum resultiert, den die Besonderheiten seines Produktes schaffen.

Ist der Marktzutritt für jeden potentiellen Anbieter möglich, werden die Gewinne der n Anbieter weitere Unternehmen auf den Markt ziehen, die ebenfalls ein eigenes, aber eng mit den Gütern der bisherigen Anbieter verwandtes Gut herstellen. Die Marktanteile aller Anbieter schrumpfen. Dieser Prozeß endet, wenn auf dem Markt keine Gewinne mehr erzielt werden, so daß der Anreiz zum Markteintritt beseitigt ist. Die Anbieterzahl sei dann $m > n$.

In dieser Situation ist das Angebot eines Anbieters i die Lösung der Gleichung

$$p_i(q_1, \ldots, q_i, \ldots, q_m)q_i = c_i(q_i)$$

bzw.

$$p_i = \frac{c_i}{q_i}.$$

Der von ihm erzielte Preis entspricht den totalen Durchschnittskosten. Die Lösung (p_i^*, q_i^*) muß auf seiner Preis-Absatz-Funktion

$p_i(q_1, \ldots, q_i, \ldots, q_m)$ liegen. Demnach liegt sein langfristig gewinnmaximales Angebot im Tangentialpunkt von totaler Durchschnittskostenkurve und Preis-Absatz-Funktion (vgl. *Abbildung 2.40*).

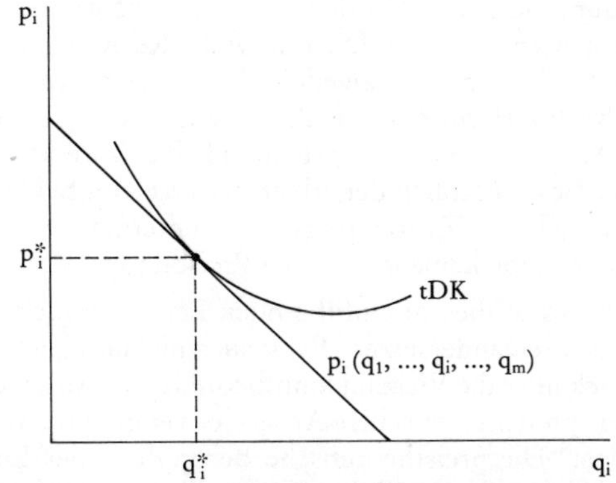

Abbildung 2.40

Langfristig erlaubt selbst der Monopolspielraum mithin keine Gewinne. Insofern gleicht das Ergebnis demjenigen, das wir für die Marktform der vollständigen Konkurrenz abgeleitet haben. Anders als dort produzieren im vorliegenden Fall die Anbieter allerdings nicht im Minimum ihrer totalen Durchschnittskosten, sondern, graphisch gesehen, links davon. Der Güterpreis ist vergleichsweise höher, die abgesetzte Menge geringer. Ursache hierfür ist der Monopolspielraum. Wären alle Güter sachlich gleichwertig, d. h. wären sie perfekte Substitute, wäre die Preis-Absatz-Funktion jedes Anbieters eine Parallele zur Abszisse, der Preis eine vorgebene Größe. Langfristig würde im Minimum der totalen Durchschnittskosten produziert. Gäbe es andererseits keine (engen) Substitute für das von einem Anbieter i produzierte Gut, könnten keine Mitkonkurrenten auftreten, so daß i auch langfristig Gewinne erzielt. i wäre Monopolist.

Diese Überlegungen zeigen, daß Monopol und vollständige Konkurrenz nicht nur im Hinblick auf die Anzahl der Anbieter zwei Pole einer Skala von Markttypen sind, sondern auch bezüglich des Grades der Marktvollkommenheit, soweit er an der sachlichen Gleichwertigkeit der Güter gemessen wird.

nicht rel

III. Faktorpreisbildung am Beispiel des Arbeitsmarktes

In diesem Abschnitt werden einige Grundlagen der Theorie der Faktorpreisbildung skizziert. Mit dem Arbeitsmarkt wählen wir ein besonders umstrittenes Gebiet. Die praktische Relevanz der Preistheorie wird nirgends mehr angezweifelt als bei der Frage der Lohnbildung. Die Realitätsferne der Annahmen wird hier besonders problematisiert.[7] Argumentiert wird, Arbeit sei keine Ware wie jede andere und die reale Beschaffenheit der arbeitsmarktrelevanten Institutionen (Arbeitszeitregelung, Tarifvertragsrecht, unternehmensinterne Arbeitsmärkte) erlaube keine marktliche Preisbildung.

Wir können uns in diesem einführenden Lehrbuch nicht mit diesen Argumenten auseinandersetzen. Es ist auch nicht möglich, einen groben Überblick über die Vielzahl lohntheoretischer Ansätze zu geben, die teils den preistheoretischen Ansatz erweitert und vertieft, teils ersetzt haben.[8] Die preistheoretische Behandlung der Lohnbildung wird hier aus folgenden Gründen dargestellt: Ein Lehrbuch, das sich zum Ziel setzt, die Grundzüge eines Lehrgebäudes aufzuzeigen, darf auch dessen umstrittene Bausteine nicht außer acht lassen. Die preistheoretische Analyse der Lohnbildung ist methodische Grundlage weiterführender Studien, die manche Mängel der hier skizzierten Ansätze beheben. Andererseits ist diese Methodik Anlaß der Kritik. Sowohl das Studium weiterführender als auch das konkurrierender Literatur zur Lohntheorie setzt daher Kenntnisse der Grundlagen marktlicher Lohnbildung voraus.

Aus preistheoretischer Sicht ist der Lohn der Preis für Arbeitsleistungen. Wie bei jedem Preis wird seine Höhe von der Marktform beeinflußt. Wir demonstrieren dies, indem wir zwei Beispiele einander gegenüberstellen: Das Modell der vollständigen Konkurrenz und das der Nachfragemacht auf dem Arbeitsmarkt.

Lohnbildung bei vollständiger Konkurrenz

Summiert man die aus Abschnitt A. III. 1 bzw. B. III. bekannten Arbeitsangebots- bzw. -nachfragepläne der Haushalte und Unternehmen, gelangt man zur Arbeitsmarktangebots- und -nachfragekurve.

---

[7] Als Beispiel für viele *Gerhard Brinkmann* (1981), S. 26f.
[8] Einen breiten Überblick gibt *Gerhard Brinkmann* (1984).

Sie gelten unter der Annahme der vollständigen Konkurrenz auf Arbeits- und Gütermarkt, denn bei der Herleitung der individuellen Pläne wurde von gegebenem Lohn und Güterpreis ausgegangen. Hat die Arbeitsangebotsfunktion jedes Haushaltes eine positive Steigung, dann gilt dies auch für das Marktangebot.[9] Die Arbeitsnachfrage der Unternehmen sinkt mit steigendem Reallohn, wenn das Grenzprodukt der Arbeit mit wachsender Beschäftigung fällt.[10] Der Schnittpunkt von Marktangebot $n^s(w/\bar{p})$ und -nachfrage $n^d(w/\bar{p})$ markiert ein Gleichgewicht (vgl. *Abbildung 2.41*).

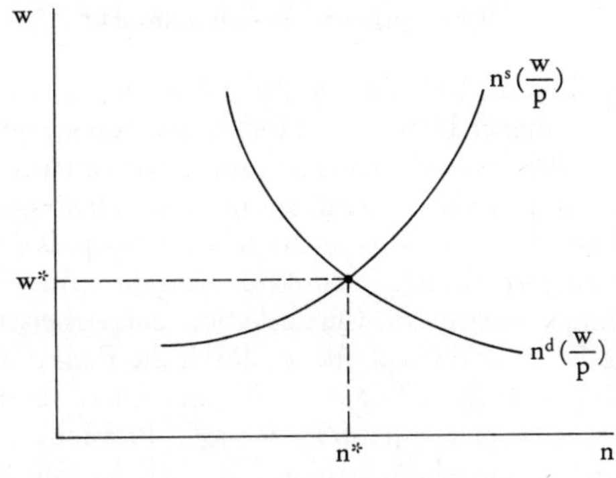

Abbildung 2.41

Bei gegebenem Güterpreis $\bar{p}$ entspricht die zum Lohnsatz w^* von den Haushalten angebotene der von den Unternehmen nachgefragten Arbeitsmenge n^*. Jedes Unternehmen verwendet die Menge an Arbeitsleistungen, bei welcher das Grenzprodukt der Arbeit die Höhe des Reallohnes $w^*/\bar{p}$ erreicht. Auf Haushaltsebene ist der Quotient aus Grenznutzen der Freizeit und Grenznutzen des Konsums

---

9 Beweis: Sei $n_i(w/p)$, $dn_i/d(w/p) > 0$, $i = 1, 2, \ldots, I$, das Arbeitsangebot des Haushalts i, dann ist das Marktangebot n definiert durch

$$n^s = n^s(w/p) := \sum_{i=1}^{I} n_i(w/p).$$ Daraus folgt:

$$\frac{dn}{d\left(\frac{w}{p}\right)} = \sum_{i=1}^{I} \frac{dn_i}{d\left(\frac{w}{p}\right)} > 0.$$

10 Dies kann in Analogie zum Beweis in Fußnote 9) gezeigt werden.

bei der jeweils angebotenen Arbeitsmenge so hoch wie der Reallohn $w^*/\bar{p}$. Das Arbeitsmarktgleichgewicht bestimmt mithin simultan Lohnsatz, Grenzprodukt der Arbeit und Grenzrate der Substitution zwischen Konsum und Freizeit.

Inwieweit ein Arbeitsmarktgleichgewicht in diesem Sinn auch ein Punkt ist, auf den hin ökonomische Kräfte wirken, muß wie bei der Güterpreisbildung durch eine dynamische Analyse untersucht werden.

Lohnbildung bei Nachfragemacht am Arbeitsmarkt

Einen Gegenpol zum Modell der vollständigen Konkurrenz auf Arbeits- und Gütermarkt bildet das Modell der Nachfragemacht auf dem Arbeitsmarkt. Nachfragemacht am Arbeitsmarkt liegt vor, wenn für bestimmte Arbeitsleistungen nur ein Nachfrager existiert. Das ist beispielsweise im Falle eines Angebotsmonopols denkbar, das auf einem patentgeschützten Produktionsverfahren beruht, für das eine unternehmensspezifische Qualifikation der Arbeiter erforderlich ist. Diese Produktionstechnik sei durch die Funktion $q = x(n)$, $x' > 0$, $x'' < 0$, beschrieben. Die Preis-Absatz-Funktion sei $p = p(q)$. Das Arbeitsangebot sei $n = n^s(w/\bar{P})$. $\bar{P}$ ist ein Preisindex, in den alle Konsumgüterpreise eingehen. Gibt es sehr viele Konsumgüter, ist $\bar{P}$ (näherungsweise) unabhängig von p, dem Preis des Monopolisten. Dann ist der Lohnsatz w eine Funktion der Beschäftigung: $w = \bar{P}(n^s)^{-1}(n) =: \mathcal{w}(n)$. Unter diesen Annahmen lautet das Gewinnmaximierungsproblem

$$\max_{n} \; px - wn$$

unter den Nebenbedingungen

$$p = p(q)$$
$$q = x(n)$$
$$w = \mathcal{w}(n).$$

Aus den notwendigen Bedingungen für ein Maximum erhält man

$$\frac{x'}{w/p} = \frac{1 + 1/\eta}{1 + 1/\varepsilon},$$

wobei $\varepsilon := \frac{dq}{dp} \cdot \frac{p}{q}$ die Preiselastizität der Nachfrage und

$\eta := \frac{dn}{dw} \cdot \frac{w}{n}$ die Nominallohnelastizität des Arbeitsangebots ist.

Solange die Preis-Absatz-Funktion konkav, $p'' \leqq 0$, und die Lohnsatz-Arbeitsangebots-Funktion konvex ist, $w'' \geqq 0$, ist $|\varepsilon| > 1$ hinreichend für ein Gewinnmaximum. Bei einer aufwärts geneigten Arbeitsangebotsfunktion, $w' > 0$, ist dann der Ausdruck auf der rechten Seite der vorstehenden Gleichung größer als eins. Demnach muß auch der Ausdruck auf der linken Seite der Gleichung größer als eins sein und der Reallohn (gemessen in Einheiten des Monopolgutes!) mithin kleiner als das Grenzprodukt der Arbeit. Dabei liegt der Reallohn um so weiter unterhalb des Grenzproduktes der Arbeit, je unelastischer die Güternachfrage und das Arbeitsangebot sind. Bei vollständiger Konkurrenz auf beiden Märkten ist die Preiselastizität der Güternachfrage eines Unternehmens unendlich groß, ebenso die Lohnsatzelastizität des Arbeitsangebots, $|\varepsilon| = \infty$, $\eta = \infty$. Berücksichtigt man dies in der obigen Gleichung, erhält man daraus das Ergebnis der Lohnbildung bei vollständiger Konkurrenz.

Kontrollfragen

(1) Erläutern Sie die Rolle der Markttypisierung in der Preistheorie. Welche qualitativen und quantitativen Merkmale zur Markttypisierung kennen Sie? Was versteht man unter der Homogenitätsbedingung? Was impliziert diese Bedingung für die Preisbildung auf einem Markt?

(2) Genügt der Nachweis eines Schnittpunktes von Marktangebots- und -nachfragefunktion, um den Preis als Koordinator einzelwirtschaftlicher Pläne auszuweisen? Auf welchen Annahmen beruht das Cob-Web-Theorem? Unter welchen Voraussetzungen ist das Marktgleichgewicht im Cob-Web-Theorem stabil? Erläutern Sie die Bedeutung eines freien Marktzutritts anhand der Preisbildung bei vollständiger Konkurrenz und im Monopol. Zeigen Sie an Beispielen den Einfluß der Produktionstechnik auf Wettbewerbsverhalten und Preisbildung. Weshalb können vollständige Konkurrenz und Monopol als Pole eines Spektrums von Marktformen gesehen werden? Warum ist die Monopolmacht um so größer, je preisunelastischer die Marktnachfrage ist? Worin liegt ein zentrales Problem der Oligopoltheorie? Stellen Sie für das Dyopol die *Cournot-Nash*-Lösung der Monopollösung ge-

genüber. Vergleichen Sie die Preisbildung bei vollständiger Konkurrenz mit der Preisbildung bei monopolistischer Konkurrenz hinsichtlich Preis und Menge im langfristigen Gleichgewicht.

(3) Charakterisieren Sie ein Arbeitsmarktgleichgewicht bei vollständiger Konkurrenz mit Hilfe der Begriffe Reallohn, Grenzprodukt der Arbeit und Grenzrate der Substitution. Welche Einwände gegen diesen lohntheoretischen Ansatz fallen Ihnen ein? Leiten Sie die gewinnmaximale Beschäftigungsmenge eines Monopolisten her, der auf dem Arbeitsmarkt alleiniger Nachfrager ist. Vergleichen Sie den Reallohn in dieser Situation mit dem bei vollständiger Konkurrenz.

Literatur zur Ergänzung und Vertiefung

Böventer (1984), Kapitel IV; *Herberg* (1985), Kapitel 4 und 5; *Neumann* (1982), Band III, VIII. Kapitel; *Ott* (1980); *Schumann (1984), Kapitel III. A; Varian* (1985), Kapitel 2.

D. Preisbildung in der Konkurrenzwirtschaft

I. Die Interdependenz der Märkte

Die Analyse der Arbeitsangebotsentscheidung der Haushalte im Modell mit einem Konsumgut und dem Produktionsfaktor Arbeit zeigt, daß der nutzenmaximale Plan nur von den beiden Preisen p (Konsumgutpreis) und w (Lohnsatz als Preis der Arbeitsleistung) bestimmt wird.[1] Das Haushaltseinkommen verschwindet als Argument der Konsumgüternachfrage, an seine Stelle tritt der Preis des Produktionsfaktors. Dieses Ergebnis läßt sich verallgemeinern: Für beliebig viele Konsumgüter und Produktionsfaktoren ist die Nachfrage nach jedem Konsumgut und das Angebot jedes Produktionsfaktors eine Funktion aller Konsumgüter- und Faktorpreise.

Das Studium der Unternehmensentscheidung lehrt, daß Güterangebot und Faktornachfrage (außer von gegebenen Verbrauchsmengen fixer Faktoren und der Produktionsfunktion) vom Preis des produzierten Gutes und den Preisen der hierfür erforderlichen Produktionsfaktoren abhängen. Auch hier gilt allgemeiner: Produziert ein Unternehmen beliebig viele Güter mit beliebig vielen Faktoren, so sind Angebots- und Nachfragepläne Funktionen aller Güter- und Faktorpreise.

Vor diesem Hintergrund wird klar, daß das Ergebnis der Preisbildung auf einem Güter- oder Faktormarkt über die Pläne der Wirtschaftssubjekte auch auf alle anderen Güter- und Faktormärkte wirkt. Die sachlichen (und in erweitertem Analyserahmen auch die zeitlichen) Interdependenzen in den Entscheidungsfeldern von Haushalten und Unternehmen führen zur Interdependenz der Märkte. Die Koordination einzelwirtschaftlicher Pläne wird aus dieser Sicht zum Problem des simultanen Gleichgewichts auf allen Märkten. Diesen Gedanken werden wir nun anhand eines einfachen Modells illustrieren.

---

[1] Siehe hierzu Abschnitt A. III. 1 in diesem Kapitel. Die Abhängigkeit von Präferenzordnung und Anfangsausstattungen (bei der Arbeitsangebotsentscheidung das Zeitbudget) mit Gütern erfassen wir nicht explizit.

II. Ein einfaches Modell des Allgemeinen Konkurrenzgleichgewichts

Wir gehen von dem in *Abbildung 1.2* skizzierten Wirtschaftsmodell aus, an dem wir im ersten Kapitel das Allokationsproblem illustrieren.

Die betrachtete Wirtschaft besteht aus I Haushalten und J Unternehmen. Produziert werden H = 2 Güter und es gibt einen Produktionsfaktor (L = 1). Die Haushalte sind Eigner der Unternehmen. θ_{ij}, $\Sigma_i\, \theta_{ij} = 1$ für alle j = 1, 2, ..., J, ist der Eigentumsanteil des Haushalts i am Unternehmen j. Gemäß diesem Anteil fließt dem Haushalt der Unternehmensgewinn als Dividende zu.

Wir beschreiben nun Entscheidungssituation und Pläne der Haushalte und Unternehmen dieser Wirtschaft.

Haushalte

Ein Haushalt i, i = 1, 2, ..., I, habe die ordinale Nutzenfunktion

$$u_i = u_i(q_{1i}, q_{2i}, f_i),$$

wobei q_{hi} die Menge des Gutes h, h = 1, 2, ist, die der Haushalt i konsumiert, und f_i seine Freizeit. Die Nutzenfunktion sei zweimal stetig, differenzierbar und strikt quasikonkav.

Das Einkommen des Haushalts setzt sich aus seinem Arbeitseinkommen

$$(t_i - f_i)w$$

und seinem Gewinneinkommen

$$\sum_{j=1}^{J} \theta_{ij}\, G_j$$

zusammen. Hierbei bezeichnet t_i das Zeitbudget des Haushalts i, w den Lohnsatz und G_j den Gewinn des Unternehmens j.

Die Ausgaben des Haushaltes sind bei gegebenen Güterpreisen p_1 und p_2

$$p_1q_{1i} + p_2q_{2i}.$$

Rationalverhalten des Haushaltes impliziert, daß er q_{1i}, q_{2i} und f_i derart wählt, daß sein Nutzen unter Beachtung der Budgetrestriktion maximal wird.

Der nutzenmaximale Plan des Haushalts ist die Lösung von

$$\max_{q_{1i},\, q_{2i},\, f_i} \quad u(q_{1i}, q_{2i}, f_i)$$

unter der Nebenbedingung (1)

$$p_1 q_{1i} + p_2 q_{2i} = (t_i - f_i)w + \sum_{j=1}^{J} \theta_{ij} G_j.$$

Außer der Nebenbedingung erhält man als notwendige Bedingungen für ein Nutzenmaximum

$$\frac{u_{i1}}{u_{i2}} = \frac{p_1}{p_2}, \frac{u_{i3}}{u_{i1}} = \frac{w}{p_1}, \frac{u_{i3}}{u_{i2}} = \frac{w}{p_2}$$

$$\text{mit: } u_{i1} := \frac{\partial u_i}{\partial q_{1i}}, \ u_{i2} := \frac{\partial u_i}{\partial q_{2i}}, \ u_{i3} := \frac{\partial u_i}{\partial f_i},$$

d. h. die Grenzrate der Substitution zwischen je zwei Argumenten der Nutzenfunktion muß dem jeweiligen Preisverhältnis entsprechen.

Güternachfrage und Arbeitsangebot sind mithin Funktionen der drei Preise p_1, p_2 und w.

$$q_{1i}^d = q_{1i}^d(p_1, p_2, w)$$

$$q_{2i}^d = q_{2i}^d(p_1, p_2, w)$$

$$n_i^s = n_i^s(p_1, p_2, w), \ n_i^s := (t_i - f_i(p_1, p_2, w)).$$

Wie leicht nachgeprüft werden kann, sind diese Funktionen in allen Preisen homogen vom Grade null.

Unternehmen

Das Entscheidungsproblem eines Unternehmens j, $j = 1, 2, \ldots, J$, besteht darin, bei gegebenen Preisen p_1, p_2 und w durch geeignete Wahl der Produktionsmengen von Gut 1 und Gut 2 seinen Gewinn G_j zu maximieren. Der Zusammenhang zwischen Arbeitseinsatz und Produktionsmenge werde durch je eine Produktionsfunktion $x_{hj}(n_{hj})$ beschrieben. Kuppelproduktion schließen wir damit aus.

Der gewinnmaximale Plan des Unternehmens ist mithin die Lösung von

$$\max_{q_{1j},\, q_{2j}} \quad G_j := p_1 q_{1j} + p_2 q_{2j} - w n_j$$

unter den Nebenbedingungen (2)

$q_{1j} = x_{1j}(n_{1j})$

$q_{2j} = x_{2j}(n_{2j})$

$n_j \;= n_{1j} + n_{2j}.$

Notwendige Bedingungen für ein Gewinnmaximum sind (außer den Nebenbedingungen)

$p_1 \, x'_{1j} = w$

$p_2 \, x'_{2j} = w,$

d. h. das Wertgrenzprodukt jeder Produktionsrichtung, $p_h x'_{hj}$, muß die Höhe des Lohnsatzes erreichen. Güterangebot und Arbeitsnachfrage sind mithin Funktionen der exogenen Größen dieses Optimierungskalküls, d. h. von p_1, p_2 und w:

$q^s_{1j} = q^s_{1j}(p_1, p_2, w)$

$q^s_{2j} = q^s_{2j}(p_1, p_2, w)$

$n^d_j \;= n^d_j(p_1, p_2, w).$

Auch diese Funktionen sind nullhomogen in ihren Argumenten.

Konkurrenzgleichgewicht

Als Ergebnis unseres bisherigen Vorgehens erhalten wir, daß alle einzelwirtschaftlichen Pläne Funktionen des Preisvektors $\pi = (p_1, p_2, w)$ sind. Die Koordination dieser Pläne ist daher prinzipiell über die Preise möglich. Die Pläne aller Wirtschaftssubjekte sind perfekt koordiniert, wenn ein π^* existiert, zu dem jeder Haushalt die von ihm gewünschte Menge an Konsumgütern und Arbeitsleistungen erwerben bzw. erbringen kann, und gleichzeitig jedes Unternehmen seine gewinnmaximalen Gütermengen produzieren und absetzen kann. Formal gesehen ist π^* eine Lösung des nachstehenden Gleichungssystems:

$\sum_{i=1}^{I} q^d_{1i}(\pi) = \sum_{j=1}^{J} q^s_{1j}(\pi)$ Gleichgewicht auf dem Markt für Gut 1 (3 a)

$\sum_{i=1}^{I} q^d_{2i}(\pi) = \sum_{j=1}^{J} q^s_{2j}(\pi)$ Gleichgewicht auf dem Markt für Gut 2 (3 b)

$$\sum_{i=1}^{I} n_i^s(\pi) = \sum_{j=1}^{J} n_j^d(\pi) \quad \text{Gleichgewicht auf dem Arbeitsmarkt} \qquad (3\,c)$$

Die drei Gleichungen können allerdings nur zwei Preise bestimmen, weil eine der drei von den beiden anderen abhängig ist. Summiert man nämlich über die Budgetrestriktionen aller Haushalte, erhält man:

$$\sum_{i=1}^{I} p_1 q_{1i}^d(\pi) + \sum_{i=1}^{I} p_2 q_{2i}^d(\pi) = \sum_{i=1}^{I} w n_i^s(\pi) + \sum_{i=1}^{I} \sum_{j=1}^{J} \theta_{ij} G_j.$$

Da

$$\sum_{i=1}^{I} \theta_{ij} = 1 \text{ und } G_j = p_1 q_{1j}^s(\pi) + p_2 q_{2j}^s(\pi) - w n_j^d(\pi),$$

folgt:

$$\sum_{i=1}^{I} p_1 q_{1i}^d(\pi) + \sum_{i=1}^{I} p_2 q_{2i}^d(\pi) = \sum_{i=1}^{I} w n_i^s(\pi) + \sum_{j=1}^{J} p_1 q_{1j}^s(\pi) +$$

$$+ \sum_{j=1}^{J} p_2 q_{2j}^s(\pi) - \sum_{j=1}^{J} w n_j^d(\pi)$$

bzw.

$$p_1 \left\{ \sum_{i=1}^{I} q_{1i}^d(\pi) - \sum_{j=1}^{J} q_{1j}^s(\pi) \right\} + p_2 \left\{ \sum_{i=1}^{I} q_{2i}^d(\pi) - \right.$$

$$\left. - \sum_{j=1}^{J} q_{2j}^s(\pi) \right\} - w \left\{ \sum_{j=1}^{J} n_j^d(\pi) - \sum_{i=1}^{I} n_i^s(\pi) \right\} = 0.$$

Hieraus folgt: Sind zwei Märkte im Gleichgewicht ist auch der dritte Markt ausgeglichen. Dieses Ergebnis, daß bei n Märkten das Geschehen auf einem Markt der Reflex des Tauschprozesses auf den n − 1 übrigen Märkten ist, wird als *Walras*-Gesetz bezeichnet.[2] Demnach ist eine der drei Gleichungen (3 a)–(3 c) abhängig von den beiden anderen. Ein Preis kann beliebig vorgegeben werden. Er erfüllt die Aufgabe, Maßeinheit für die beiden anderen Preise zu sein. Beispielsweise können Konsumgüterpreise in Lohneinheiten gemessen werden, setzt man w = 1.

Die Frage der Existenz eines allgemeinen Gleichgewichts bei vollständiger Konkurrenz läßt sich mithin auf die Frage nach der Lösung

---

[2] Nach dem französischen Ökonom *Léon Walras* (1834–1910).

eines simultanen Gleichungssystems reduzieren. Entsprechende Existenzbeweise wurden u. a. von *Arrow/Debreu* und *Debreu* geführt.[3]

Nicht beantwortet ist damit die Frage, ob unter geeigneten Reaktionshypothesen der Preisbildungsprozeß stets gegen die Lösung des Gleichungssystems konvergiert (Stabilitätsproblem).

In einem Konkurrenzgleichgewicht hat jeder Haushalt Konsum und Freizeit so gewählt, daß sein subjektives Austauschverhältnis, die Grenzrate der Substitution, zwischen je zwei Gütern deren Preisverhältnis entspricht:

$$\frac{u_{i1}(q_{1i}(\pi^*), q_{2i}(\pi^*), f_i(\pi^*))}{u_{i2}(q_{1i}(\pi^*), q_{2i}(\pi^*), f_i(\pi^*))} = \frac{p_1^*}{p_2^*} \tag{4a}$$

$$\frac{u_{i3}(q_{1i}(\pi^*), q_{2i}(\pi^*), f_i(\pi^*))}{u_{i1}(q_{1i}(\pi^*), q_{2i}(\pi^*), f_i(\pi^*))} = \frac{w^*}{p_1^*} \tag{4b}$$

$$\frac{u_{i3}(q_{1i}(\pi^*), q_{2i}(\pi^*), f_i(\pi^*))}{u_{i2}(q_{1i}(\pi^*), q_{2i}(\pi^*), f_i(\pi^*))} = \frac{w^*}{p_2^*}. \tag{4c}$$

Gleichzeitig beschäftigt jedes Unternehmen soviel Arbeit, daß deren jeweiliges Grenzwertprodukt die Höhe des Lohnes erreicht:

$$p_1^* x'_{1j}(n_{1j}(\pi^*)) = w^* \tag{5a}$$

$$p_2^* x'_{2j}(n_{2j}(\pi^*)) = w^*. \tag{5b}$$

Daran kann unmittelbar abgelesen werden, daß das Grenzprodukt der Arbeit je Produktionszweig, x'_{hj}, in allen Unternehmen gleich ist. Innerhalb eines Unternehmens wird die Arbeit so auf beide Produktionszweige verteilt, daß die Grenzrate der Transformation, d. i. die von der Produktionstechnik implizierte Austauschbeziehung zwischen beiden Konsumgütern, die Höhe des Güterpreisverhältnisses erreicht:

$$-\frac{dq_{2j}}{dq_{1j}} = \frac{x'_{2j}(n_{2j}(\pi^*))}{x'_{1j}(n_{1j}(\pi^*))} = \frac{p_1^*}{p_2^*}. \tag{6}$$

---

[3] Siehe hierzu *Kenneth J. Arrow, Gerard Debreu* (1954), *Gerard Debreu* (1959).

Zu diesem Ergebnis führt folgende Überlegung. Bei einer Reallokation der gegebenen Beschäftigung innerhalb des Unternehmens, d. h. bei

$$dn_{1j} = -\ dn_{2j},$$

ändert sich das Produktionsergebnis jeder Produktionsrichtung (nährungsweise) um

$$dq_{1j} = x'_{1j}\ dn_{1j}$$

$$-\ dq_{2j} = x'_{2j}\ dn_{1j}.$$

Aus dem Quotienten beider Gleichungen folgt der analytische Ausdruck für die Grenzrate der Transformation

$$-\frac{dq_{2j}}{dq_{1j}} = \frac{x'_{2j}}{x'_{1j}}.$$

Aus (5) erhält man

$$\frac{x'_{2j}(n_{2j}(\pi^*))}{x'_{1j}(n_{1j}(\pi^*))} = \frac{p_1^*}{p_2^*}.$$

(6) ist das Resultat beider Gleichungen. (6) zeigt, daß im Konkurrenzgleichgewicht auch die Grenzrate der Transformation bei allen Unternehmen die gleiche ist. In Verbindung mit Gleichung (4a) führt (6) zum Ergebnis, daß die Konsumgüterpreise derart bestimmt sind, daß die Grenzrate der Substitution der Grenzrate der Transformation entspricht:

$$\frac{u_{i1}(q_{1i}(\pi^*), q_{2i}(\pi^*), f_i(\pi^*))}{u_{i2}(q_{1i}(\pi^*), q_{2i}(\pi^*), f_i(\pi^*))} = \frac{x_{2j}(n_{2j}(\pi^*)}{x_{1j}(n_{1j}(\pi^*)} \quad \text{für alle i und j.}$$

Erstere reflektiert die subjektive Austauschbeziehung zwischen den Konsumgütern, letztere die produktionstechnische. Im Gleichgewicht sind beide gleich. Die Preisrelationen im Gleichgewicht sind folglich das Resultat des Zusammenspiels von Präferenzen und Produktionstechnik.

III. Funktionen des Preises

Mit Hilfe des vorstehenden Modells können die Aufgaben erläutert werden, die ein funktionierender Preismechanismus erfüllt.

Die Abstimmung der individuellen Pläne durch den Preisvektor π^* beschreibt die Ausgleichsfunktion der Preise. Angebot und Nachfrage werden simultan auf allen Märkten aufeinander abgestimmt. Alle Märkte werden gleichzeitig geräumt.

In dynamischer Sicht erfüllen die Preise noch zwei weitere Aufgaben. Um diese herauszustellen, unterstellen wir, die Präferenzen der Haushalte veränderten sich zugunsten des zweiten Gutes. Die Arbeits-Freizeit-Entscheidung bleibe hiervon unberührt. In diesem Fall verschiebt sich – bildlich gesprochen – die Marktnachfrage für Gut 2 nach rechts, während die Nachfrage für Gut 1 nach links driftet. Stabilität des Konkurrenzgleichgewichts vorausgesetzt, sinkt der Preis für Gut 1, der Preis für Gut 2 steigt. Die Unternehmen werden daraufhin mehr von Gut 2 und weniger von Gut 1 produzieren. Die veränderte Preisrelation gibt ihnen hierzu das Signal (Signalfunktion der Preise). Die Umschichtung der Produktion impliziert eine Reallokation der Arbeit. Mehr Arbeitskräfte werden in der Produktion für Gut 2 und weniger in der Produktion für Gut 1 beschäftigt. Der Produktionsfaktor Arbeit wird in die Richtung gelenkt, in der sein Beitrag zur Bedürfnisbefriedigung nunmehr größer ist als zuvor (Lenkungsfunktion der Preise).

Kontrollfragen

(1) Woraus erwächst die Interdependenz der Märkte?
(2) Charakterisieren Sie ein Konkurrenzgleichgewicht mit Hilfe der Begriffe Grenzrate der Substitution und Grenzrate der Transformation. Weshalb können in einer Wirtschaft mit n Märkten nur die Preise von n–1 Gütern bestimmt werden?
Was besagt das *Walras*-Gesetz?
(3) Welche Funktionen erfüllt der Preismechanismus bei der Koordination einzelwirtschaftlicher Pläne?

Literatur zur Ergänzung und Vertiefung

Baumol (1977), Chapter 20 und 21; *Böventer* (1984), Kapitel IV; *Schumann* (1984), Kapitel III. B.

Weitere Literatur zur Mikroökonomie

Cezanne, Franke (1983); *Fehl, Oberender* (1985); *Gabisch* (1981); *Helmstädter* (1983); *Henderson, Quandt* (1983); *Henrichsmeyer, Gans, Evers* (1983); *Heuss* (1981); *Klaus* (1974); *Malinveau* (1972); *Müller* (1975); *Ott* (1974); *Schneider* (1977); *Siebke* (1981); *Stobbe* (1983); *Streissler, Streissler* (1984); *Weise* (1983); *Woll* (1984).

Drittes Kapitel

Makroökonomische Theorie

Das im letzten Abschnitt des zweiten Kapitels dargestellte Modell der Preisbildung in der Konkurrenzwirtschaft enthüllte die Aufgaben des Preismechanismus. Im Gleichgewicht der Konkurrenzwirtschaft finden alle angebotenen Faktorleistungen Beschäftigung. Nicht ausgelastete Sachkapazitäten und Arbeitslosigkeit gibt es nicht.

Unbeantwortet bleibt in diesem mikroökonomischen Modell, wie ein Preissystem zustande kommt, bei dem auf allen Märkten Angebot und Nachfrage übereinstimmen. Unbeantwortet bleibt auch die Frage nach den Konsequenzen eines Preissystems, bei dem auf einigen oder allen Märkten Angebot und Nachfrage nicht gleich groß sind.

Insbesondere dieser letzten Frage wenden wir uns nun im Rahmen der makroökonomischen Theorie zu. Dazu vereinfachen wir, indem wir die Haushalte und Unternehmen zu einem Haushalts- bzw. Unternehmenssektor zusammenfassen. Anstelle beliebig vieler produzierter Güter und Produktionsfaktoren beschränken wir uns auf ein Gut und den Produktionsfaktor Arbeit. Andererseits erweitern wir den Analyserahmen, indem wir die wirtschaftliche Rolle des Staates, die Beziehungen zwischen nationalen Volkswirtschaften und den Bereich monetärer Institutionen in unsere Überlegungen einbeziehen.

Wir beginnen damit, das Geflecht wirtschaftlicher Beziehungen in einer um Staat und Auslandsbeziehungen erweiterten Marktwirtschaft transparent zu machen. Die ordnende Systematik hierfür liefert der Kreislaufgedanke. Dieser wird im anschließenden Abschnitt eingeführt und dann dazu benutzt, ausgehend von einer Kreislaufdarstellung der aus *Abbildung 1.2* bekannten Wirtschaft, schrittweise komplexere Zusammenhänge zu erschließen.

A. Wirtschaftskreislauf und volkswirtschaftliche Gesamtrechnung

I. Wirtschaftskreisläufe

1. Kreislaufbegriff und Kreislaufdarstellung

Eine allgemeine Definition

Allgemein kann ein Kreislauf definiert werden als ein Netzwerk von Strömen zwischen einer Anzahl von Polen mit der Eigenschaft, daß alle Pole direkt oder indirekt miteinander verbunden sind.

Symbolisiert man Pole durch Rechtecke und Ströme durch Pfeile, kann ein Kreislauf graphisch wie folgt dargestellt werden (vgl. *Abbildung 3.1*).

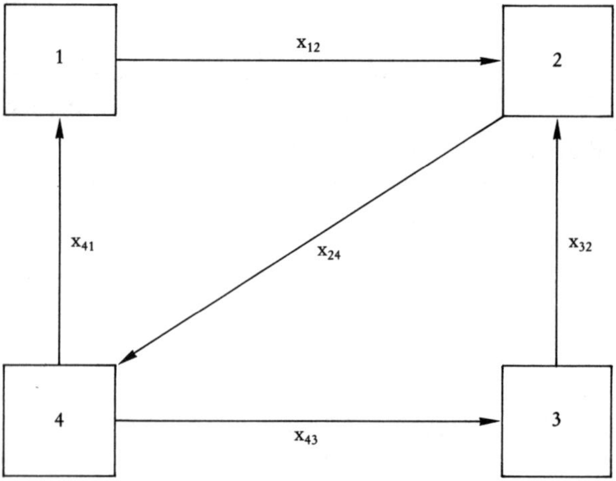

Abbildung 3.1

Dabei symbolisieren die x_{ij} den Strom, der vom Pol i zum Pol j fließt. Die Indizes i, j geben die Stromrichtung an. x steht für den Umfang des Stromes, d.h. für die in Wert- bzw. physikalischen Einheiten gemessene Menge, die während eines bestimmten Zeitraumes von i nach j fließt. Ein Strom ist mithin durch

- seine Richtung
- seine Stärke
- seine Zeitraumbezogenheit

gekennzeichnet.

Aus der Definition des Kreislaufes folgt, daß die Summe aller Abflüsse der Summe aller Zuflüsse entsprechen muß, denn jeder Strom hat einen Ausgangs- und einen Endpunkt. Für n Pole mit den Strömen x_{ij} gilt somit (aufgrund der Kommutativität der Addition):

$$\sum_{i=1}^{n} \sum_{j=1}^{n} x_{ij} = \sum_{j=1}^{n} \sum_{i=1}^{n} x_{ij}.$$

Offener und geschlossener Kreislauf

Ein Kreislauf, für dessen n Pole gilt:

$$\sum_{i=1}^{n} x_{ij} = \sum_{j=1}^{n} x_{ij},$$

(für jeden Pol ist die Summe der Zuflüsse gleich der Summe der Abflüsse) wird geschlossener Kreislauf genannt, andernfalls heißt der Kreislauf offen.

Jeder offene Kreislauf kann in einen geschlossenen Kreislauf überführt werden: Man ermittelt den Saldo aus Zu- und Abflüssen eines Pols. Überwiegen die Zuflüsse, wird der Saldo als zusätzlicher Abfluß an einen fiktiven Pol ausgewiesen. Überwiegen die Abflüsse, wird der Saldo als Zufluß vom fiktiven Pol ausgewiesen.

Gleicht man alle n Pole des Kreislaufs auf diese Art aus, ist auch der zusätzlich eingeführte (n + 1)-te Pol ausgeglichen.[1]

---

[1] Beweis: Wenn für jeden der n-Pole

$$\sum_{i=1}^{n+1} x_{ij} = \sum_{j=1}^{n+1} x_{ij}$$

gilt, dann folgt nach Summierung über alle n-Pole:

$$\sum_{j=1}^{n} \sum_{i=1}^{n+1} x_{ij} = \sum_{i=1}^{n} \sum_{j=1}^{n+1} x_{ij}. \qquad \text{(I)}$$

Das Schließen eines Kreislaufs deckt Bestandsänderungen auf und zeigt die Verbindung zwischen Strom- und Bestandsgrößen. Stromgrößen sind zeitraumbezogen, Bestandsgrößen sind zeitpunktbezogen. Stromgrößen haben daher die Dimension Wert- bzw. physikalische Einheit je Zeiteinheit, Bestandsgrößen werden in Wert- bzw. physikalischen Einheiten gemessen. Zwischen Strom- und Bestandsgrößen besteht die Beziehung:

Anfangsbestand + Zufluß – Abfluß = Endbestand

bzw.

Bestandsänderung: = Zufluß – Abfluß = Endbestand – Anfangsbestand.

Darstellung von Kreisläufen

Die nachstehende *Abbildung 3.2* zeigt anhand des aus *Abbildung 3.1* bekannten Kreislaufs vier verschiedene Möglichkeiten, Kreisläufe darzustellen.

Wirtschaftskreislauf

Wendet man den Kreislaufbegriff auf Volkswirtschaften an, wird er wie folgt konkretisiert:

- Pole des Wirtschaftskreislaufs sind die Wirtschaftssubjekte, die in der Makroökonomie zu den Sektoren Haushalte, Unternehmen, Staat und Ausland zusammengefaßt sind.
- Ströme des Wirtschaftskreislaufs sind die Transaktionen, die zwischen diesen Sektoren während einer Periode stattfinden. Hierbei bezeichnet Transaktion die Übertragung von Gütern und Leistungen, sowie damit einhergehend die Veränderung von Forderungen und Verbindlichkeiten.

Der Kreislauf aus n + 1 Polen erfüllt aber stets:

$$\sum_{j=1}^{n+1} \sum_{i=1}^{n+1} x_{ij} = \sum_{i=1}^{n+1} \sum_{j=1}^{n+1} x_{ij}. \qquad \text{(II)}$$

Subtrahiert man (I) von (II), folgt

$$\sum_{i=1}^{n+1} x_{in+1} = \sum_{j=1}^{n+1} x_{n+1j}.$$

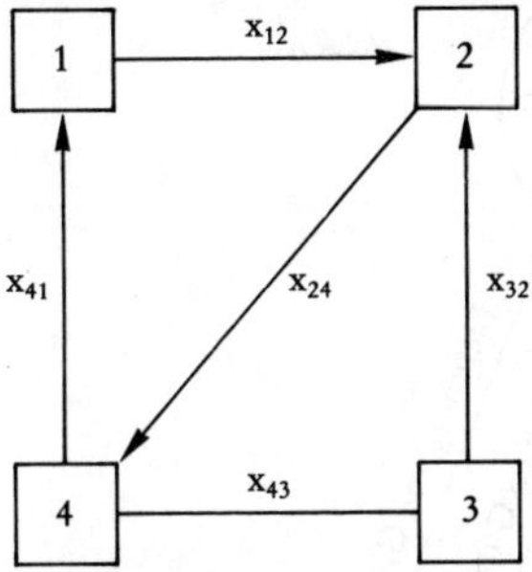

Graphische Darstellung

Zufluß	Pol 1 Abfluß
x_{41}	x_{12}

Zufluß	Pol 2 Abfluß
x_{12}	x_{24}
x_{32}	

Zufluß	Pol 3 Abfluß
x_{43}	x_{32}

Zufluß	Pol 4 Abfluß
x_{24}	x_{41}
	x_{43}

Kontendarstellung

Zufluß Abfluß

1: $x_{41} = x_{12}$

2: $x_{12} + x_{32} = x_{24}$

3: $x_{43} = x_{32}$

4: $x_{24} = x_{41} + x_{43}$

Darstellung in Gleichungsform
(sie ist offensichtlich
nur bei geschlossenen Kreisläufen
möglich)

empfangende Pole / übertragende Pole	1	2	3	4
1		x_{12}		
2				x_{24}
3		x_{32}		
4	x_{41}		x_{43}	

Matrixdarstellung

Abbildung 3.2

2. Der elementare volkswirtschaftliche Kreislauf

Die aggregierte Version des aus *Abbildung 1.2* bekannten Modells für eine Geldwirtschaft kann graphisch wie folgt dargestellt werden (vgl. *Abbildung 3.3*).

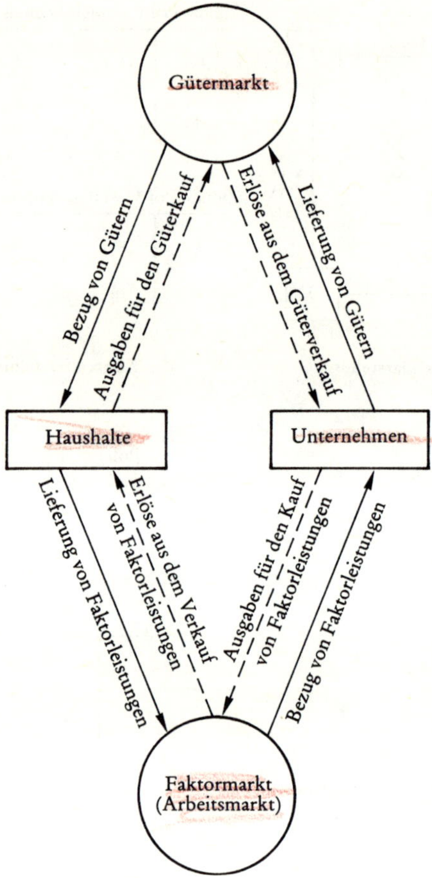

Abbildung 3.3

Jedem Güter- bzw. Leistungsstrom ist ein in Geldeinheiten gemessener, wertgleicher Strom entgegengerichtet. Der Austausch von Leistung und Gegenleistung erfolgt auf den beiden Märkten.

Eine vereinfachte Darstellung dieses Modells erhält man, indem man die beiden Märkte aus der Graphik ausklammert und jeweils nur einen der Ströme erfaßt (vgl. *Abbildung 3.4*).[2]

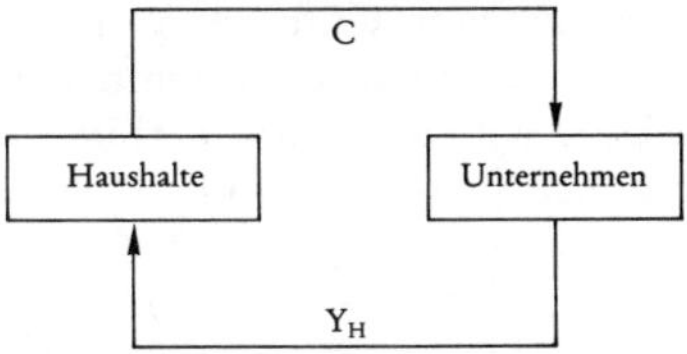

Y_H := Einkommen der Haushalte
C := Konsumgüterkäufe der Haushalte

Abbildung 3.4

In dieser Darstellung steht C für die Ausgaben der Haushalte zum Kauf von Konsumgütern und Y_H für das Einkommen, das die Haushalte aus dem Verkauf von produktiven Diensten an die Unternehmen erzielen.

Offensichtlich erfüllt dieses einfache Modell die oben gegebene Kreislaufdefinition. Pole dieses elementaren volkswirtschaftlichen Kreislaufs sind der Haushalts- und der Unternehmenssektor. Ströme sind die Konsumausgaben und das Einkommen der Haushalte während einer bestimmten Periode.

Der vorstehende Kreislauf ist offensichtlich nur dann ein geschlossener Kreislauf, wenn

$$C = Y_H$$

gilt, d. h. die Haushalte ihr gesamtes Einkommen für den Kauf von Konsumgütern verwenden. In der Regel werden die Haushalte jedoch nur einen Teil ihres Einkommens zum Kauf von Gütern ver-

[2] Für Zwecke der volkswirtschaftlichen Gesamtrechnung (s. Abschnitt A. II) wählt man den in Geldeinheiten gemessenen Gegenleistungsstrom, der die Wertsumme (definiert als $\sum_{i=1}^{n} p_i q_i$, p_i := Preis des Gutes i, q_i := Menge des Gutes i, i = 1, 2, . . ., n) aller Güter bzw. Leistungen erfaßt und somit einen aggregierten Ausdruck für physisch nicht summierbare Güter bzw. Leistungen bildet. Für theoretische Zwecke, wenn nur von einem Gut bzw. Faktor ausgegangen wird, kann auch der in Güter- bzw. Leistungseinheiten gemessene Strom gewählt werden.

wenden. Der nicht für Konsumzwecke aufgebrauchte Teil des Einkommens ist die Ersparnis S der Haushalte, d. h.

$$Y_H - C =: S. \qquad \text{(D 1)}$$

Die Unternehmen produzieren Güter im Wert von Y_P. Werden an die Haushalte Güter im Wert von C verkauft, müssen in Höhe von $Y_P - C$ Güter im Unternehmenssektor verblieben sein. Diese Gütermenge bezeichnet man als Investition I:

$$Y_P - C =: I. \qquad \text{(D 2)}$$

Nach dieser Definition zählen zur Investition nicht nur Investitionen im Sinn von Ersatz- und Erweiterungsinvestitionen, sondern auch geplante und ungeplante Veränderungen des Bestands an Halb- und Fertigprodukten.

Eine einfache Überlegung zeigt, daß Y_P und Y_H übereinstimmen: Der Produktionswert Y_P entspricht der Summe aus Herstellungskosten und Gewinnen. Erstere sind mit den Ausgaben für produktive Dienste und mithin dem Einkommen der Faktorbesitzer, d. h. der Haushalte, identisch. Gewinne zählen ebenso zum Haushaltseinkommen.[3] Da Y_P und Y_H gleich sind, folgt, daß Ersparnis und Investition ebenfalls definitionsgemäß gleich, d. h. identisch, sein müssen. Setzt man nämlich in (D 1) und (D 2) für Y_H bzw. Y_P Y ein, erhält man:

$$Y - C =: S$$

$$Y - C =: I$$

und daraus

$$I \equiv S.$$

Die Identität von Investition und Ersparnis ist definitionsbedingt und damit auch losgelöst von der Frage, inwieweit das ausgewiesene

[3] Ausgenommen hiervon sind die einbehaltenen Gewinne der Unternehmen mit eigener Rechtspersönlichkeit. Sie fließen nicht dem Haushaltssektor zu, sondern verbleiben im Unternehmenssektor. Man spricht hier von der Ersparnis der Unternehmen S_U. Um diesen Betrag weicht Y_H nach unten von Y_P ab. Aus $Y_H - C =: S_H$, $Y_P - C =: I$ und $Y_P - Y_H =: S_U$ folgt dann $S_U + S_H \equiv I$ und mit der Definition $S := S_H + S_U$ wiederum $I \equiv S$. Von dieser institutionellen Besonderheit wird im folgenden abgesehen, da sie an den grundlegenden Zusammenhängen nichts ändert.

Ergebnis den Investitions- und Konsumplanungen der Unternehmen bzw. Haushalte entspricht. Ein Beispiel mag dies verdeutlichen.

Angenommen der Produktionsplan der Unternehmen sieht die Produktion von C_P Einheiten Konsum- und I_P Einheiten Investitionsgüter vor, $C_P + I_P = Y$. Der Konsumplan der Haushalte beinhalte hingegen nur den Erwerb von $C_H < C_P$ Gütern, so daß $S_H = Y - C_H > I_P$. Sind die Haushalte in der Lage, ihren Konsumplan zu erfüllen, $S = S_H$, können die Unternehmen die Warenmenge $C_P - C_H$ nicht verkaufen. Um diese Menge wächst ihr Lagerbestand, so daß die festgestellte „Investition" $S = I_P + C_P - C_H$ außer der Plangröße I_P ungeplante Investitionen in Höhe von $C_P - C_H$ enthält.

Im Fall einer positiven Ersparnis S ist unser elementarer volkswirtschaftlicher Kreislauf ein offener Kreislauf. Er kann formal geschlossen werden, indem man einen zusätzlichen, fiktiven Pol einführt. Da die Ersparnisse, d. h. der Nichtkonsum, das Vermögen der Haushalte erhöht, bezeichnen wir diesen zusätzlichen Pol als Vermögensbildung. Damit erhalten wir folgendes Kreislaufbild (vgl. *Abbildung 3.5*).

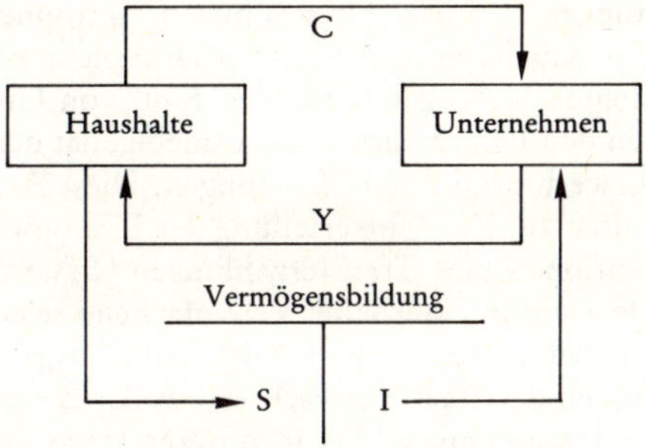

Y := Einkommen der Haushalte, Volkseinkommen
C := Konsumgüterkäufe der Haushalte
S := Ersparnis der Haushalte
I := Investitionen der Unternehmen

Abbildung 3.5

Diese Darstellung des elementaren volkswirtschaftlichen Kreislaufs erfaßt nur güterwirtschaftliche Ströme, d. h. Übertragungen von Gütern und Leistungen (bzw. deren wertmäßige Äquivalente). Die Tatsache, daß die Unternehmen den Haushalten ein Einkommen ausschütten, das die Verkaufserlöse der Unternehmen übersteigt, Y > C, weist auf eine Finanzierungslücke bei den Unternehmen hin. Diese Lücke kann geschlossen werden, indem die Haushalte den Unternehmen aus ihren Ersparnissen Kredite gewähren. Hieraus wird deutlich, daß neben güterwirtschaftlichen auch Finanztransaktionen, d. h. die Veränderung von Forderungen und Verbindlichkeiten, bei der späteren theoretischen Analyse zu berücksichtigen sind.

3. Der volkswirtschaftliche Kreislauf unter Einbeziehung des Staates

Kreislaufwirksames staatliches Handeln erwächst aus folgenden Funktionen des Staates:

- Er stellt Sachgüter und Dienstleistungen zur Verfügung, zumeist ohne dafür ein direktes Entgelt zu fordern.
- Er verteilt Einkommen um.

Um Dienstleistungen und Sachgüter anbieten zu können, kann sie der Staat selbst produzieren oder von den Unternehmen erwerben. Der Staat hat demnach Ausgaben für den Kauf von Gütern. Diese Ausgaben fließen den Unternehmen zu. Daneben hat der Staat Ausgaben für den Erwerb produktiver Leistungen. Diese Ausgaben fließen den Haushalten zu. Zur Umverteilung der Einkommen gewährt der Staat Subventionen und Transferzahlungen. Erstere fließen an Unternehmen, letztere an Haushalte. Vereinfachend seien im folgenden nur Transfers betrachtet. Sie stellen die dritte Ausgabenkategorie dar. Die Einnahmen des Staates erwachsen aus der Besteuerung von Haushalten und Unternehmen. Da in unserer etwas vereinfachten Darstellung nur die Haushalte Einkommen beziehen, tragen sie letztlich auch als einzige die Steuerlast, unabhängig davon ob Steuern direkt von den Haushalten oder indirekt – über die Besteuerung der Unternehmen – erhoben werden. Deshalb haben wir in *Abbildung 3.6.* nur einen Strom mit Steuern von den Haushalten zum Staat erfaßt. (Die gleiche Argumentation bezüglich der Subventionen rechtfertigt unser Vorgehen, nur Transfers an Haushalte zu erfassen.)

Die Differenz zwischen Einnahmen und Ausgaben liefert den Budgetsaldo des Staates. Um stets positive Größen zu erhalten, definieren wir ein Budgetdefizit BD als:

$$BD := A + Y_S + Z - T.$$

Ausgaben für Güterkäufe	Ausgaben für Faktorkäufe	Transferzahlungen	Steuereinnahmen

Umgekehrt definieren wir einen Budgetüberschuß BÜ als:

$$BÜ := T - A - Y_S - Z.$$

Der Kreislauf einer Wirtschaft mit Staat kann dann vereinfacht wie folgt dargestellt werden (vgl. *Abbildung 3.6*).

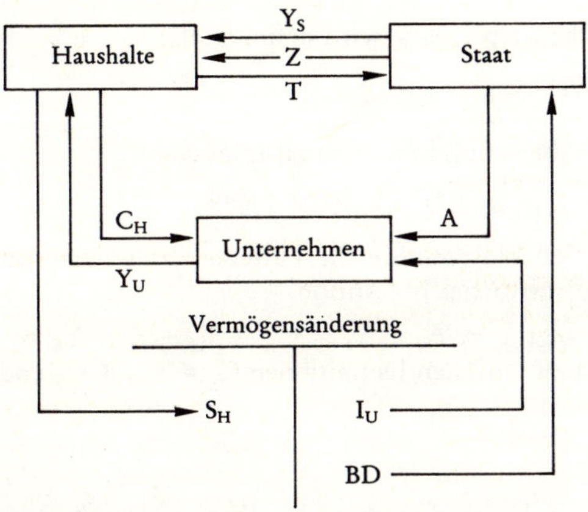

Y_S := Einkommen der Haushalte, bezogen vom Staat
Y_U := Einkommen der Haushalte, bezogen von Unternehmen
C_H := Konsumausgaben der Haushalte
S_H := Ersparnis der Haushalte
T := Steuern
Z := Transferzahlungen
A := Ausgaben des Staates für Güterkäufe
I_U := Investition der Unternehmen
BD := Budgetdefizit des Staates

Abbildung 3.6

Die Ausgaben des Staates für Güter- und Faktorkäufe können als Herstellungskosten für die der privaten Wirtschaft (Haushalte und Unternehmen) zur Verfügung gestellten Güter und Dienstleistungen angesehen werden. Die Eigenschaften vieler dieser Güter und Dienste erlauben es nicht, ihre Nutzung einzelnen Haushalten und Unternehmen als Konsum oder Vorleistung zuzurechnen. Um die staatlichen Ausgaben von der Verwendungsseite her zu klassifizieren, bezeichnet man den Teil der vom Staat erworbenen Güter, die über mehrere Perioden hinweg produktiv genutzt werden können, als staatliche Investition I_S. Die restlichen Güterkäufe, zusammen mit den Faktoreinkommen Y_S werden als staatlicher Konsum C_S bezeichnet. Somit gilt:

$$A + Y_S \equiv C_S + I_S.$$

Die staatliche Ersparnis S_S wird definiert als:

$$S_S := T - Z - C_S.$$

Für Budgetüberschuß bzw. -defizit folgt damit:

$$BÜ = S_S - I_S \text{ bzw. } BD = -(S_S - I_S).$$

Der Budgetsaldo ist mithin die Differenz zwischen staatlicher Ersparnis und staatlicher Investition.

Weiterhin folgt $Y = Y_U + Y_S = C_H + I_U + A + Y_S = C_H + I_U + C_S + I_S$ bzw. mit den Definitionen $C := C_H + C_S$ und $I := I_U + I_S$:

$$Y = C + I.$$

Das Kreislaufmodell der *Abbildung 3.6* lautet in Gleichungsform:

	Zuflüsse		Abflüsse
Haushalte:	$Y_U + Y_S + Z$	=	$C_H + T + S_H$
Unternehmen:	$C_H + A + I_U$	=	Y_U
Staat:	$T + BD$	=	$Y_S + A + Z$

Addiert man die Budgetgleichungen der drei Sektoren, erhält man die Gleichung für das Konto Vermögensänderung:

Vermögensänderung: $S_H = I_U + BD.$

Mit der Definition $BD = I_S - S_S$ folgt daraus:

$$I_U + I_S = S_H + S_S.$$

Mithin ist auch in einer Wirtschaft mit Staat definitionsgemäß die Gesamtersparnis $S := S_H + S_S$ gleich der Gesamtinvestition $I := I_U + I_S$.

4. Der volkswirtschaftliche Kreislauf einer offenen Volkswirtschaft

Zahlungsbilanz

Die nationalen Volkswirtschaften sind mit den Volkswirtschaften anderer Länder über Austauschbeziehungen der Wirtschaftssubjekte verflochten. Diese Verflechtung wird statistisch in der Zahlungsbilanz erfaßt. Die Zahlungsbilanz ist aus einzelnen Teilbilanzen aufgebaut. Jeder Buchung auf einem Unterkonto steht eine Gegenbuchung auf einem anderen Unterkonto gegenüber, so daß die Zahlungsbilanz als Ganzes stets ausgeglichen ist. Die *Abbildung 3.7* zeigt schematisch den Aufbau einer Zahlungsbilanz.

Güter- und Leistungsströme zwischen in- und ausländischen Wirtschaftssubjekten erfaßt die Leistungsbilanz. Sie teilt sich in die Handels- und Dienstleistungsbilanz und in die Bilanz der unentgeltlichen Leistungen, die sogenannte Übertragungsbilanz. Diese erfaßt Übertragungen von In- an Ausländer, bzw. umgekehrt von Aus- an Inländer, ohne Gegenleistung. Beispiele hierfür sind Überweisungen von Gastarbeitern an ihre Familien im Ausland und Zahlungen der Bundesrepublik Deutschland an die Europäische Gemeinschaft. Bezeichnet man die Differenz zwischen empfangenen und geleisteten Übertragungen mit Üs, die Exporte mit X und die Importe mit M, kann man für den Saldo der Leistungsbilanz Ls schreiben:

$$Ls = X - M + Üs.$$

Kreditbeziehungen zwischen In- und Ausländern erfaßt die Kapitalverkehrsbilanz. Kredite bzw. Forderungen mit einer Laufzeit bis zu 12 Monaten zählen zum kurzfristigen Kapitalverkehr, alle anderen zum langfristigen. Gewähren Inländer Ausländern Kredit, entstehen Forderungen des Inlands an das Ausland. Verbindlichkeiten des Inlands entstehen, wenn Ausländer Inländern Kredite gewähren. Der Saldo der Kapitalverkehrsbilanz, d. h. die Differenz zwischen der Veränderung der Verbindlichkeiten und der Veränderung der Forderungen, Ks, ist negativ, wenn das Inland dem Ausland mehr Kredite gewährt als umgekehrt.

In der Devisenbilanz werden die Veränderungen der Devisenverbindlichkeiten der Bundesbank gegenüber dem Ausland sowie der Devisenforderungen der Bundesbank erfaßt. Der Saldo der Devisenbilanz, Ds, gibt somit die Veränderung der Währungsreserven bei der Bundesbank an (Veränderung der Nettoauslandsposition).

Leistungsbilanz

Handels- und Dienstleistungsbilanz

Waren- und Dienstleistungsverkäufe (Exporte)	Waren- und Dienstleistungskäufe (Importe)
	Saldo

Übertragungsbilanz

Empfangene Übertragungen	Geleistete Übertragungen
Saldo	

Kapitalverkehrsbilanz

Langfristiger Kapitalverkehr

Veränderung der langfristigen Verbindlichkeiten	Veränderung der langfristigen Forderungen
Saldo	

Kurzfristiger Kapitalverkehr

Veränderung der kurzfristigen Verbindlichkeiten	Veränderung der kurzfristigen Forderungen
Saldo	

Statistisch nicht aufgliederbare Transaktionen

Saldo	Ungeklärte Beträge

Ausgleichsposten zur Auslandsposition der Deutschen Bundesbank

Zuteilung von Sonderziehungsrechten, Änderung des Wertes der Währungsreserven	Saldo

Veränderung der Nettoauslandsposition der Deutschen Bundesbank

Veränderung der Devisenverbindlichkeiten	Veränderung der Devisenforderungen
Saldo	

Abbildung 3.7

Auf dem Konto „Ausgleichsposten zur Auslandsposition der Deutschen Bundesbank" werden insbesondere Wertänderungen der Devisenverbindlichkeiten und -forderungen gegengebucht. Damit die Zahlungsbilanz trotz statistischer Ungenauigkeiten ausgeglichen ist, erfaßt das Konto „Statistisch nicht aufgliederbare Transaktionen" ungeklärte Beträge.

Kreislauf der offenen Volkswirtschaft

In der Kreislaufdarstellung haben wir stets nur güterwirtschaftliche Zusammenhänge erfaßt. Die Erweiterung des Kreislaufs aus *Abbildung 3.6* um die Beziehungen zwischen In- und Ausland bleibt daher auf die in der Leistungsbilanz erfaßten Transaktionen beschränkt. Um die Darstellung zu vereinfachen, werden Im- und Exporte dem Unternehmenssektor zugewiesen,[4] außerdem wird davon ausgegangen, daß die Haushalte des Inlands von denen des Auslands mehr unentgeltliche Übertragungen erhalten als umgekehrt. Berücksichtigt wird nur dieser Saldo Üs. Von staatlichen Übertragungen wird abgesehen. Unter diesen Vereinfachungen erhalten wir folgende Kreislaufdarstellung (vgl. *Abbildung 3.8*).

Auf dem Vermögensänderungskonto muß nun auch der Saldo des Auslandskontos gegengebucht werden. Dieser ist M − Üs − X und entspricht dem Betrag nach dem Saldo der inländischen Leistungsbilanz Ls = X − M + Üs = − (M − Üs − X). Aus der Pfeilrichtung in *Abbildung 3.8* ist zu erkennen, daß von einem (inländischen) Leistungsbilanzüberschuß ausgegangen wurde.

Die Budgetgleichungen der einzelnen Sektoren lauten:

	Zuflüsse		Abflüsse
Haushalte:	$Y_U + Y_S + Z + Üs$	=	$C_H + T + S'_H$
Unternehmen:	$C_H + A + I_U + X$	=	$Y_U + M$
Staat:	$T + BD$	=	$Y_S + A + Z$
Ausland:	$M + Ls$	=	$X + Üs$

Wiederum erhält man daraus die Gleichung für das Konto Vermögensänderung, indem man diese vier Budgetgleichungen aufaddiert:

Vermögensänderung: $S'_H = I_U + BD + Ls.$

[4] Die Ausgaben inländischer Haushalte, beispielsweise während ihres Urlaubs im Ausland, werden nicht explizit erfaßt.

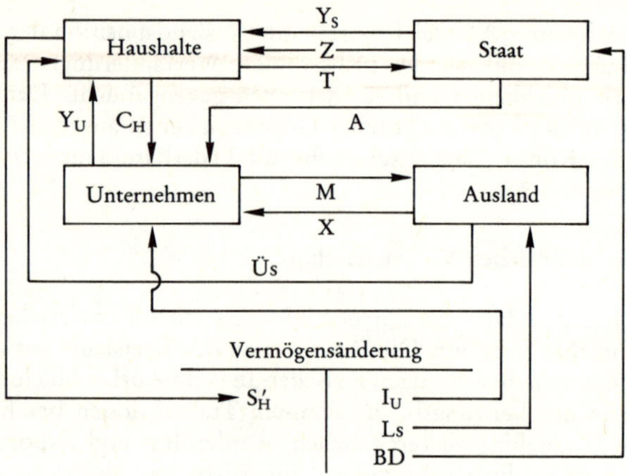

Y_S := Einkommen der Haushalte, bezogen vom Staat
Z := Transferzahlungen des Staates
T := Steuerzahlungen der Haushalte
A := Güterkäufe des Staates
Y_U := Einkommen der Haushalte, bezogen von den Unternehmen
C_H := Konsumgüterkäufe der Haushalte
M := Import
X := Export
Üs := Unentgeltliche Übertragungen des Auslands
I_v := Investitionen der Unternehmen
BD := Budgetdefizit des Staates
Ls := Saldo der Leistungsbilanz
S'_H := Vermögenswirksame Ersparnisse der Haushalte

Abbildung 3.8

Berücksichtigt man die Definition von BD, folgt:

$$S_S + S'_H = I_U + I_S + Ls$$

bzw.

$$S' = I + Ls.$$

In der offenen Volkswirtschaft ist die Differenz zwischen Ersparnis und Investition gleich dem Saldo der Leistungsbilanz. Der für geschlossene Volkswirtschaften abgeleitete Zusammenhang $I \equiv S$ gilt in offenen Volkswirtschaften demnach nur im Spezialfall einer ausgeglichenen Leistungsbilanz: Ls = 0.

Die vorstehend abgeleitete Beziehung impliziert eine Definition der Ersparnis, die mit der bisherigen Definition der Ersparnis als Konsumverzicht nicht identisch ist, weshalb auch das Symbol S′ anstelle von S verwendet wurde. Betrachtet man das Volkseinkommen $Y = Y_U + Y_S$, dann folgt aus den Budgetgleichungen der Unternehmen und des Staates:

$$Y = C_H + I_U + X - M + A + Y_S$$

bzw.

$$Y = C_H + I_U + X - M + C_S + I_S$$

bzw.

$$Y = C + I + X - M.$$

Ersparnis definiert als Konsumverzicht ist:

$$Y - C = S.$$

Somit folgt aus den beiden letzten Gleichungen:

$$S = I + X - M.$$

In dieser Definition entspricht die Ersparnis der Summe aus Investition und Außenbeitrag X − M. Zwischen S′ und S besteht damit die Beziehung:

$$S' = I + X - M + Üs = S + Üs.$$

S′ gibt damit die Vermögensänderung an. Diese ist größer (kleiner) als der inländische Konsumverzicht Y − C, wenn dem Inland netto unentgeltliche Übertragungen aus dem Ausland gewährt wurden (das Inland dem Ausland netto unentgeltliche Übertragungen gewährte). Für Üs = 0 stimmen beide Größen überein.

II. Grundzüge der volkswirtschaftlichen Gesamtrechnung (VGR)

1. Aufgabe und Kennzeichen der VGR

Die Kreislaufdarstellung des Wirtschaftsprozesses diente der qualitativen Erfassung wirtschaftlicher Transaktionen (welche Arten von Transaktionen zwischen welchen Sektoren). Mittels der volkswirtschaftlichen Gesamtrechnung werden diese Transaktionen auch quantitativ erfaßt. Damit wird bezweckt, die Grundlagen für eine Analyse der jeweiligen wirtschaftlichen Situation einer Volkswirtschaft zu liefern, Zahlenmaterial zur Überprüfung wissenschaftlicher Hypothesen zur Verfügung zu stellen und die empirische Basis für die Erfolgskontrolle wirtschaftlicher Maßnahmen zu schaffen.

Die VGR ist eine zeitraumbezogene ex post Wertrechnung. Sie erfaßt nachträglich (ex post) den Güteraustausch einer Periode zwischen den Sektoren Haushalte, Unternehmen, Staat und Ausland sowie die aus ihm resultierenden Bestandsänderungen. Bestandsgrößen werden in der Vermögensrechnung erfaßt. Die stofflich heterogenen Güter werden zu Güterströmen zusammengefaßt, indem die Güter mit ihrem Preis bewertet werden (Wertrechnung).

2. Ermittlungsarten des Bruttosozialprodukts

Entstehungsrechnung

Einkommen entsteht dort, wo produziert wird. Das ist nach unseren bisherigen Überlegungen bei Unternehmen und Staat der Fall. Die VGR sieht daneben auch Produktionen bei Haushalten (Hausangestellte, Reinemachefrauen) und privaten Organisationen ohne Erwerbscharakter (*Caritas*, *Diakonisches Werk* und dergleichen) vor. Im folgenden soll auf diese Besonderheit nicht weiter eingegangen werden.

Die VGR führt für Unternehmen (nach Sektoren differenziert) und den Staat je ein Produktionskonto. Ihren Aufbau schematisiert *Abbildung 3.9 auf S. 156f.*

Der Produktionswert wird bei den Unternehmen über die Ermittlung der auf der rechten Kontenseite stehenden Positionen erfaßt. Beim Staat, der seine Leistungen zumeist unentgeltlich abgibt, ist dies nicht möglich. Deshalb wird der Produktionswert des Staates inputorientiert ermittelt. Die Summe der Produktionskosten (Abschreibungen, indirekte Steuern, Wertschöpfung) wird als Produktionswert angesetzt.

Der Produktionswert vermindert um die Vorleistungen bildet die Bruttowertschöpfung, d. h. die in einer Periode wertmäßig neu geschaffene Gütermenge.[5] Die Summe der Bruttowertschöpfung beider Sektoren liefert das Bruttoinlandsprodukt zu Marktpreisen. Von nun ab ist zwischen Inlands- und Inländerkonzept zu differenzieren. Nach dem Inlandskonzept wird der Wert aller in einem Wirtschaftsraum während einer Periode neu geschaffenen Güter erfaßt. Nach dem Inländerkonzept wird der Wert aller von den Inländern (d. h. alle Wirtschaftssubjekte mit Wohnsitz Inland) geschaffenen Güter erfaßt. Somit unterscheiden sich beide Konzepte wie folgt (vgl. *Abbildung 3.10*).

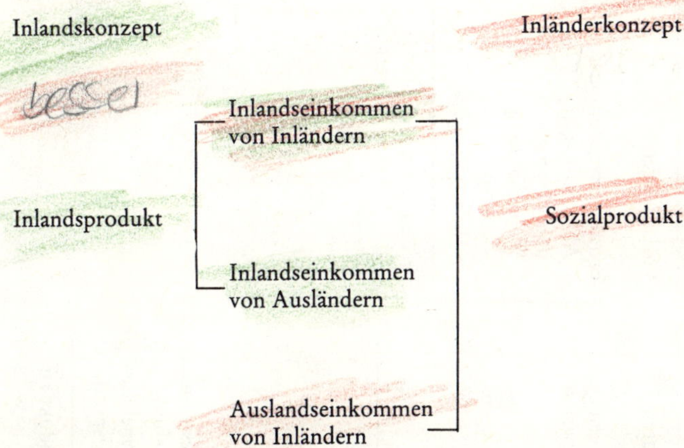

Abbildung 3.10

Mithin gelangt man vom Bruttoinlandsprodukt zum Bruttosozialprodukt, wenn man von ersterem die Inlandseinkommen der Ausländer abzieht und die Auslandseinkommen der Inländer hinzufügt.

Bereinigt man die Bruttoprodukte um die Abschreibungen, d. h. den Verschleiß an Kapitalgütern, erhält man die netto neu geschaffenen Güter, d. h. das Nettoprodukt zu Marktpreisen.

---

[5] Vorleistungen sind alle in die Produktion anderer Güter eingeflossenen Güter. Die Vorleistungen des Unternehmenssektors sind das wertmäßige Äquivalent des Güterstromes zwischen Unternehmen. Der Wert staatlicher Güterkäufe abzüglich erworbener Investitionsgüter bildet die staatlichen Vorleistungen. Um Doppelzählungen auszuschließen, müssen deshalb die Vorleistungen vom Produktionswert abgezogen werden.

Produktionskonto Unternehmen

Vorleistungen	Verkäufe von Waren

Bruttowertschöpfung
– Abschreibungen
– indirekte Steuern abzüglich Subventionen
– Wertschöpfung
  – Zinsen
  – Löhne
  – Gewinne
	Bestandsänderungen an Halb- und Fertigwaren
	
	selbsterstellte Anlagen

Produktionswert	Produktionswert

Produktionskonto Staat

Vorleistungen	unentgeltlich abgegebene Dienstleistungen (= Eigenverbrauch des Staates)

Bruttowertschöpfung
– Abschreibungen
– indirekte Steuern
– Wertschöpfung
  – Zinsen
  – Löhne	

Produktionswert	Produktionswert

Beitrag des Staates zum Bruttoinlandsprodukt
Beitrag der Unternehmen zum Bruttoinlandsprodukt

Bruttoinlandsprodukt zu Marktpreisen

Bruttoinlandsprodukt zu Marktpreisen – Abschreibungen	Bruttoinlandsprodukt zu Marktpreisen + Auslandseinkommen der Inländer – Inlandseinkommen der Ausländer
	Bruttosozialprodukt zu Marktpreisen – Abschreibungen
Nettoinlandsprodukt zu Marktpreisen – indirekte Steuern abzüglich Subventionen	Nettosozialprodukt zu Marktpreisen – indirekte Steuern abzüglich Subventionen
Nettoinlandsprodukt zu Faktorkosten (= Wertschöpfung)	Nettosozialprodukt zu Faktorkosten (= Volkseinkommen)

Abbildung 3.9

Die Marktpreise sind nun noch um den Einfluß von indirekten Steuern, welche (idealtypisch) die Güterpreise erhöhen, und um den Einfluß von Subventionen, welche (idealtypisch) die Güterpreise verringern, zu bereinigen. Als Ergebnis erhält man die Nettoprodukte zu Faktorkosten, die mit dem Einkommen der Faktorbesitzer (Löhne, Zinsen, Gewinne) identisch sind.

Die Begriffe der VGR lassen sich damit aus der Kombination folgender elementarer Konzepte entwickeln:

Bruttoprodukt – Abschreibungen = Nettoprodukt

Inlandsprodukt + Auslandseinkommen der Inländer – Inlandseinkommen der Ausländer = Sozialprodukt

Produkt zu Marktpreisen – (indirekte Steuern – Subventionen) = Produkt zu Faktorkosten

Verteilungsrechnung

Die Verteilungsrechnung schlüsselt das Volkseinkommen in zwei Einkommenskategorien auf, das Bruttoeinkommen aus unselbständiger Arbeit und das Bruttoeinkommen aus Unternehmertätigkeit und Vermögen. Ersteres umfaßt die Bruttolohn- und Gehaltssumme zuzüglich der Arbeitgeberbeiträge zur Sozialversicherung. Die Einkommenskategorie Bruttoeinkommen aus Unternehmertätigkeit und Vermögen beinhaltet die Einkommen aus Zinsen, Dividenden, Pacht sowie die nicht ausgeschütteten Gewinne der Unternehmen mit eigener Rechtspersönlichkeit. Das Volkseinkommen verringert um die direkten Steuern und erhöht um die staatlichen Transferzahlungen ergibt das verfügbare Einkommen aller Wirtschaftssubjekte.

Verwendungsrechnung

Die Verwendungsrechnung listet das Bruttosozialprodukt nach einzelnen Verwendungskategorien auf:

	Privater Verbrauch
+	Staatsverbrauch
+	Investitionen (Anlage, Bau, Vorrat)
	inländische Verwendung
+	Außenbeitrag (Export – Import)
Bruttosozialprodukt zu Marktpreisen (BSP)	

Bezogen auf die Bundesrepublik Deutschland absorbiert der Private Verbrauch mehr als die Hälfte des BSP. Staatsverbrauch und Investitionen beanspruchen zu in etwa gleichen Teilen den um den Außenbeitrag verringerten Rest. Der Anteil des Außenbeitrages am BSP ist gering. Das täuscht über das Ausmaß außenwirtschaftlicher Verflechtung hinweg. Der Anteil der Exporte bzw. Importe am BSP sind bessere Indikatoren für die Bedeutung des Warenaustausches mit dem Ausland.

Kontrollfragen

(1) Was versteht man unter einem Kreislauf? Wann spricht man von einem geschlossenen Kreislauf? Wie können Kreisläufe dargestellt werden?

(2) Was sind Stromgrößen? Welche Beziehung besteht zwischen Strom- und Bestandsgrößen?

(3) Wie werden in der makroökonomischen Kreislaufanalyse Ersparnis und Investition definiert? Zeigen Sie, daß aufgrund dieser Definition in einer geschlossenen Volkswirtschaft mit staatlicher Aktivität Ersparnis und Investition ex post stets identisch sind.

(4) Welche wirtschaftlichen Aktivitäten werden in der Zahlungsbilanz erfaßt? Skizzieren Sie den Aufbau der Zahlungsbilanz.

(5) Erläutern Sie, weshalb trotz positiver staatlicher Ersparnis ein Budgetdefizit des Staates möglich ist.

(6) Wie verändert sich die ex post Beziehung zwischen Ersparnis und Investition, wenn von der geschlossenen zur offenen Volkswirtschaft übergegangen wird? Warum ist in der offenen Volkswirtschaft die Veränderung des volkswirtschaftlichen Vermögens in einer Periode nicht mehr gleich dem Konsumverzicht in dieser Periode?

(7) Wodurch ist die Volkswirtschaftliche Gesamtrechnung gekennzeichnet? Was bezweckt man mit diesem Rechenwerk?

(8) Stellen Sie das Produktionskonto des Staates dem der Unternehmen gegenüber. Zeigen Sie Gemeinsamkeiten und Unterschiede auf.

(9) Skizzieren Sie den Aufbau der Entstehungsrechnung und unterscheiden Sie dabei zwischen Inlands- und Inländerkonzept.

(10) Grenzen Sie jeweils die Begriffspaare

- Brutto- und Nettoprodukt
- Inlands- und Sozialprodukt
- Produkt zu Marktpreisen und zu Faktorkosten

gegeneinander ab.

(11) Welche Einkommenskategorien werden in der Verteilungsrechnung unterschieden? Wie ist die Verwendungsrechnung aufgebaut?

Literatur zur Ergänzung und Vertiefung

Haslinger (1984); *Rettig, Voggenreiter* (1985), Kapitel II; *Rittenbruch* (1984), Teil 1; *Stobbe* (1984), Drittes, Fünftes und Sechstes Kapitel.

B. Einkommens- und Beschäftigungstheorie

I. Das System der Makromärkte als Analyserahmen

Die Kreislaufanalyse zeigt, daß die güterwirtschaftlichen Austauschbeziehungen zwischen den Sektoren Haushalte, Unternehmen, Staat und Ausland gedanklich auf einem makroökonomischen Güter- und einem makroökonomischen Faktormarkt erfaßt werden können.

Als Reflex der güterwirtschaftlichen Transaktionen entstehen in Höhe der Differenz zwischen Zu- und Abflüssen bei den einzelnen Sektoren Finanzierungsüberschüsse bzw. -defizite.[1] Daraus erwachsen Rechtsansprüche, die sich in handelbaren Schuldtiteln (z. B. Anleihen) oder Eigentumstiteln (Aktien) manifestieren. Anbieter dieser Finanztitel sind die Sektoren mit Finanzierungsdefiziten; Nachfrager sind die Sektoren mit Finanzierungsüberschüssen. Der durch den Handel der Finanztitel begründete Markt wird Wertpapiermarkt genannt.

In entwickelten Wirtschaften wird nicht Ware gegen Ware getauscht, sondern ein Tauschmedium, das Geld, ersetzt die materielle Gegenleistung. Geld wird gegen Waren und Waren werden gegen Geld getauscht. Finanzierungsüberschüsse können daher auch genutzt werden, um Geldbestände aufzubauen. Umgekehrt können Finanzierungsdefizite gedeckt werden, indem Geldbestände verringert werden oder zusätzliches Geld geschaffen wird. Die Analyse gesamtwirtschaftlicher Zusammenhänge muß somit auch Geldangebots- und -nachfragedeterminanten sowie ihre Verknüpfung mit güterwirtschaftlichen und finanziellen Größen aufdecken. Als vierter Markt neben Güter-, Faktor- und Wertpapiermarkt muß der Geldmarkt in die Analyse einbezogen werden.

---

[1] Finanzierungsüberschüsse sind die Ersparnis S'_H der Haushalte, der Budgetüberschuß des Staates und der Leistungsbilanzüberschuß des Auslandes (d. h. das Leistungsdefizit des Inlandes). Finanzierungsdefizite entstehen den Unternehmen in Höhe ihrer Investition, dem Staat in Höhe seines Budgetdefizites und dem Ausland in Höhe seines Leistungsbilanzdefizites (d. i. der inländische Leistungsbilanzüberschuß).

Aus der mikroökonomischen Theorie wissen wir, daß das Geschehen auf einem Markt nicht unabhängig ist von Vorgängen auf anderen Märkten. Wie die vorstehenden Absätze erkennen lassen, trifft dies auch auf die makroökonomischen Märkte zu. Ein vollständiges und unverzerrtes Bild makroökonomischer Zusammenhänge kann somit nur eine simultane Erfassung aller Märkte liefern. Verstehen und Erfassen der relevanten Zusammenhänge werden jedoch erleichtert, wenn man zunächst einzelne Märkte isoliert untersucht. Wir werden deshalb schrittweise vorgehen.

Zunächst betrachten wir den Gütermarkt unter der Annahme, die Güternachfrage lege die Höhe der Produktion und damit des Volkseinkommens fest. Diese Annahme erlaubt es, das Augenmerk ausschließlich auf die Bestimmungsgründe der Güternachfrage zu richten. Nach der partialanalytischen Betrachtung von Geld- und Wertpapiermarkt werden wir sehen, daß eine vollständige Bestimmung der gesamtwirtschaftlichen Güternachfrage nur zu erreichen ist, wenn Gütermarkt und Finanzmärkte (d. s. Geld- und Wertpapiermarkt) gleichzeitig berücksichtigt werden. Erst nach der simultanen Analyse von Güter- und Finanzmärkten werden wir an die Aufgabe gehen, die Annahme von der Nachfragebestimmtheit der Produktion kritisch zu hinterfragen. Dazu leiten wir aus einer Reihe von Arbeitsmarktmodellen verschiedene Güterangebotshypothesen ab. Danach verfügen wir über alle Bausteine, aus denen makroökonomische Modelle bestehen, die gleichzeitig alle vier Märkte erfassen. Die Gegenüberstellung der in der Literatur am häufigsten diskutierten Modelltypen samt ihrer empirischen und wirtschaftspolitischen Implikationen beschließt das dritte Kapitel.

II. Keynesianische Gütermarktanalyse

1. Produktion, Einkommen und Nachfrage

Wir wenden uns nun der Frage zu, welche Größen die Höhe des Volkseinkommens bestimmen. In den folgenden Abschnitten geben wir darauf eine Antwort für eine genau umrissene Situation. Wir gehen davon aus, daß die gesamtwirtschaftliche Produktion bezüglich des Güterpreises vollkommen elastisch ist. Wie groß auch immer die Güternachfrage sein mag, stets wird sie zu denselben Stückkosten und Preisen bedient.

Wir können daher die Preise aus der Analyse ausklammern und den Blick auf die Bestimmungsgründe der realen, d.h. in Gütereinheiten gemessenen, gesamtwirtschaftlichen Nachfrage richten. Deren Höhe legt unter den gegebenen Umständen die Höhe der Produktion und damit des Volkseinkommens[2] fest.

Aus diesem Zusammenhang folgt eine erste Erkenntnis: Soweit die Nachfrage ebenso groß ist wie das Volkseinkommen, reproduzieren sich Produktion und Volkseinkommen in aufeinander folgenden Wirtschaftsperioden. Wir nennen diesen Zustand ein Kreislaufgleichgewicht.

Aus der Kreislaufanalyse wissen wir jedoch, daß in aller Regel ein Teil des Volkseinkommens gespart und nicht als Konsumnachfrage wirksam wird. In offenen Volkswirtschaften fließt darüber hinaus ein Teil der Nachfrage ins Ausland. Sparen und Importe senken die Nachfrage unter das Niveau des Volkseinkommens. Sie entziehen dem inländischen Güterkreislauf Nachfrage. Investitionen und Exporte führen dem inländischen Kreislauf andererseits Nachfrage zu. Ein Kreislaufgleichgewicht setzt deshalb voraus, daß sich Entzugs- und Zuführungseffekte die Waage halten.

2. Determinanten der Konsumnachfrage

Im Mittelpunkt der makroökonomischen Konsumtheorie steht das Einkommen. Die Beziehung, in der die Konsumnachfrage zum Einkommen steht, ist Gegenstand verschiedener Konsumhypothesen. Drei davon werden wir kurz beschreiben.[3]

Absoluteinkommenshypothese

Die Absoluteinkommenshypothese, die von *Keynes* formuliert wurde[4], postuliert eine Beziehung zwischen der realen Konsumgüter-

---

[2] Streng genommen dürften wir den Begriff Volkseinkommen nur in den Modellen verwenden, in denen er mit dem Bruttosozialprodukt zu Marktpreisen identisch ist. Wir benutzen im folgenden diesen Begriff als Synonym für das Bruttosozialprodukt zu Marktpreisen, weil er wesentlich kürzer ist als der letztgenannte Ausdruck.

[3] Auf eine weitere Konsumhypothese, die Lebenszyklushypothese, gehen wir nicht ein. Eine eingängige Darstellung dieser Hypothese findet der interessierte Leser bei *Dornbusch, Fischer* (1985), S. 182–191.

[4] Vgl. *John Maynard Keynes* (1936), Chapter 8–10.

nachfrage und dem realen verfügbaren Einkommen aller Haushalte, d. h. dem um Steuerzahlungen verminderten und um Transferzahlungen erhöhten Bruttosozialprodukt. Nach dieser Hypothese wächst die Konsumnachfrage mit dem verfügbaren Einkommen. Der Konsumzuwachs ist dabei geringer als der Einkommenszuwachs. Üblicherweise wird dieser Zusammenhang in einer linearen Konsumfunktion ausgedrückt. Sie lautet

$$C = A + cY, 0 < c < 1.$$

C bezeichnet die reale gesamtwirtschaftliche Konsumnachfrage, Y das reale verfügbare Einkommen. Der Ordinatenabschnitt A erfaßt den Einfluß kurzfristig konstanter konsumwirksamer Faktoren, wie der Bevölkerungsstruktur und des Vermögens. $c := dC/dY$ ist die marginale Konsumneigung, die kleiner als eins ist.

In der marginalen Konsumneigung schlägt sich die Einkommensverteilung nieder. Zu diesem Ergebnis gelangt man, wenn realistischerweise berücksichtigt wird, daß das Konsumverhalten nicht in allen Einkommensklassen gleich ist. Angenommen, man könne n Einkommensklassen bilden, und das Konsumverhalten der Haushalte je Klasse i lasse sich durch eine lineare Konsumfunktion

$$C_i = A_i + c_i Y_i, 0 < c_i < 1,$$

beschreiben. Die makroökonomische Konsumfunktion lautet dann

$$C = \sum_{i=1}^{n} C_i = \sum_{i=1}^{n} (A_i + c_i Y_i) = A + cY,$$

$$A := \sum_{i=1}^{n} A_i, c := \sum_{i=1}^{n} c_i \frac{Y_i}{Y}, Y := \sum_{i=1}^{n} Y_i.$$

Demnach ist c die Summe der mit ihren Einkommensanteilen Y_i/Y gewichteten klassenspezifischen Konsumquoten c_i. Die marginale Konsumneigung verändert sich mithin solange nicht, wie gesamtwirtschaftliche Einkommensänderungen die Einkommensverteilung nicht verschieben.

Die Absoluteinkommenshypothese unterstellt, daß die durchschnittliche Konsumquote C/Y größer ist als die marginale Konsumquote dC/dY und mit zunehmendem Einkommen sinkt:

$$\frac{C}{Y} = \frac{A}{Y} + c > c, \frac{d(C/Y)}{dY} = -\frac{A}{Y^2} < 0.$$

Studien über die langfristige Beziehung zwischen Konsumausgaben und verfügbarem Einkommen deuten aber auf eine konstante durchschnittliche Konsumquote hin. Zwei Erklärungsansätze dafür sind die Relativeinkommens- und die Permanenteinkommenshypothese.

Relativeinkommenshypothese

Die Relativeinkommenshypothese[5] erklärt, weshalb kurzfristig die durchschnittliche Konsumquote variabel, aber langfristig konstant ist.

Steigt das Einkommen, unterliegen die einzelnen Einkommensbezieher zunächst der Illusion, ihre relative Stellung in der Einkommenshierarchie habe sich verbessert. Sie werden daher ihre Konsumgewohnheiten ändern. Empirischen Untersuchungen zufolge, die zeigen, daß die durchschnittliche Konsumquote um so niedriger ist, je weiter oben in der Einkommenshierarchie ein Haushalt angesiedelt ist, bedeutet dies eine Abnahme der gesamtwirtschaftlichen durchschnittlichen Konsumquote, vorausgesetzt, alle gesellschaftlichen Gruppen unterliegen dieser Illusion. Erkennen die Haushalte mit der Zeit, daß die Einkommenserhöhung alle Gruppen gleichzeitig und in gleichem Ausmaß betraf, so daß die relative Stellung jeder Gruppe unverändert blieb, steigt die durchschnittliche Konsumquote wieder auf ihren langfristigen Wert.

Sinkt umgekehrt das Einkommen, wirkt dieser Mechanismus in die andere Richtung und wird noch unterstützt durch die Tatsache, daß ein einmal erreichter Konsumstandard nur ungern aufgegeben wird (Sperrklingeneffekt). Mithin steigt zunächst die durchschnittliche Konsumquote über ihren langfristigen Wert; nach einer gewissen Anpassungszeit sinkt sie wieder auf den langfristigen Wert.

Der Konsum wird folglich vom Relativeinkommen bestimmt, wobei damit sowohl die Beziehung des aktuellen Einkommens zum vergangenen als auch zum Einkommen anderer sozialer Schichten gemeint ist.

Formalisiert werden können diese Überlegungen in folgender Konsumfunktion:

$$\frac{C}{Y} = B - b\frac{Y}{Y_0} \text{ bzw. } C = BY - b\frac{Y}{Y_0}Y,$$

[5] Vgl. *James S. Duesenberry* (1949).

wobei Y das aktuelle und Y_0 das bislang höchste erreichte Einkommen der Vergangenheit darstellt. Der Unterschied zwischen kurz- und langfristigem Konsumverhalten wird deutlich, wenn man bedenkt, daß in einer stationären Wirtschaft langfristig, d. h. im Durchschnitt, Y und Y_0 identisch sind bzw. in einer im Schnitt mit der Rate g wachsenden Wirtschaft aktuelles und bislang höchstes Einkommen durch $Y = Y_0(1 + g)$ verbunden sind. Im ersten Fall gilt dann:

$$\frac{C}{Y} = B - b\frac{Y}{Y} \Rightarrow \frac{C}{Y} = \frac{dC}{dY} = B - b$$

und im zweiten Fall:

$$\frac{C}{Y} = B - b\frac{Y_0(1 + g)}{Y_0} \Rightarrow \frac{C}{Y} = \frac{dC}{dY} = B - b\,(1 + g),$$

d. h. die durchschnittliche Konsumquote entspricht jeweils der marginalen Konsumquote, so daß erstere langfristig konstant ist.

Permanenteinkommenshypothese

Diese auf *Milton Friedman*[6] zurückzuführende Hypothese beruht auf der Beobachtung, daß Haushalte ihre Konsumausgaben relativ gleichmäßig über eine Periode verteilen, wenngleich sie ihr Einkommen nur am Periodenanfang oder -ende erhalten. Offensichtlich orientieren sich die Haushalte nicht am momentanen Einkommen, beispielsweise der Lohnzahlung am Monatsersten, sondern eher am durchschnittlichen Einkommen, hier beispielsweise dem durchschnittlichen Tageslohn.

Verallgemeinert leitet sich aus dieser Beobachtung die Hypothese ab, die Konsumnachfrage werde vom langfristig erwarteten Durchschnittseinkommen, dem sogenannten Permanenteinkommen Y^p determiniert. Geht man von einer konstanten durchschnittlichen Konsumquote k in bezug auf das Permanenteinkommen aus, erhält man als Konsumfunktion:

$$C = k\,Y^p.$$

Permanenteinkommen und Vermögen des Haushaltssektors sind eng miteinander verbundene Konzepte. Sei V das Vermögen und ϱ seine durchschnittliche reale Verzinsung. Das Permanenteinkommen ist dann

---

[6] Vgl. *Milton Friedman* (1957).

$$Y^p = \varrho V.$$

Hierbei ist zu berücksichtigen, daß der Vermögensbegriff Friedmans nicht nur Sachvermögen, sondern auch Humanvermögen umfaßt. Im Begriff des Humanvermögens wird das in der menschlichen Arbeitskraft als Quelle gegenwärtiger und künftiger Arbeitseinkommen inkorporierte Vermögen erfaßt. Schreibt man die vorstehende Gleichung um zu

$$V = \frac{Y^p}{\varrho},$$

wird deutlich, daß umgekehrt das Vermögen der jeweiligen Periode der Strom der mit ϱ abdiskontierten, im Durchschnitt erwarteten, künftigen Einkommen ist, wobei konstante durchschnittliche Einkommen und ein unendlich langer Planungszeitraum unterstellt sind.[7]

In dieser zukunftsorientierten Fassung ist die Permanenteinkommenshypothese für empirische Untersuchungen nicht operational. Die empirisch überprüfbare Version der Permanenteinkommenshypothese beruht daher auf einem vergangenheitsorientierten Konzept des Permanenteinkommens.

Um diesen Gedanken weiter zu verdeutlichen, reicht es, davon auszugehen, das Permanenteinkommen werde als gewichteter Durchschnitt des gegenwärtigen und des Einkommens der Vorperiode berechnet. Sei θ eine Zahl zwischen Null und Eins, Y das Einkommen der Gegenwart und Y_{-1} das Einkommen der Vorperiode, dann kann Y^p definiert werden als

$$Y^p = \theta Y + (1 - \theta) Y_{-1}, \quad 0 < \theta < 1.$$

---

[7] $V = \sum_{t=1}^{\infty} Y^p \frac{1}{(1+\varrho)^t} = \frac{Y^p}{\varrho}$, da $\sum_{t=1}^{\infty} Y^p \frac{1}{(1+\varrho)^t} =$

$$= \frac{Y^p}{1+\varrho}\left(1 + \frac{1}{1+\varrho} + \frac{1}{(1+\varrho)^2} + \dots\right)$$

und der Klammerausdruck eine unendliche geometrische Reihe mit der Summe

$\frac{1}{1 - \frac{1}{1+\varrho}}$ ist.

Das aktuelle Einkommen wirkt damit auf die Konsumnachfrage nur mehr insoweit ein, wie es Y^p zu verändern vermag. Die Konsumfunktion lautet mit dieser Spezifikation des permanenten Einkommens

$$C = k\theta Y + k(1 - \theta)Y_{-1}.$$

Im langfristigen Durchschnitt, d. h. wenn in einer stationären Wirtschaft Y und Y_{-1} gleich sind oder wenn Y auf dem Wachstumspfad $Y = (1 + g)Y_{-1}$ liegt, folgt aus dieser Konsumfunktion für durchschnittliche und marginale Konsumquote:

$$\frac{C}{Y} = \frac{dC}{dY} = k\theta + k(1 - \theta) = k \text{ bzw. } \frac{C}{Y} = \frac{dC}{dY} = $$
$$= k\theta + \frac{k(1 - \theta)}{1 + g}.$$

Kurzfristig folgt hingegen aus der Konsumfunktion, daß die marginale Konsumquote kleiner als die durchschnittliche ist:

$$\frac{C}{Y} = k\theta + k(1 - \theta)\frac{Y_{-1}}{Y} > \frac{dC}{dY} = k\theta.$$

3. Determinanten der Investitionsnachfrage

Brutto- und Nettoinvestitionen

Die folgenden Überlegungen konzentrieren sich auf die Bestimmungsgründe der privaten Nettoinvestitionen I^n. Darunter werden diejenigen Investitionen verstanden, die den Bestand an Produktivkapital in einem Unternehmen oder – je nach Betrachtungsebene – in der Volkswirtschaft vergrößern. Investitionen, die dazu dienen, einen gegebenen Kapitalstock aufrechtzuerhalten, die mithin nur im Produktionsprozeß verschlissene Kapitalgüter ersetzen, heißen Ersatzinvestitionen. Sei δ die Verschleißrate des vorhandenen Kapitals K_{-1}. Die Ersatzinvestition beträgt dann δK_{-1}. Netto- und Ersatzinvestitionen zusammen bilden die private Bruttoinvestition I:

$$I = I^n + \delta K_{-1}.$$

Die Bruttoinvestition ist geringer als die Ersatzinvestition, wenn die Nettoinvestition negativ ist. Negative Bruttoinvestitionen würden eine über die gegebene Verschleißrate hinausgehende Kapitalminderung bedeuten, die angesichts anfallender Abbruchkosten unwahrscheinlich ist.

Das Akzelerationsprinzip

Eine einfache Erklärung der Nettoinvestition liefert das Akzelerationsprinzip. Ausgangspunkt ist die Vorstellung, der durchschnittliche Kapitalkoeffizient

$$v := \frac{K}{Y}$$

(K := Kapitalstock, Y := reales Volkseinkommen)

sei konstant.[8] Wird ein Nachfragezuwachs von $\triangle Y$ erwartet und ist die bestehende Produktionskapazität ausgelastet, folgt, daß der Kapitalstock um

$$\triangle K = v \triangle Y$$

zu erhöhen ist, um die vermehrte Nachfrage durch eine erhöhte Produktion befriedigen zu können. Mithin müssen Nettoinvestitionen I^n in Höhe von

$$I^n := \triangle K = v \triangle Y$$

durchgeführt werden.

Ist der bestehende Kapitalstock nicht vollständig ausgelastet, kann nicht damit gerechnet werden, daß Nettoinvestitionen in Höhe von $v \triangle Y$ vorgenommen werden. Um dies zu berücksichtigen, kann das Akzelerationsprinzip etwas abgeändert werden.

---

[8] Aus mikroökonomischer Sicht ist der durchschnittliche Kapitalkoeffizient bspw. dann konstant, wenn die Produktionstechnik durch eine linear-homogene Produktionsfunktion $y = g(n, k)$ abgebildet werden kann und das Faktorpreisverhältnis w/v konstant ist. Die Kostenminimierungsbedingung

$$\frac{w}{v} = \frac{\partial y/\partial n}{\partial y/\partial k}$$

legt dann eindeutig die Arbeitsintensität der Produktion, n/k, fest. Die durchschnittliche Kapitalproduktivität ist dann durch

$$\frac{y}{k} = g\left(\frac{n}{k}, 1\right)$$

determiniert. Somit ist auch ihr Kehrwert, der durchschnittliche Kapitalkoeffizient k/y konstant. (Siehe Abschnitt B.II. 1 und 2 im Zweiten Kapitel.)

Wird für eine Periode t eine Nachfrage in Höhe von Y_t erwartet, dann ist für eine entsprechende Produktion ein Kapitalstock von

$$K_t^* = v\, Y_t$$

erforderlich. Ist K_{t-1} der Kapitalstock, der aus der Vorperiode übernommen wurde, so besagt das modifizierte Akzelerationsprinzip, daß die Lücke zwischen K_t^* und K_{t-1} nicht in einer Periode, sondern schrittweise in mehreren aufeinanderfolgenden Perioden geschlossen wird. Für die Nettoinvestitionen der Periode t folgt

$$I_t^n = \lambda(K_t^* - K_{t-1}),\ 0 < \lambda < 1.$$

Berücksichtigt man die Definition K_t^*, erhält man

$$I_t^n = \lambda(vY_t - K_{t-1}).$$

Da

$$I_{t-1}^n = \lambda(vY_{t-1} - K_{t-2}),$$

folgt

$$I_t^n - I_{t-1}^n = \lambda v(Y_t - Y_{t-1}) - \lambda(K_{t-1} - K_{t-2}),$$

woraus (wegen $I_{t-1}^n \equiv K_{t-1} - K_{t-2}$)

$$I_t^n = \lambda v(Y_t - Y_{t-1}) + (1 - \lambda)\, I_{t-1}^n$$

folgt. Sukzessives Einsetzen für I_{t-1}^n, I_{t-2}^n usw. führt zu

$$I_t^n = \lambda v \sum_{i=0}^{\infty} (1 - \lambda)^i\, \triangle Y_{t-i},\ \triangle Y_{t-i} := Y_{t-i} - Y_{t-i-1},\ 0 < 1 - \lambda < 1.$$

Diese Gleichung beinhaltet das modifizierte Akzelerationsprinzip. Die Nettoinvestition einer Periode t ist die gewichtete Summe aller früheren Nachfrageänderungen. Je weiter zurück diese liegen, desto geringer ist ihr Einfluß auf die Nettoinvestition.

Das Akzelerationsprinzip verbindet das Niveau einer Stromgröße, der Nettoinvestition, mit der Veränderung einer anderen Stromgröße, der Nachfrage. Sinkende Nachfragezuwächse verringern die Investition. Ein Impuls wird verstärkt.

Grenzleistungsfähigkeit des Kapitals

Während das Akzelerationsprinzip die Nachfrage als Investitionsdeterminante in den Vordergrund stellt, begründet der mit dem Begriff

„Grenzleistungsfähigkeit des Kapitals" umschriebene Ansatz die Zinsabhängigkeit der Investition.

Der Kapitalwert eines Investitionsprojektes j, V_j, ist definiert als die Summe der auf den Entscheidungszeitpunkt t = 0 abdiskontierten Nettoerlöse R_{jt}, t = 1, 2, . . ., T, die während der Lebensdauer T – 0 des Objektes erzielt werden. Unterstellt man für alle t einen Zinssatz (Zins/100) von r als Diskontsatz, folgt (bei diskreter Zeitbetrachtung, wenn erstmalig am Ende der ersten Periode Nettoerlöse erzielt werden):

$$V_j = \sum_{t=1}^{T} \frac{R_{jt}}{(1 + r)^t}.$$

Als internen Zins i oder Grenzleistungsfähigkeit des Kapitals bezeichnet man nun jenen Zins, bei dem die Summe der abdiskontierten künftigen Nettoerlöse genau dem Anschaffungspreis P_j des Investitionsobjektes entspricht:[9]

$$P_j = \sum_{t=1}^{T} \frac{R_{jt}}{(1 + i)^t}.$$

Ein Investitionsprojekt ist nun für den Investor stets dann gewinnbringend, wenn der interne Zins des Projektes den Zins übersteigt, zu dem am Markt Geld ge- oder verliehen werden kann. Im Fall der Fremdfinanzierung lohnt es sich nämlich, einen Kredit aufzunehmen und damit ein Projekt zu finanzieren, das eine höhere Rendite erbringt, als an Zinszahlungen für den Kredit aufzuwenden ist. Bei Eigenfinanzierung hingegen würde eine Verleihung des zur Disposition stehenden Betrages weniger erbringen als zu erzielen ist, wenn das Projekt realisiert wird.

Die zu einem gegebenen Zeitpunkt in einer Volkswirtschaft zur Disposition stehenden Investitionsprojekte werden nun in der Regel unterschiedliche interne Zinssätze haben, so daß man sie der Höhe ihrer internen Zinssätze nach in eine Reihenfolge bringen kann. *Abbildung 3.11* veranschaulicht dies.

Aus dieser Darstellung ist zu entnehmen, daß bei einem Sinken des Marktzinses r immer mehr Investitionsprojekte rentabel werden, da für immer mehr Projekte deren interner Zins über dem Marktzins zu liegen kommt.

---

[9] Die Lösung dieses Polynoms in i ist eindeutig, wenn der Abbruchzeitpunkt T so gewählt wird, daß der Kapitalwert bezüglich T maximal ist. Vgl. *John R. Hicks* (1973), S. 15–26.

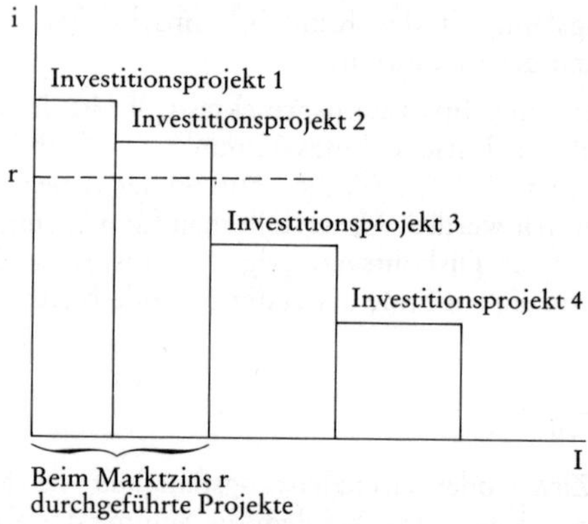

Abbildung 3.11

Berücksichtigt man die Vielzahl der Investitionsprojekte, die zu einem gegebenen Zeitpunkt in einer Volkswirtschaft denkbar sind, und bedenkt, daß die Größe des einzelnen Projektes im Vergleich zum Gesamtvolumen der Investition verschwindend klein ist, kann die Treppenfunktion in *Abbildung 3.11* durch eine stetig verlaufende Kurve ersetzt werden. Sie gibt die Höhe der Investitionsnachfrage in Abhängigkeit vom Marktzins r an, wenn der interne Zins aller Projekte gegeben ist. Letzterer wird vor allem von den erwarteten Nettoerlösen bestimmt, so daß für die Investitionsfunktion allgemeiner geschrieben werden kann

$$I^n = I^n(r, R).$$

Verschlechtern sich die Ertragserwartungen, sinkt ceteris paribus der interne Zins, so daß bei gegebenem Marktzins r weniger Projekte durchgeführt werden. In *Abbildung 3.12* zeigt sich dies durch eine Linksverschiebung der Investitionsfunktion $I^n(r, R)$ nach $I^n(r, R')$, wobei $R > R'$ und R für die Ertragserwartungen des Sektors Unternehmen steht.

Für die partiellen Ableitungen der Investitionsfunktion gilt damit:

$$\frac{\partial I^n}{\partial r} < 0, \frac{\partial I^n}{\partial R} > 0.$$

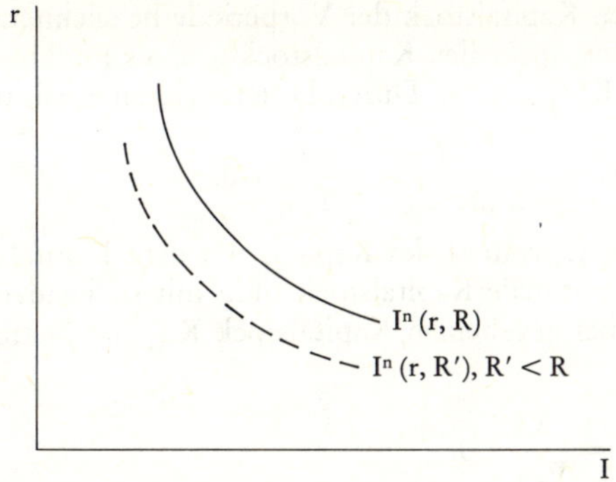

Abbildung 3.12

Kapitalnutzungspreis, optimaler Kapitalstock und Anpassungskosten

Eine differenziertere Sicht des Zusammenhangs zwischen Marktzins und Investitionen, die auch Elemente des modifizierten Akzelerationsprinzips einbezieht, ergibt sich im Rückgriff auf mikroökonomische Überlegungen im Zusammenhang mit dem Kapitalnutzungspreis. Im Abschnitt B.III. des Zweiten Kapitels haben wir gezeigt, daß der optimale Kapitalstock eines Unternehmens eine Funktion der Kapitalnutzungskosten ist. Überträgt man diese Analyse auf den Unternehmenssektor, dann ist der optimale Kapitalstock K^* die Lösung von

$$F_K(K, N) = \varrho + \delta, \quad \varrho := \frac{1 + r}{1 + \pi} - 1, \qquad (1)$$

wobei $F_K := \partial F / \partial K$ das Grenzprodukt des Kapitals, $F(K, N)$ die Produktionsfunktion auf Makroebene, ϱ der Realzins und π die erwartete Inflationsrate ist.

Aus der mikroökonomischen Unternehmenstheorie wissen wir ebenfalls, daß der optimale Kapitalstock jeder Periode nicht augenblicklich aufgebaut wird. Anpassungskosten bewirken, daß der jeweilige Kapitalstock nur allmählich in den optimalen Kapitalstock überführt wird. In Anlehnung an das modifizierte Akzelerationsprinzip können wir deshalb die Nettoinvestitionen durch folgende Funktion darstellen:

$$I^n = \lambda(K^* - K_{-1}), \; 0 < \lambda < 1,$$

wobei K_{-1} den Kapitalstock der Vorperiode bezeichnet. Gleichung (1) definiert den optimalen Kapitalstock u. a. als Funktion des Realzinses, $K^* = K^*(\varrho, \delta, N)$. Durch Differenzieren erhält man

$$\frac{\partial K^*}{\partial \varrho} := \frac{dK^*}{d\varrho}\bigg|_{d\delta = dN = 0} = \frac{1}{F_{KK}} < 0,$$

sofern das Grenzprodukt des Kapitals mit dem Kapitalinput sinkt, $F_{KK} < 0$. Der optimale Kapitalstock sinkt mit steigendem Realzins, folglich geht bei gegebenem Kapitalstock K_{-1} die Nettoinvestition zurück:

$$\frac{\partial I^n}{\partial \varrho} = \lambda \frac{\partial K^*}{\partial \varrho} = \frac{\lambda}{F_{KK}} < 0.$$

Bei gegebenen Inflationserwartungen wird der Realzins nur durch Veränderungen des Nominalzinses r verändert. Folglich führt auch dieser Ansatz zu einer inversen Relation zwischen Nettoinvestitionen und Nominalzins.

4. Gütermarktmodelle

Ein einfaches Gütermarktmodell

Auf der Grundlage der eingangs postulierten Annahme bezüglich des Güterangebots und der daraus erwachsenden Beziehungen zwischen Produktion, Nachfrage und Einkommen wird nun ein einfaches Modell entwickelt.

Wir betrachten eine geschlossene Volkswirtschaft ohne staatliche Aktivität. Die gesamtwirtschaftliche Güternachfrage Y^d ist die Summe aus Konsum- und Investitionsnachfrage. Erstere sei eine Funktion des Einkommens gemäß der Absoluteinkommenshypothese, letztere sei eine beliebig vorgegebene Größe. Demnach ist die gesamtwirtschaftliche Güternachfrage

$$Y^d = C + I = A + cY + I, \; 0 < c < 1. \tag{1}$$

Die Annahme, das Güterangebot Y^s werde von der Nachfrage festgelegt, die somit auch das Volkseinkommen Y bestimmt, drücken die beiden folgenden Gleichungen aus:

$$Y^s = Y^d \tag{2a}$$

$$Y = Y^s. \tag{2b}$$

Die Gleichungen (1) und (2) beschreiben ein makroökonomisches Modell mit dem Volkseinkommen als abhängiger Variable. Gegeben sind A, c und I. Setzt man (2b) in (2a) und anschließend (2a) in (1) ein, erhält man

$$Y = A + cY + I,$$

woraus

$$Y = \frac{1}{1 - c} (A + I)$$

folgt. Das durch diese Gleichung festgelegte Volkseinkommen impliziert ein Kreislaufgleichgewicht, weshalb wir es als Gleichgewichtseinkommen bezeichnen. Graphisch wird das Gleichgewichtseinkommen in *Abbildung 3.13* ermittelt, an der auch abgelesen werden kann, daß beim Gleichgewichtseinkommen Y^* der Entzugseffekt, $S^* = Y^* - C^* = Y^* - A - cY^*$, dem Zuführungseffekt, I, entspricht.

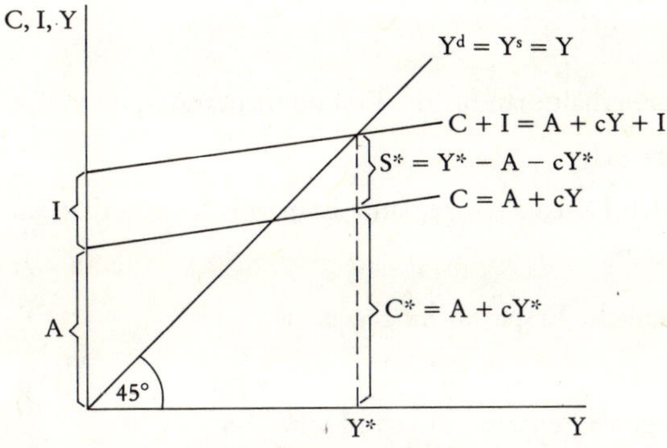

Abbildung 3.13

Abbildung 3.13 zeigt daneben, daß ein Kreislaufgleichgewicht unseres einfachen Wirtschaftsmodells nur existiert, wenn die marginale Konsumquote (wie vorausgesetzt) kleiner als eins ist.

Der Multiplikatoreffekt

Für $0 < c < 1$ ist $1/(1 - c) > 1$. Eine gegebene Investitionsnachfrage I und ein einkommensunabhängiger Konsum A führen mithin zu einem Gleichgewichtseinkommen, das ein Mehrfaches der Summe dieser beiden Nachfragebestandteile ist. Der Ausdruck $1/(1 - c)$ heißt daher Multiplikator. Das hinter diesem Ergebnis stehende Multiplikatorprinzip vermag eine dynamische Analyse aufzudecken. Hierfür unterstellen wir, die Konsumnachfrage orientiere sich am Einkommen der Vorperiode, so daß die Konsumnachfrage in der Periode t durch

$$C_t = A + cY_{t-1}$$

bestimmt ist. Die Investitionsnachfrage nehme von I_0 auf I_1 zu, so daß $\triangle I := I_1 - I_0$ der Investitionszuwachs ist. Wir betrachten nun die Veränderung von Konsum, Ersparnis und Volkseinkommen.

Der Investitionszuwachs in $t = 1$ erhöht die gesamtwirtschaftliche Nachfrage und damit das Einkommen auf

$$Y_1 = A + cY_0 + I_0 + \triangle I.$$

Geht man davon aus, daß in der Vorperiode $t = 0$ ein Kreislaufgleichgewicht vorlag, d. h.

$$Y_0 = A + cY_0 + I_0$$

erfüllt war, erhält man für die Einkommensänderung in $t = 1$:

$$Y_1 - Y_0 = \triangle I.$$

Die von den Haushalten geplante Ersparnis für $t = 1$ ist

$$S_1^p = Y_0 - C_1.$$

Die tatsächliche Ersparnis hingegen ist

$$S_1 = Y_1 - C_1,$$

so daß ungeplante Ersparnisse in Höhe von

$$S_1^u := S_1 - S_1^p = Y_1 - Y_0 = \triangle I$$

entstehen.

In der nächsten Periode, $t = 2$, wird der Einkommenszuwachs in der Vorperiode, $t = 1$, bei der Konsumplanung berücksichtigt. Gesamtnachfrage und Volkseinkommen sind nun

$$Y_2 = C_2 = A + cY_1 + I_0 + \triangle I.$$

Gegenüber dem Ausgangsniveau ist das Einkommen um

$$\begin{aligned} Y_2 - Y_0 &= A + cY_1 + I_0 + \triangle I - (A + cY_0 + I_0) = \\ &= c(Y_1 - Y_0) + \triangle I = c\triangle I + \triangle I \end{aligned}$$

gestiegen. Die ungeplanten Ersparnisse verringern sich auf

$$S_2^u := S_2 - S_2^p = Y_2 - C_2 - (Y_1 - C_2) = Y_2 - Y_1 =$$
$$= c(Y_1 - Y_0) = c\Delta I.$$

Führt man die Berechnung nach dem skizzierten Schema für t = 3, 4, ... fort, gelangt man zur folgenden Übersicht:[10]

t	$Y_t - Y_0$	$I_t - I_0$	$C_t - C_0$	S_t^u
0	0	0	0	0
1	ΔI	ΔI	0	ΔI
2	$\Delta I + c\Delta I$	ΔI	$c\Delta I$	$c\Delta I$
3	$\Delta I + c\Delta I + c^2\Delta I$	ΔI	$c\Delta I + c^2\Delta I$	$c^2\Delta I$
.		.	.	.
.		.	.	.
.		.	.	.
.		.	.	.
T	$\Delta I + c\Delta I + c^2\Delta I + \ldots c^{T-1}\Delta I$	ΔI	$c\Delta I + c^2\Delta I + \ldots c^{T-1}\Delta I$	$c^{T-1}\Delta I$
.		.	.	.
.		.	.	.
.		.	.	.
.		.	.	.
∞	$\Delta Y = \frac{1}{1-c}\Delta I$	ΔI	$\Delta C = \frac{c}{1-c}\Delta I$	0

[10] Die in der letzten Zeile angegebenen Ergebnisse errechnet man folgendermaßen. Man multipliziert

$$Y_T - Y_0 = \Delta I\,(1 + c + c^2 + \ldots + c^{T-1})$$

mit $1 - c$, und erhält

$$(1 - c)\,(Y_T - Y_0) = \Delta I(1 - c^T)$$

bzw.

$$Y_T - Y_0 = \frac{1 - c^T}{1 - c}\,\Delta I.$$

Bildet man den Grenzwert $\lim_{T\to\infty} Y_t - Y_0$ folgt

$$\lim_{T\to\infty}(Y_T - Y_0) := \Delta Y = \frac{1}{1-c}\,\Delta I,$$

da wegen $0 < c < 1$ c^T für $T \to \infty$ nach 0 geht.
Analog errechnet man

$$\lim_{T\to\infty}(C_T - C_0) := \Delta C = \frac{c}{1-c}\,\Delta I.$$

An dieser Übersicht kann die dem Multiplikatoreffekt zugrundeliegende Mechanik abgelesen werden. Die zusätzliche Investitionsnachfrage induziert zusätzliches Einkommen, das zusätzlichen Konsum bewirkt. Dieser wiederum erhöht das Einkommen, wodurch wiederum der Konsum wächst. Da $0 < c < 1$, ist der Konsumzuwachs immer nur ein Bruchteil des Einkommenszuwachses, so daß der Prozeß der Einkommensmehrung schließlich zum Erliegen kommt und ein neues Kreislaufgleichgewicht mit höherem Einkommen erreicht wird. Die ungeplante Ersparnis wird während des Multiplikatorprozesses schrittweise abgebaut. Im neuen Gleichgewicht erreicht die geplante Ersparnis die geplante Investition.

Eine marginale Konsumquote kleiner als Eins führt auch dazu, daß eine einmalige Investitionsveränderung, d. h. $\triangle I = I_1 - I_0$, $I_t - I_0 = 0$, für alle $t = 2, 3, \ldots$, das Volkseinkommen nur kurzfristig beeinflußt, es langfristig aber nicht ändert. Mit anderen Worte, das Kreislaufgleichgewicht ist stabil. Die nachstehende Übersicht, analog zur oben gezeigten entwickelt, verdeutlicht diesen Gedanken.

t	$Y_t - Y_0$	$I_t - I_0$	$C_t - C_0$	S_t^u
0	0	0	0	0
1	$\triangle I$	$\triangle I$	0	$\triangle I$
2	$c\triangle I$	0	$c\triangle I$	$(c - 1)\triangle I$
3	$c^2\triangle I$	0	$c^2\triangle I$	$c(c - 1)\triangle I$
.	.	.	.	.
.	.	.	.	.
.	.	.	.	.
T	$c^{T-1}\triangle I$	0	$c^{T-1}\triangle I$	$c^{T-2}(c - 1)\triangle I$
.	.	.	.	.
.	.	.	.	.
.	.	.	.	.
∞	0	0	0	0

Den Unterschied zwischen einmaliger und dauerhafter Investitionserhöhung illustriert *Abbildung 3.14*.

Einbeziehung des Staates

Wir erweitern nun unser Modell um die kreislaufwirksamen staatlichen Aktivitäten. Die gesamtwirtschaftliche Güternachfrage erhöht sich um die staatliche Nachfrage, die die Summe aus staatlichem Konsum und staatlicher Investition ist. Wir verwenden für diese Summe das Symbol G. Außerdem müssen wir nun zwischen Volkseinkommen und verfügbarem Einkommen unterscheiden. Seien Y das Volkseinkommen, T die Steuerzahlungen und Z die staatlichen Transfers. Das verfügbare Einkommen Y_v ist dann definiert durch

$$Y_v = Y - T + Z. \tag{3}$$

Die Konsumnachfragefunktion lautet nun

$$C = A + cY_v, \tag{4}$$

da gemäß der Absoluteinkommenshypothese die reale Konsumnachfrage eine Funktion des realen verfügbaren Einkommens ist.

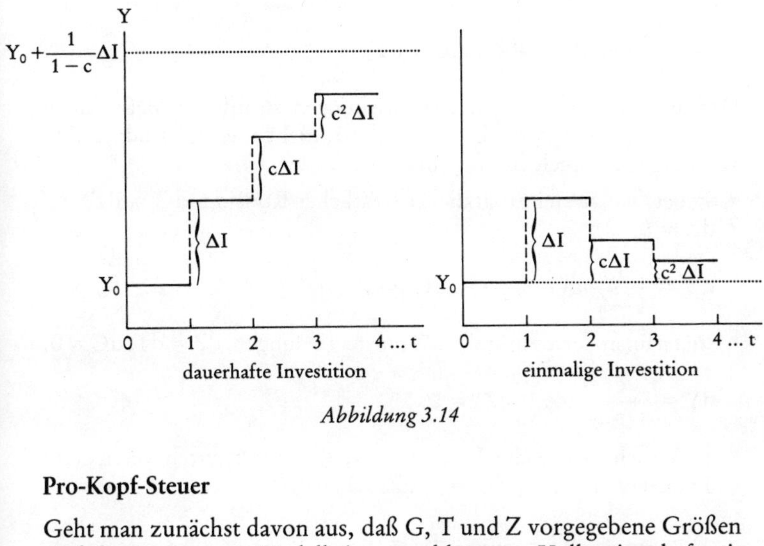

Abbildung 3.14

Pro-Kopf-Steuer

Geht man zunächst davon aus, daß G, T und Z vorgegebene Größen sind, kann ein erstes Modell einer geschlossenen Volkswirtschaft mit Staatssektor formuliert werden. Die gesamtwirtschaftliche Güternachfrage ist

$$Y^d = C + I + G. \tag{5}$$

Die Gleichungen (3), (4), (5) und (2) beschreiben das Modell. Berücksichtigt man (3) und (4) in (5) und setzt aus (2) $Y = Y^d$ in (5) ein, erhält man folgende Bestimmungsgleichung für das Volkseinkommen

$$Y = A + c(Y - T + Z) + I + G.$$

Daraus erhält man das Gleichgewichtseinkommen

$$Y = \frac{1}{1 - c} (A + I + G) + \frac{c}{1 - c} (Z - T).$$

Haavelmo-Theorem

Aus dieser Gleichung kann das sogenannte Haavelmo-Theorem abgeleitet werden. Es behandelt die Einkommenswirkung budgetverlängernder oder -verkürzender Maßnahmen. Differenziert man die vorstehende Gleichung an der Stelle dA = dI = 0 nach G, Z und T ergibt sich:

$$dY = \frac{1}{1 - c} dG + \frac{c}{1 - c} (dZ - dT).$$

Daraus lassen sich die Kreislaufwirkungen staatlicher Maßnahmen berechnen, die zwar die Budgetstruktur, nicht aber den Budgetsaldo verändern. Beispiele hierfür sind

- steuerfinanzierter zusätzlicher staatlicher Konsum, dG = dT, dZ = 0:

  $$dY = \frac{1}{1 - c} dG - \frac{c}{1 - c} dG = dG;$$

- steuerfinanzierte zusätzliche Transferzahlungen, dZ = dT, dG = 0:

  $$dY = \frac{c}{1 - c} (dZ - dZ) = 0;$$

- zusätzliche staatliche Investitionen, finanziert durch verringerte Transferzahlungen, dG = – dZ, dT = 0:

  $$dY = \frac{1}{1 - c} dG - \frac{c}{1 - c} dG = dG.$$

Diese Beispiele verdeutlichen, daß die Kreislaufwirkung des staatlichen Budgets sowohl von dessen Volumen als auch von dessen Struktur abhängt.

Zurückzuführen ist dieses Ergebnis darauf, daß der Multiplikator für Transferzahlungen und Steuern kleiner ist als der für staatlichen Konsum und staatliche Investitionen:

$$\frac{1}{1 - c} > \frac{c}{1 - c}.$$

Letztere sind nämlich unmittelbar nachfragewirksam, erstere nur mittelbar:

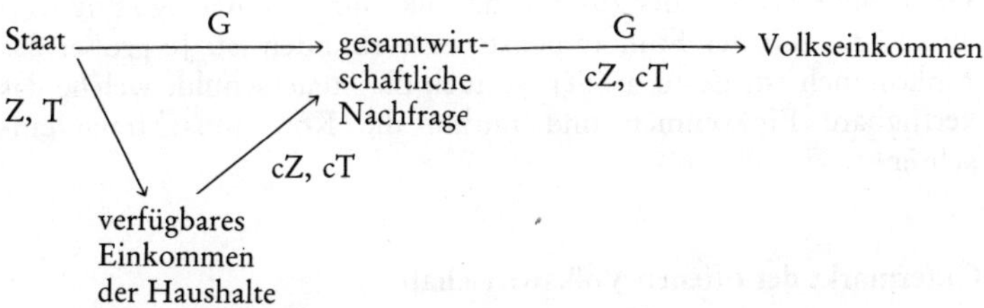

Das erste Glied in der Multiplikatorkette ist mithin im ersten Fall $c\triangle Z$ bzw. $-c\triangle T$, im letzten Fall indes $\triangle G$. Der Gesamteffekt wird deswegen um das c-fache verringert.

Proportionale Einkommensteuer

Wir ersetzen nun die Annahme, die Steuerzahlungen seien eine einkommensunabhängige, fest vorgegebene Größe, durch die realistischere Vorstellung, die Steuerzahlungen seien einkommensabhängig. Wir betrachten als Beispiel eine proportionale Einkommensteuer

$$T = \tau Y, \quad 0 < \tau < 1, \tag{6}$$

mit dem Steuersatz τ.

Das Gütermarktmodell besteht nun aus den Gleichungen (2)–(6). Die Lösung für das Volkseinkommen erhält man, wenn zunächst (6) in (3), dann (3) in (4) und anschließend (4) in (5) eingesetzt wird. (5) zusammen mit (2) führt zu

$$Y = A + c(Y - \tau Y + Z) + I + G,$$

woraus das Gleichgewichtseinkommen

$$Y = \frac{1}{1 - c + c\tau}(A + I + G) + \frac{c}{1 - c + c\tau} Z$$

folgt.

Die Einkommensbesteuerung reduziert die Multiplikatorwirkung zusätzlicher autonomer Ausgaben A, I, G und Z:

$$\frac{1}{1 - c} > \frac{1}{1 - c + c\tau},$$

$$\frac{c}{1-c} > \frac{c}{1-c+c\tau}.$$

Der Grund dafür ist der zusätzliche einkommensabhängige Entzugseffekt, der mit der Einkommensteuer verbunden ist. Je größer das Einkommen ist, desto größer ist auch die Steuerschuld, welche das verfügbare Einkommen und mithin die Konsumnachfrage einschränkt.

Gütermarkt der offenen Volkswirtschaft

Die bislang betrachteten Zusammenhänge sind etwas abzuändern, geht man zum Modell einer offenen Volkswirtschaft über. Die Güternachfrage wird nun nicht mehr ausschließlich durch inländische Produktion befriedigt, sondern auch durch ausländische. Bestimmend für die Höhe der inländischen Produktion und mithin ausschlaggebend für die Höhe des Volkseinkommens ist nunmehr die im Inland wirksame Nachfrage. Dies ist die Gesamtnachfrage, verringert um die Importe M.

Die Gesamtnachfrage setzt sich aus der Nachfrage der Inländer (Konsum, Investition und staatliche Nachfrage) und der Nachfrage der Ausländer (Export X) zusammen. Somit gilt für die im Inland wirksame Nachfrage:

$$Y^d = C + I + G + X - M. \tag{7}$$

Zur Vereinfachung sei zunächst von den staatlichen Einflüssen abstrahiert ($G = T = 0$). Für die Importe wird von der linearen Importfunktion:

$$M = B + mY, \quad 0 < m < 1, \tag{8}$$

mit der marginalen Importquote m ausgegangen. Zusammen mit der Konsumfunktion

$$C = A + cY,$$

gegebenen Investitionen I und Exporten X ist die im Inland wirksame Nachfrage mithin

$$Y^d = A + cY + I + X - B - mY.$$

Daraus folgt zusammen mit (2)

$$Y = A + cY + I + X - B - mY,$$

und daraus ergibt sich das Gleichgewichtseinkommen

$$Y = \frac{1}{1 - c + m}(A - B + I + X).$$

Offensichtlich gilt

$$\frac{1}{1 - c + m} < \frac{1}{1 - c}.$$

Auch hier dämpft der Entzugseffekt, der von den Importen ausgeht, die expansiven bzw. kontraktiven Effekte veränderter autonomer Ausgaben.

Die Wirkungen autonomer Nachfrageänderungen auf die Leistungsbilanz erhält man ausgehend von der Definition des Leistungsbilanzsaldos.[11]

$$Ls = X - M.$$

Setzt man für M

$$M = B + mY,$$

wobei für Y die Lösung

$$Y = \frac{1}{s + m}(A - B + I + X), \quad s := 1 - c,$$

berücksichtigt wird, erhält man

$$Ls = X - M = X - B - \frac{m}{s + m}(A - B + I + X)$$

bzw.

$$Ls = \frac{s}{s + m}(X - B) - \frac{m}{s + m}(A + I).$$

Demnach folgt, daß

- eine Zunahme der Auslandsnachfrage (Export) die Leistungsbilanz verbessert:

  $$\frac{\partial Ls}{\partial X} = \frac{s}{s + m} > 0;$$

[11] Wir gehen davon aus, daß die Übertragungsbilanz ausgeglichen ist.

- eine Zunahme des autonomen Imports, der autonomen Konsumnachfrage und der Investitionsnachfrage die Leistungsbilanz verschlechtert:

$$\frac{\partial Ls}{\partial B} = -\frac{s}{s+m} < 0,$$

$$\frac{\partial Ls}{\partial A} = -\frac{m}{s+m} < 0,$$

$$\frac{\partial Ls}{\partial I} = -\frac{m}{s+m} < 0.$$

Bezieht man in das vorstehende Modell gegebene staatliche Ausgaben G, die Einkommensteuer $T = \tau Y$ und die Transfers Z ein, beschreiben die Gleichungen (2), (3), (4), (6), (7) und (8) das Gütermarktmodell einer offenen Volkswirtschaft mit Staatssektor. Für das Gleichgewichtseinkommen dieser Wirtschaft erhalten wir

$$Y = \frac{1}{1-c+c\tau+m}(A-B+I+G+X) + \frac{c}{1-c+c\tau+m}Z.$$

Diese Gleichung beschreibt für das bislang der Kreislaufrealität am nächsten stehende Modell die Determinanten des Volkseinkommens. Sie finden sich in den autonomen Ausgaben A, B, I, G, X und Z, sowie den (Verhaltens-)Parametern c, τ und m. Die Multiplikatoren

$$\frac{1}{1-c+c\tau+m} \text{ und } \frac{c}{1-c+c\tau+m}$$

berücksichtigen im Vergleich zu denjenigen der einfachen Modelle die meisten Entzugseffekte. Deshalb sind sie auch kleiner als die anderen, oben abgeleiteten Multiplikatoren.

Kontrollfragen

(1) Welchen Zusammenhang beschreibt eine makroökonomische Konsumfunktion? Erläutern Sie drei verschiedene Konsumhypothesen im Hinblick auf ihre Aussagen über marginale und durchschnittliche Konsumquote.
(2) Auf welchen Annahmen basiert das Akzelerationsprinzip?
(3) Erläutern Sie die Begriffe Kapitalwert, interner Zins und Grenzleistungsfähigkeit des Kapitals und begründen Sie mit Hilfe die-

ser Begriffe die Zinsabhängigkeit der Investitionsnachfrage. Spielt die Nachfrage nach den von einem Unternehmen produzierten Gütern in diesem Ansatz noch eine Rolle?

(4) Zeigen Sie den Zusammenhang zwischen Kapitalnutzungspreis, optimalem Kapitalstock, Anpassungskosten und Investitionen.

(5) Nennen Sie die Annahme, die den einfachen Gütermarktmodellen keynesianischen Typs zugrunde liegt. Stellen Sie den einfachsten Typ eines solchen Modells graphisch und in Gleichungsform dar. Zeigen Sie, daß im Gleichgewicht die geplante Ersparnis der geplanten Investition entspricht.

(6) Für welchen Zusammenhang steht der Begriff „Investitionsmultiplikator"? Leiten Sie diesen Multiplikator im Rahmen einer dynamischen Analyse her.

(7) Leiten Sie die Aussage des Haavelmo-Theorems aus einem geeigneten Gütermarktmodell ab. Erläutern Sie das Ergebnis unter Rückgriff auf die unterschiedlichen Kreislaufwirkungen der betrachteten Größen.

(8) Leiten Sie den Staatsausgabenmultiplikator für den Fall einer einkommensabhängigen Steuer und den Fall einer Pro-Kopf-Steuer ab. Welcher Multiplikator ist der größere von beiden und warum?

(9) Welche Faktoren bestimmen – bei reiner Gütermarktbetrachung – die Höhe des Volkseinkommens einer offenen Volkswirtschaft?

(10) Vergleichen Sie eine Erhöhung der Investitionsnachfrage mit einer Erhöhung der Exportnachfrage bezüglich ihrer Wirkungen auf Volkseinkommen und Leistungsbilanzsaldo.

Literatur zur Ergänzung und Vertiefung

Dornbusch, Fischer (1985), 3., 6. und 7. Kapitel; *Felderer, Homburg* (1984), §§ 32–36; *Gordon* (1984), Chapter 3, 13 und 14; *Neumann* (1983), VI. und VII. Kapitel; *Parkin* (1984), Chapter 16 und 17; *Rittenbruch* (1984), 7. Kapitel.

III. Finanzmarktanalyse

1. Determinanten des Geldangebots

Geldbegriffe

Geld ist jedes allseits akzeptierte Tauschmittel. Im Rahmen dieser funktionalen Definition des Geldes läßt sich Warengeld von Papiergeld unterscheiden. Von Warengeld sprechen wir, wenn eine Ware, wie Gold, Perlen, Muscheln oder Zigaretten, im Austausch gegen jede andere Ware angenommen wird. In den heutigen Wirtschaftsgesellschaften ist Geld indes ein verbrieftes Zahlungsversprechen, das sich in Münzen, Noten (Geldscheinen) oder Bankguthaben manifestiert.

Ein zweistufiges Bankensystem, das aus einer Zentralbank und den Geschäftsbanken besteht, regelt zumeist die Versorgung der Wirtschaft mit Geld.

Die Zentralbank ist eine Behörde, deren Aufgabe vor allem in der Steuerung der Geldversorgung liegt. Sie stellt das sogenannte Zentralbankgeld zur Verfügung, das aus Münzen und Geldscheinen, dem Bargeld, und den Guthaben der Wirtschaftssubjekte bei der Zentralbank besteht. Im Rahmen der Geldangebotsanalyse teilen wir die Wirtschaftssubjekte außer der Zentralbank in (Geschäfts-)Banken und Nichtbanken ein.

Der Nichtbankensektor besteht aus dem Staat (ohne Zentralbank), den Haushalten, den Unternehmen (ohne Banken) und den ausländischen Wirtschaftssubjekten. Zentralbankgeld entsteht, indem die Zentralbank Banken und Nichtbanken Kredite gewährt oder von diesen Aktiva erwirbt, wie Gold, Wertpapiere oder Devisen. Zentralbankgeld ist mithin ein Zahlungsanspruch (Forderung) gegenüber der Zentralbank.

Vom Geschäftsbankensystem wird Geld in Form von Buchgeld geschaffen. Unter Buchgeld versteht man Guthaben der Nichtbanken bei den Banken. In einer engen Definition des Geldbegriffes, der die Rolle des Geldes als Tauschmedium in den Vordergrund stellt, werden zum Geldbestand außer dem Bargeld nur Guthaben gezählt, über die der Inhaber jederzeit verfügen kann (Sichtguthaben). Weiter gefaßte Geldbegriffe rechnen auch Guthaben mit vereinbarten Kündigungsfristen zur Geldmenge einer Wirtschaft. Buchgeld entsteht, indem Banken Nichtbanken Kredite einräumen oder Aktiva ankaufen (aktive Buchgeldschöpfung) oder Nichtbanken Noten und Münzen auf Bankguthaben einzahlen (passive Buchgeldschöpfung). Buchgeld ist daher ein Zahlungsanspruch gegenüber dem Geschäftsbankensektor. *Abbildung 3.15* illustriert die bislang geschilderten Zusammenhänge anhand einer Bilanzübersicht.

Aktiva	Zentralbank Passiva
Forderungen aus vergebenen Krediten an Banken und Nichtbanken	Zentralbankgeld der Banken und Nichtbanken
übrige Aktiva (z. B. Gold und Devisen)	übrige Passiva (z. B. Grundkapital, Verbindlichkeiten gegenüber Banken)

Aktiva	Banken Passiva
Zentralbankgeld der Banken	Guthaben der Nichtbanken
Forderungen aus vergebenen Krediten an Nichtbanken	Verbindlichkeiten aus Zentralbankkrediten
übrige Aktiva (z. B. Wertpapiere)	übrige Passiva (z. B. Kapital)

Aktiva	Nichtbanken Passiva
Zentralbankgeld der Nichtbanken	Verbindlichkeiten aus Zentralbank- und Bankkrediten
Bankguthaben der Nichtbanken	
übrige Aktiva	übrige Passiva

Abbildung 3.15

Die Geldmenge M, welche zur Abwicklung güterwirtschaftlicher Transaktionen unmittelbar verfügbar ist, umfaßt das Zentralbankgeld der Nichtbanken Z^N und deren Sichtguthaben (Depositen) bei den Geschäftsbanken D:[1]

$$M = Z^N + D. \tag{1}$$

[1] Die Deutsche Bundesbank, die Zentralbank der Bundesrepublik Deutschland, definiert die Geldmenge M1 als Summe des Bargeldumlaufs (ohne die Kassenbestände der Banken, jedoch einschließlich der im Ausland befindlichen Münzen und Banknoten) und der Sichtguthaben inländischer Nichtbanken, ohne die Zentralbankguthaben der öffentlichen Haushalte.

Geldschöpfungsmultiplikator

Die Schaffung von Zentralbankgeld ist der Zentralbank anheim gestellt. Das Geschäftsbankensystem kann indes nur eine begrenzte Menge Buchgeld schöpfen, die ein Vielfaches des jeweiligen Bestandes an Zentralbankgeld ist, so daß die Geldmenge M von der Versorgung mit Zentralbankgeld abhängt.

Der Grund hierfür ist darin zu sehen, daß Geschäftsbanken Zahlungen an Nichtbanken oder andere Geschäftsbanken in Zentralbankgeld zu leisten haben; in einer Geldform also, die sie nicht selbst schaffen. Um jederzeit den Wünschen ihrer Kunden nach Bargeld nachkommen bzw. Überweisungen an andere Banken durchführen zu können, müssen Geschäftsbanken eine bestimmte Menge Zentralbankgeld vorrätig haben. Eine Untergrenze hierfür ist die sogenannte Mindestreserve. In der Bundesrepublik Deutschland, wo die sogenannte Passive Mindestreservepflicht besteht, schreibt die Deutsche Bundesbank vor, in Höhe welchen Prozentsatzes der Sichteinlagen die Geschäftsbanken (unverzinsliche) Zentralbankguthaben zu unterhalten haben. Die tatsächlich von den Banken gehaltene Reserve an Zentralbankgeld ist in der Regel größer als die vorgeschriebene Mindestreserve. Die Höhe des von einer Bank gehaltenen Reservesatzes wird von Risikoüberlegungen einerseits und Ertragsgesichtspunkten andererseits bestimmt. Der Reservesatz wird daher nicht unabhängig sein von der Höhe des Zinses auf Kredite, der die Opportunitätskosten unverzinslich oder niedrig verzinster Zentralbankreserven angibt. Im folgenden sei unterstellt, die von Banken gehaltene Zentralbankgeldmenge Z^B sei ein fester Prozentsatz z ihrer Sichteinlagen D:

$$Z^B = zD. \qquad (2)$$

Mit dem Reservesatz ist eine erste Restriktion der Buchgeldschöpfung gefunden. Eine zweite Einschränkung rührt daher, daß eine gegebene Zentralbankgeldmenge Z niemals in vollem Umfang dem Geschäftsbankensystem zwecks Reservehaltung zur Verfügung steht. Ein Teil davon wird von den Nichtbanken (zumeist als Bargeld) gehalten.

Wir gehen davon aus, daß das Zentralbankgeld in Händen der Nichtbanken ein gegebener Bruchteil k der Sichtguthaben der Nichtbanken D ist:

$$Z^N = kD. \qquad (3)$$

Das Zentralbankgeld Z ist die Summe aus dem Zentralbankgeld der Banken und dem der Nichtbanken:

$$Z = Z^N + Z^B. \tag{4}$$

Aus den Gleichungen (1)–(4) kann der Zusammenhang zwischen Geldmenge und Zentralbankgeld abgeleitet werden. Dazu setzen wir (3) in (1) ein und (2) und (3) in (4). Dann dividieren wir (1) durch (4) und erhalten

$$\frac{M}{Z} = \frac{kD + D}{kD + zD}$$

bzw.

$$M = \frac{1 + k}{z + k} Z. \tag{5}$$

Der Ausdruck $(1 + k)/(z + k)$ ist größer als eins und wird deshalb Geldschöpfungsmultiplikator genannt. Die Geldmenge ist ein Vielfaches der Zentralbankgeldmenge.

Geldschöpfungsmultiplikator und Gütermarktmultiplikator beruhen auf demselben Mechanismus: Der schrittweisen Absorption eines Impulses in Form von Sickerverlusten. Zunehmende Ersparnisse, die dem Kreislauf Nachfrage entziehen, bremsen die einkommensmehrende Kraft zusätzlicher Investitionen. Die Buchgeldschöpfung der Banken stößt dort an ihre Grenzen, wo Reservehaltung und Zentralbankgeldbestände der Nichtbanken den Zentralbankgeldbestand vollständig aufsaugen.[2] Solange das Geschäftsbankensystem über Bestände an Zentralbankgeld verfügt, die noch nicht in der Reservehaltung oder im Nichtbankensektor gebunden sind (sogenannte Überschußreserven), kann es die Geldmenge erhöhen, indem durch Kredite an Nichtbanken zusätzliches Buchgeld geschaffen wird. Der in Gleichung (5) beschriebene Zusammenhang zwischen Geldmenge und Zentralbankgeld gilt somit nur unter der Voraussetzung, daß keine Überschußreserven im Bankensystem gehalten werden. Die Geldmenge nach (5) ist deshalb die bei gegebener Zentralbankgeldmenge maximal mögliche Geldmenge.

---

[2] Aus $D = M - Z^N$ folgt, daß die Grenze der Buchgeldschöpfung bei

$$D = \frac{1}{k + z} Z$$

liegt.

Zusammenfassend können wir somit festhalten, daß Zentralbankgeldmenge, Reservehaltung der Banken und die Neigung der Nichtbanken, Zentralbankgeld zu halten, die Geldmenge bestimmen.

2. Determinanten der Geldnachfrage

Funktion des Geldes

Wir haben Geld als Tauschmedium definiert. In dieser Eigenschaft ist es zugleich das liquideste Mittel, um Kaufkraft von der Gegenwart in die Zukunft zu übertragen (Wertaufbewahrung).

Geld ist in seiner Rolle als Tauschmittel kraft Definition konkurrenzlos. Zur Wertaufbewahrung können indessen auch Wertpapiere und langlebige Sachgüter dienen, die ihrem Eigentümer Erträge in Form von Zinsen, Dividenden, Pacht und Mieten einbringen. In Geld gehaltene Kaufkraft ist zwar ertragslos, aber dafür jederzeit nutzbar.[3] Der Eigentümer von Wertpapieren und langlebigen Sachgütern muß die in ihnen gebundene Kaufkraft erst wieder freisetzen, indem er sie verkauft. Dabei kann er Wertverluste erleiden. Die Entscheidung, Kaufkraft in Geld oder anderen Aktiva anzulegen, setzt daher einen Vergleich der Vor- und Nachteile beider Anlageformen voraus.

Auf der Tauschmittel- und der Wertaufbewahrungsfunktion des Geldes beruht der Wunsch, Geld zu halten, d.h. die Geldnachfrage. Ein rationales Kalkül, das Kosten und Nutzen der Geldhaltung vergleicht, bestimmt die Geldnachfrage. Die Bestimmungsgründe der Geldnachfrage lassen sich daher am besten an Modellen entsprechender Entscheidungssituationen verdeutlichen. Wir beginnen mit der Geldhaltung zu Tauschzwecken, der sog. Transaktionskasse.

Die Geldnachfrage für Tauschzwecke

Die Tauschakte eines Wirtschaftssubjektes sind in aller Regel nicht perfekt synchronisiert. Nicht jedem Warenkauf steht zeit- und wert-

---

[3] Wenn wir berücksichtigen, daß die Kaufkraft einer Geldeinheit durch Preisniveauänderungen verringert oder erhöht werden kann, und daß zuweilen auch auf Sichtguthaben geringe Zinsen bezahlt werden, ist auch die Geldhaltung nicht ertragslos. Diese Modifikation ändert allerdings nichts an dem grundsätzlichen Ergebnis, daß Geld in seiner Rolle als Wertaufbewahrungsmittel mit anderen ertragbringenden Aktiva konkurriert.

gleich ein Warenverkauf gegenüber. Institutionelle Gegebenheiten und nicht vorhersehbare Ereignisse führen dazu. Die Folge ist, daß Ein- und Auszahlungen zeitlich und betragsmäßig voneinander abweichen. Zur Überbrückung der daraus erwachsenden Diskrepanzen muß im Durchschnitt ein bestimmter Geldbetrag vorrätig sein. Wir wollen dies an einem einfachen Beispiel erläutern.

Ein Haushalt erhält ein Jahreseinkommen von 4800 Geldeinheiten (GE). Es wird in Vierteljahresraten von 1200 GE jeweils zu Quartalsbeginn bezahlt. Der Haushalt gibt das Einkommen vollständig aus. Wir unterstellen, daß sich sein Kassenbestand wie in *Abbildung 3.16* entwickelt.

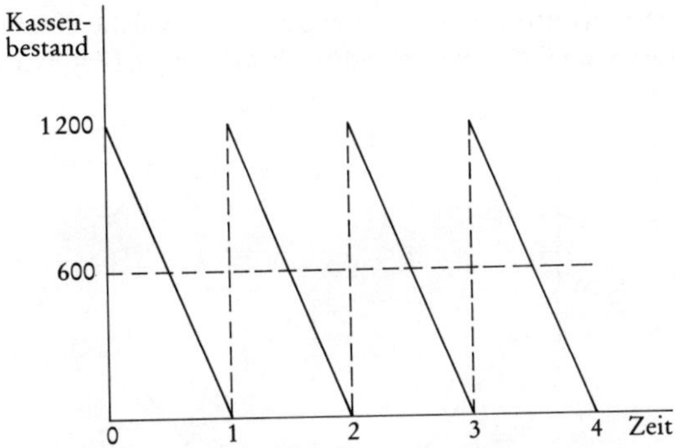

Abbildung 3.16

Am Quartalsanfang ist der Geldbestand 1200 GE. Er verringert sich kontinuierlich während des Quartals, bis er am Quartalsende Null ist. Der durchschnittliche Kassenbestand eines Vierteljahres errechnet sich als

$$\frac{\text{Anfangsbestand} - \text{Endbestand}}{2} = \frac{1200 - 0}{2} = 600.$$

Er verändert sich mit dem Nominaleinkommen, während der Bruchteil des Nominaleinkommens, der durchschnittlich in Geld gehalten wird, konstant bleibt. Verdoppeln wir das Nominaleinkommen auf 9600 GE, erhöht sich der durchschnittliche Kassenbestand auf 1200 GE = (2400 − 0)/2. Der Quotient aus Kassenbestand und Nominaleinkommen ist in beiden Fällen ⅛ = 600/4800 = 1200/9600. Dieser Quotient, der Kassenhaltungskoeffizient, wird von der Struktur der

Ein- und Auszahlungen bestimmt. Beispielsweise reduziert sich der durchschnittliche Kassenbestand auf 200 GE und der Kassenhaltungskoeffizient sinkt auf $1/24 = 200/4800$, wenn an die Stelle vierteljährlicher monatliche Einkommenszahlungen treten.

Unabhängig von der gegebenen Struktur der Einkommenszahlungen kann der betrachtete Haushalt seinen durchschnittlichen Kassenbestand auf weniger als 600 GE verringern, indem er einen Teil seines Quartaleinkommens bei einer Bank deponiert und bei Bedarf wieder abhebt. Beispielsweise könnte er jeden Monat 400 GE ausgeben. In diesem Fall könnte er zunächst 800 GE auf sein Bankkonto einbezahlen. Zu Beginn des nächsten Monats müßte er 400 GE abheben. Die verbleibenden 400 GE würde er am Ersten des übernächsten Monats vom Konto nehmen. Der durchschnittliche Kassenbestand wird dadurch auf 200 GE verringert. *Abbildung 3.17* illustriert dieses Beispiel.

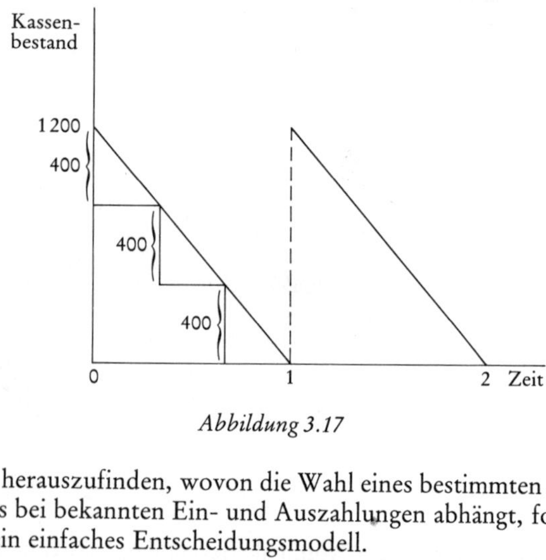

Abbildung 3.17

Um nun herauszufinden, wovon die Wahl eines bestimmten Kassenbestandes bei bekannten Ein- und Auszahlungen abhängt, formulieren wir ein einfaches Entscheidungsmodell.

Wir betrachten einen Haushalt. Sein Nominaleinkommen der Planungsperiode, Py, ist das Produkt aus Preisniveau P und realem Einkommen y. Bei einem durchschnittlichen Kassenbestand von m, muß der Haushalt während der Planungsperiode $Py/2m := n$-mal die Bank aufsuchen. Dadurch wird der Planungszeitraum in n Intervalle geteilt. Mit jedem Bankbesuch sind Kosten verbunden. Sie entstehen vorwiegend aus dem erforderlichen Zeitaufwand. Möglicherweise fallen auch Fahrtkosten an. Wir nehmen vereinfacht an, die Kosten je Bankbesuch, c, seien konstant. Außer diesen Kosten verursacht die Kassenhaltung Kosten in Form entgangener Zinseinkünfte. Sei r der Zinssatz, der während der Planungsperiode für Bankguthaben bezahlt wird. r/n ist dann der Zinssatz für ein Intervall der Planungsperiode. n-mal entgehen dem Haushalt mithin Zinsen in Höhe von mr/n. Die Gesamtkosten K eines Haushalts, die Summe aus entgangenen Zinseinnahmen und Kosten der Bankabhebungen, belaufen sich auf

$$K = mr + \frac{Py}{2m}c.$$

Wählt man m derart, daß

$$\frac{dK}{dm} = r - \frac{Py}{2m^2}c = 0,$$

minimiert m die Kosten der Kassenhaltung, da

$$\frac{d^2K}{dm^2} = \frac{Py}{m^3}c > 0.$$

Der optimale Kassenbestand des Planungszeitraums ist folglich

$$m = \sqrt{\frac{Pyc}{2r}}.$$

Der reale, d. h. in Kaufkrafteinheiten gemessene, Kassenbestand ist demnach

$$\frac{m}{P} = \sqrt{\frac{y \cdot c}{2Pr}}.$$

Er ist u. a. eine Funktion des Realeinkommens und des Nominalzinses, wobei gilt:

$$\frac{\partial(m/P)}{\partial y} = \frac{c}{4Pr\sqrt{\frac{yc}{2Pr}}} > 0,$$

$$\frac{\partial(m/P)}{\partial r} = -\frac{yc}{4Pr^2\sqrt{\frac{yc}{2Pr}}} < 0.$$

Mit anderen Worten, der optimale reale Kassenbestand nimmt mit dem Realeinkommen zu und mit dem Nominalzins ab.

In der Regel sind nicht alle Ein- und Auszahlungen vorab bekannt. Der optimale Kassenbestand auf der Grundlage vorhersehbarer Zahlungsströme ist dann um eine Komponente zu ergänzen, die eine Art Sicherheitspolster für unvorhersehbare Zahlungen bietet. Das Ausmaß zusätzlicher Kassenhaltung aus diesem Vorsichtsmotiv wird vor allem von der Risikoneigung eines Wirtschaftssubjektes bestimmt. Bei gegebener Risikoneigung wird auch diese Vorsichtskasse ceteris paribus um so kleiner sein, je höher der Zins ist. Sofern mit dem Einkommen die Häufigkeit unvorhergesehener Zahlungen steigt, wächst sie mit dem Einkommen.

Geldnachfrage zur Wertaufbewahrung

Wir analysieren die Geldnachfrage aus dem Wertaufbewahrungsmotiv in einem einfachen Kontext. Als Alterantive zum Geld betrachten wir ein festverzinsliches Wertpapier mit unendlicher Laufzeit. Andere Aktiva schließen wir als Mittel zur Kaufkraftübertragung in die Zukunft aus.[4]

Die Entscheidung, Kaufkraft in Geld oder im Wertpapier stillzulegen, kann wie eine Investitionsentscheidung gesehen werden. Sie wird von den Erträgen beider Anlageformen bestimmt.

Schließt man Änderungen der Kaufkraft des Geldes und Zinsen auf Sichtguthaben aus, verursacht Geld zu halten weder Kosten noch bringt es Erträge.

Betrachten wir demgegenüber das Wertpapier. Sein Kaufpreis, der Kurs C, legt bei gegebener Verzinsung p des Nennwertes N eine interne Verzinsung, den effektiven Zinssatz r, fest, der durch

$$C = \sum_{t=1}^{\infty} \frac{p}{(1+r)^t} \cdot N = \frac{p}{r} \cdot N$$

bestimmt ist. Da als einzige Anlageform außer Geld hier nur dieses Wertpapier in Frage kommt, ist der effektive Zinssatz r dieses Pa-

[4] Damit unterstellen wir implizit, daß das betrachtete Wertpapier und andere Wertpapiere perfekte Substitute sind, so daß sie nur einen Preis haben und mithin wie ein Wertpapier betrachtet werden können, und daß langlebige Sachgüter in den Augen der Wirtschaftssubjekte einen zu geringen Grad an Liquidität haben, um in ihnen Kaufkraft stillzulegen.

piers zugleich der einzige Zinssatz in dieser Wirtschaft, d.h. der Marktzins. Er ist invers mit dem Kurs des Wertpapiers verknüpft: Je höher der Effektivzins ist, desto niedriger ist bei gegebenem p und N der Kurs C.

Ein Wirtschaftssubjekt, das vor der Alternative steht, eine bestimmte, in Kaufkrafteinheiten des Geldes gemessene Summe für eine Periode in Geld oder Wertpapieren anzulegen, muß den sicheren Zinsertrag pN gegen einen möglichen Kursverlust aufrechnen, um beurteilen zu können, welche Anlageform günstiger ist. Hierfür muß der Kurs am Ende der Periode geschätzt werden. Wir gehen davon aus, daß jedes Wirtschaftssubjekt eine Vorstellung davon hat, welches Zinsniveau marktüblich ist. Sei r_n der entsprechende Zinssatz. Ist $r_n > r$ ($r_n < r$) rechnet das Wirtschaftssubjekt damit, daß der Marktzins r steigt (sinkt). Gemäß der oben stehenden Formel erwartet der Anleger dann einen Kursverlust(-gewinn), $\triangle C^e$, der sich errechnet als

$$\triangle C^e = \frac{p}{r_n} N - \frac{p}{r} N = \left(\frac{1}{r_n} - \frac{1}{r}\right) pN.$$

Der Gesamtbetrag der Wertpapieranlage ist dann für eine Periode

$$pN + \triangle C^e = pN + \left(\frac{1}{r_n} - \frac{1}{r}\right) pN.$$

Er ist Null bei einem Zins

$$r_k = \frac{r_n}{1 + r_n}.$$

Bei diesem Effektivzins sind Geld- und Wertpapieranlage gleich sinnvoll. Der Anleger ist indifferent zwischen beiden Alternativen. Deshalb bezeichnen wir r_k als kritischen Zins. Er ist eine Funktion des erwarteten marktüblichen Zinssatzes r_n. Ist der tatsächliche Effektivzins kleiner als der kritische Zins, überwiegt der erwartete Kursverlust den sicheren Zinsertrag und Geld wird anstelle des Wertpapieres gehalten. Im umgekehrten Fall wird das Wertpapier der Geldhaltung vorgezogen.

Das eben vorgestellte Anlagekalkül beinhaltet bezüglich des erwarteten Zinses r_n ein spekulatives Element. Die Geldnachfrage, die das Ergebnis dieses Kalküls ist, wird daher häufig als Spekulationskasse bezeichnet. Wie uns die vorstehende Herleitung zeigt, ist sie auf einzelwirtschaftlicher Ebene entweder Null oder entspricht dem anzulegenden Geldbetrag (vgl. *Abbildung 3.18*).

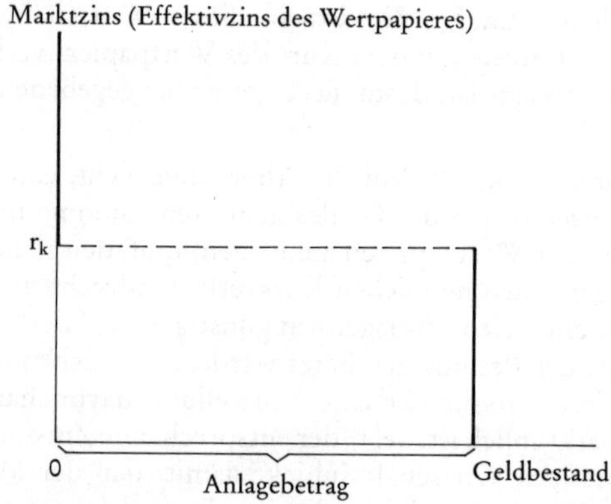

Abbildung 3.18

Im allgemeinen haben die einzelnen Wirtschaftssubjekte unterschiedliche Vorstellungen bezüglich des marktüblichen Zinses r_n. Je niedriger der Marktzins ist, für um so mehr Wirtschaftssubjekte unterschreitet er deren kritischen Zins. Die gesamtwirtschaftliche Nachfrage nach Spekulationskasse kann deshalb als stetig fallende Funktion des Marktzinses dargestellt werden. Ihre Lage im Zins-Geldmengen-Diagramm (vgl. *Abbildung 3.19*) wird von der durchschnittlichen Vorstellung bezüglich des marktüblichen Zinses bestimmt. Je höher dieser ist, desto höher liegt der durchschnittliche kritische Zins und um so größer ist mithin bei gegebenem Marktzins der gewünschte Geldbestand. Diesen Zusammenhang drückt man im Konzept der Liquiditätsneigung aus. Eine hohe Liquiditätsneigung entspricht einem hohen Niveau des durchschnittlichen marktüblichen Zinses.

Hierbei wird unterstellt, daß es ein Zinsniveau r_ℓ gibt, ab dem alle Wirtschaftssubjekte Kursverluste über die sichere Verzinsung hinaus erwarten, so daß niemand Wertpapiere kauft und jede beliebig große Geldmenge von der Geldnachfrage absorbiert wird, ohne daß dafür eine weitere Zinssenkung erforderlich ist. Der Zins kann mithin nicht tiefer fallen (Liquiditätsfalle).

Gesamtwirtschaftliche Geldnachfragefunktion

Fassen wir unsere bisherigen Ergebnisse zusammen: Die Geldnachfrage, definiert als gewünschter, in Kaufkrafteinheiten gemessener

Geldbestand, ist über Transaktions- wie Wertaufbewahrungsfunktion des Geldes negativ mit dem Zins verknüpft; über die Transaktionsfunktion ist sie positiv mit dem Realeinkommen verbunden. Bezeichnen wir die nominelle Geldmenge mit M, das Preisniveau mit P und das reale gesamtwirtschaftliche Sozialprodukt mit Y, so symbolisiert

$$\left(\frac{M}{P}\right)^d = L(r, Y), \quad \frac{\partial L}{\partial r} < 0, \quad \frac{\partial L}{\partial Y} > 0,$$

die gesamtwirtschaftliche Geldnachfragefunktion. Die Liquiditätsneigung erfassen wir (wie allgemein üblich) in der funktionalen Form von L und nicht als explizite Determinante der Geldnachfrage.

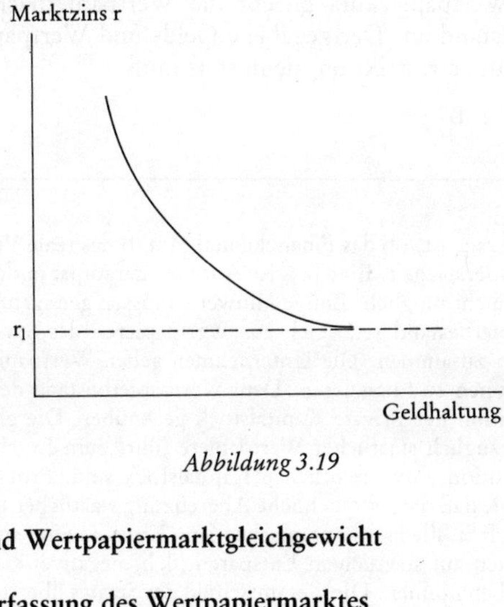

Abbildung 3.19

3. Geld- und Wertpapiermarktgleichgewicht

Implizite Erfassung des Wertpapiermarktes

Für die folgende Analyse unterstellen wir zunächst konstante Preise und normieren P auf 1. Die gesamtwirtschaftliche Geldnachfrage kann dann in der Form

$$M^d = L(r, Y)$$

geschrieben werden.

Bei der Herleitung dieser Funktion betrachteten wir nur eine Alternative zur Geldhaltung. Wir behalten diese Vereinfachung bei. Zu jedem Zeitpunkt befindet sich die Geldmenge M und der Bestand an Wertpapieren B im Besitz der Wirtschaftssubjekte, so daß

$$M + B$$

der Bestand finanzieller Aktiva der Wirtschaft ist.[5] Ein Gleichgewicht auf Geld- und Wertpapiermarkt liegt vor, wenn der gewünschte Geldbestand M^d der vorhandenen Geldmenge entspricht und die nachgefragte Wertpapiermenge B^d dem Wertpapierbestand:

$$M^d = M,$$

$$B^d = B.$$

Zwischen Geldangebot und -nachfrage tritt vermittelnd der Marktzins r; der Wertpapierkurs gleicht die Wertpapiernachfrage dem Wertpapierbestand an. Der gegebene Geld- und Wertpapierbestand fungiert als Budgetrestriktion, denn stets muß

$$M + B = M^d + B^d$$

---

[5] Eine andere Frage ist, ob das Finanzkapital M + B das reale Vermögen der Wirtschaft widerspiegelt. Eine präzise Antwort darauf ist in der hier gebotenen Kürze nicht möglich. Einige Hinweise müssen genügen.
Der Wertpapierbestand setzt sich aus Wertpapieren des Staates und der Unternehmen zusammen. Die Unternehmen geben Wertpapiere aus, um ihre Investitionen zu finanzieren. Dem Wertpapierbestand der Unternehmen steht mithin der private Kapitalstock gegenüber. Die gleiche Argumentation bezüglich staatlicher Wertpapiere führt zum Ergebnis, daß sie die Gegenposition zum öffentlichen Kapitalstock sind. Problematisch an dieser Sicht ist, daß die gebräuchliche Abgrenzung staatlicher Investitionen auch Güter erfaßt, die im ökonomischen Sinn Konsumgüter sind und Budgetdefizite auch auf staatlichem Entsparen (d. h. negativer staatlicher Ersparnis) beruhen können. Die Gesamtschuld des Staates übersteigt daher in der Regel den öffentlichen Kapitalstock. Dem auf diesen Teil der Schuld zurückzuführenden Wertpapierbestand steht mithin kein reales Vermögen gegenüber.
Wie wir gesehen haben ist Geld zum größten Teil das Produkt der Kreditschöpfung, so daß der Schluß naheliegt, es sei kein Vermögensgegenstand, da sich Schuld und Forderung ausgleichen. Dieses Argument ist indes nicht stichhaltig. Wir haben gesehen, daß Geld wichtige Funktionen erfüllt und der Geldbesitzer bereit ist, dafür Kosten in Kauf zu nehmen. Geld muß daher ebenso als Quelle produktiver Leistungen gesehen werden wie Realkapital.

gelten. Hieraus folgt, daß ein Geldmarktgleichgewicht auch ein Gleichgewicht auf dem Wertpapiermarkt impliziert. Setzt man nämlich $M-M^d = 0$ in die vorstehende Gleichung ein, erhält man

$$B^d = B.$$

Dieses Ergebnis erlaubt es uns, den Wertpapiermarkt aus der weiteren Analyse auszuklammern. Er ist implizit in der Darstellung des Geldmarktes enthalten.

Determinanten des Marktzinses

Das Gleichgewicht auf dem Geldmarkt erfüllt die Gleichung

$$M = L(r, Y).$$

Bei gegebenem realen Sozialprodukt Y und gegebener Geldmenge M legt das Geldmarktgleichgewicht die Höhe des Marktzinses r fest. *Abbildung 3.20* zeigt, wie graphisch der Gleichgewichtszins r^* ermittelt wird.

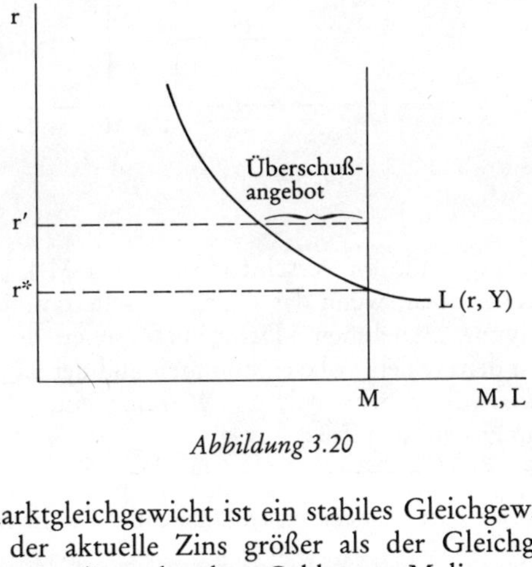

Abbildung 3.20

Das Geldmarktgleichgewicht ist ein stabiles Gleichgewicht. Ist beispielsweise der aktuelle Zins größer als der Gleichgewichtszins, $r' > r^*$, übersteigt die vorhandene Geldmenge M die gewünschte. Die Wirtschaftssubjekte werden versuchen, durch den Kauf von Wertpapieren ihre Geldbestände abzubauen. Bei gegebenem Wertpapierbestand B führt die vermehrte Nachfrage zu steigenden Kursen. Der Effektivzins der Wertpapiere, der in unserem Modell mit dem

Marktzins identisch ist, fällt. Eine analoge Überlegung zeigt, daß der Zins steigt, wenn er unterhalb des Gleichgewichtszinses liegt.

Das Geldmarktgleichgewicht bestimmt den Zins als Funktion der Geldmenge, des realen Volkseinkommens und der Liquiditätsneigung.

Je größer die Geldmenge ist, d.h. je weiter rechts sie in *Abbildung 3.21* liegt, desto niedriger ist der Zins. Geldmengenänderungen verändern den Zins nicht, wenn sie im Bereich der Liquiditätsfalle erfolgen:[6]

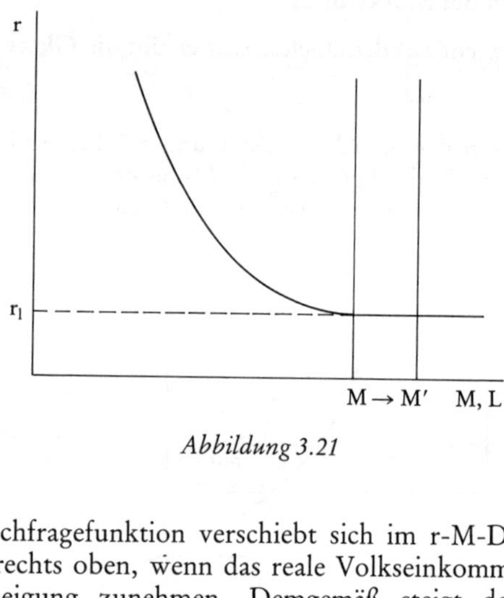

Abbildung 3.21

Die Geldnachfragefunktion verschiebt sich im r-M-Diagramm jeweils nach rechts oben, wenn das reale Volkseinkommen bzw. die Liquiditätsneigung zunehmen. Demgemäß steigt der Gleichgewichtszins mit dem realen Volkseinkommen und der Liquiditätsneigung.[7] *Abbildung 3.22* behandelt die Wirkung eines Anstiegs des Volkseinkommens auf den Zins.

---

[6] Analytisch erhält man aus dem totalen Differential der Gleichgewichtsbedingung $M = L(r, Y)$

$$\frac{\partial r}{\partial M} := \frac{dr}{dM}\Bigg|_{dY=0} = \frac{1}{L_r} < 0 \ (= 0 \text{ für } L_r = \infty)$$

[7] $$\frac{\partial r}{\partial Y} = -\frac{L_y}{L_r} > 0, \quad \frac{\partial r}{\partial r_n} > 0.$$

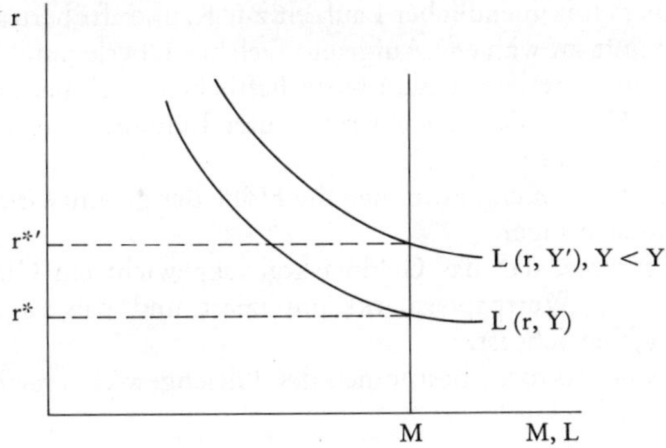

Abbildung 3.22

Kontrollfragen

(1) Wie wird Geld definiert? Erläutern Sie die Begriffe Waren- und Papiergeld, Zentralbankgeld und Buchgeld.
(2) Wie entsteht das Zentralbankgeld, wie das Buchgeld? Was versteht man unter Mindestreservepflicht? Welche Überlegungen sind bei der Wahl des Reservesatzes anzustellen? Wie haben wir die Geldmenge M definiert?
(3) Leiten Sie den Geldschöpfungsmultiplikator her. Zeigen Sie die Analogie zwischen diesem Multiplikator und dem Gütermarktmultiplikator. Weshalb wird durch den Geldschöpfungsmultiplikator nur eine Obergrenze der Geldschöpfung durch das Geschäftsbankensystem festgelegt?
(4) Erläutern Sie die Beziehung zwischen Geldnachfrage und Geldfunktionen.
(5) Auf welcher Tatsache beruht die Notwendigkeit, Geld zu Tauschzwecken zu halten? Welche Kosten verursacht der durchschnittliche Kassenbestand m? Von welchen Größen hängt der optimale Kassenbestand ab?
(6) Welche Beziehung besteht zwischen Kurswert und Effektivzins eines Wertpapiers mit unendlicher Laufzeit? Welche Rolle spielt der marktübliche Zins r_n bei der Anlageentscheidung? Was versteht man unter dem kritischen Zins r_k? Wann wird sich ein Wirtschaftssubjekt dafür entscheiden, Geld anstelle eines Wert-

papiers mit unendlicher Laufzeit zur Kaufkraftübertragung in die Zukunft zu wählen? Aufgrund welcher Überlegung gelangt man zu einer stetigen gesamtwirtschaftlichen Spekulationsnachfrage nach Geld? Was versteht man unter Liquiditätsneigung und Liquiditätsfalle?

(7) Welche Größen bestimmen die Höhe der gesamtwirtschaftlichen Geldnachfrage?

(8) Zeigen Sie, daß das Geldmarktgleichgewicht ein Gleichgewicht auf dem Wertpapiermarkt impliziert und daß es ein stabiles Gleichgewicht ist.

(9) Welche Faktoren bestimmen den Gleichgewichtszins?

Literatur zur Ergänzung und Vertiefung

Dornbusch, Fischer (1985), 8. Kapitel; *Duwendag* u.a. (1985), Abschnitt 2 und 3; *Felderer, Homburg* (1984), § 37; *Gordon* (1984), Chapter 15; *Issing* (1984), Abschnitt I–III; *Neumann* (1983), VIII. Kapitel; *Rittenbruch* (1984), 8. Kapitel.

IV. Keynesianische Güter-Geldmarkt-Analyse und makroökonomische Güternachfragefunktion

1. Die Interdependenz von Güter- und Geldmarkt

Fassen wir unser bisheriges Vorgehen und die hierbei gewonnenen Ergebnisse zusammen. Wir sind von der Annahme ausgegangen, die gesamtwirtschaftliche Güternachfrage bestimme Produktion und Einkommen. In einer offenen Volkswirtschaft ist die gesamtwirtschaftliche Güternachfrage die Summe aus Konsum- und Investitionsnachfrage, staatlicher Nachfrage und Außenbeitrag (Exporte abzüglich Importe). Konsumnachfrage und Importe sind vorwiegend einkommensabhängige Nachfragekomponenten. Die Höhe der anderen Nachfragebestandteile haben wir als gegeben betrachtet. Das Volkseinkommen ist unter diesen Voraussetzungen eine Funktion dieser exogenen Nachfragebestandteile und der Parameter der makroökonomischen Verhaltensfunktionen (marginale Konsum- und Importquote, Steuersatz).

Aus dem Abschnitt über die Determinanten der Investitionsnachfrage wissen wir, daß die Investitionen ceteris paribus um so höher sind, je niedriger der Marktzins r ist. Demnach wirkt der Marktzins über die Investitionsnachfrage auf das Volkseinkommen. Die Analyse des Geldmarktes hat uns andererseits gezeigt, daß der Marktzins ceteris paribus um so höher ist, je größer das Volkseinkommen ist. Zins und Volkseinkommen verbinden Geld- und Gütermarkt. *Abbildung 3.23* skizziert die Struktur dieser Interdependenz.

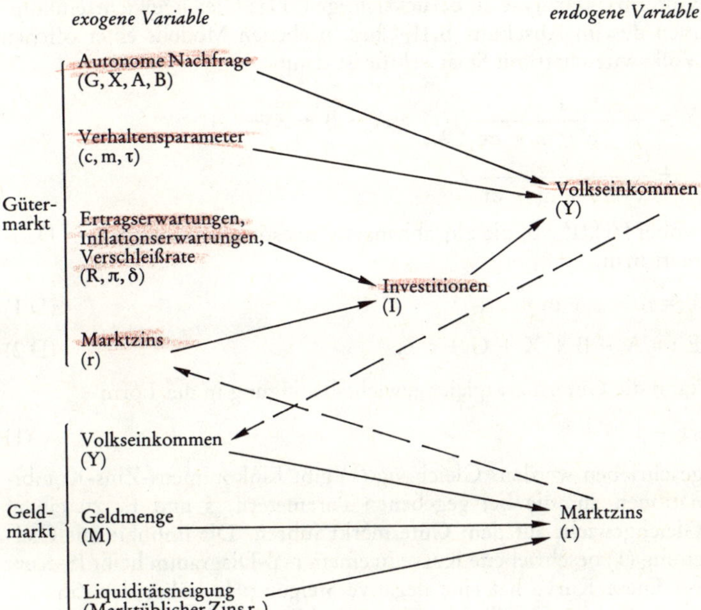

Abbildung 3.23

Offensichtlich ist unsere im Abschnitt B.II.4 entwickelte Einkommenstheorie unvollständig. Erst ein Modell, das gleichzeitig Zins und Einkommen erklärt, liefert unter der eingangs formulierten Hypothese bezüglich des Produktions-Nachfrage-Zusammenhangs ein geschlossenes Bild der Einkommensbildung. Wir erhalten dieses Modell, das sogenannte IS-LM-Modell[1], indem wir Güter- und Geldmarktanalyse miteinander verbinden.

---

[1] Die Originalversion dieses Modells findet sich bei *John R. Hicks* (1937).

2. Das IS-LM-Modell

Die IS-Kurve

Der erste Schritt zur Erfassung des Güter-Geldmarkt-Zusammenhanges besteht darin, die Zinsabhängigkeit der Investitionen in der Gütermarktanalyse zu berücksichtigen. Das Gleichgewichtseinkommen des im Abschnitt B.II.4 beschriebenen Modells einer offenen Volkswirtschaft mit Staatssektor ist dann

$$Y = \frac{1}{1 - c + m + c\tau}(I(r) + A - B + X + G) + \\ + \frac{c}{1 - c + m + c\tau} Z,$$

wobei I(r), $I' < 0$, die zinsabhängige Investitionsnachfrage ist.[2] Definiert man

$$\tilde{s} := 1 - c + m + c\tau, \qquad \text{(D 1)}$$

$$E := A - B + X + G + c\,Z, \qquad \text{(D 2)}$$

kann die Gütermarktgleichgewichtsbedingung in der Form

$$\tilde{s}Y = I(r) + E \qquad (1)$$

geschrieben werden. Gleichung (1) gibt Einkommens-Zins-Kombinationen an, die bei gegebenen Parametern, $\tilde{s}$ und E, zu einem Gleichgewicht auf dem Gütermarkt führen. Die implizit mit Gleichung (1) beschriebene Kurve in einem r-Y-Diagramm heißt IS-Kurve. Diese Kurve hat eine negative Steigung: Je höher der Zins ist, desto niedriger ist die Investitionsnachfrage und mithin das Gleichgewichtseinkommen. Die Steigung der IS-Kurve kann aus Gleichung (1) berechnet werden, indem man an der Stelle ds = dE = 0 nach r und Y differenziert. Das Ergebnis lautet:

$$\frac{\partial r}{\partial Y} := \frac{dr}{dY}\bigg|_{d\tilde{s} = dE = 0} = \frac{\tilde{s}}{I'} < 0.$$

---

[2] I ist die Bruttoinvestition. Den Einfluß der anderen im Abschnitt B.II.3 besprochenen Determinanten der Investitionsnachfrage erfassen wir implizit in der funktionalen Form von I(r). Änderungen dieser Größen stellen wir graphisch als Verschiebungen der Investitionsfunktion dar.

Die IS-Kurve ist parallel zur Ordinate (vgl. *Abbildung 3.24*), wenn die Investitionsnachfrage zinsunelastisch ist ($dI/dr = 0$). In diesem Fall ist der Gütermarkt vom Geldmarkt unabhängig.

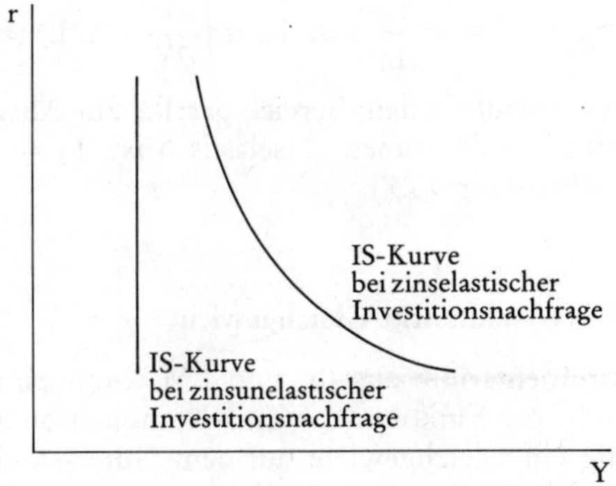

Abbildung 3.24

Die LM-Kurve

Die Gleichgewichtsbedingung für den Geldmarkt,

$$M = L(r, Y) \qquad (2)$$

beschreibt Zins-Einkommens-Kombinationen, für die der Geldmarkt im Gleichgewicht ist. Der Graph dieser Funktion, die sogenannte LM-Kurve, hat außerhalb des Bereichs der Liquiditätsfalle

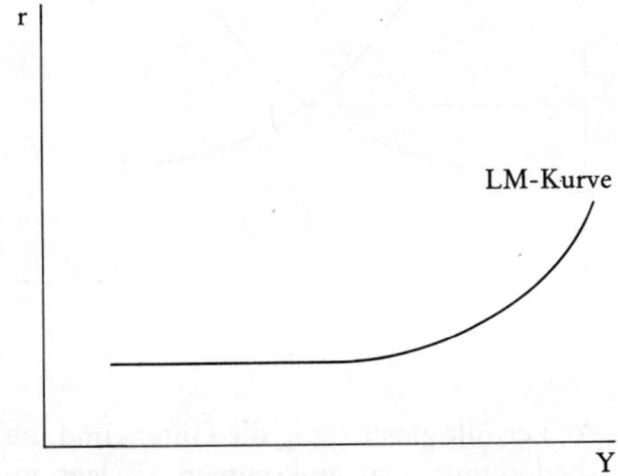

Abbildung 3.25

eine positive Steigung: Je höher das Einkommen ist, desto größer ist ceteris paribus der Gleichgewichtszins. Der analytische Ausdruck für die Steigung der LM-Kurve lautet:

$$\frac{\partial r}{\partial Y} := \frac{dr}{dY}\bigg|_{dM=0} = -\frac{L_y}{L_r} > 0, \; L_y := \frac{\partial L}{\partial Y} > 0, \; L_r := \frac{\partial L}{\partial r} < 0.$$

Die LM-Kurve verläuft in dem Bereich parallel zur Abszisse, in dem die Geldnachfrage vollkommen zinselastisch ist, $L_r = \infty$, (Liquiditätsfalle; vgl. *Abbildung 3.25*).

Simultanes Güter-Geldmarkt-Gleichgewicht

Mit dem Instrumentarium aus IS- und LM-Kurve sind wir in der Lage, graphisch eine Einkommens-Zins-Kombination zu ermitteln, die gleichzeitig ein Gleichgewicht auf dem Güter- und dem Geldmarkt sichert, d. h. die Lösung des Gleichungssystems

$$\tilde{s}Y = I(r) + E \tag{1}$$

$$M = L(r, Y) \tag{2}$$

ist. Sie liegt im Schnittpunkt von IS- und LM-Kurve (vgl. *Abbildung 3.26*).

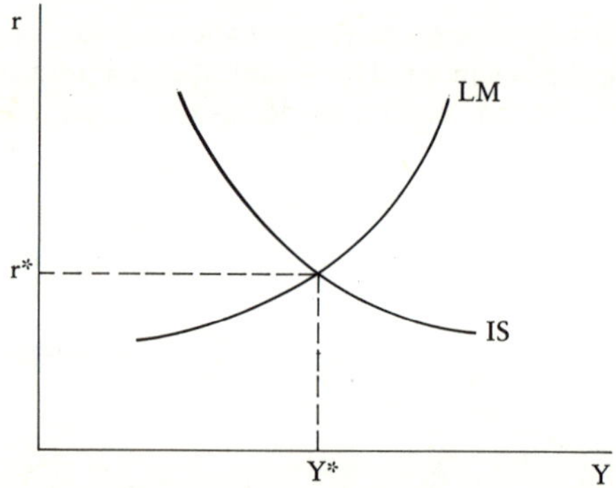

Abbildung 3.26

Das Paar (r*, Y*) erfüllt gleichzeitig die Güter- und die Geldmarktgleichgewichtsbedingung. Das einkommen Y* legt auf dem Geldmarkt den Marktzins bei r* fest. Dieser wiederum führt auf dem

Gütermarkt zum Einkommensniveau Y^*. Es läßt sich zeigen, daß die dem IS-LM-Modell zugrunde gelegten Zusammenhänge zu einer Mechanik führen, die andere Zins-Einkommens-Kombinationen zu (r^*, Y^*) konvergieren läßt; d.h. (r^*, Y^*) ist ein stabiles Gleichgewicht.[3]

Komparative-Statik des IS-LM-Modells

Das IS-LM-Modell bestimmt Volkseinkommen und Zins als Funktionen der exogenen Parameter $\tilde{s}$, E und M. Die Vorzeichen der partiellen Ableitungen dieser Funktionen faßt die nachstehende Übersicht zusammen.

	E	$\tilde{s}$	M
Y	+	−	+
r	+	−	−

Das Vorzeichen in einem Feld dieser Matrix zeigt an, ob die in der Zeile stehende endogene Variable (Y bzw. r) positiv (+) oder negativ (−) mit der in der Spalte aufgeführten exogenen Variablen (E, $\tilde{s}$ bzw. M) verknüpft ist. Hierbei ist zu berücksichtigen, daß nach (D 1) $\tilde{s}$ sinkt, wenn die marginale Konsumquote steigt bzw. die marginale

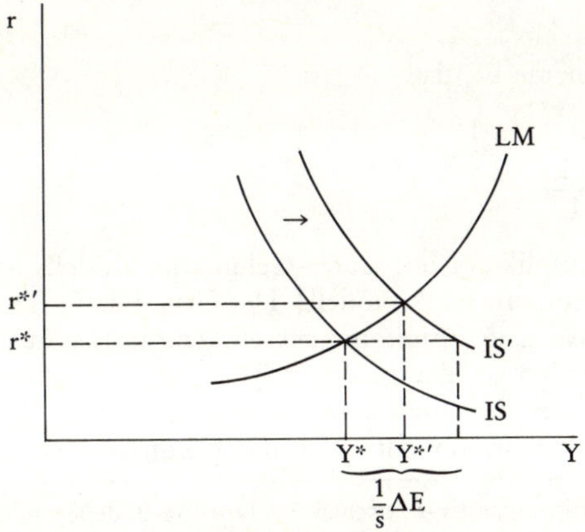

Abbildung 3.27

[3] Siehe hierzu beispielsweise *Neumann* (1983), S. 357–359.

Importquote und/oder der Einkommensteuersatz fallen. E nimmt zu, wenn A, X, G und cZ zunehmen bzw. B abnimmt.

Die komparativ-statische Analyse, die den oben aufgelisteten Ergebnissen zugrunde liegt, führen wir graphisch und algebraisch durch.

Betrachten wir zunächst die autonome Nachfrage E. Steigt E, ist das Gleichgewichtseinkommen bei jedem Marktzins größer als zuvor. Das bedeutet, daß sich die IS-Kurve nach rechts verschiebt. Folglich steigen Einkommen und Zins (vgl. *Abbildung 3.27*).

Algebraisch finden wir dieses Ergebnis, indem wir das Gleichungssystem (1), (2) nach allen Variablen differenzieren und aus dem so gewonnenen Gleichungssystem

$$\begin{pmatrix} \tilde{s} & -I' \\ L_y & L_r \end{pmatrix} \begin{pmatrix} dY \\ dr \end{pmatrix} = \begin{pmatrix} dE - Yds \\ dM \end{pmatrix} \qquad (3)$$

$$\frac{\partial Y}{\partial E} := \frac{dY}{dE}\bigg|_{d\tilde{s} = dM = 0} = \frac{L_r}{\tilde{s}L_r + I'L_y} > 0$$

und

$$\frac{\partial r}{\partial E} := \frac{dr}{dE}\bigg|_{d\tilde{s} = dM = 0} = -\frac{L_y}{\tilde{s}L_r + I'L_y} > 0$$

berechnen.[4,5]

Interessant hieran ist, daß

$$\frac{\partial Y}{\partial E} = \frac{1}{\tilde{s} + \frac{I'L_y}{L_r}} < \frac{1}{\tilde{s}},$$

d. h. der Multiplikator des Güter-Geldmarkt-Modells ist kleiner als der des reinen Gütermarktmodells. Der Grund dafür liegt darin, daß mit dem Anstieg des Einkommens ein Zinsanstieg auf dem Geldmarkt verbunden ist, der zu einem Rückgang der Investitionsnachfrage führt, der den Einkommenszuwachs bremst. Dieser Effekt wird verhindert, wenn entweder die Geldnachfrage vollkommen

---

[4] Über die der komparativ-statischen Analyse zugrundeliegenden mathematischen Zusammenhänge informiert Abschnitt B.V im Vierten Kapitel.

[5] Die Vorzeichen folgen aus den Vorzeichen der partiellen Ableitungen von Geldnachfrage- und Investitionsfunktion: $L_r < 0$, $L_Y > 0$, $I' > 0$.

zinselastisch ist (vgl. *Abbildung 3.28 a*), wodurch ein Zinsanstieg unterbunden wird, oder die Investitionsnachfrage zinsunelastisch ist (vgl. *Abbildung 3.28 b*), so daß der Zinsanstieg die Investitionsnachfrage nicht zu verändern vermag. In beiden Fällen ist $\partial Y/\partial E = 1/\tilde{s}$.

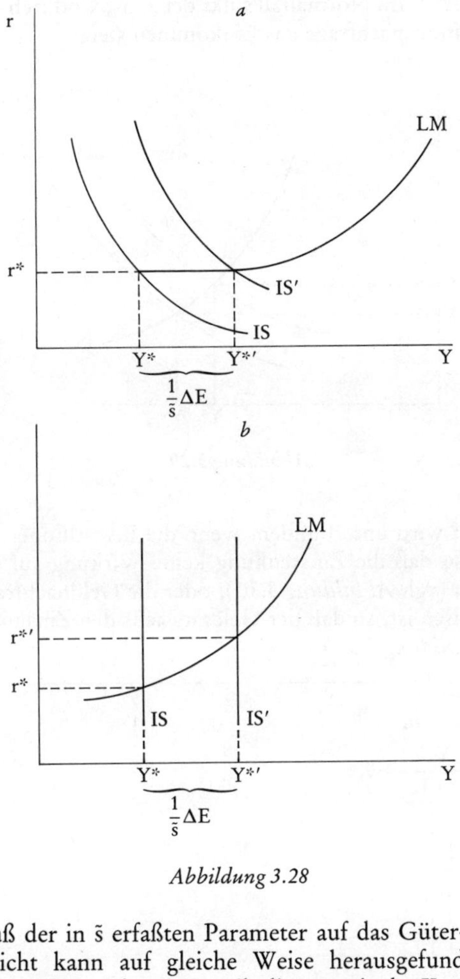

Abbildung 3.28

Der Einfluß der in $\tilde{s}$ erfaßten Parameter auf das Güter-Geldmarkt-Gleichgewicht kann auf gleiche Weise herausgefunden werden. Nimmt $\tilde{s}$ zu (beispielsweise weil die marginale Konsumneigung sinkt), ist das Gleichgewichtseinkommen zu jedem Marktzins r kleiner als zuvor. Die IS-Kurve verschiebt sich nach links. Im Normalfall sinken Zins und Einkommen.[6]

Steigt die Geldmenge M, ist der Zins bei jedem Einkommensniveau niedriger als zuvor. Die LM-Kurve verschiebt sich nach rechts (vgl. *Abbildung 3.29*). Im Normalfall sinkt der Zins, wodurch über wachsende Investitionsnachfrage das Einkommen steigt.[7]

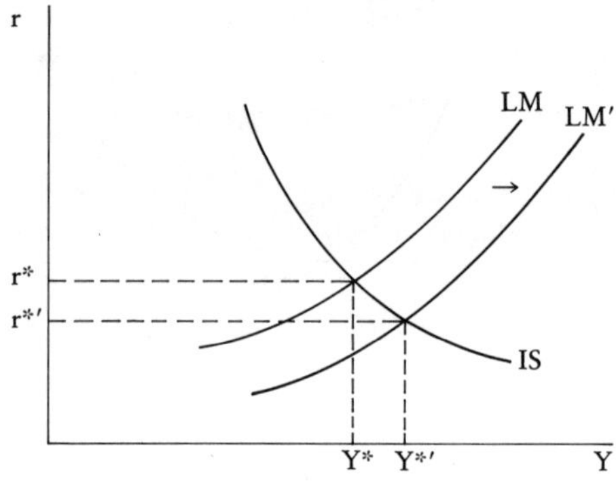

Abbildung 3.29

Dieser Effekt wird unterbunden, wenn die Investitionen zinsunelastisch sind, so daß die Zinssenkung keine Wirkung auf die Güternachfrage hat (vgl. *Abbildung 3.30*), oder die Geldnachfrage unendlich zinselastisch ist, so daß der Geldzuwachs den Zins nicht verringert (vgl. *Abbildung 3.31*).

---

[6] Aus (3) erhält man

$$\frac{\partial Y}{\partial \tilde{s}} = -\frac{Y}{\tilde{s} + \frac{I'L_y}{L_r}} < 0,$$

$$\frac{\partial r}{\partial \tilde{s}} = \frac{YL_y}{\tilde{s}L_r + I'L_y} < 0.$$

[7] $$\frac{\partial Y}{\partial M} = \frac{I'}{\tilde{s}L_r + I'L_y} > 0,$$

$$\frac{\partial r}{\partial M} = \frac{\tilde{s}}{\tilde{s}L_r + I'L_y} < 0.$$

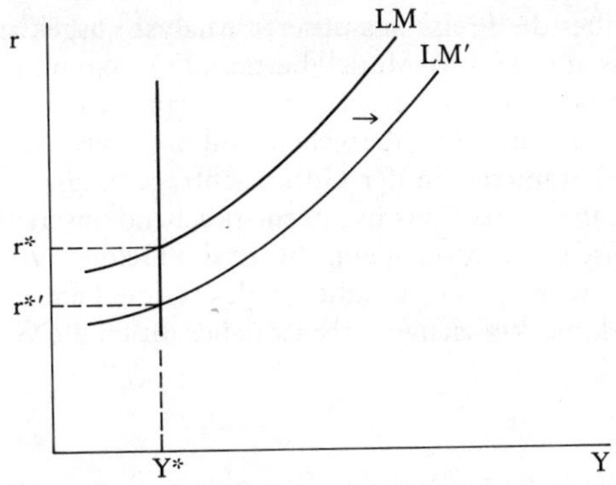

Abbildung 3.30

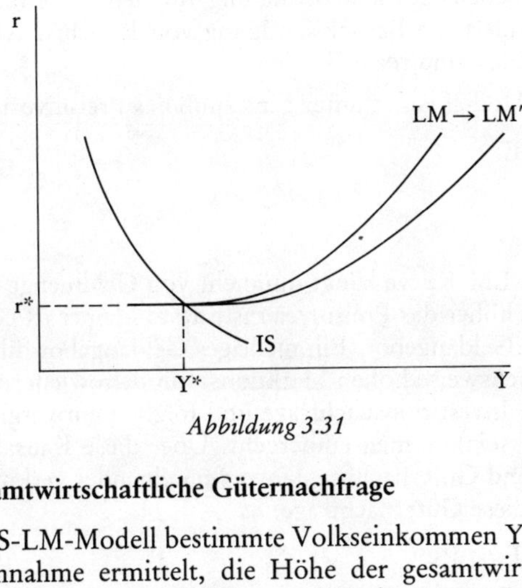

Abbildung 3.31

3. Die gesamtwirtschaftliche Güternachfrage

Das vom IS-LM-Modell bestimmte Volkseinkommen Y* wurde unter der Annahme ermittelt, die Höhe der gesamtwirtschaftlichen Nachfrage bestimme Produktion und Einkommen. Insofern kann das IS-LM-Modell auch als Modell zur Bestimmung der gesamtwirtschaftlichen Nachfrage,

$$Y^* = Y^d = \frac{1}{\tilde{s}} (I(r^*) + E),$$

gesehen werden, das zu ergänzen ist durch eine eigenständige Analyse der Güterangebotsdeterminanten.

Wir haben bisher die Preise aus unserer Analyse ausgeklammert. So gesehen ist das vom IS-LM-Modell bestimmte Einkommen identisch mit der Güternachfrage bei gegebenen Güterpreisen. Bevor wir zur Analyse des Güterangebots übergehen, soll das Preisniveau, als vorerst exogener Parameter, in der Güternachfrage erfaßt werden. Die einzige Stelle, an der das Preisniveau entsprechend unserer bisherigen Vorgehensweise in das Modell eingeht, ist der Geldmarkt. Die Geldnachfrage ist eine in Kaufkrafteinheiten des Geldes bemessene Nachfrage. Das Geldmarktgleichgewicht ist daher durch die Gleichung

$$\frac{M}{P} = L(r, Y) \tag{4}$$

bestimmt. Bislang hatten wir das Preisniveau P = 1 gesetzt. Nun wird es als Parameter P mit beliebiger Größenordnung berücksichtigt. An der Gleichgewichtsbedingung für den Gütermarkt, Gleichung (1), ändert die Berücksichtigung von P nichts. Alle Größen dieser Gleichung sind reale Größen.

Das IS-LM-Modell lautet unter Einschluß des Preisniveaus folglich

$$\tilde{s}Y = I(r) + E \tag{1}$$

$$\frac{M}{P} = L(r, Y). \tag{4}$$

Die Lage der LM-Kurve hängt nunmehr von Geldmenge und Preisniveau ab. Je höher das Preisniveau ist, desto kleiner ist ceteris paribus das reale Geldangebot. Ein niedriges Geldangebot führt aber zu einem vergleichsweise hohen Marktzins, mit dem wiederum eine relativ niedrige Investitionsnachfrage und folglich ein vergleichsweise geringes Volkseinkommen einhergeht. Über diese Kausalkette sind Preisniveau und Güternachfrage invers miteinander verknüpft. Graphisch wird diese Güternachfrage,

$$Y^d = Y^d(M, E, \tilde{s}, P),$$

zumeist im P-Y-Diagramm dargestellt.[8] Ihre Herleitung zeigt *Abbildung 3.32.*

[8] Differenziert man das Gleichungssystem (1), (4) an der Stelle $d\tilde{s} = dE = dM = 0$ nach Y, r und P, erhält man die Steigung der Güternachfragefunktion als

$$\frac{\partial Y}{\partial P} := \frac{dY}{dP}\bigg|_{d\tilde{s} = dE = dM = 0} = \frac{-I'\dfrac{M}{P^2}}{\tilde{s}L_r + I'L_y} < 0.$$

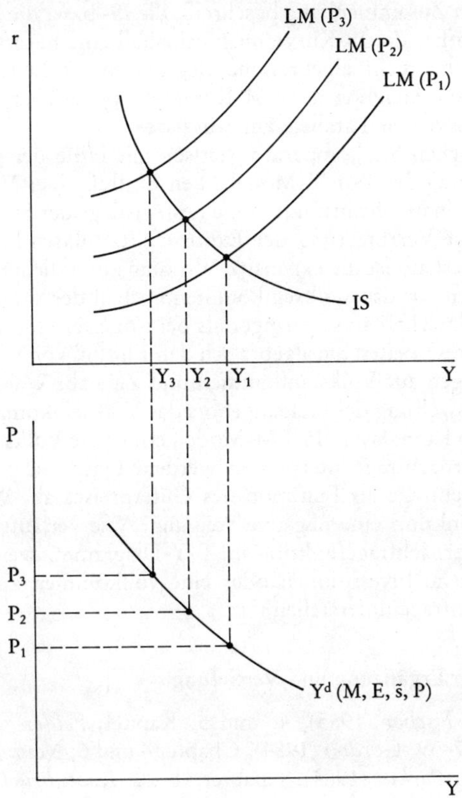

Abbildung 3.32

Gemäß den komparativ-statischen Eigenschaften des IS-LM-Modells verschiebt sich die Kurve im P-Y-Diagramm nach rechts, wenn M und/oder E steigen bzw. $\tilde{s}$ sinkt.

Kontrollfragen

(1) Über welche Variablen sind Geld- und Gütermarkt miteinander verbunden?

(2) Welchen Zusammenhang beschreibt die IS- bzw. die LM-Kurve? Weshalb hat die IS-Kurve im Normalfall eine negative Steigung (inhaltliche nicht algebraische Begründung!)? Leiten Sie algebraisch die Steigung der LM-Kurve ab. In welchem Bereich ist diese Kurve eine Parallele zur Abszisse?
(3) Untersuchen Sie komparativ-statisch mit Hilfe der graphischen Darstellung des IS-LM-Modells den Einfluß einer Verringerung der marginalen Konsumquote, eines Anstiegs der Staatsausgaben und einer Verringerung der Exporte auf Volkseinkommen und Zins. Weshalb ist die expansive Wirkung zusätzlicher autonomer Ausgaben auf das Volkseinkommen im Fall der simultanen Güter-Geldmarktanalyse geringer als bei isolierter Analyse des Gütermarktes? Leiten Sie algebraisch den Einfluß von Geldmengenänderungen auf Volkseinkommen und Zins ab. Wann verändert eine Ausweitung des Geldangebots das Volkseinkommen nicht?
(4) Weshalb kann das im IS-LM-Modell ermittelte Volkseinkommen als Güternachfrage interpretiert werden? Leiten Sie graphisch die Güternachfrage als Funktion des Güterpreises ab. Weshalb hat diese Funktion eine negative Steigung? Wie verläuft der Graph der Güternachfragefunktion im P-Y-Diagramm, wenn Sie zinsunelastische Investitionen oder eine vollkommen zinselastische Geldnachfrage unterstellen?

Literatur zur Ergänzung und Vertiefung

Dornbusch, Fischer (1985), 4. und 5. Kapitel; *Felderer, Homburg* (1984), §§ 37–39; *Gordon* (1984), Chapter 4 und 6; *Neumann* (1983), IX. Kapitel; *Parkin* (1984), Chapter 18–20; *Rittenbruch* (1984), 9. Kapitel.

V. Arbeitsmarkt und Güterangebot

1. Produktion und Beschäftigung

Wir kommen nun zur Analyse des Güterangebots. Grundlegend hierfür ist die Vorstellung, Produktion Y, Beschäftigung N und Kapitaldienst K seien über eine makroökonomische Produktionsfunktion

$$Y = F(N, K),$$

$F_N, F_K > 0, F_{NN}, F_{KK} < 0, F_{KN} = F_{NK} > 0,$

verbunden[1] und das gesamtwirtschaftliche Güterangebot Y^s könne in Analogie zur Angebotsentscheidung eines Unternehmens bei vollständiger Konkurrenz[2] abgeleitet werden.

Der Kapitalstock einer Periode ist das Resultat zurückliegender Investitionen. Innerhalb einer Produktionsperiode kann er nicht verändert werden. Der vorhandene Kapitalstock determiniert die maximale Menge produktiver Kapitaldienste, $\bar{K}$. Wir nehmen an, der Kapitaleinsatz entspräche stets dieser Menge.[3] Die Höhe der Produktion kann in diesem Fall nur über die Beschäftigung N gesteuert werden. Diesen Zusammenhang erfaßt die (kurzfristige) Produktionsfunktion

$$Y = H(N) := F(N, \bar{K}),$$

$$H' > 0, H'' < 0.$$

Das eben in seinen Grundzügen beschriebene makroökonomische Güterangebotsmodell verbindet Arbeitsmarkt und Güterangebot aufs Engste. Die nachfolgend dargestellten Güterangebotshypothesen sind deshalb das Resultat voneinander abweichender Ansichten über die Funktionsweise des Arbeitsmarktes.

---

1 Wie üblich definieren F_i bzw. F_{ij}, $i, j \in \{N, K\}$, die partiellen Ableitungen der Produktionsfunktion:

$$\frac{\partial Y}{\partial i} =: F_i, \quad \frac{\partial^2 Y}{\partial ij} =: F_{ij}.$$

Die Annahmen bezüglich der postulierten Vorzeichen implizieren eine substitutionale Produktionstechnologie mit abnehmender Grenzrate der Substitution und abnehmendem Grenzertrag bei partieller Faktorvariation.

2 Siehe hierzu Abschnitt B.II des Zweiten Kapitels.

3 Bei gegebenem Kapitalstock sind die Kapitalkosten Fixkosten, d. h. sie sind unabhängig von der Produktionsmenge. Es ist deshalb plausibel anzunehmen, die maximale Leistungskraft des Kapitalstocks, $\bar{K}$, werde genutzt. Zu einem anderen Ergebnis gelangt man, wenn eine zumindest kurzfristig bestehende limitationale Produktionstechnik unterstellt wird. In diesem Fall sinkt die Kapitalnutzung mit der Beschäftigung aufgrund der produktionstechnisch gegebenen Einsatzrelationen.

2. Arbeitsmarkt und Güterangebot bei flexiblem Reallohn

Arbeitsmarkt und Güterangebot bei vollkommener Information

Aus der mikroökonomischen Theorie ist uns bekannt, daß ein Haushalt bei gegebenem Konsumgutpreis und Lohnsatz eine Freizeit-Konsum-Entscheidung trifft, aus der sein Arbeitsangebot als Funktion des Reallohns hervorgeht.[4] Wir übertragen dieses Ergebnis auf den Haushaltssektor als Anbieter von Arbeitsleistungen und stellen das gesamtwirtschaftliche Arbeitsangebot N^s als Funktion des Reallohnes W/P, des mit dem Preisniveau deflationierten (nominellen) Lohnsatzes W, dar. Wir gehen davon aus, daß das Arbeitsangebot zunimmt, wenn der Reallohn steigt:

$$N^s = N^s\left(\frac{W}{P}\right), \; N^{s'} > 0. \tag{1}$$

Wenn wir den Unternehmenssektor wie ein Unternehmen behandeln, das bei gegebenem Güterpreis P und Lohnsatz W seinen Gewinn maximiert, indem es die Beschäftigung entsprechend festlegt, erhalten wir die gesamtwirtschaftliche Arbeitsnachfrage als Lösung von

$$\max_{N} \quad P\,H(N) - WN.$$

Notwendig (und wegen $H'' < 0$ auch hinreichend) für ein Gewinnmaximum ist

$$H'(N) = \frac{W}{P}.$$

Die Beschäftigung wird bis zu dem Punkt ausgedehnt, an dem der Produktionszuwachs der letzten zusätzlich beschäftigten Arbeitseinheit, $H'(N)$, deren in Gütereinheiten bemessener Entlohnung, W/P, entspricht.

Die Arbeitsnachfragefunktion

$$N^d = N^d\left(\frac{W}{P}\right) := (H')^{-1}\left(\frac{W}{P}\right), \; N^{d'} < 0, \tag{2}$$

hat eine negative Steigung, da von einem sinkenden Grenzprodukt des Faktors Arbeit ausgegangen wurde.

---

[4] Siehe hierzu Abschnitt A.III.1 im Zweiten Kapitel.

Arbeitsnachfrage und -angebot sind mithin beide Funktionen des Reallohnes W/P, der demgemäß Arbeitsangebots- und -nachfrageplan zu koordinieren vermag. Wir gehen in diesem Abschnitt davon aus, daß der Reallohn derart flexibel ist, daß er Ungleichgewichte am Arbeitsmarkt sofort beseitigt: Wann immer das Arbeitsangebot die -nachfrage übersteigt, führt der Wettbewerb der Arbeitssuchenden um die knappen Stellen zum Absinken des Reallohnes, und wann immer die Arbeitsnachfrage größer ist als das Angebot, hebt die Konkurrenz der Unternehmen um die raren Arbeitskräfte den Reallohn. Unter diesen Umständen sind Reallohn und Beschäftigung durch das Arbeitsmarktgleichgewicht bestimmt. Der Reallohn ist die Lösung von

$$N^s\left(\frac{W}{P}\right) = N^d\left(\frac{W}{P}\right).$$

Diese Lösung, $[W/P]_0$, führt zur Beschäftigung N_0,

$$N_0 := N^s([W/P]_0) = N^d([W/P]_0).$$

N_0 kann als Vollbeschäftigung bezeichnet werden. Alle zum Reallohn $[W/P]_0$ Arbeitssuchenden finden Arbeit.

N_0 ist zugleich die Beschäftigungsmenge, die das Gewinnmaximierungsproblem des Unternehmenssektors löst. Das Güterangebot ist daher

$$Y^s = Y_0 := H(N_0). \qquad \text{(G 1)}$$

Es ist eine Größe, die ausschließlich durch die Lage des Arbeitsmarktgleichgewichtes bestimmt ist, d.h. die nur abhängt von der Produktionstechnik H(N) und den Konsum-Freizeit-Präferenzen des Haushaltssektors.

In *Abbildung 3.33* zeigen wir, wie (G 1) graphisch abgeleitet werden kann. Im III. Quadranten der Abbildung ist der Arbeitsmarkt dargestellt. Der Schnittpunkt von Arbeitsangebots- und -nachfragekurve bestimmt den Reallohn $[W/P]_0$ und die Beschäftigung N_0. Über die im IV. Quadranten abgebildete Produktionsfunktion findet man das Güterangebot Y_0. Es ist von dem auf der Ordinate des I. Quadranten abgetragenen Preisniveau unabhängig.[5]

[5] Wir haben im Abschnitt B.IV.3 dieses Kapitels gesehen, daß die Güternachfrage eine Funktion des Preises ist und haben diese Funktion in einem P-Y-Diagramm dargestellt. Um später Güterangebot und -nachfrage gemeinsam graphisch darstellen zu können, bilden wir auch die Güterangebotsfunktion im P-Y-Diagramm ab.

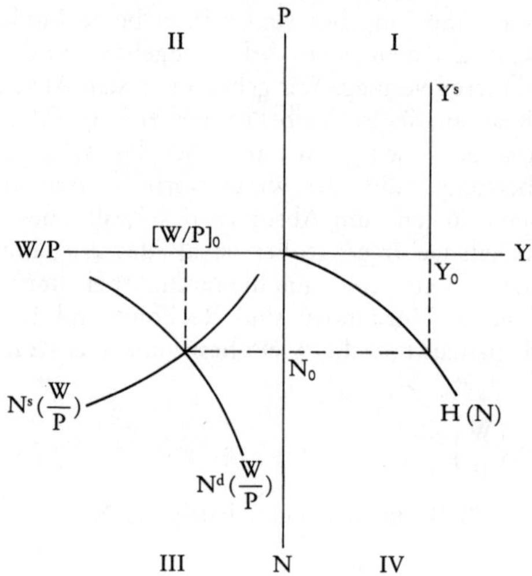

Abbildung 3.33

Arbeitsmarkt und Güterangebot bei unvollkommener Information

Die Arbeitsangebotshypothese (1) geht davon aus, daß den Haushalten Lohnsatz W und Güterpreisniveau P zum Zeitpunkt ihrer Arbeitsangebotsentscheidung bekannt sind (vollständige Information). Die neuere mikroökonomische Theorie berücksichtigt hingegen, daß Entscheidungen zumeist ohne vollständige Kenntnis der Ausprägungen aller entscheidungsrelevanten Größen getroffen werden müssen. Die Größenordnung unbekannter Variablenwerte muß prognostiziert werden.

Bezogen auf die Arbeitsangebotsentscheidung kann man davon ausgehen, daß ein einzelner Haushalt zwar den gebotenen Arbeitslohn kennt, nicht aber das Güterpreisniveau. Dahinter steht die Tatsache, daß ein Haushalt die Güter vieler Unternehmen konsumiert. Die Kaufkraft einer Lohneinheit W bemißt demgemäß der Preisindex eines Warenkorbes, in den Güter vieler Produzenten eingehen. Mit Ausnahme der Warenpreise seines Arbeitgebers muß der Haushalt die Preise der anderen Produzenten ermitteln, was ihm erst im Laufe der Produktionsperiode gelingt. Zu Beginn der Produktionsperiode, wenn die Arbeitsangebotsentscheidung zu treffen ist, muß er diese Preise schätzen.

In einem makroökonomischen Modell kann dieser Sicht Rechnung getragen werden, indem man anstelle des tatsächlichen Preisniveaus ein vom Haushaltssektor erwartetes Preisniveau P^e als Lohndeflator benutzt. Die Arbeitsangebotshypothese für dieses Modell der unvollständigen Information lautet dann

$$N^s = N^s\left(\frac{W}{P^e}\right),\ N^{s\prime} > 0.$$

Das geschilderte Informationsszenario verändert die makroökonomische Arbeitsnachfragefunktion (2) nicht. Auf Unternehmensebene ist die entscheidungsrelevante Reallohngröße der Quotient aus dem bezahlten Lohnsatz und dem Preis der vom Unternehmen produzierten Güter. Beide Größen sind dem Unternehmen im Zeitpunkt der Arbeitsnachfrageentscheidung bekannt. Auf makroökonomischer Ebene ist folglich weiterhin das tatsächliche Preisniveau unabhängige Variable der Arbeitsnachfragefunktion.

Der Unterschied in den Determinanten von Arbeitsangebot und -nachfrage, hier der tatsächliche, dort der erwartete Reallohn, beruht nicht auf einem Unterschied im Ausmaß der Information, sondern im Informationsbedürfnis. Die Partner eines Arbeitsvertrages, Haushalt und Unternehmen, kennen gleichermaßen Lohn und Warenpreis des Unternehmens. Diese Information reicht aus für die Unternehmensentscheidung, nicht jedoch für die Arbeitsangebotsentscheidung des Haushalts.

Wir verbleiben bei unserer Annahme, der Reallohn sei flexibel genug, um stets für ein Arbeitsmarktgleichgewicht zu sorgen. Bei unvollkommener Information ist ein Arbeitsmarktgleichgewicht durch

$$N^d\left(\frac{W}{P}\right) = N^s\left(\frac{W}{P^e}\right)$$

definiert. Wir können aus dieser Gleichung zwar den Lohnsatz, aber nicht mehr den Reallohn ermitteln, weil das Arbeitsangebot bei gegebener Preisniveauerwartung, P^e, eine Funktion des Lohnes ist. Sei

$$W(P, P^e)$$

die Lösung der vorstehenden Gleichung. Sie ist eine Funktion des tatsächlichen und des erwarteten Preisniveaus: Bei gegebener Preisniveauerwartung nimmt das Arbeitsangebot nur zu, wenn der Lohnsatz steigt. Die Arbeitsnachfrage der Unternehmen steigt, wenn der Reallohn sinkt. Diese Nachfrage können die Unternehmen nur befriedigen, indem sie den Lohnsatz erhöhen, was die Haushalte als Anstieg des erwarteten Reallohns W/P^e wahrnehmen. Die Beschäftigung ist folglich eine Funktion von P und P^e:

$$N(P, P^e) := N^d \left(\frac{W(P, P^e)}{P} \right).$$

Bei gegebener Preisniveauerwartung steigt die Beschäftigung mit dem tatsächlichen Preisniveau an, da der Reallohn ceteris paribus um so niedriger ist, je höher P ist. Über Lohnerhöhungen kommt es dann – bildlich gesprochen – entlang der Arbeitsangebotskurve der Haushalte zur Beschäftigungsexpansion. Demnach ist auch das Güterangebot

$$Y^s = Y^s(P, P^e) := H(N(P, P^e)), \; Y^s_p > 0, \; Y^s_{p^e} < 0, \qquad \text{(G 2)}$$

eine Funktion des Preisniveaus und des erwarteten Preisniveaus. Aus den geschilderten Zusammenhängen folgt, daß es um so größer ist, je höher das Preisniveau ist, und um so kleiner, je größer das erwartete Preisniveau ist.

Abbildung 3.34 illustriert die vorstehenden Überlegungen.

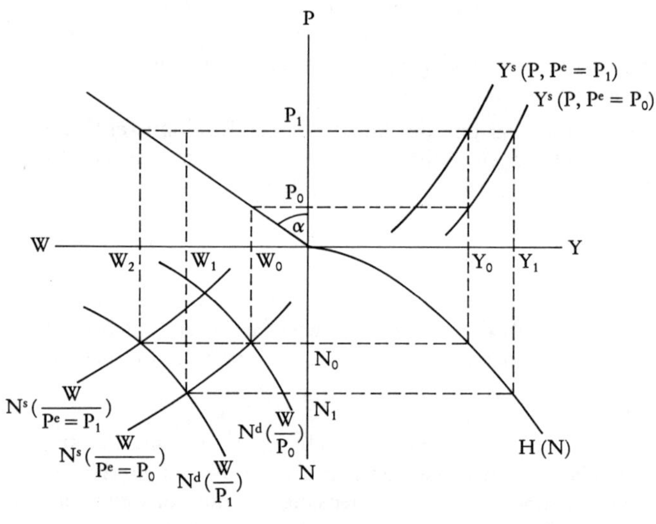

Abbildung 3.34

Im III. Quadranten ist der Arbeitsmarkt dargestellt. Wir betrachten zunächst die Arbeitsangebotsfunktion mit dem erwarteten Preisniveau $P^e = P_0$. Im Schnittpunkt dieser Funktion mit der Nachfragefunktion $N^d(W/P_0)$ liegt ein Arbeitsmarktgleichgewicht mit erfüllter Preisniveauerwartung. Reallohn (tan α) und Beschäftigung entsprechen denen des Modells mit vollkommener Information. Steigt das Preisniveau auf P_1, während P^e bei P_0 verharrt, sinkt der Reallohn auf $W_1/P_1 < W_0/P_0 = \tan \alpha$, der im Schnittpunkt der Arbeitsangebotsfunktion $N^s(W/P^e = P_0)$ mit der Nachfragefunktion $N^d(W/P_1)$ liegt. Die Beschäftigung steigt auf N_1 und das Güterangebot auf Y_1. Beschäftigung und Güterangebot überschreiten mithin die bei vollkommener Information bestehende Vollbeschäftigungsgrenze N_0. Erhöht sich das erwartete Preisniveau von P_0 auf P_1, verschiebt sich die Arbeitsangebotskurve nach links oben. Es liegt wieder ein Gleichgewicht bei erfüllten Erwartungen vor. Reallohn, Beschäftigung und Produktion kehren auf ihr jeweiliges Ausgangsniveau, $W_2/P_1 = W_0/P_0$, N_0 bzw. Y_0 zurück. Die Güterangebotsfunktion verschiebt sich von $Y^s(P, P^e = P_0)$ auf $Y^s(P, P^e = P_1)$.

3. Arbeitsmarkt und Güterangebot bei starrem Reallohn

Wir kehren wieder zum Arbeitsmarktmodell mit vollkommener Information zurück, gehen nun aber davon aus, sowohl das Preisniveau P als auch der Lohnsatz W seien fix, so daß der Reallohn unabhängig von der Arbeitsmarktsituation bei $\bar{W}/\bar{P}$ verharrt.

Die Unternehmen würden zu diesem Reallohn Arbeitsleistungen in Höhe von

$$\bar{N}^d := N^d\left(\frac{\bar{W}}{\bar{P}}\right)$$

nachfragen und damit die Gütermenge

$$\bar{Y}^s := H(\bar{N}^d)$$

produzieren. Der Plan $(\bar{N}^d, \bar{Y}^s)$ kann an zwei Dingen scheitern:

Ist das Arbeitsangebot

$$\bar{N}^s := N^s\left(\frac{\bar{W}}{\bar{P}}\right)$$

kleiner als $\bar{N}^d$, können die Unternehmen höchstens

$\tilde{Y}^s := H(\bar{N}^s)$

anbieten.[6] Weder der Plan ($\bar{N}^d$, $\bar{Y}^s$) noch der Plan ($\bar{N}^s$, $\tilde{Y}^s$) werden realisiert, wenn die Güternachfrage zum Preis $\bar{P}$, $\bar{Y}^d$, kleiner als $\bar{Y}^s$ und $\tilde{Y}^s$ ist.

Die Arbeitsnachfragefunktion fußt auf der Maximierung des Periodengewinnes PY − WN. Dieser würde sinken, produzierte man mehr als verkauft werden kann. Die Produktion paßt sich demgemäß der Nachfrage an, wann immer diese kleiner ist als die gewinnmaximale oder die realisierbare Produktion:

$Y^s := \bar{Y}^d$ wenn $\bar{Y}^d < \bar{Y}^s, \tilde{Y}^s$.

Die Arbeitsnachfrage sinkt in diesem Fall auf

$\tilde{N}^d := H^{-1}(\bar{Y}^d)$.

Die Beschäftigung N in diesem Modell fixen Reallohnes ist folglich

$N = \min\{\bar{N}^d, \bar{N}^s, \tilde{N}^d\}$.

Daraus erhalten wir die Güterangebotshypothese

$$Y^s = \min\{\bar{Y}^s, \bar{Y}^d, \tilde{Y}^s\}. \qquad \text{(G 3)}$$

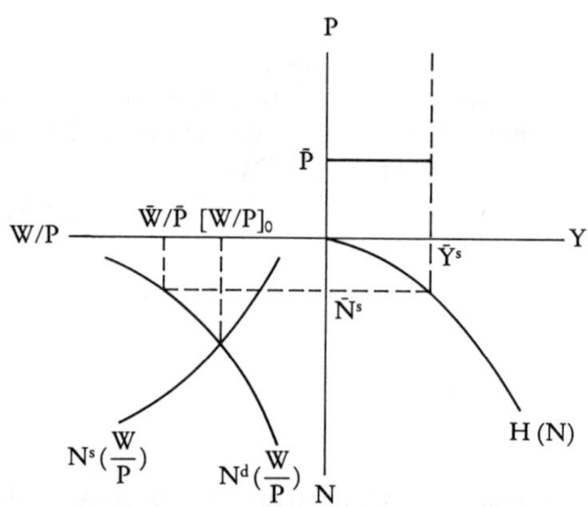

Abbildung 3.35

[6] Wir betrachten eine Wirtschaft, in der niemand gegen seinen Willen zur Arbeit gezwungen werden kann. Für den Fall $\bar{N}^d > \bar{N}^s$ begrenzt mithin das Arbeitsangebot den Arbeitseinsatz auf $\bar{N}^s$.

Abbildung 3.35 veranschaulicht (G 3). Unterstellt wurde, daß ein Reallohn $\bar{W}/\bar{P} > [W/P]_0$ gegeben ist, so daß $\bar{N}^d < \bar{N}^s$. Das Güterangebot beim Preisniveau $\bar{P}$ entspricht solange der Güternachfrage, bis $\bar{Y}^s$ erreicht ist. Daher ist die Angebotskurve in diesem Bereich parallel zur Abszisse. Jenseits von $\bar{Y}^s$ bricht sie ab. Das Intervall $[0, \bar{Y}^s]$ bestimmt den Bereich, für den die Hypothese zutrifft, die Güternachfrage bestimme Produktion und Einkommen. Das vorstehende Arbeitsmarktmodell zeigt, daß diese Hypothese fixe Preise (Preisniveau und Lohnsatz) sowie nicht ausgeschöpfte Kapazitäten, $Y^d \leqq \min\{\bar{Y}^s, \tilde{Y}^d\}$ impliziert.

4. Arbeitsmarkt und Güterangebot bei Mindestlöhnen

Ein Arbeitsmarktmodell, das zwischen den extremen Annahmen vollständiger Reallohnflexibilität und vollkommen starren Reallöhnen angesiedelt ist, geht davon aus, das Preisniveau P sei flexibel, während der Nominallohn nach unten auf $\bar{W}$ beschränkt ist. Bei einem Überschußangebot auf dem Arbeitsmarkt, d. h. bei

$$N^s\left(\frac{W}{P}\right) > N^d\left(\frac{W}{P}\right),$$

verharrt der Lohnsatz bei $\bar{W}$. Indessen ist er flexibel genug, um eine Überschußnachfrage,

$$N^s\left(\frac{W}{P}\right) < N^d\left(\frac{W}{P}\right),$$

augenblicklich zu beseitigen.

Rechtfertigen läßt sich diese Annahme durch die Beobachtung, daß in Lohnverhandlungen zwischen Gewerkschaften und Unternehmerverbänden Nominallöhne festgesetzt werden, die den Charakter von Mindestlöhnen haben. Der vereinbarte Lohnsatz darf nicht unterschritten, wohl aber durch außertarifliche Zulagen aufgebessert werden.
Die Konsequenz der beschriebenen Annahme ist, daß die Beschäftigung N von der Arbeitsnachfrage bestimmt wird, solange diese das Arbeitsangebot nicht übersteigt, was erst jenseits der Vollbeschäftigung N_0 zutrifft. Über diese Grenze hinaus vermag die Beschäfti-

gung nicht anzusteigen, da der Nominallohnanstieg jede Überschußnachfrage eliminiert. Für N gilt somit:

$$N = N^d\left(\frac{\bar{W}}{P}\right), \text{ wenn } \frac{\bar{W}}{P} \geqq [W/P]_0,$$

$$N = N_0 \text{ sonst.}$$

Daraus erhalten wir die Güterangebotshypothese

$$Y^s = Y^s(P, \bar{W}) := H\left(N^d\left(\frac{\bar{W}}{P}\right)\right), \text{ wenn } \frac{\bar{W}}{P} \geqq [W/P]_0, \qquad (G\,4)$$

$$Y^s = Y^0 := H(N_0) \text{ sonst.}$$

Die Konstruktion dieser Kurve im P-Y-Diagramm zeigt *Abbildung 3.36.*

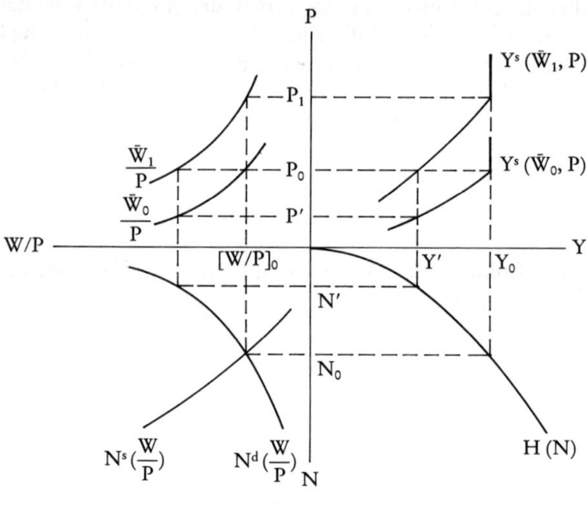

Abbildung 3.36

Im II. Quadranten legt der Mindestlohn $\bar{W}_0$ die Lage der Hyperbel $\bar{W}_0/P$ fest. Je höher das Preisniveau ist, desto geringer ist der Reallohn. Die Beschäftigung wächst folglich entlang der Arbeitsnachfragefunktion $N^d(W/P)$, bis sie die Vollbeschäftigungsgrenze N_0 erreicht. Über die Produktionsfunktion im III. Quadranten findet man das zu jedem N korrespondierende Güterangebot. Beim Preisniveau

P_0, bei dem $\bar{W}_0/P_0 = \overline{[W/P]}_0$, knickt die Güterangebotsfunktion. Weitere Preiserhöhungen vermögen den Reallohn nicht mehr zu senken, weil sie durch entsprechende Nominallohnzuwächse kompensiert werden. Steigt der Mindestlohn von $\bar{W}_0$ auf $\bar{W}_1$, sinkt die Produktion beim Preisniveau P_0 auf Y'. Der Reallohnanstieg von $[W/P]_0$ auf $\bar{W}_1/P_0$ verringert die Arbeitsnachfrage auf N'. Erst beim Preisniveau P_1 liegt der Reallohn wieder bei $[W/P]_0$ und die Produktion bei Y_0. Die Güterangebotsfunktion verschiebt sich von $Y^s(\bar{W}_0, P)$ auf $Y^s(\bar{W}_1, P)$ nach links oben.

Kontrollfragen

(1) Auf welchen Prämissen beruht der Zusammenhang zwischen Beschäftigung und Produktion, von dem wir bei der Herleitung des Güterangebots ausgegangen sind?
(2) Welche Hypothesen liegen der Arbeitsangebots- und -nachfragefunktion bei vollkommener Konkurrenz und flexiblem Reallohn zugrunde? Leiten Sie die Güterangebotshypothese für dieses Arbeitsmarktmodell ab.
(3) Schildern Sie das Informationsszenario, das der Arbeitsangebotsfunktion $N^s(W/P^e)$ zugrunde liegt. Leiten Sie für das zugehörige Arbeitsmarktmodell die Güterangebotsfunktion graphisch ab. Welcher Mechanismus bewirkt den positiven Produktions-Preisniveau-Zusammenhang? Welcher Parameter bestimmt die Lage der Güterangebotsfunktion im P-Y-Diagramm?
(4) Leiten Sie die Arbeitsnachfrage bei fixem Reallohn ab. Wodurch wird die Beschäftigung bestimmt? Zeichnen Sie die Güterangebotsfunktion für den Fall, daß der vorgegebene Reallohn kleiner ist als bei Vollbeschäftigung auf dem Arbeitsmarkt.
(5) Was versteht man unter Mindestlöhnen? Stellen Sie graphisch die Güterangebotsfunktion dar, die aus dem Arbeitsmarktmodell mit Mindestlöhnen resultiert. Welcher Parameter bestimmt die Lage der Güterangebotsfunktion im P-Y-Digaramm? Welcher Zusammenhang bewirkt die positive Steigung dieser Kurve im Bereich $[0, Y_0)]$?

Literatur zur Ergänzung und Vertiefung

Gordon (1984), Chapter 7; *Parkin* (1984), Chapter 8, 14, 15 und 24; *Rettig, Voggenreiter* (1985), Kapitel III.

VI. Makroökonomische Totalanalyse: Volkseinkommen, Beschäftigung und Preisniveau

Die makroökonomische Güternachfragefunktion beschreibt das Niveau der gesamtwirtschaftlichen Güternachfrage bei gegebenen autonomen Nachfragekomponenten, gegebenem Preisniveau und gegebener Geldmenge. Sie impliziert ein Gleichgewicht auf dem Geldmarkt. Wie oben gezeigt wurde, ist dann auch der Wertpapiermarkt ausgeglichen. Die im letzten Abschnitt besprochenen Güterangebotshypothesen beruhen auf verschiedenen Graden der Preisflexibilität und inkorporieren das Arbeitsmarktgeschehen. Mit der makroökonomischen Güternachfrage- und -angebotsfunktion haben wir uns daher ein Instrumentarium geschaffen, das explizit oder implizit alle uns bislang bekannten Makrovariablen erfaßt. Unter diesen Variablen befinden sich Größen, die wir nicht erklären wollen. Wir betrachten sie als exogen. Zu ihnen zählen die Geldmenge, die Verhaltensparameter c, m und τ sowie die in E erfaßten Nachfragekomponenten. Erklären, d. h. modellendogen bestimmen, wollen wir die Variablen Einkommen und Beschäftigung sowie die Preise Lohnsatz, Güterpreis und Zins. In den folgenden Abschnitten werden wir verschiedene Modelle betrachten, zu denen man gelangt, indem die Güternachfrage mit den einzelnen Güterangebotshypothesen konfrontiert wird. Auf diese Weise gelingt es, die Bedeutung der Preisflexibilität für das Ausmaß der Ressourcennutzung herauszuarbeiten.

1. Volkseinkommen, Beschäftigung und Preisniveau bei Preisflexibilität

Wir gehen zunächst davon aus, daß alle Preise, d. h. Lohnsatz W, Güterpreis P und Nominalzins r[1] flexibel genug sind, um Marktungleichgewichte augenblicklich zu beseitigen. Preise und Mengen sind dann durch die Gleichgewichtsbedingungen für Arbeits-, Güter- und Geldmarkt bestimmt. Wir betrachten als erstes den Fall vollkommener Information.

---

[1] Da wir von gegebenen Inflationserwartungen π ausgehen, ist mit r gleichzeitig der Realzins $\varrho := \frac{1 + r}{1 + \pi} - 1$ determiniert.

Vollkommene Information

Bei flexiblen Preisen und vollkommener Information gilt die Güterangebotshypothese (G 1):

$$Y^s = Y_0 := H(N_0), \tag{G 1}$$

wobei N_0 die Beschäftigung ist, die aus dem Arbeitsmarktgleichgewicht

$$N^s\left(\frac{W}{P}\right) = N^d\left(\frac{W}{P}\right)$$

hervorgeht. Zusammen mit der Güternachfragefunktion

$$Y^d = Y^d(M, E, \tilde{s}, P)$$

können wir aus

$$Y_0 = Y^d(M, E, \tilde{s}, P)$$

das Preisniveau P_0 bestimmen. Durch das Arbeitsmarktgleichgewicht ist die Beschäftigung auf N_0 und das Volkseinkommen auf Y_0 fixiert. Der Lohnsatz folgt aus

$$W_0 = [W/P]_0 \cdot P_0.$$

Tiefergehende Einsichten gewinnt man, wenn anstelle der Güternachfragefunktion der IS-LM-Komplex herangezogen wird, aus dem sie hervorgeht.

Das Gleichungssystem, das die modellendogenen Variablen bestimmt, lautet in diesem Fall:

$$Y_0 = \frac{1}{\tilde{s}}(I(r) + E) \tag{1}$$

$$\frac{M}{P} = L(r, Y). \tag{2}$$

Gleichung (1) beinhaltet die Forderung, daß die Güternachfrage,

$$\frac{1}{\tilde{s}}(I(r) + E),$$

die Höhe des Güterangebots Y_0 erreicht, welches durch das Arbeitsmarktgleichgewicht fixiert wird. Dies ist nur möglich, wenn über den Zins die Investitionsnachfrage auf das Niveau

$$\tilde{s}Y_0 - E = I(r_0)$$

festgelegt wird. Graphisch erhält man r_0 aus dem Schnittpunkt der IS-Kurve $Y = \frac{1}{\tilde{s}} (I(r) + E)$ mit dem zinsunelastischen Güterangebot Y_0 (vgl. *Abbildung 3.37*).

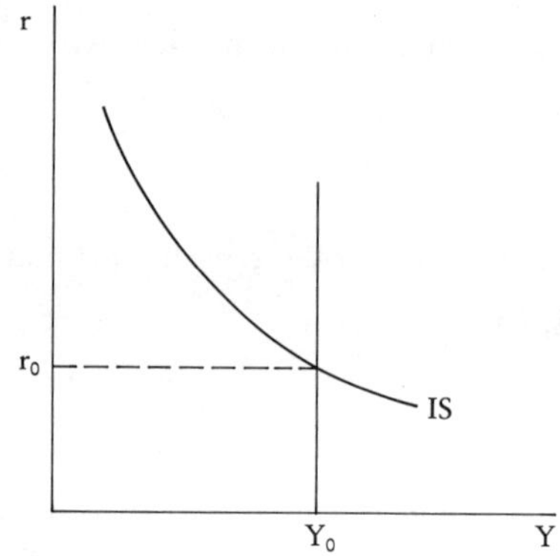

Abbildung 3.37

Der Gleichgewichtsmechanismus, der den Zins auf r_0 zuführt, ist folgender: Solange bei einem bestimmten Preisniveau der aus dem IS-LM-Modell resultierende Zins zu einer Güternachfrage führt, die das Güterangebot Y_0 übersteigt (unterschreitet), nimmt der Güterpreis zu (ab), wodurch das reale Geldangebot sinkt (steigt). Infolgedessen steigt (sinkt) der Zins und verringert (vergrößert) die Investitions- und mithin die Gesamtnachfrage am Gütermarkt.

Die Höhe des Zinses wird bei gegebener autonomer Nachfrage E und gegebenem Multiplikator $1/\tilde{s}$ ausschließlich durch das Vollbeschäftigungseinkommen Y_0 bestimmt. Die Geldmenge als monetäre Größe hat keinen Einfluß auf den Zins, wie Gleichung (1) und *Abbildung 3.37* verdeutlichen. In Gestalt von E, $1/\tilde{s}$ und Y_0 unterliegt der Zins mithin rein güterwirtschaftlichen Einflüssen.

Die Geldmarktgleichgewichtsbedingung legt das Preisniveau fest. Bei gegebenem Y_0 und r_0 ist die Geldnachfrage $L(r_0, Y_0)$. P_0 deflationiert die Nominalgeldmenge M auf dieses Niveau. Dieser Zusammenhang wird noch deutlicher, wenn wir (2) etwas umschreiben. Wir multiplizieren auf beiden Seiten von (2) mit Y_0 und P und dividieren diese Gleichung durch $L(r_0, Y_0)$. Das Ergebnis ist:

$$M \cdot v_0 = P \cdot Y_0, \tag{3}$$

$$v_0 := \frac{Y_0}{L(r_0, Y_0)}.$$

Der Ausdruck v_0 wird als Umlaufgeschwindigkeit des Geldes bezeichnet. Er ist im Gleichgewicht von Arbeits- und Gütermarkt eine Konstante. Geldmenge M und Preisniveau P sind in diesem Fall direkt proportional zueinander: Steigt die Geldmenge um x Prozent, erhöht sich das Preisniveau ebenfalls um x Prozent.[2] Dieser Zusammenhang wird als Quantitätstheorie des Geldes bezeichnet. In der vorstehenden Formulierung, die aus der Geldnachfragefunktion hervorgeht, wird speziell von der Neoquantitätstheorie gesprochen.

Im vorstehenden Modell sind Güter- und Geldsphärc vollständig getrennt (dichotom). Arbeitsmarkt- und Gütermarktgleichgewicht legen Reallohn, Zins, Volkseinkommen und Beschäftigung fest. In dieser Hinsicht unterscheidet sich das Modell im Prinzip nicht von dem mikroökonomischen Modell der Preisbildung auf vielen Güter- und Faktormärkten.[3] Von diesem Modell weicht es lediglich durch die Berücksichtigung des Geldmarktes ab, der es erlaubt, nicht nur die relativen Preise, wie den Reallohn W/P, sondern auch die absoluten Preise, P_0 und W_0, zu ermitteln. Aus diesem Blickwinkel ist das vorliegende Modell nur die makroökonomische, um die Geldseite ergänzte Version des mikroökonomischen Modells der Konkurrenzpreisbildung.

Die gesamtwirtschaftliche Güternachfrage kann die Höhe des realen Volkseinkommens nicht beeinflussen. Geldmengenänderungen berühren nur das Preisniveau und den Nominallohn. Die relativen Preise, der Reallohn und der Zins, sowie die Mengengrößen Y_0 und N_0 werden nicht beeinflußt. Die Geldsphäre liegt wie ein Schleier über der Gütersphäre (Geldschleiervorstellung).

Die autonome Nachfrage E sowie der Multiplikator $1/\tilde{s}$ wirken auf Preisniveau und Zins. Steigt beispielsweise E um $\triangle E$ auf E', muß der

---

[2] Differenziert man (3) an der Stelle $dr_0 = dY_0 = 0$ nach M und P, erhält man:

$$\frac{\partial P}{\partial M} = \frac{1}{L} \text{ bzw. } \frac{\partial P}{\partial M}\frac{M}{P} = 1,$$

d. h. die Elastizität des Preisniveaus bezüglich der Geldmenge ist Eins.

[3] Siehe hierzu Abschnitt D im Zweiten Kapitel.

Zins auf r_0' steigen, so daß die Investitionsnachfrage um $\triangle I = \triangle E$ auf $I(r_0')$ sinkt und die Gesamtnachfrage wiederum

$$Y_0 = 1/\tilde{s}(I(r_0') + E') = 1/\tilde{s}(I(r_0) + E)$$

beträgt. Die Nachfragestruktur verschiebt sich zuungunsten der Investitionsnachfrage. Infolge des höheren Zinses sinkt die Geldnachfrage auf $L(r_0', Y_0)$. Ein neues Gleichgewicht auf dem Geldmarkt erfordert demnach ein höheres Preisniveau, P_0', das die nominelle Geldmenge M auf $L(r_0', Y_0)$ deflationiert. Der Anstieg des Preisniveaus von P_0 auf P_0' ist nicht proportional zu $\triangle E$.[4]

Abbildung 3.38 veranschaulicht den Effekt einer Geldmengenerhöhung auf Preisniveau, Lohnsatz, Volkseinkommen und Beschäftigung. Sie geht aus *Abbildung 3.33* hervor, wenn man im I. Quadranten die Güternachfragefunktion $Y^d(M, E, \tilde{s}, P)$ und im II. Quadranten die Hyperbel W_0/P bzw. W_1/P einträgt. Die mit „0" indizierten Variablen markieren das anfängliche, die mit „1" indizierten das neue Gleichgewicht.

Unvollkommene Information

Bei unvollkommener Information und flexiblen Preisen gilt die Güterangebotshypothese

$$Y^s = Y^s(P, P^e), \quad Y^s_P > 0, Y^s_{Pe} < 0. \qquad \text{(G 2)}$$

Preisniveau und Volkseinkommen erhält man als Lösung von

$$Y^s(P, P^e) = Y^d(M, E, \tilde{s}, P).$$

[4] Differenziert man das Gleichungssystem (1), (2) nach allen Variablen, erhält man

$$\begin{pmatrix} I' & 0 \\ PL_r & \frac{M}{P} \end{pmatrix} \begin{pmatrix} dr \\ dP \end{pmatrix} = \begin{pmatrix} \tilde{s}dY_0 + Y_0 d\tilde{s} - dE \\ -PL_y\, dY_0 + dM \end{pmatrix}$$

und daraus

$$\frac{\partial P}{\partial E} := \frac{dP}{dE}\bigg|_{dY_0 = d\tilde{s} = dM = 0} = \frac{P L_r}{I' \frac{M}{P}} > 0,$$

$$\frac{\partial r}{\partial E} := \frac{dr}{dE}\bigg|_{dY_0 = d\tilde{s} = dM = 0} = \frac{-1}{I'} > 0.$$

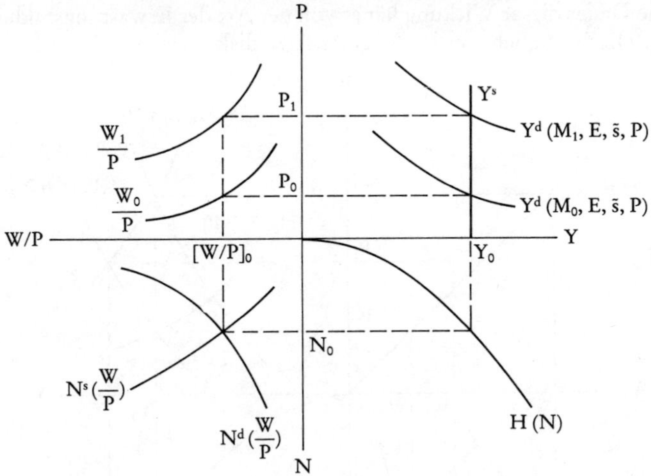

Abbildung 3.38

Aus der Gleichgewichtsbedingung für den Arbeitsmarkt,

$$N^d\left(\frac{W}{P}\right) = N^s\left(\frac{W}{P^e}\right),$$

folgen dann Nominallohn und Beschäftigung und aus der Gleichgewichtsbedingung für den Geldmarkt,

$$\frac{M}{P} = L(r, Y),$$

ergibt sich der Zins. Die Trennung von Güter- und Geldsphäre ist aufgehoben.

Verändert sich die Güternachfrage, weil die Geldmenge M, die autonome Nachfrage E oder der Multiplikator $1/\tilde{s}$ zunehmen, kommt es entlang der Angebotsfunktion zur Ausweitung der Produktion. Steigt beispielsweise – wie in *Abbildung 3.39* unterstellt – die Geldmenge von M_0 auf M_1, verschiebt sich die Nachfragefunktion nach rechts oben. Das Preisniveau steigt, der Reallohn sinkt unter den erwarteten Reallohn, $W_1/P_1 < [W_1/(P^e = P_0)] = \tan \alpha$. Entlang der Arbeitsangebotsfunktion $N^s\left(\frac{W}{P^e = P_0}\right)$ steigt die Beschäftigung auf N_1, so daß die Produktion auf $Y_1 = H(N_1)$ klettert.

Die Dauer dieser Wirkung hängt von der Art der Erwartungsbildung ab. Diesbezüglich werden zwei Ansätze diskutiert.

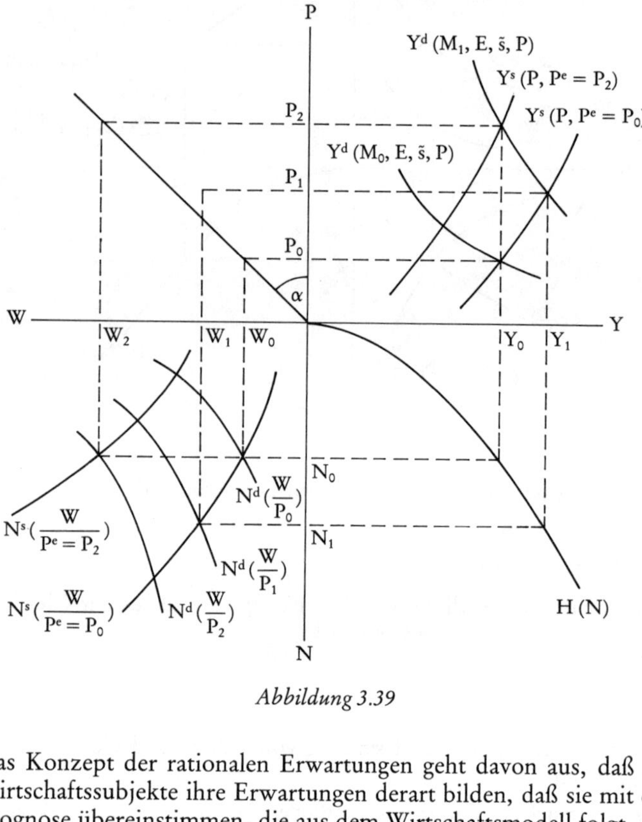

Abbildung 3.39

Das Konzept der rationalen Erwartungen geht davon aus, daß die Wirtschaftssubjekte ihre Erwartungen derart bilden, daß sie mit der Prognose übereinstimmen, die aus dem Wirtschaftsmodell folgt, das die zu prognostizierende Variable festlegt. Bezogen auf unser Modell gilt demnach $P^e \equiv P$. Die Annahme rationaler Erwartungen überführt mithin das Modell unvollkommener Information in das Modell vollkommener Information. Abweichungen von diesem treten nur auf, wenn man annimmt, die Haushalte bemerkten eine Variablenänderung in der Gegenwart erst in der nächsten Periode. In diesem Fall haben Geldmenge und autonome Nachfrage samt Multiplikator Einfluß auf Beschäftigung und Sozialprodukt in der Gegenwart. In der folgenden Periode wird die Variablenänderung erkannt, das Preisniveau wird auf der Grundlage dieser Information richtig prognostiziert, so daß Volkseinkommen und Beschäftigung auf das Niveau zurückkehren, das sie bei vollkommener Information stets innehaben. Bezogen auf *Abbildung 3.39* verschiebt sich dic Angebotsfunktion von $Y^s(P, P^e = P_0)$ auf $Y^s(P, P^e = P_2)$ nach links und entlang der Nachfragefunktion $Y^d(M_1, E, \tilde{s}, P)$ steigt das Preisniveau auf P_2, der Reallohn sinkt auf $W_2/P_2 = W_0/P_0 = \tan \alpha$ und Beschäftigung und Volkseinkommen gehen auf N_0 bzw. Y_0 zurück.

Das Konzept adaptiver Erwartungen geht von einer eher mechanistischen Prognose aus. Das erwartete Preisniveau der Vorperiode, P^e_{t-1}, wird um den Erwartungsirrtum, $P_{t-1} - P^e_{t-1}$, korrigiert und ergibt so die Prognose für die nächste Periode:

$$P^e_t = P^e_{t-1} + \alpha(P_{t-1} - P^e_{t-1}), \quad 0 < \alpha \leqq 1.$$

Der Parameter α legt fest, in welchem Maße der erkannte Erwartungsirrtum berücksichtigt wird. Für $\alpha = 1$ ist $P^e_t = P_{t-1}$, so daß das Preisniveau der zurückliegenden Periode als Schätzer für das zukünftige Preisniveau verwendet wird. Löst man die vorstehende Gleichung rekursiv, erhält man

$$P^e_t = \alpha \sum_{i=0}^{\infty} (1 - \alpha)^i P_{t-1-i}.$$

Das erwartete Preisniveau ist der gewichtete Durchschnitt aller zurückliegenden Ausprägungen des Preisniveaus. Das Gewicht,

$$\alpha(1 - \alpha)^i,$$

nimmt ab, je weiter in der Vergangenheit eine Ausprägung angesiedelt ist. Die Summe der Gewichte ist 1. Nimmt das tatsächliche Preisniveau einen festen Wert $\bar{P} = P_{t-1-i}$ für alle $i = 0, 1, 2, 3, \ldots$, an, konvergiert deshalb die Schätzung P^e_t gegen den wahren Wert $\bar{P}$.

Betrachten wir die Folgereaktion auf eine Geldmengenerhöhung bei adaptiven Erwartungen mit $\alpha = 1$ anhand der *Abbildung 3.40.* Sie stimmt mit Abbildung 3.39 überein, was den unmittelbaren Effekt der Geldmengenerhöhung betrifft. Ab der Periode $t = 1$ unterscheiden sich beide Bilder. Bei adaptiven Erwartungen mit $\alpha = 1$ ist die Preisniveauprognose für die Periode $t = 2$, $P^e_2 = P_1$. Die Angebotsfunktion verschiebt sich nach links oben, und zwar soweit, bis sie bei P_1 die Angebotslinie bei korrekter Prognose, d. h. Y_0, schneidet. Das tatsächliche Preisniveau in $t = 2$ findet sich im Schnittpunkt der neuen Angebotskurve, $Y^s(P, P^e = P_1)$, mit der Nachfragefunktion

$Y^d(M_1, E, \tilde{s}, P)$. Es übersteigt die Prognose, liegt aber noch unter dem Preisniveau P_n, bei dem Y_0 produziert wird. Infolge des Reallohnanstiegs sinkt die Beschäftigung. Das Volkseinkommen geht von Y_1 auf Y_2 zurück. Die Preisniveauprognose für die Periode $t = 3$ lautet $P^e = P_2$. Die Angebotsfunktion verschiebt sich weiter nach links oben. Sie schneidet Y_0 bei P_2. Das Preisniveau und der Reallohn steigen weiter. Das Volkseinkommen sinkt auf Y_3. Dieser Prozeß setzt sich solange fort, bis sich Angebotsfunktion und Nachfragefunktion im Punkt (Y_0, P_n) schneiden. Dies ist erst nach vielen Perioden der Fall, während derer Preissteigerungen gemeinsam mit Produktions- und Beschäftigungsrückgang zu beobachten sind. Die Rückkehr zum Ergebnis des Modells bei vollkommener Information beansprucht bei adaptiven Erwartungen mithin wesentlich längere Zeit als bei rationalen, wo sie in einer Periode bewältigt wird.

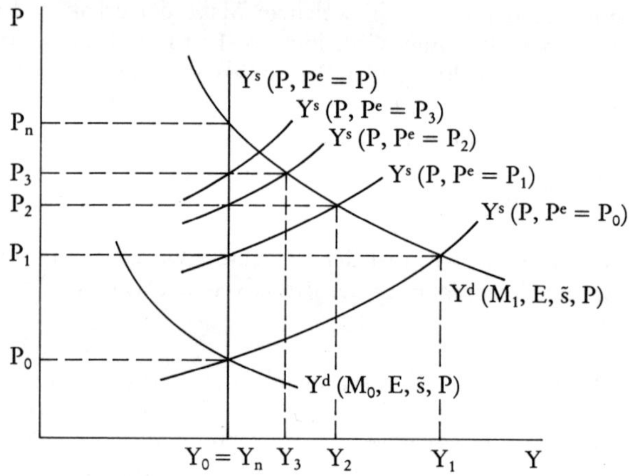

Abbildung 3.40

Zinsunelastische Investitionen und Liquiditätsfalle

Die Flexibilität von Lohn und Güterpreis allein ist in unserem Modell der vollkommenen Information noch keine Garantie für Vollbeschäftigung.

Nehmen wir an, die Investitionen seien zinsunelastisch, weil beispielsweise die erwarteten künftigen Erträge so niedrig und daher der interne Zins so gering ist, daß für einen weiten Bereich von Marktzinsen Investitionen unrentabel sind. Investiert wird nur, um den Kapitalstock aufrechtzuerhalten. Die Investition wäre dann eine zinsunabhängige Konstante, I. In diesem Fall ist auch die gesamtwirtschaftliche Güternachfrage eine Konstante: $Y^d = 1/\tilde{s}\,(I + E)$. Sie ist vom Preisniveau unabhängig und wird nur zufällig die Höhe des Güterangebots Y_0 erreichen. *Abbildung 3.41* illustriert diesen Gedanken. Unterstellt wurde $Y^d < Y_0$.

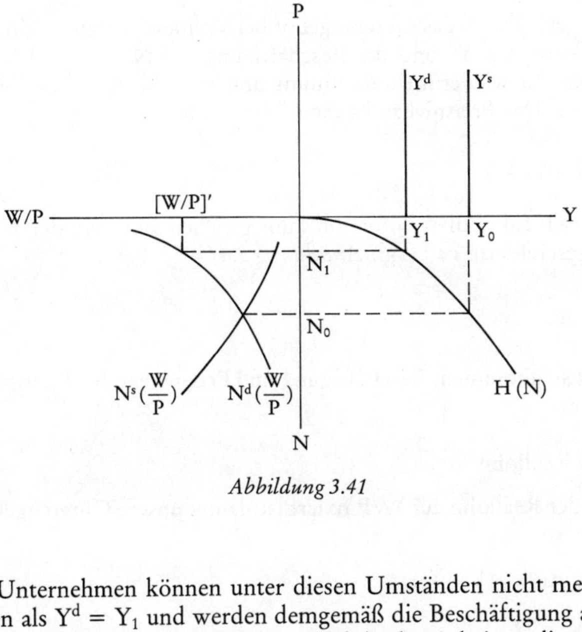

Abbildung 3.41

Die Unternehmen können unter diesen Umständen nicht mehr absetzen als $Y^d = Y_1$ und werden demgemäß die Beschäftigung auf $N_1 = H^{-1}(Y_1)$ verringern. Das Grenzprodukt der Arbeit an dieser Stelle, $H'(N_1)$, legt eine Obergrenze [W/P]' für den Reallohn fest. Höhere Reallöhne werden die Unternehmen nicht zu zahlen bereit sein. Welcher Reallohn, welcher Güterpreis, welcher Lohnsatz und welcher Zins sich in dieser Situation einstellen, ist völlig unbestimmt. Das Gleichungssystem

$$\frac{M}{P} = L(r, Y^d)$$

$$H(N_1) = Y^d$$

$$\frac{W}{P} \leqq H'(N_1)$$

hat für P, r und W/P unendlich viele Lösungen.

Ein ähnlich gelagertes Problem tritt auf, wenn die Geldnachfrage vollkommen zinselastisch ist. Der Zins verharrt in dieser Situation bei r_ℓ; unabhängig von der Höhe des Preisniveaus. Demgemäß ist auch die Güternachfrage, $Y^d = 1/\bar{s}(I(r_\ell) + E)$, eine preisniveauunabhängige Größe.

Ist sie geringer als das Güterangebot bei Vollbeschäftigung, sinkt die Produktion auf Y^d und die Beschäftigung auf $N = H^{-1}(Y^d)$. Der Reallohn ist wiederum unbestimmt und nach oben auf $H'(N)$ beschränkt. Das Preisniveau ist die Lösung von

$$\frac{M}{P} = L\,(r_\ell, Y^d).$$

Graphisch führt diese Situation zum gleichen Bild wie der vorstehend geschilderte Fall (vgl. *Abbildung 3.41*).

2. Volkseinkommen, Beschäftigung und Preisniveau bei Preisinflexibilität

Starrer Reallohn

Wenn der Reallohn auf $\bar{W}/\bar{P}$ fixiert ist, lautet unsere Güterangebotshypothese

$$Y^s = \min\,\{\bar{Y}^s,\ \bar{Y}^d,\ \tilde{Y}^s\}, \qquad \text{(G 3)}$$

wobei

$$\bar{Y}^s := H\left(N^d\left(\frac{\bar{W}}{\bar{P}}\right)\right),\ \bar{Y}^d := Y(M, E, \bar{s}, \bar{P}),\ \tilde{Y}^s := H\left(N^s\left(\frac{\bar{W}}{\bar{P}}\right)\right).$$

Die Beschäftigung N ist die Lösung von

$$N = \min\,\{\bar{N}^d,\ \tilde{N}^d,\ \bar{N}^s\},$$

wobei

$$\bar{N}^d := N^d\left(\frac{\bar{W}}{\bar{P}}\right),\ \tilde{N}^d := H^{-1}(\bar{Y}^d),\ \bar{N}^s := N^s\left(\frac{\bar{W}}{\bar{P}}\right).$$

Der Zins ist die Lösung der Geldmarktgleichgewichtsbedingung

$$\frac{M}{\bar{P}} = L(r, Y^s).$$

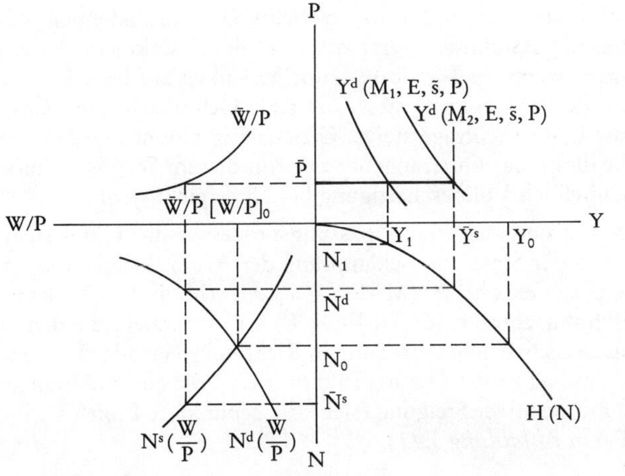

Abbildung 3.42

Abbildung 3.42 zeigt eine Situation, in welcher der vorgebene Reallohn $\bar{W}/\bar{P}$ den Reallohn bei Vollbeschäftigung, $[W/P]_0$, übersteigt. Das Güterangebot wird im Bereich $[0, \bar{Y}^s]$ durch die Nachfrage determiniert. Diese ist $Y_1 = Y^d(M_1, E, \tilde{s}, \bar{P})$. Folglich ist die Beschäftigung $N_1 = H^{-1}(Y_1)$. Das Arbeitsangebot ist $N^s(\bar{W}/\bar{P})$, so daß Arbeitslosigkeit in Höhe von $\bar{N}^s - N_1$ vorliegt.

Die Arbeitslosigkeit ist in diesem Fall zweifacher Natur. Im Intervall $[\tilde{N}^d = N_1, \bar{N}^d]$ beruht sie auf zu geringer gesamtwirtschaftlicher Güternachfrage. Eine Expansion der Nachfrage von Y_1 auf $\bar{Y}^s$ kann sie beseitigen. Dies kann beispielsweise durch eine Erhöhung der Geldmenge von M_1 auf M_2 erreicht werden. Im Intervall $[\bar{N}^d, \bar{N}^s]$ ist der im Vergleich zur Vollbeschäftigung zu hohe Reallohn die Ursache der Arbeitslosigkeit. Nur eine Reallohnsenkung, aber keine weitere Nachfrageexpansion, kann diesen Teil der Arbeitslosigkeit verringern.

In diesem Modell sind Ungleichgewichte zwischen gewünschtem Angebot und gewünschter Nachfrage sowohl auf dem Arbeitsmarkt als auch auf dem Gütermarkt angelegt. Diese Ungleichgewichte werden über kurz oder lang dazu führen, daß sich Lohnsatz und Güterpreis verändern. Das Ungleichgewicht auf dem Arbeitsmarkt mag zur Verringerung der Nominallöhne beitragen und der Wunsch der Unternehmen, die Produktion in Richtung $\bar{Y}^s$ auszudehnen, wird sie zu Preiszugeständnissen veranlassen. Dadurch sinkt jedoch der Reallohn nur, wenn die Löhne W schneller sinken als der Güterpreis P. Durch die Preissenkung steigt die reale Geldmenge, der Zins sinkt und die Güternachfrage steigt. Gleichzeitig nimmt mit dem sinkenden Reallohn das Güterangebot zu. Auf diesem Weg ist es möglich, daß schließlich Vollbeschäftigung bei N_0 erreicht wird.

Steigt während des Preisanpassungsprozesses die Güternachfrage, weil etwa der Staat zur Bekämpfung der Arbeitslosigkeit seine Güternachfrage erhöht, $Y^d(M, E_1, \bar{s}, P) > Y^d(M, E_0, \bar{s}, P)$, kann eine Überschußnachfrage, $Y^d(M, E_1, \bar{s}, \bar{P}) > \bar{Y}^s$ entstehen, die den Druck auf das Preisniveau beseitigt und in Richtung steigender Preise wirkt. In diesem Fall beobachtet man auf mittlere Frist eine Güterangebotskurve mit positiver Steigung (siehe die gepunktete Linie $(\bar{Y}^s, \bar{P})$ nach (Y_0, P_0) in *Abbildung 3.43*).

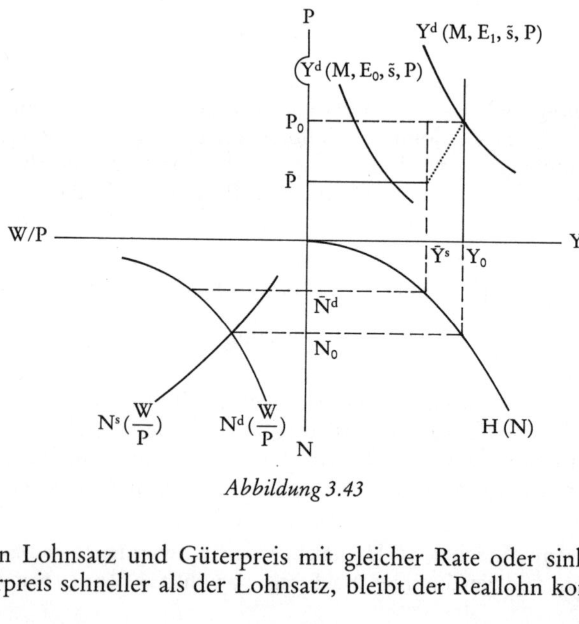

Abbildung 3.43

Sinken Lohnsatz und Güterpreis mit gleicher Rate oder sinkt der Güterpreis schneller als der Lohnsatz, bleibt der Reallohn konstant bzw. steigt. In diesem Fall wird die Arbeitslosigkeit nur insofern abgebaut, als die Nachfrage mit sinkendem P entlang $Y^d(M, E, \tilde{s}, P)$ zunimmt.

Mindestlöhne

Im Mindestlohnfall ist das Güterangebot

$$Y^s = Y^s(P, \bar{W}) := H\left(N^d\left(\frac{\bar{W}}{P}\right)\right), \text{ wenn } N^s\left(\frac{\bar{W}}{P}\right) \geqq N^d\left(\frac{\bar{W}}{P}\right), \qquad \text{(G 4)}$$

$$Y^s = Y_0 := H(N_0) \text{ sonst.}$$

Die Güternachfrage beeinflußt Volkseinkommen, Beschäftigung und Preisniveau, solange sie im Intervall $0 \leqq Y^d < Y_0$ liegt. Sobald Y^d das Niveau des Volkseinkommens bei Vollbeschäftigung erreicht, hat eine weitere Nachfrageexpansion nur mehr Preisniveaueffekte. Im ersten Fall ist das Preisniveau die Lösung von

$$Y^s(P, \bar{W}) = Y^d(M, E, \tilde{s}, P),$$

woraus auch das Sozialprodukt $Y_1 < Y_0$ (vgl. *Abbildung 3.44*) hervorgeht. Die Beschäftigung ist $N_1 = N^d\left(\frac{\bar{W}}{P_1}\right) = H^{-1}(Y_1)$. Aus

$$\frac{M}{P_1} = L(r, Y_1)$$

folgt der Zins.

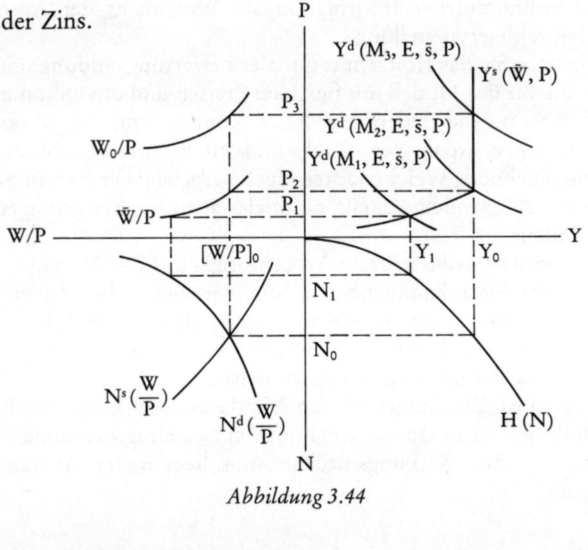

Abbildung 3.44

Maßnahmen, welche die gesamtwirtschaftliche Güternachfrage erhöhen, beispielsweise ein zusätzliches Geldangebot oder höhere staatliche Güterkäufe, führen entlang der Güterangebotskurve $Y^s(P, \bar{W})$ dazu, daß das Preisniveau steigt. Bei gegebenem Mindestlohn sinkt der Reallohn, wodurch Beschäftigung und Produktion zunehmen. Die expansive Wirkung endet bei Vollbeschäftigung am Arbeitsmarkt. Ab diesem Punkt induzieren weitere nachfrageerhöhende Maßnahmen Lohnsteigerungen mit der gleichen Rate, mit der das Preisniveau steigt. Der Reallohn, die Beschäftigung und das Sozialprodukt bleiben konstant, nur mehr das Preisniveau steigt. Es gelten die Zusammenhänge des Modells flexibler Reallöhne bei vollkommener Information.

Kontrollfragen

(1) Das Instrumentarium aus makroökonomischer Güterangebotsfunktion und makroökonomischer Güternachfragefunktion erfaßt simultan Güter-, Geld-, Wertpapier- und Arbeitsmarkt. Erläutern Sie diesen Satz.

(2) Bei flexiblen Preisen ist der Zins ausschließlich durch güterwirtschaftliche Größen bestimmt. Begründen Sie diese These. Was versteht man unter der Quantitätstheorie? Leiten Sie deren Aussage aus dem makroökonomischen Modell mit flexiblen Preisen und vollkommener Information ab. Was meint der Ausdruck „Geldschleiervorstellung".

(3) Erläutern Sie das Konzept rationaler Erwartungsbildung und zeigen Sie für das Modell mit flexiblen Preisen und unvollkommener Information die Bedeutung dieses Konzepts für die Wirkungsdauer einer expansiven Geldpolitik (d.h. einer Erhöhung des Geldangebots). Welche Unterschiede ergeben sich, wenn Sie für das gleiche Modell anstelle rationaler adaptive Erwartungen unterstellen?

(4) Kann trotz flexibler Preise Arbeitslosigkeit ($N = N_0$) entstehen?

(5) Erläutern Sie anhand einer Zeichnung inwiefern bei starren Preisen Arbeitslosigkeit sowohl nachfrage- als auch reallohnbedingt sein kann. Wie kann – auf mittlere Frist – eine positiv geneigte Angebotsfunktion begründet werden?

(6) Arbeitslosigkeit aufgrund von Mindestlöhnen kann durch eine Erhöhung der gesamtwirtschaftlichen Nachfrage verringert werden. Welcher Wirkungsmechanismus liegt dieser Aussage zugrunde?

Literatur zur Ergänzung und Vertiefung

Dornbusch, Fischer (1985), 12. Kapitel; *Felderer, Homburg* (1984), §§ 40–44; *Gordon* (1984), Chapter 7; *Neumann* (1983), XI. Kapitel; *Parkin* (1984), Chapter 7–10, 21, 26–28; *Rettig, Voggenreiter* (1985), Kapitel V; *Rittenbruch* (1984), 12. Kapitel.

Weitere Literatur zur Makroökonomie

Cezanne (1982); *Claassen* (1980); *Helmstädter* (1980); *Henrichsmeyer, Gans, Evers* (1983); *Heuss* (1981); *Monissen,* Band 1 (1982), Band 2 (1982); *Richter, Schlieper, Friedmann* (1981); *Rose (1975); Siebke, Thieme* (1980); *Woll* (1984).

Viertes Kapitel

Grundlagen ökonomisch-mathematischer Analyse

> „*Mathematics is a language that facilitates the honest presentation of a theory by making the assumptions explicit and by making each step of the logical deduction clear.*"[1]

Die Mathematik hat in der ökonomischen Theorie den Platz einer bedeutenden Hilfswissenschaft eingenommen. Die Lektüre einschlägiger Fachzeitschriften bringt dies deutlich zutage, und unsere Darstellung wesentlicher Elemente der mikro- und makroökonomischen Theorie mag einen ersten Eindruck hiervon vermitteln. Ein in sich geschlossenes Lehrbuch, das nicht nur Ergebnisse präsentieren, sondern auch ökonomische Methodik vermitteln will, bedarf daher in unseren Augen der Fundierung durch jene Begriffe und Techniken, die vielen ökonomisch-mathematischen Analysen zugrunde liegen und nicht zum selbstverständlichen Mathematikwissen der Studenten zählen. Dieser Grundlegung sind die folgenden Abschnitte gewidmet. Wir verzichten auf die in mathematischen Texten zumeist übliche Hervorhebung von Definitionen, Sätzen und Beweisen zugunsten einer Darstellung, die in lockerer Abfolge Begriffe einführt, die Aussagen mathematischer Sätze referiert und Zusammenhänge aufzuzeigen versucht. Eingestreut in diesen Text sind Anwendungsbeispiele aus dem Zweiten und Dritten Kapitel. Eine Zusammenstellung der verwendeten Symbole findet sich am Schluß dieses Kapitels. Wir hoffen, mit diesem kleinen ABC eine Lesehilfe – auch für weiterführende Texte – zu geben.

---

[1] *Takayama* (1974), S. XV.

A. Grundlegende Begriffe

I. Mengen

Menge

Eine **Menge** ist eine wohlbestimmte Zusammenfassung von Objekten, den Elementen der Menge.

Eine Menge stellen wir durch Großbuchstaben dar, ihre Elemente durch Kleinbuchstaben. $x \in X$ ($x \notin X$) bedeutet, x ist (ist kein) Element der Menge X.

Eine Menge X kann dargestellt werden, indem man alle ihre Elemente in geschweiften Klammern auflistet:

$$X = \{x_1, x_2, x_3\}$$

oder die Eigenschaften E(X) angibt, die alle Elemente der Menge X erfüllen:

$$X = \{x: x \text{ genügt } E(X)\}.$$

Mengensystem

Eine Menge, deren Elemente selbst Mengen sind, heißt **Mengensystem** oder kurz **System.**

Produktmenge, kartesisches Produkt

Die **Produktmengen** oder das **kartesische Produkt** $X \otimes Y$ zweier Mengen X und Y ist die Menge aller geordneten Paare (x, y), $x \in X$, $y \in Y$. Das Produkt endlich vieler Mengen X_i, i = 1, 2, ..., n, in Zeichen

$$X_1 \otimes X_2 \otimes X_3 \otimes \ldots \otimes X_n =: \prod_{i=1}^{n} X_i,$$

ist die Menge aller geordneten n-Tupel $(x_1, x_2, \ldots, x_n)$ mit $x_i \in X_i \, \forall \, i$. Ist $X_i = X_j \quad i, j = 1, 2, \ldots, n$, schreibt man dafür auch X^n.

Teilmenge und Potenzmenge

Eine Menge X heißt **Teilmenge** einer Menge Y, in Zeichen $X \subset Y$ (oder $Y \supset X$), wenn jedes Element von X zugleich Element von Y ist.

Zwei Mengen X und Y heißen gleich, $X = Y$, wenn sie dieselben Elemente haben. Demnach gilt:

$X = Y \Leftrightarrow X \subset Y \wedge Y \subset X.$

Die Menge *P* aller Teilmengen einer Menge X heißt **Potenzmenge.** Teilmengen einer Menge X sind sowohl X als auch die leere Menge $\emptyset$, d. i. die Menge, die kein Element enthält.

Mengenverknüpfungen

Die **Vereinigung** zweier Mengen X_1 und X_2 ist die Menge X aller Elemente, die entweder zu X_1 oder X_2 gehören:

$X = X_1 \cup X_2 = \{x: x \in X_1 \vee x \in X_2\}.$

Analog ist die Vereinigung beliebig vieler Mengen X_i, $\bigcup_{i=1}^{n} X_i$, die Menge aller Elemente, die zumindest einer Menge X_i, $i = 1, 2, \ldots, n$, angehören.

Der **Durchschnitt** zweier Mengen X_1 und X_2 ist die Menge X aller Elemente, die sowohl zu X_1 als auch zu X_2 gehören:

$X = X_1 \cap X_2 = \{x: x \in X_1 \wedge x \in X_2\}.$

Der Durchschnitt beliebig vieler Mengen X_i, $\bigcap_{i=1}^{n} X_i$, ist die Menge aller Elemente, die Element jeder Menge X_i sind. Mengen, deren Durchschnitt die leere Menge $\emptyset$ ist, heißen elementfremd oder **disjunkt.**

Das **relative Komplement** oder die **Differenz** einer Menge X in bezug auf eine Menge Y, $X \setminus Y$, ist die Menge aller Elemente, die zwar zu X, aber nicht zu Y gehören:

$X \setminus Y = \{x: x \in X, x \notin Y\}.$

Sei U eine Grundmenge und $X \subset U$.

Das **absolute Komplement** oder einfach **Komplement** der Menge X, $\bar{X}$ (oder X^c), ist die Menge aller Elemente, die nicht zu X gehören:

$\bar{X} = \{x: x \notin X, x \in U\}.$

n-dimensionaler reeller Zahlenraum

Die Menge aller n-Tupel reeller Zahlen, d. h. das n-fache kartesische Produkt der Menge der reellen Zahlen R,

$$R^n = \{(x_1, x_2, \ldots, x_n): x_i \in R \; \forall \; i = 1, 2, \ldots, n\},$$

wird als **n-dimensionaler reeller Zahlenraum** bezeichnet.[2] Seine Elemente $\mathbf{x} = (x_1, x_2, \ldots, x_n)$ nennt man **Punkte** oder **Vektoren.**[3] Für die Menge aller n-Tupel reeller, nicht negativer Zahlen verwenden wir das Symbol R^n_+.

Vektoren werden addiert, indem man ihre Komponenten x_i addiert. Die Multiplikation aller Komponenten eines Vektors mit einer reellen Zahl λ wird als **Skalarmultiplikation** bezeichnet. Das **innere Produkt** zweier Vektoren **x** und **y**, $\mathbf{x}, \mathbf{y} \in R^n_+$, ist definiert als

$$\mathbf{x}\mathbf{y}^T = \sum_{i=1}^{n} x_i y_i.^3$$

Ist $\mathbf{x}\mathbf{y}^T = 0$, steht geometrisch gesehen **x** senkrecht auf **y**. Man sagt auch, **x** und **y** sind **orthogonal.**

Als **Norm** von x, in Zeichen $\|\mathbf{x}\|$, bezeichnet man den Ausdruck $\|\mathbf{x}\| = \sqrt{\mathbf{x}\mathbf{x}^T}$. Geometrisch ist die Norm der Abstand des Punktes **x** vom Ursprung. *Abbildung 4.1* illustriert dies für einen Punkt $\mathbf{x} = (x_1, x_2)$

---

[2] Eine Menge, die eine mathematische Struktur trägt, heißt Raum. Mathematische Strukturen sind topologische, algebraische und Ordnungsstrukturen. Von einer Ordnungsstruktur spricht man, wenn auf einer Menge eine Ordnungsrelationen (s. u.) definiert ist. Eine Menge trägt eine algebraische Struktur, wenn auf ihr Elementverknüpfungen, wie beispielsweise Addition und Division, durchführbar sind. Kann auf einer Menge ein System von Teilmengen definiert werden, das bestimmten Axiomen genügt, weist diese Menge eine topologische Struktur auf.

[3] $\mathbf{x} = (x_1, x_2, \ldots, x_n)$ nennt man Zeilenvektor und $\mathbf{x}^T$ (oder $\mathbf{x}'$), dargestellt als

$$\mathbf{x}^T = \begin{pmatrix} x_1 \\ x_2 \\ \cdot \\ \\ \cdot \\ \cdot \\ x_n \end{pmatrix},$$

nennt man Spaltenvektor. Oft schreibt man auch **x** für den Spaltenvektor und $\mathbf{x}^T$ für den Zeilenvektor. Wir verwenden die erstgenannte Darstellung.

im R^2_+. Nach dem Satz des Pythagoras ist $x_1^2 + x_2^2 = c^2$, so daß $c = (x_1^2 + x_2^2)^{1/2}$ die Länge der Diagonale c ist.

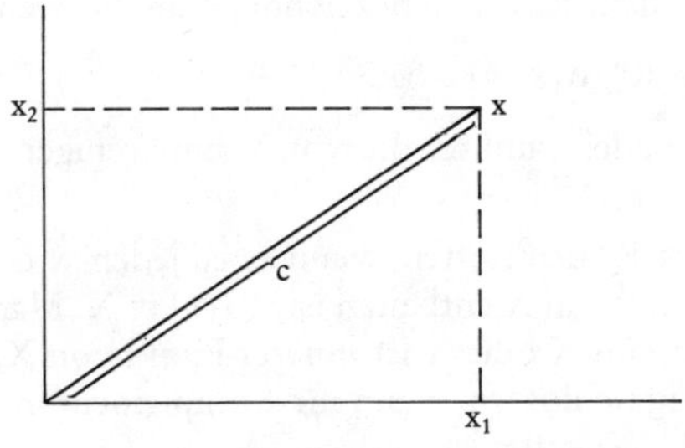

Abbildung 4.1

Den Abstand zwischen zwei Punkten **x**, **y** ∈ R^n gibt die **euklidische Metrik** an:

$$d(\mathbf{x}, \mathbf{y}) := [(x_1 - y_1)^2 + (x_2 - y_2)^2 + \ldots + (x_n - y_n)]^{1/2} = \|\mathbf{x} - \mathbf{y}\|$$

(vgl. *Abbildung 4.2*, wo $a^2 := (x_2 - y_2)^2$, $b^2 := (x_1 - y_1)^2$).

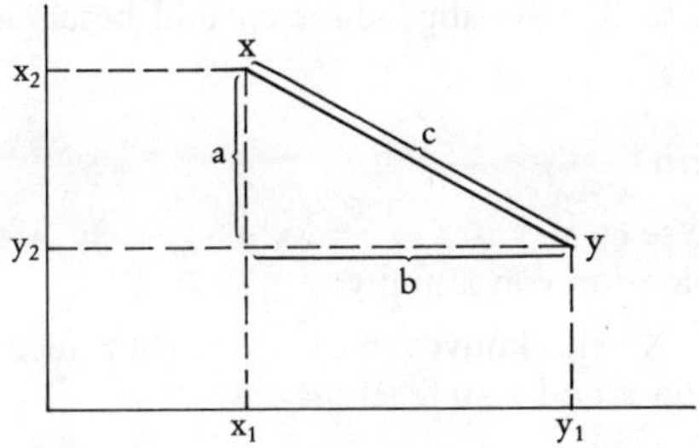

Abbildung 4.2

Die von uns betrachteten ökonomischen Größen, wie Preise, Mengen, Güter- und Faktorbündel können alle als Punkte in verschieden dimensionierten reellen Zahlenräumen dargestellt werden. Wir definieren daher die folgenden Konzepte, wie kompakte Menge, stetige Funktion usw., in bezug auf den n-dimensionalen reellen Zahlenraum, der mit der euklidischen Metrik zu einem metrischen Raum wird. Eine Übertragung dieser Konzepte auf nicht metrische Räume ist nicht ohne weiteres möglich.

Offene und abgeschlossene Mengen

Sei $\delta > 0$ eine beliebige reelle Zahl und $\mathbf{x} \in R^n$. Als **offene Kugel** oder **Kugel** um **x** mit dem Radius δ bezeichnet man die Menge

$$B_\delta(\mathbf{x}) = \{\mathbf{y}: \mathbf{y} \in R^n, d(\mathbf{x}, \mathbf{y}) < \delta\},$$

d.h. die Menge aller Punkte, die von **x** um weniger als δ entfernt sind.

Eine Menge $X \subset R^n$ heißt **offen,** wenn es zu jedem $\mathbf{x} \in X$ eine offene Kugel $B_\delta(\mathbf{x})$ gibt, die in X enthalten ist, $B_\delta(\mathbf{x}) \subset X$. Man sagt dann, **x** liegt im **Inneren** von X oder **x** ist **innerer Punkt** von X. Eine Menge $X \subset R^n$ heißt **abgeschlossen,** wenn ihr Komplement in bezug auf die Grundmenge R^n, $\bar{X}$, offen ist.

Beschränkte Mengen

Eine Menge $X \subset R^n$ heißt **beschränkt,** wenn es ein $\mathbf{x} \in X$ und eine offene Kugel $B_\delta(\mathbf{x})$, $0 < \delta < \infty$, gibt, in der X enthalten ist, $X \subset B_\delta(\mathbf{x})$. Andernfalls heißt X **unbeschränkt.**

Kompakte Mengen

Eine Menge $X \subset R^n$, die abgeschlossen und beschränkt ist, heißt **kompakt.**[4]

Konvexe Mengen

Sei $X \subset R^n$ und seien $\mathbf{x}, \mathbf{y} \in X$. $\mathbf{z} := \lambda\mathbf{x} + (1 - \lambda)\mathbf{y}$, $\lambda \in [0, 1]$, heißt **konvexe Kombination** von **x** und **y**.

Eine Menge $S \subset X$ heißt **konvex,** wenn $\forall\ \mathbf{x}, \mathbf{y} \in S$ auch jede konvexe Kombination von **x** und **y** zu S gehört.

Beispiel: Mit Mengen haben wir es insbesondere in der Haushalts- und Unternehmenstheorie zu tun. Die Menge der Produktionsmöglichkeiten Y eines Unternehmens, ist die Menge aller technisch realisierbaren Produktionsprozesse

---

[4] Die eigentliche Definition des Kompaktheitsbegriffs beruht auf dem Begriff einer endlichen Teilüberdeckung einer Menge. Nach dem Satz von *Heine-Borel* ist für Teilmengen des R^n die Eigenschaft einer Menge, eine endliche Teilüberdeckung zu besitzen, äquivalent zur Aussage, die Teilmenge sei abgeschlossen und beschränkt.

$y = (q_1, q_2, \ldots, q_n, x_1, x_2, \ldots, x_n)$.

Sie ist eine Teilmenge des R^{n+m}.

Der Konsumraum eines Haushalts ist die Menge aller Güterbündel

$$q = (q_1, q_2, \ldots, q_n),$$

die als Konsumalternativen für den Haushalt denkbar sind. Sind alle n Konsumgüter unendlich teilbar, kann der Konsumraum mit dem R^n_+ zusammenfallen. Die Budgetrestriktion

$$y \geqq \sum_{i=1}^{n} p_i q_i$$

grenzt daraus eine Menge von Güterbündeln ab, die der Haushalt bei gegebenen Güterpreisen p_i und gegebenem Einkommen y erwerben kann. Diese Menge der Konsummöglichkeiten

$$B = \{q: \sum_{i=1}^{n} p_i q_i \leqq y, q \in R^n_+\}$$

ist für $y, p_i > 0 \quad i$, beschränkt, abgeschlossen und konvex. Sie ist beschränkt, da der Haushalt von jedem Gut maximal die Menge $y/p_i < \infty$ erwerben kann. Sie ist abgeschlossen, da die Randpunkte $q_i = 0$, $q_i = y/p_i$ und $q_i = (y - \sum_{\substack{j=1 \\ j \neq i}}^{n} p_j q_j)/p_j$ Elemente von B sind. Sie ist konvex, da für $q^1, q^2 \in B$ auch $q^3 := \lambda q^1 + (1 - \lambda) q^2$, $\lambda \in (0,1)$, die Budgetrestriktion erfüllt, denn ist

$$\sum_{i=1}^{n} p_i q_i^1 \leqq y \text{ und } \sum_{i=1}^{n} p_i q_i^2 \leqq y,$$

so ist

$$\sum_{i=1}^{n} \lambda p_i q_i^1 + (1 - \lambda) p_i q_i^2 \leqq \lambda y + (1 - \lambda) y = y.$$

II. Relationen und Funktionen

Relationen

Eine Teilmenge P des kartesischen Produktes zweier Mengen X und Y, $P \subset X \otimes Y$, heißt **Relation.** Für die Elemente von P, $(x, y) \in P$, schreibt man xPy und sagt, „x steht in Relation zu y". Für $(x, y) \notin P$ schreibt man $x \not P y$. Eine Relation P auf der Menge X, $P \subset X \otimes X$, wird als **binäre Relation,** häufig aber auch nur als **Relation auf** X bezeichnet.

Eine Relation heißt

- reflexiv, wenn $xPx \ \forall \ x \in X$,
- symmetrisch, wenn für $xPy \Rightarrow yPx \ \forall \ x \in X, y \in Y$,
- asymmetrisch, wenn für $xPy \Rightarrow y \not P x \ \forall \ x \in X, y \in Y$,
- antisymmetrisch, wenn für $xPy \wedge yPx \Rightarrow x = y$,
- transitiv, wenn für $xPy \wedge yPz \Rightarrow xPz$.

Eine Relation, die reflexiv, symmetrisch und transitiv ist, heißt **Äquivalenzrelation.** Eine reflexive, antisymmetrische und transitive Relation heißt **schwache Ordnungsrelation.** Eine **starke Ordnungsrelation** ist eine nicht reflexive, asymmetrische und transitive Relation.

Sei I eine Äquivalenzrelation auf einer Menge X. Dann heißt die Menge aller Elemente y, die xIy erfüllen, **Äquivalenzklasse** von x, in Zeichen $[x] = \{y: (x, y) \in I\}$.

Seien [x] und [y] zwei Äquivalenzklassen. Ist $[x] \neq [y]$, so sind [x] und [y] disjunkt. Die Menge aller Äquivalenzklassen der Menge X teilt X in paarweise disjunkte, nicht-leere Mengen ein, so daß jedes $x \in X$ zu einer Äquivalenzklasse gehört.

Beispiel: Im Abschnitt A.I.2 des Zweiten Kapitels hatten wir die Präferenzordnung eines Haushalts kennengelernt. Die Relation $\succ$ auf dem Güterraum Q ist eine starke Ordnungsrelation, da $\mathbf{q}^1 \not\succ \mathbf{q}^1$ (nicht reflexiv), $\mathbf{q}^1 \succ \mathbf{q}^2 \Rightarrow \mathbf{q}^2 \not\succ \mathbf{q}^1$ (asymmetrisch) und $\mathbf{q}^1 \succ \mathbf{q}^2 \wedge \mathbf{q}^2 \succ \mathbf{q}^3 \Rightarrow \mathbf{q}^1 \succ \mathbf{q}^3$ (transitiv). Die Relation $\succsim$ ist eine schwache Ordnungsrelation, da sie reflexiv, $\mathbf{q}^1 \succsim \mathbf{q}^1$, antisymmetrisch, $\mathbf{q}^1 \succsim \mathbf{q}^2 \wedge \mathbf{q}^2 \succsim \mathbf{q}^1 \Rightarrow \mathbf{q}^1 \sim \mathbf{q}^2$, und transitiv ist. Die Indifferenzrelation $\sim$ ist eine Äquivalenzrelation, da sie symmetrisch, $\mathbf{q}^1 \sim \mathbf{q}^2 \Rightarrow \mathbf{q}^2 \sim \mathbf{q}^1$, reflexiv und transitiv ist. Die Indifferenzmenge $[\mathbf{q}_1] = \{\mathbf{q}: \mathbf{q}_1 \sim \mathbf{q}, \mathbf{q}_1, \mathbf{q} \in Q\}$ ist eine Äquivalenzklasse. Das System *I* aller Indifferenzmengen teilt daher den Konsumraum vollständig in paarweise disjunkte, nicht-leere Indifferenzmengen auf; d. h. jedes $q \in Q$ gehört zu genau einer Indifferenzmenge. (Den Beweis dieses Satzes findet der Leser in Fußnote 5 des Abschnittes A im Zweiten Kapitel.)

Abbildungen und Funktionen

Eine Relation P auf dem kartesischen Produkt zweier Mengen X und Y, $X \otimes Y$, legt eine Zuordnung oder **Abbildung** von Elementen der

Menge X auf Elemente der Menge Y fest. Hierfür schreiben wir $f: X \rightarrow Y$ oder $X \xrightarrow{f} Y$. Sind jedem $x \in X$ mehrere Punkte in Y zugeordnet, ist f eine Punkt-Mengen-Abbildung oder **Korrespondenz.** Ist jedem $x \in X$ genau ein Punkt y in Y zugeordnet, ist f eine Punkt-Punkt-Abbildung und heißt **Funktion.** Die Menge $\{x: x \in X,$ $y \in Y$, so daß $y = f(x)\}$ wird als **Definitionsbereich** von f bezeichnet, die Menge der Bilder $y = f(x)$, in Zeichen $\{y: y \in Y, \quad x \in X,$ so daß $y = f(x)\} =: f[X]$, heißt **Wertebereich** von f. Die Menge $\{(x, f(x)): x \in X, f(x) \in Y\} \subset X \otimes Y$ heißt **Graph** von f.

Eine Funktion $f: X \rightarrow Y$ heißt **injektiv** oder eineindeutig, wenn Elementen von X verschiedene Punkte von Y zugeordnet sind, präziser: aus $f(x) = f(x')$ muß $x = x'$ folgen. Ist jedes Element von Y Bild eines Elementes aus X, d. h. ist $Y = f[X]$, ist die Funktion $f: X \rightarrow Y$ **surjektiv.** Eine Funktion $f: X \rightarrow Y$, die injektiv und surjektiv ist, heißt **bijektiv.**

Mit jeder Funktion $f: X \rightarrow Y$ ist die inverse Abbildung $f^{-1}: Y \rightarrow X$ mit dem Graph $\{(f(x), x): f(x) \in Y, x \in X\}$ verknüpft. Die inverse Abbildung ist dann eine Funktion, die sogenannte **Umkehrfunktion** oder **Inverse,** wenn f bijektiv ist.

Beispiel: Die von uns im Zweiten und Dritten Kapitel betrachteten Beziehungen zwischen ökonomischen Größen sind allesamt Funktionen. Dazu gehören beispielsweise die Nachfragefunktion $q_i(p_1, p_2, \ldots, p_n, y)$ eines Haushaltes, die jedem Punkt $(p_1, p_2, \ldots, p_n, y) \in R^n_+ \otimes R$ einen Punkt $q_i \in R_+$ zuordnet, die Güterangebotsfunktion eines Unternehmens $q^s_j = q^s_j(p)$, definiert durch $q^s_j: R_+ \rightarrow R_+$ und die Geldnachfragefunktion $L: R^2_+ \rightarrow R_+$, die jedem (r, Y) einen Punkt $L(r, Y) \in R_+$ zuordnet.

Inverse Funktionen haben wir z. B. kennengelernt in Form der Ausgabenfunktion $a(p_1, p_2, \ldots, p_n, U)$, welche die Inverse der indirekten Nutzenfunktion $V(p_1, p_2, \ldots, p_n, y)$ ist, und in der Arbeitsnachfragefunktion $N^d\left(\frac{W}{P}\right) := (H')^{-1}\left(\frac{W}{P}\right)$, $H'(N) := dH(N)/dN$. Da sowohl V als auch H als strikt monotone Funktionen bijektiv sind, sind ihre Inversen Funktionen.[5]

---

[5] Eine Funktion heißt strikt monoton, wenn $\quad x, x' \in X$, aus $x > x'$ stets $f(x) > f(x')$ oder stets $f(x) < f(x')$ folgt. Im ersten Fall heißt die Funktion strikt monoton wachsend, im zweiten Fall strikt monoton fallend.

B. Funktionen im R^n

I. Einige Funktionseigenschaften

Reell- und vektorwertige Funktionen

Der einfachste Funktionstyp, den wir verwendeten, ist eine Funktion $f: R \to R$, deren Definitions- und Wertebereich die Menge der reellen Zahlen R ist. Die Funktion $f: R^n \to R$ ordnet jedem n-Tupel reeller Zahlen genau eine reelle Zahl zu. Der Wertebereich beider Funktionstypen ist somit die Menge der reellen Zahlen. Man spricht deshalb von **reellwertigen Funktionen.** Funktionen $f: R \to R$ heißen **gewöhnliche reellwertige Funktionen.**

Eine Funktion $\mathbf{f}: R^n \to R^m$, die jedem n-Tupel reeller Zahlen (Vektor) ein m-Tupel reeller Zahlen zuordnet, heißt **vektorwertige Funktion** oder **Vektorfeld.**

Ein Vektorfeld ist beispielsweise die lineare Funktion $\mathbf{y}^T = A\mathbf{x}^T$, $\mathbf{y}^T \in R^m$, $\mathbf{x}^T \in R^n$, mit der aus m Zeilen und n Spalten bestehenden Matrix A,

$$A = \begin{pmatrix} a_{11} & a_{12} & \dots & a_{1n} \\ a_{21} & a_{22} & \dots & a_{2n} \\ \cdot & \cdot & \dots & \cdot \\ \cdot & \cdot & \dots & \cdot \\ \cdot & \cdot & \dots & \cdot \\ a_{m1} & a_{m2} & \dots & a_{mn} \end{pmatrix} .$$

Beispiel: Eine reellwertige Funktion mit dem Definitionsbereich im R ist die Marktnachfragefunktion

$q^d = q^d(p)$, $p, q^d \in R_+$.

Die Produktionsfunktion

$q = g(n, k)$, $g: R_+^2 \to R_+$,

und die Ausgabenfunktion

$a = a(p_1, p_2, \dots, p_n, U)$, $a: R_+^n \otimes R_+ \to R_+$, sind ebenfalls reellwertige Funktionen, deren Definitionsbereich im R^2_+ bzw. im $R^{n+1}_+ := R^n_+ \otimes R_+$ liegt.

Explizite und implizite Funktionen

Von einer **expliziten** Funktion spricht man, wenn die Zuordnungsvorschrift in Form einer nach der Bildvariablen $\mathbf{y}$, $\mathbf{y} \in R^m$, aufgelösten Gleichung gegeben ist: $\mathbf{y} = \mathbf{f}(\mathbf{x})$, $\mathbf{x} \in R^n$. Ist hingegen $\mathbf{f}(\mathbf{y}, \mathbf{x}) \equiv \mathbf{0}$ gegeben, spricht man von einer **impliziten Funktion.**

Beispiel: Die meisten Funktionen, die wir kennenlernten, waren explizite Funktionen. Eine implizite Funktion ist die Indifferenzkurve $u(q_1, q_2) - \bar{u} \equiv 0$ oder die Isoquante $g(n, k) - \bar{y} \equiv 0$. Ein implizites Vektorfeld bilden die Gleichgewichtsbedingungen des IS-LM-Modells,

$$\tilde{s}\,Y - I(r) - E \equiv 0,$$

$$M - L(r, Y) \equiv 0,$$

wobei $(r, Y) \in R^2_+$, $(M, E, \tilde{s}) \in R^3_+$ und $\mathbf{f}: R^3_+ \to R^2_+$ durch die beiden vorstehenden Gleichungen definiert ist.

Konkave, konvexe und quasikonkave Funktionen

Wir betrachten reellwertige Funktionen, die auf einer konvexen Menge $X \subset R^n$ definiert sind.

Eine Funktion $f: X \to R$ heißt **konkav,** wenn für jedes $\mathbf{x}, \mathbf{y} \in X$

$$f[\lambda\mathbf{x} + (1 - \lambda)\mathbf{y}] \geqq \lambda f(\mathbf{x}) + (1 - \lambda) f(\mathbf{y}).$$

f heißt **strikt konkav,** wenn

$$f[\lambda\mathbf{x} + (1 - \lambda)\mathbf{y}] > \lambda f(\mathbf{x}) + (1 - \lambda) f(\mathbf{y}).$$

Abbildung 4.3 veranschaulicht für $X \subset R$ den Begriff einer strikt konkaven Funktion. Die Sekante zwischen den Punkten x und y liegt stets unterhalb des Funktionsgraphen.

Ist f konkav (strikt konkav), dann heißt $-$ f **konvex (strikt konvex).** Demnach ist eine konvexe Funktion $f: X \to R$ durch

$$f[\lambda\mathbf{x} + (1 - \lambda)\mathbf{y}] \leqq \lambda f(\mathbf{x}) + (1 - \lambda) f(\mathbf{y})$$

und eine strikt konvexe durch

$$f[\lambda\mathbf{x} + (1 - \lambda)\mathbf{y}] < \lambda f(\mathbf{x}) + (1 - \lambda) f(\mathbf{y})$$

gekennzeichnet.

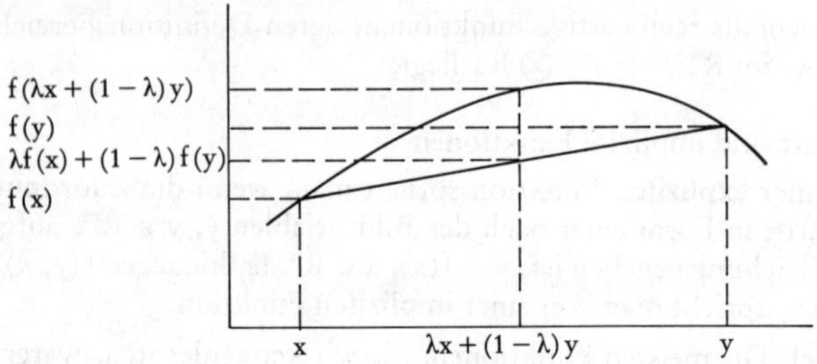

Abbildung 4.3

Mithin liegt bei einer strikt konvexen Funktion die Strecke zwischen zwei Punkten **x** und **y** innerhalb der vom Graphen der Funktion eingeschlossenen Fläche.

Eine Funktion f: X → R heißt **quasikonkav,** wenn

$$f[\lambda \mathbf{x} + (1 - \lambda)\mathbf{y}] \geqq \min \{f(\mathbf{x}), f(\mathbf{y})\}.$$

Gilt nur das Größerzeichen, heißt f **strikt quasikonkav.**

Ist $f[\lambda \mathbf{x} + (1 - \lambda)\mathbf{y}] \leqq \max \{f(\mathbf{x}), f(\mathbf{y})\}$, heißt f **quasikonvex** bzw. **strikt quasikonvex,** wenn nur das Kleinerzeichen zutrifft.

Demnach ist jede monotone gewöhnliche Funktion f: R ⊃ X → R, sowohl quasikonkav wie auch quasikonvex.

Stetige Funktionen

Sei **f**: $R^n \to R^m$, $\mathbf{x}_0 \in R^n$, $\mathbf{y}_0 = f(\mathbf{x}_0) \in R^m$.

Für ein $\varepsilon > 0$ ist $B_\varepsilon(\mathbf{y}_0) = \{\mathbf{y}: d(\mathbf{y}_0, \mathbf{y}) < \varepsilon\}$ eine offene Kugel mit Mittelpunkt $\mathbf{y}_0$. Sofern die Urbildmenge von $B_\varepsilon(\mathbf{y}_0)$, d. h. $\mathbf{f}^{-1}[B_\varepsilon(\mathbf{y}_0)] = \{\mathbf{x}: f(\mathbf{x}) \in B_\varepsilon(\mathbf{y}_0)\}$, ebenfalls eine offene Menge ist, heißt f stetig im Punkt $\mathbf{x}_0$. Wenn $\mathbf{f}^{-1}[B_\varepsilon(\mathbf{y}_0)]$ eine offene Menge ist, muß es ein $\delta > 0$ geben, so daß die offene Kugel

$$B_\delta(\mathbf{x}_0) = \{\mathbf{x}: d(\mathbf{x}_0, \mathbf{x}) < \delta\} \text{ in } \mathbf{f}^{-1}[B_\varepsilon(\mathbf{y}_0)]$$

liegt.

Mit anderen Worten, es muß zu jedem $\varepsilon > 0$ ein $\delta > 0$ geben, so daß

$$\mathbf{x} \in B_\delta(\mathbf{x}_0) \Rightarrow f(\mathbf{x}) \in B_\varepsilon(\mathbf{y}_0).$$

Äquivalent zu dieser Aussage ist, daß zu jedem $\varepsilon > 0$ ein $\delta > 0$ existiert, so daß

$$d(\mathbf{x}_0, \mathbf{x}) < \delta \Rightarrow d(\mathbf{y}_0, \mathbf{y}) < \varepsilon.$$

Die Funktion f heißt **stetig,** wenn sie in jedem Punkt $\mathbf{x} \in R^n$ stetig ist.

Beispiel: Betrachten wir die Geldnachfrage eines Individuums i zum Zweck der Wertaufbewahrung, $L_i(r)$. Sie ist definiert

$$L_i(r) = \begin{cases} \bar{m} \text{ für } r \leqq r_k \\ 0 \text{ sonst.} \end{cases}$$

Abbildung 4.4 veranschaulicht diese Funktion im r-m-Diagramm.

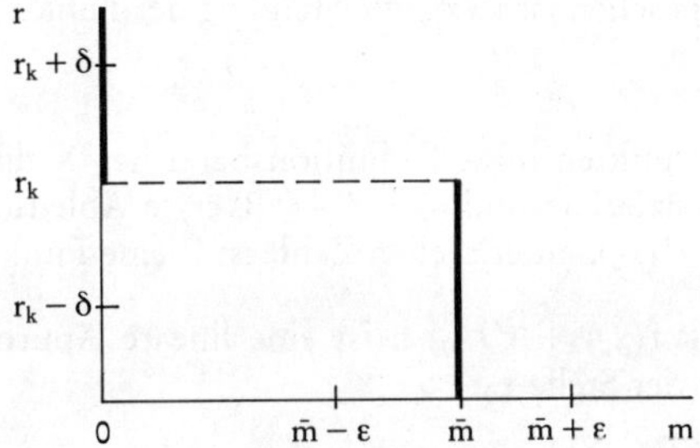

Abbildung 4.4

L_i ist im Punkt r_k nicht stetig. Wählen wir ein $\varepsilon > 0$, so daß $\varepsilon < \bar{m}$, dann gibt es kein $\delta > 0$, so daß $r - r_k < \delta \Rightarrow \bar{m} - m < \varepsilon$, denn für jedes $\delta > 0$ ist $L_i(r_k + \delta) = 0$ und somit $\bar{m} - 0 > \varepsilon$.[1]

L_i ist im Intervall $(0, r_k)$ und im Bereich $r > r_k$ stetig. Wählt man $\varepsilon < \bar{m}$, $\varepsilon > 0$, dann ist für jedes $r' \in (0, r_k)$ und $\delta > 0$ $L_i(r' + \delta) = L_i(r' - \delta) = \bar{m}$ und folglich $d(\bar{m}, L(r)) = \bar{m} - \bar{m} = 0 < \varepsilon$. Analog kann die Stetigkeit für $r > r_k$ gezeigt werden.

II. Differentiale

Gewöhnliches Differential

Eine gewöhnliche reellwertige Funktion $f: X \to R$, definiert auf einem offenen Intervall $X = \{x: a < x < b, a, b \in R\}$ der reellen

[1] Für $x, y \in R$ ist $d(x, y) = |y - x| \equiv \sqrt{(y - x)^2}$.

Zahlengeraden, heißt **differenzierbar an der Stelle** $x_0 \in X$, wenn der folgende Grenzwert, $f'(x_0)$, existiert (und weder ∞ noch $-\infty$ ist):

$$f'(x_0) := \lim_{\substack{h \to 0 \\ h \neq 0}} \frac{f(x_0 + h) - f(x_0)}{h}.$$

Für die reelle Zahl $f'(x_0)$ schreibt man häufig auch

$$\left.\frac{df}{dx}\right|_{x_0}.$$

Geometrisch gesehen ist $f'(x_0)$ die Steigung der Funktion f im Punkt x_0.

Ist f in allen Punkten ihres Definitionsbereiches X differenzierbar, heißt f **differenzierbar** und $f' : X \to R$ **erste Ableitung** von f. Im Gegensatz zu $f'(x_0)$, einer reellen Zahl, ist f' eine Funktion.

Der Ausdruck $f(x_0) + f'(x_0)\,h$ ist eine lineare Approximation der Funktion f an der Stelle x_0:

$$f(x) \approx f(x_0) + f'(x_0)\,h,\ x := x_0 + h,$$

denn $y = f(x_0) + f'(x_0)h$ ist im y-h-Diagramm (mit dem Ursprung bei x_0) eine Gerade.

Wegen

$$\lim_{\substack{h \to 0 \\ h \neq 0}} \left(\frac{f(x_0 + h) - f(x_0) - f'(x_0)\,h}{h} \right) = \lim_{\substack{h \to 0 \\ h \neq 0}} \left(\frac{f(x_0 + h) - f(x_0)}{h} - f'(x_0) \right) = f'(x_0) - f'(x_0) = 0$$

ist diese Approximation um so besser, je kleiner h ist.

Setzt man $\triangle f(x) := f(x_0 + h) - f(x_0)$, $\triangle x := x_0 - x = h$, approximiert $f'(x_0)\,\triangle x$ die Änderung des Funktionswertes $f(x)$, die mit einer Veränderung der unabhängigen Variablen x um $\triangle x$ einhergeht (vgl. *Abbildung 4.5*):

$$\triangle f(x) \approx f'(x_0)\,\triangle x.$$

Den Ausdruck $f'(x_0)\,\triangle x$, meist $f'(x_0)\,dx$, $\triangle x \equiv dx$, geschrieben, bezeichnet man als **gewöhnliches Differential** der Funktion f und schreibt dafür

$$df = f'(x_0)\,dx.$$

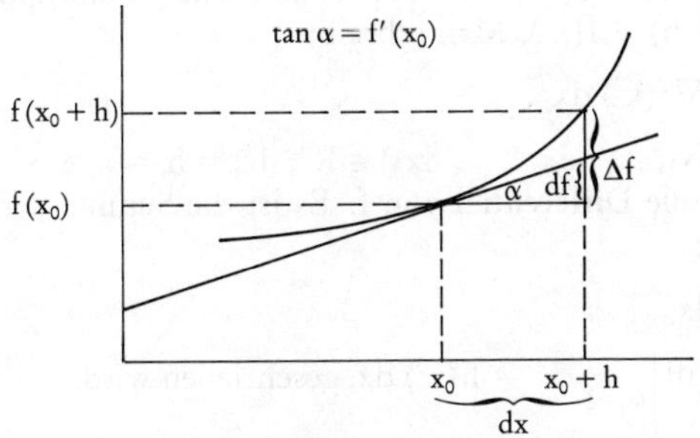

Abbildung 4.5

Das totale Differential

Das Konzept der linearen Approximation einer Funktion in einem Punkt $(x_0, f(x_0))$ liegt der Verallgemeinerung des Begriffs der Differenzierbarkeit auf Funktionen $f{:}R^n \supset X \to R$ zugrunde. Existiert eine lineare Funktion der Form

$$y = f(\mathbf{x}^0) + \mathbf{a}\mathbf{h}^T,$$

$\mathbf{a} = (a_1, a_2, \ldots, a_n)$, $\mathbf{h} = (h_1, h_2, \ldots, h_n)$, so daß

$$\lim_{\substack{\|\mathbf{h}\|\to 0\\ \|\mathbf{h}\|\neq 0}} \left(\frac{f(\mathbf{x}^0 + \mathbf{h}) - f(\mathbf{x}^0) - \mathbf{a}\mathbf{h}^T}{\|\mathbf{h}\|}\right) = 0,$$

heißt $f{:}R^n \supset X \to R$ differenzierbar an der Stelle $\mathbf{x}^0 \in X$. Der Vektor $\mathbf{a}$, für den häufig das Symbol $\nabla f(\mathbf{x}^0)$ benutzt wird, heißt **Gradient** von f an der Stelle $\mathbf{x}^0$. Seine Komponenten sind die **partiellen Ableitungen von f an der Stelle $\mathbf{x}^0$**. Diese sind definiert durch

$$\left.\frac{\partial f}{\partial x_i}\right|_{\mathbf{x}^0} = \lim_{\substack{h_i\to 0\\ h_i\neq 0}} \frac{f(x_1^0, x_2^0, \ldots, x_i^0 + h_i, \ldots, x_n^0) - f(x_1^0, x_2^0, \ldots, x_i^0, \ldots, x_n^0)}{h_i}.$$

Die partielle Ableitung ist mithin die gewöhnliche Ableitung der Funktion $f(\bar{x}_1, \bar{x}_2, \ldots, x_i, \ldots, \bar{x}_n)$, d. h. von f, wenn alle Variablen außer x_i als Konstante betrachtet werden. Für die reelle Zahl $\left.\frac{\partial f}{\partial x_i}\right|_{\mathbf{x}^0}$ schreibt man verkürzt $f_i(\mathbf{x}^0)$.

Ist f in allen $\mathbf{x} \in X$ differenzierbar, heißt f **differenzierbar.** Die partiellen Ableitungen f_i sind dann reellwertige Funktionen $f_i: X \to R$ und die aus allen partiellen Ableitungen zusammengesetzte Funktion $\nabla f: X \to R^n$ ist ein Vektorfeld.

Die reelle Zahl $\nabla f(\mathbf{x}^0) \cdot \mathbf{h}^T$ approximiert die Funktionsänderung $\triangle f = f(x^0 + h) - f(x^0)$. Man schreibt

$$\triangle f \approx df = \nabla f(x^0)\, \mathbf{dx}^T,$$

$\mathbf{dx} = (dx_1, dx_2, \ldots, dx_i, \ldots, dx_n) \in R^n$, $dx_i = h_i = x_i - x_i^0$, $df \in R$. df heißt das **totale Differential** von f. Es ist die Summe der **partiellen Differentiale**

$$\partial f := f_i(\mathbf{x}_0) dx_i,$$

für die auch $df\Big|_{\substack{dx_j = 0 \\ j \neq i}} = f_i(x^0)\, dx_i$ geschrieben wird.

Definiert man $\partial x_i \equiv dx_i$, folgt aus der ersten Gleichung

$$\frac{\partial f}{\partial x_i}\Big|_{\mathbf{x}^0} = f_i(x_0).$$

Die partielle Ableitung an der Stelle x_0 kann mithin auch als Quotient aus ∂f und ∂x_i dargestellt werden.

Eine differenzierbare Funktion $f: R^n \supset X \to R$ ist genau dann konkav, wenn

$$\triangle f \leqq \nabla f(x^0)\, dx^T$$

bzw. $[\triangle f := f(x) - f(x^0),\ dx := x - x^0]$

$$f(x) \leqq \nabla f(x^0)\,(x - x^0)^T,$$

f ist genau dann konvex, wenn

$$f(x) \geqq \nabla f(x^0)\,(x - x^0)^T.$$

Geometrisch bedeutet dies, daß konkave Funktionen stets unterhalb, konvexe Funktionen stets überhalb ihrer Tangentialebenen liegen. Für strikt konkave [konvexe] Funktionen gilt in den vorstehenden beiden Gleichungen nur das Ungleichheitszeichen.[2]

Das Prinzip, Funktionsänderungen durch Differentiale zu approximieren, kann auf vektorwertige Funktionen $f: X \to R^m$ ausgedehnt werden, die auf einer offenen Menge $X \subset R^n$ definiert sind. Dazu

---

[2] Zu diesen Aussagen siehe beispielsweise *Takayama* (1974), S. 80ff.

betrachten wir f als eine Menge von reellwertigen Funktionen $f^j : X \to R$, $j = 1, 2, \ldots, m$. Sind die f^j differenzierbar, ist das Differential des Vektorfeldes f an der Stelle $x^0 \in X$:

$$
\begin{aligned}
df_1 &= \nabla f^1(\mathbf{x}^0)\, \mathbf{dx}^T \\
df_2 &= \nabla f^2(\mathbf{x}^0)\, \mathbf{dx}^T \\
&\;\;\vdots \\
df_m &= \nabla f^m(\mathbf{x}^0)\, \mathbf{dx}^T
\end{aligned}
$$

$$\mathbf{dx} = (dx_1, dx_2, \ldots, dx_i, \ldots, dx_n) \in R^n,$$

$$\nabla f^j(\mathbf{x}^0) = (f_1^j(\mathbf{x}^0), f_2^j(\mathbf{x}^0), \ldots, f_i^j(\mathbf{x}^0), \ldots, f_n^j(\mathbf{x}^0)).$$

In Kurzform schreibt man dafür

$$\mathbf{df}^T = J\,(\mathbf{x}^0)\, \mathbf{dx}^T,$$

wobei jetzt $\mathbf{df} = (df_1, df_2, \ldots, df_j, \ldots, df_m) \in R^m$ ein Vektor ist und $J\,(\mathbf{x}^0)$ die mxn-Matrix der partiellen Ableitungen der f^j ist:

$$J\,(\mathbf{x}^0) = \begin{pmatrix} f_1^1(\mathbf{x}^0) & f_2^1(\mathbf{x}^0) & \ldots & f_n^1(\mathbf{x}^0) \\ f_1^2(\mathbf{x}^0) & f_2^2(\mathbf{x}^0) & \ldots & f_n^2(\mathbf{x}^0) \\ \cdot & \cdot & \ldots & \cdot \\ \cdot & \cdot & \ldots & \cdot \\ \cdot & \cdot & \ldots & \cdot \\ f_1^m(\mathbf{x}^0) & f_2^m(\mathbf{x}^0) & \ldots & f_n^m(\mathbf{x}^0) \end{pmatrix}.$$

Diese Matrix heißt **Jacobi-Matrix.**

Ableitungen höherer Ordnung

Wir haben gesehen, daß die Ableitungen differenzierbarer Funktionen ebenfalls Funktionen sind. Sind diese auch differenzierbar, erhält man eine weitere Funktion, die **zweite Ableitung** heißt. Ist diese wiederum differenzierbar, heißt ihre Ableitung **dritte Ableitung.**

Allgemein symbolisiert man die Menge ℓ-mal stetig differenzierbarer Funktionen durch C^ℓ. **Stetig differenzierbar** meint, daß alle ℓ Ableitungen einer Funktion stetige Funktionen sind.

Ist $f: X \to R$, $X \subset R^2$, $f \in C^2$, dann ist nach dem **Satz von Schwarz** $f_{ij} = f_{ji}$, $i, j = 1, 2$, $i \neq j$. Die zweite partielle Ableitung $f_{ij}\,(f_{ji})$ geht aus der ersten partiellen Ableitung $f_i\,(f_j)$ hervor, wenn man diese nach der Variablen j (i) differenziert.

III. Einige Ableitungsregeln

Für das Differenzieren von Funktionen gibt es einige wichtige Regeln, die wir in den vorstehenden Kapiteln ab und zu gebrauchten. Wir geben sie hier für gewöhnliche Funktionen f, g und h an, die auf einem offenen Intervall X der reellen Zahlengeraden definiert sind. Da partielle Ableitungen von Funktionen mehrerer Variabler wie gewöhnliche Ableitungen gebildet werden (s. o.), gelten diese Regeln auch für die partielle Differentiation.

(1) Sei $f(x) = x^n$, $n \in R$.

Dann ist $f'(x) = nx^{n-1}$.

(2) Sei $f(x) = g(x) + h(x)$.

Dann ist $f'(x) = g'(x) + h'(x)$.

(3) Sei $f(x) = g(x) \cdot h(x)$.

Dann ist $f'(x) = g'(x) \cdot h(x) + g(x) \cdot h'(x)$ (**Produktregel**).

(4) Sei $f(x) = \frac{g(x)}{h(x)}$.

Dann ist $f'(x) = \frac{g'(x)h(x) - g(x)h'(x)}{[h(x)]^2}$ (**Quotientenregel**).

(5) Sei $f(x) = g(y)$, $y = h(x)$, so daß $f(x) = g[h(x)]$.

Dann ist $f'(x) = g'(y) \cdot h'(x)$ (**Kettenregel**).

(6) Sei $f(x)$ strikt monoton wachsend oder strikt monoton fallend und $f^{-1}(x)$ ihre Inverse.

Dann ist $(f^{-1})'(x) = \frac{1}{f'(x)}$.

IV. Der Satz von Taylor

Der Satz von *Taylor* behandelt die Darstellung einer hinreichend oft differenzierbaren Funktion durch eine Potenzreihe. Diese Darstellung ist u. a. ein nützliches Hilfsmittel zur Herleitung der notwendigen und hinreichenden Bedingungen für die Extrema einer Funktion.

Sei $f: X \to R$, $X \subset R$, $f \in C^{n+1}$. Nach dem Satz von *Taylor* kann f(x) im Punkt $\bar{x}$ durch folgende Potenzreihe dargestellt werden:

$$f(x) = f(\bar{x}) + f'(\bar{x})(x - \bar{x}) + \frac{1}{2} f''(\bar{x})(x - \bar{x}) + \ldots +$$

$$+ \frac{1}{n!} f^{(n)}(\bar{x})(x - \bar{x})^n + \frac{1}{(n+1)!} f^{(n+1)}(z)(x - \bar{x})^{n+1}.$$

Dabei ist $f^{(n)}$ die n-te Ableitung von f und der letzte Summand das sogenannte **Restglied nach Lagrange.** Im Unterschied zu allen anderen Gliedern der Reihe wird bei diesem Restglied die Ableitung nicht an der Stelle $\bar{x}$, sondern an einem Punkt $z = \lambda x + (1 - \lambda)\bar{x}$, $\lambda \in (0, 1)$, zwischen x und $\bar{x}$ berechnet.[3]

Sei $f: X \to R$, $X \subset R^n$, $f \in C^2$, dann gilt für die Entwicklung von f an der Stelle $\bar{x} \in X$

$$f(\mathbf{x}) = f(\bar{\mathbf{x}}) + \nabla f(\mathbf{z})(\mathbf{x} - \bar{\mathbf{x}})^T, \ \mathbf{z} = \lambda\mathbf{x} + (1 - \lambda)\bar{\mathbf{x}}, \ \lambda \in (0, 1).$$

---

[3] Siehe hierzu beispielsweise *Beckmann, Künzi* (1973), Band I, S. 206ff. Zur Illustration dieses Satzes stelle man sich vor, man wolle die Funktion f(x) durch eine Parabel $y = ax^2 + bx + c$ im Punkt $\bar{x}$ approximieren. Wie müssen a, b und c gewählt werden? Es ist einleuchtend zu fordern $f(\bar{x}) = a\bar{x}^2 + b\bar{x} + c$. Außerdem sollten sowohl erste wie auch zweite Ableitung von f mit denen der Parabel übereinstimmen. Dann erhält man $f'(\bar{x}) = 2a\bar{x} + b$ und $f''(\bar{x}) = 2a$. Damit sind drei Gleichungen gefunden, aus denen a, b und c berechnet werden können:

$$a = \frac{1}{2} f''(\bar{x}),$$

$$b = f'(\bar{x}) - f''(\bar{x})\bar{x},$$

$$c = f(\bar{x}) - \frac{1}{2} f''(\bar{x})\bar{x}^2 - f'(\bar{x})\bar{x} + f''(\bar{x})\bar{x}^2.$$

Setzt man diese Ausdrücke in die Parabelgleichung ein, ergibt sich

$$f(x) \approx f(\bar{x}) + f'(\bar{x})(x - \bar{x}) + \frac{1}{2} f''(\bar{x})(x - \bar{x})^2.$$

Das Restglied nach *Lagrange* gibt somit den Fehler an, der dadurch entsteht, daß man eine beliebige Funktion durch eine Potenzreihe approximiert. Wäre f eine Parabel, träte kein Fehler auf,

$$f(x) = f(\bar{x}) + f'(\bar{x})(x - \bar{x}) + \frac{1}{2} f''(\bar{x})(x - \bar{x})^2.$$

Außer dieser linearen Darstellung wollen wir noch die quadratische Darstellung von f angeben. Nach dem Satz von *Taylor* ist sie

$$f(\mathbf{x}) = f(\bar{\mathbf{x}}) + \nabla f(\bar{\mathbf{x}})\,(\mathbf{x} - \bar{\mathbf{x}})^T + \frac{1}{2}\,(\mathbf{x} - \bar{\mathbf{x}})\,H(\mathbf{z})\,(\mathbf{x} - \bar{\mathbf{x}})^T.$$

Dabei ist $H(\mathbf{z})$ die **Hesse'sche Matrix,**

$$H(\mathbf{z}) = \begin{pmatrix} f_{11}(\mathbf{z}) & f_{12}(\mathbf{z}) & \dots & f_{1n}(\mathbf{z}) \\ f_{21}(\mathbf{z}) & f_{22}(\mathbf{z}) & \dots & f_{2n}(\mathbf{z}) \\ \cdot & \cdot & \dots & \cdot \\ \cdot & \cdot & \dots & \cdot \\ \cdot & \cdot & \dots & \cdot \\ f_{n1}(\mathbf{z}) & f_{n2}(\mathbf{z}) & \dots & f_{nn}(\mathbf{z}) \end{pmatrix}.$$

Nach dem Satz von *Schwarz* (s. o.) ist H symmetrisch, d. h. $f_{ij}(\dot{\mathbf{z}}) = f_{ji}(\dot{\mathbf{z}})$.[4]

---

[4] Siehe hierzu beispielsweise *Intriligator* (1971), S. 466.
Zum Verständnis dieser Formel stelle man sich vor, die Funktion $f: X \to R$, $X \subset R^2$, solle durch die quadratische Funktion $y = a + a_1x_1 + a_2x_2 + a_{12}x_1x_2 + a_{21}x_1x_2 + a_{11}x_1^2 + a_{22}x_2^2$ im Punkt $\bar{x} = (\bar{x}_1, \bar{x}_2)$ approximiert werden. Analog zu Fußnote 3) wird man

$$f(\bar{x}) = a + a_1\bar{x}_1 + a_2\bar{x}_2 + a_{12}\bar{x}_1\bar{x}_2 + a_{21}\bar{x}_1\bar{x}_2 + a_{11}\bar{x}_1^2 + a_{22}\bar{x}_2^2,$$

$$f_1(\bar{x}) = a_1 + a_{12}\bar{x}_2 + a_{21}\bar{x}_2 + 2a_{11}\bar{x}_1,$$

$$f_2(\bar{x}) = a_2 + a_{12}\bar{x}_1 + a_{21}\bar{x}_1 + 2a_{22}\bar{x}_2,$$

$$f_{12}(\bar{x}) = f_{21}(\bar{x}) = a_{12} + a_{21},$$

$$f_{11}(\bar{x}) = 2a_{11} \text{ und } f_{22}(\bar{x}) = 2a_{22}$$

wählen. Daraus können die Koeffizienten $a, a_1, a_2, a_{21}, a_{12}, a_{11}$ und a_{22} berechnet werden. Setzt man die Lösungen in die Gleichung für y ein, ergibt sich schließlich

$$f(\mathbf{x}) \approx f(\bar{\mathbf{x}}) + f_1(\bar{\mathbf{x}})(x_1 - \bar{x}_1) + f_2(\bar{x})(x_2 - \bar{x}_2) + f_{12}(\bar{\mathbf{x}})(x_1 - \bar{x}_1)(x_2 - \bar{x}_2) + \frac{1}{2} f_{11}(\bar{\mathbf{x}})(x_1 - \bar{x}_1)^2 + \frac{1}{2} f_{22}(\mathbf{x})(x_2 - \bar{x}_2)^2.$$

Nach den Regeln der Matrizenmultiplikation kann dafür auch

$$f(\mathbf{x}) \approx f(\bar{\mathbf{x}}) + (f_1(\bar{\mathbf{x}}), f_2(\bar{\mathbf{x}})) \begin{pmatrix} x_1 - \bar{x}_1 \\ x_2 - \bar{x}_2 \end{pmatrix} + \frac{1}{2}(x_1 - \bar{x}_1, x_2 - \bar{x}_2) \begin{pmatrix} f_{11}(\bar{\mathbf{x}}) & f_{12}(\bar{\mathbf{x}}) \\ f_{21}(\bar{\mathbf{x}}) & f_{22}(\bar{\mathbf{x}}) \end{pmatrix} \begin{pmatrix} x_1 - \bar{x}_1 \\ x_2 - \bar{x}_2 \end{pmatrix}$$

oder noch kürzer

$$f(\mathbf{x}) \approx f(\bar{\mathbf{x}}) + \nabla f(\bar{\mathbf{x}})(\mathbf{x} - \bar{\mathbf{x}})^T + \frac{1}{2}(\mathbf{x} - \bar{\mathbf{x}})\,H(\bar{\mathbf{x}})\,(\mathbf{x} - \bar{\mathbf{x}})^T$$

V. Der Satz über implizite Funktionen

Die mathematische Grundlage der algebraischen komparativ-statischen Analyse ist der Satz über implizite Funktionen.[5]

Betrachten wir ein Vektorfeld f: $X \rightarrow Y$, $X \subset R^n$, $Y \subset R^m$, das durch folgende implizite Funktionen f^j definiert sei:

$$f^1(y_1, y_2, \ldots, y_m, x_1, x_2, \ldots, x_n) = 0$$
$$f^2(y_1, y_2, \ldots, y_m, x_1, x_2, \ldots, x_n) = 0$$
$$\vdots$$
$$f^m(y_1, y_2, \ldots, y_m, x_1, x_2, \ldots, x_n) = 0.$$

In kompakter Schreibweise:

$$\mathbf{f}(\mathbf{y}, \mathbf{x}) = 0.$$

Sei $(\bar{\mathbf{y}}, \bar{\mathbf{x}})$ eine Lösung

$$\mathbf{f}(\bar{\mathbf{y}}, \bar{\mathbf{x}}) = 0,$$

und die Jacobimatrix

$$J(\bar{\mathbf{y}}, \bar{\mathbf{x}}) = \begin{pmatrix} f^1_{y_1}(\bar{\mathbf{y}}, \bar{\mathbf{x}}) & f^1_{y_2}(\bar{\mathbf{y}}, \bar{\mathbf{x}}) & \ldots & f^1_{y_m}(\bar{\mathbf{y}}, \bar{\mathbf{x}}) \\ f^2_{y_1}(\bar{\mathbf{y}}, \bar{\mathbf{x}}) & f^2_{y_2}(\bar{\mathbf{y}}, \bar{\mathbf{x}}) & \ldots & f^2_{y_m}(\bar{\mathbf{y}}, \bar{\mathbf{x}}) \\ \cdot & \cdot & \ldots & \cdot \\ \cdot & \cdot & \ldots & \cdot \\ \cdot & \cdot & \ldots & \cdot \\ f^m_{y_1}(\bar{\mathbf{y}}, \bar{\mathbf{x}}) & f^m_{y_2}(\bar{\mathbf{y}}, \bar{\mathbf{x}}) & & f^m_{y_m}(\bar{\mathbf{y}}, \bar{\mathbf{x}}) \end{pmatrix}$$

an Stelle $(\bar{\mathbf{y}}, \bar{\mathbf{x}})$ regulär, d. h. $\det J(\bar{\mathbf{y}}, \bar{\mathbf{x}}) \neq 0$. Dann existieren nach dem Satz über implizite Funktionen in einer Umgebung von $(\bar{\mathbf{y}}, \bar{\mathbf{x}})$ stetig differenzierbare Funktionen

---

geschrieben werden. Wiederum erfaßt das Restglied, mit der Ableitung bei z berechnet, den Fehler, der durch die Approximation einer beliebigen Funktion durch eine quadratische entsteht.

[5] Siehe hierzu beispielsweise *Chiang* (1974), S. 222ff.

$$y_1 = y_1(x_1, x_2, \ldots, x_n)$$
$$y_2 = y_2(x_1, x_2, \ldots, x_n)$$
$$\vdots$$
$$y_m = y_m(x_1, x_2, \ldots, x_n),$$

so daß

$$f^1(y_1(\mathbf{x}), y_2(\mathbf{x}), \ldots, y_m(\mathbf{x}), \mathbf{x}) = 0$$
$$f^2(y_1(\mathbf{x}), y_2(\mathbf{x}), \ldots, y_m(\mathbf{x}), \mathbf{x}) = 0$$
$$\vdots$$
$$f^m(y_1(\mathbf{x}), y_2(\mathbf{x}), \ldots, y_m(\mathbf{x}), \mathbf{x}) = 0$$
$$\mathbf{x} = (x_1, x_2, \ldots, x_n).$$

Da alle $\mathbf{x}$ in einer Umgebung von $(\bar{y}, \bar{\mathbf{x}})$ dieses Gleichungssystem erfüllen, es mithin eine Identität ist, erhalten wir nach Differenzieren

$$f^1_{y_1}dy_1 + f^1_{y_2}dy_2 + \ldots + f^1_{y_m}dy_m + f^1_{x_1}dx_1 + f^1_{x_2}dx_2 + \ldots + f^1_{x_n}dx_n = 0$$
$$f^2_{y_1}dy_1 + f^2_{y_2}dy_2 + \ldots + f^2_{y_m}dy_m + f^2_{x_1}dx_1 + f^2_{x_2}dx_2 + \ldots + f^2_{x_n}dx_n = 0$$
$$\vdots$$
$$f^m_{y_1}dy_1 + f^m_{y_2}dy_2 + \ldots + f^m_{y_m}dy_m + f^m_{x_1}dx_1 + f^m_{x_2}dx_2 + \ldots + f^m_{x_n}dx_n = 0,$$

wobei die partiellen Ableitungen f_{y_j}, $j = 1, 2, \ldots, m$, und f_{x_i}, $i = 1, 2, \ldots, n$, an der Stelle $(\bar{y}, \bar{\mathbf{x}})$ berechnet und folglich reelle Zahlen sind, so daß das vorstehende Gleichungssystem ein lineares Gleichungssystem in den dy_j und dx_i ist.

Wir interpretieren die dx_i als exogene Variable und setzen mit Ausnahme von dx_1 alle übrigen dx_i, $i \neq 1$, Null. Dividieren durch dx_1 führt zu

$$f^1_{y_1}\frac{dy_1}{dx_1} + f^1_{y_2}\frac{dy_2}{dx_1} + \ldots + f^1_{y_m}\frac{dy_m}{dx_1} = -f^1_{x_1}$$

$$f^2_{y_1}\frac{dy_1}{dx_1} + f^2_{y_2}\frac{dy_2}{dx_1} + \ldots + f^2_{y_m}\frac{dy_m}{dx_1} = -f^2_{x_1}$$

$$\ldots$$

$$\ldots$$

$$\ldots$$

$$f^m_{y_1}\frac{dy_1}{dx_1} + f^m_{y_2}\frac{dy_2}{dx_1} + \ldots + f^m_{y_m}\frac{dy_m}{dx_1} = -f^m_{x_1}.$$

Die Ausdrücke dy_j/dx_1 sind identisch mit den partiellen Ableitungen der Funktionen y_j. Das partielle Differential (s. o.) der Funktion y_j an der Stelle $dx_2 = dx_3 = \ldots = dx_n = 0$ ist nämlich

$$dy_j\Big|_{dx_2 = dx_3 = \ldots = dx_n = 0} = \frac{\partial y_j}{\partial x_1}\,dx_1,$$

woraus nach Division mit dx_1 $\partial y_j/\partial x_1 = dy_j/dx_1$ folgt. Berücksichtigt man dies, lautet das vorstehende Gleichungssystem in kompakter Matrixschreibweise

$$J(\bar{y}, \bar{x})\begin{pmatrix}\partial y_1/\partial x_1\\ \partial y_2/\partial x_1\\ \cdot\\ \cdot\\ \cdot\\ \partial y_m/\partial x_1\end{pmatrix} = \begin{pmatrix}-f^1_{x_1}\\ -f^2_{x_1}\\ \cdot\\ \cdot\\ \cdot\\ -f^m_{x_1}\end{pmatrix}.$$

Da per Voraussetzung $\det J(\bar{y}, \bar{x}) \neq 0$, kann dieses Gleichungssystem nach den $\partial y_j/\partial x_1$ aufgelöst werden. Nach der *Cramer*'schen Regel erhalten wir:[6]

$$\frac{\partial y_j}{\partial x_1} = \frac{\det J_j}{\det J}\,.$$

---

[6] Sei $A\mathbf{x}^T = \mathbf{b}^T$, $\mathbf{x} = (x_1, x_2, \ldots, x_n)$, $\mathbf{b} = (b_1, b_2, \ldots, b_n)$,

$$A = \begin{pmatrix}a_{11} & \ldots & a_{1n}\\ \cdot & & \cdot\\ \cdot & & \cdot\\ \cdot & & \cdot\\ a_{m1} & \ldots & a_{mn}\end{pmatrix};\ \det A \neq 0.$$

(Fortsetzung nächste Seite)

Auf die gleiche Weise können die partiellen Ableitungen der y_j nach den anderen x_i bestimmt werden. Dazu müssen wir nur den Vektor $(-f^1_{x_1}, -f^2_{x_1}, \ldots, -f^m_{x_1})$ durch den Vektor $(-f^1_{x_i}, -f^2_{x_i}, \ldots, f^m_{x_i})$ ersetzen.

Der Satz über implizite Funktionen erlaubt es uns folglich, die partiellen Ableitungen implizit definierter Funktionen zu bestimmen, ohne daß wir dazu die explizite Funktionsdarstellung kennen müssen.

Interpretieren wir das Vektorfeld f als System von Gleichgewichts- oder Optimumsbedingungen eines ökonomischen Modells mit den y_j als endogenen und den x_i als exogenen Variablen. Nach dem Satz über implizite Funktionen können unter den angeführten Voraussetzungen die endogenen Variablen in der Nähe des Gleichgewichts bzw. Optimums als stetig differenzierbare Funktionen der exogenen Variablen dargestellt werden. Über die obige Formel können deren partielle Ableitungen berechnet werden, d. h. die von exogenen Datenänderungen ausgelösten Änderungen der endogenen Variablen. Dies ist aber die von der komparativ-statischen Analyse zu beantwortende Fragestellung.

Beispiele: Wir haben den Satz über implizite Funktionen häufig benutzt, ohne stets explizit darauf hinzuweisen.

Betrachten wir die Gleichung einer Indifferenzkurve im Zwei-Güter-Fall, $u(q_1, q_2) - \bar{u} = 0$. In der Nähe eines Punktes $(\bar{q}_1, \bar{q}_2)$, $\bar{u} = u(\bar{q}_1, \bar{q}_2)$, kann nach dem Satz über implizite Funktionen (wenn man die Abhängigkeit vom Nutzenniveau $\bar{u}$ nicht explizit erfaßt) q_2 als Funktion von q_1 dargestellt werden, so daß $u(q_1, q_2(q_1)) - \bar{u} = 0$. Differenziert man diese Identität an der Stelle $d\bar{u} = 0$, ergibt sich

$$u_1\, dq_1 + u_2 \frac{dq_2}{dq_1}\, dq_1 = 0,$$

woraus die Grenzrate der Substitution $-\dfrac{dq_2}{dq_1} = \dfrac{u_1}{u_2}$ folgt.

Dann ist nach der *Cramer*'schen Regel

$$x_i = \frac{\det A_i}{\det A},$$

wobei det A die Determinante von A und A_i die Matrix ist, die aus A hervorgeht, wenn man ihre i-te Spalte durch **b** ersetzt.

Ein analoges Problem ist die Herleitung der Steigung der IS-Kurve. Durch $\tilde{s}\, Y = I(r) + E$ wird r als Funktion von Y (und $\tilde{s}$ und E) bestimmt. Differenzieren dieser Identität an der Stelle $d\tilde{s} = dE = 0$ liefert uns die Steigung der IS-Kurve als

$$\frac{\partial r}{\partial Y} := \left.\frac{dr}{dY}\right|_{d\tilde{s} = dE = 0} = \tilde{s}/I' < 0.$$

Eine etwas umfangreichere Rechenarbeit erfordert es, die Steigung der gesamtwirtschaftlichen Güternachfragefunktion zu bestimmen. Das Gleichungssystem hierfür lautet

$$\tilde{s}\, Y = I(r) + E$$

$$\frac{M}{P} = L(r, Y).$$

In der Nähe einer Lösung können Y und r als Funktionen der exogenen Variablen $\tilde{s}$, E, M und P dargestellt werden:

$$Y = Y(M, E, \tilde{s}, P)$$

$$r \;= r(M, E, \tilde{s}, P).$$

Die partiellen Ableitungen dieser Funktionen findet man nach Differenzieren als Lösungen des Gleichungssystems

$$\begin{pmatrix} \tilde{s} & -I' \\ L_y & L_r \end{pmatrix} \begin{pmatrix} dY \\ dr \end{pmatrix} = \begin{pmatrix} -Y d\tilde{s} + dE \\ \frac{1}{P}\, dM - \frac{M}{P^2}\, dP \end{pmatrix}.$$

Hieraus folgt für die Beziehung zwischen realer Güternachfrage und Preisniveau

$$\frac{\partial Y}{\partial P} := \left.\frac{dY}{dP}\right|_{d\tilde{s} = dM = dE = 0} = \frac{\begin{vmatrix} 0 & -I' \\ -\frac{M}{P^2} & L_r \end{vmatrix}}{\begin{vmatrix} \tilde{s} & -I' \\ L_y & L_r \end{vmatrix}} = \frac{-I'\frac{M}{P^2}}{\tilde{s}L_r + I'L_y} < 0,$$

weil wir $I' < 0$, $L_r < 0$, $L_y > 0$ angenommen hatten.

Ein implizites Funktionensystem sind auch die Bedingungen für ein Kostenminimum der Produktion $\bar{q} = g(n, k)$ bei gegebenen Faktorpreisen w und v. Sie lauten

$$w - \lambda g_1(n, k) = 0$$

$$v - \lambda g_2(n, k) = 0$$
$$\bar{q} - g(n, k) = 0.$$

Hierin können n, k und λ (die Grenzkosten, s. u.) als Funktionen von w, v und $\bar{q}$ angesehen werden, vorausgesetzt, die Jacobimatrix J dieses Systems ist regulär, d. h. det J $\neq$ 0. Wir zeigen weiter unten, daß det J > 0 im Fall eines Kostenminimums sein muß. Wir können deshalb aus diesem Gleichungssystem nach dem Satz über implizite Funktionen die Veränderungen der optimalen Faktoreinsätze und der Grenzkosten berechnen, die Reflex von Preis- und Produktionsänderungen sind. Wir differenzieren nach allen Variablen und erhalten

$$\begin{pmatrix} g_1 & \lambda g_{11} & \lambda g_{12} \\ g_2 & \lambda g_{21} & \lambda g_{22} \\ 0 & g_1 & g_2 \end{pmatrix} \begin{pmatrix} d\lambda \\ dn \\ dk \end{pmatrix} = \begin{pmatrix} dw \\ dv \\ d\bar{q} \end{pmatrix}.$$

Für die Veränderung der Nachfrage nach einem Produktionsfaktor, beispielsweise n, erhalten wir daraus

$$dn = \{- g_2^2\, dw + g_1\, g_2\, dv + \lambda(g_{12}\, g_2 - g_1\, g_{22})\, d\bar{q}\}\, \triangle^{-1},$$

wobei $\triangle := \det J > 0$. Demnach sinkt die Nachfrage, wenn bei konstanter Produktion und konstantem Güterpreis, $dv = d\bar{q} = 0$, der Preis eines Faktors steigt. Da Kostenerhöhungen in der Regel zu Produktionseinschränkungen führen, $d\bar{q} < 0$, wird der Effekt der Faktorpreisänderung durch eine gleichgerichtete Produktionsänderung noch verstärkt. Verändert sich hingegen der Preis eines anderen Produktionsfaktors, $dw = 0$, $dv > 0$, sind Preis- und Mengeneffekt, $d\bar{q} < 0$, entgegengerichtet, so daß der Gesamteffekt indeterminiert ist. (Vgl. hierzu Abschnitt B. III im Zweiten Kapitel.)

C. Einführung in die Optimierungstheorie

Wie wir gesehen haben, basiert die mikroökonomische Theorie auf den Wahlhandlungen von Wirtschaftssubjekten. Diese Wahlhandlungen folgen dem Rationalprinzip: Aus einer Menge möglicher Handlungsalternativen wird diejenige Aktion gewählt, welche die Zielsetzung des Handelnden am besten erfüllt.

Die Handlungsalternativen ökonomischer Kontexte sind zumindest prinzipiell quantifizierbare Größen, nämlich Preise und Gütermengen. Jede Alternative kann somit als n-Tupel reeller Zahlen, d. h. als Vektor oder Punkt im R^n dargestellt werden. Die Motivationsstruktur des Handelnden wird als Zielfunktion f abgebildet, die jeder Alternative eine reelle Zahl als Maß der Zielerreichung zuordnet. Die Handlungsrestriktionen sind als System von (Un-)Gleichungen erfaßbar, das eine Teilmenge X des R^n als Menge ausführbarer Aktionen abgrenzt. Die Struktur ökonomischer Wahlhandlungen ist damit isomorph zu einem mathematischen Optimierungsproblem.

Ein fundiertes Verständnis der Mikroökonomie erfordert demnach Grundkenntnisse der Optimierungstheorie. In den nachfolgenden Abschnitten versuchen wir, einen verständlichen und in sich geschlossenen Ausschnitt dieser Theorie zu vermitteln, die weitaus komplexer und differenzierter ist als wir sie hier wiederzugeben vermögen.

I. Extrema reellwertiger Funktionen

Klassifikation der Extrema einer Funktion

Eine reelwertige Funktion $f: X \rightarrow R$, $X \subset R^n$, hat in einem Punkt $\mathbf{x}^*$ ein **globales Maximum [globales Minimum]**, wenn für alle $\mathbf{x} \in X$ $f(\mathbf{x}^*) \geqq f(\mathbf{x})$ $[f(\mathbf{x}^*) \leqq f(\mathbf{x})]$.

Die Funktion f hat in $\mathbf{x}^*$ ein **lokales Maximum [lokales Minimum]**, wenn eine offene Kugelumgebung $B_\delta(\mathbf{x}^*)$ existiert, die Punkte aus X enthält, $B_\delta(\mathbf{x}^*) \cap X \neq \emptyset$, so daß für alle $\mathbf{x} \in B_\delta(\mathbf{x}^*) \cap X$ $f(\mathbf{x}^*) \geqq f(\mathbf{x})$ $[f(\mathbf{x}^*) \leqq f(\mathbf{x})]$ gilt.

Ein globales oder lokales Maximum [Minimum] heißt **strenges Maximum [Minimum]**, wenn für alle $\mathbf{x} \in X$ bzw. $\mathbf{x} \in B_\delta(\mathbf{x}^*) \cap X$ $f(\mathbf{x}^*) > f(\mathbf{x})$ $[f(\mathbf{x}^*) < f(\mathbf{x})]$ gilt. Ein strenges Extremum (Maximum oder Minimum) ist folglich eindeutig.

Ein Optimierungsproblem heißt **unbeschränkt,** wenn der Definitionsbereich von f der R^n ist und jeder Punkt des R^n zulässig ist. Andernfalls, d.h. wenn nicht der gesamte R^n als Lösungsmenge zugelassen ist, heißt das Optimierungsproblem **beschränkt.**

Ökonomische Variable sind zu allermeist nichtnegative reelle Zahlen, so daß die Lösungsmenge auf R^n_+ beschränkt ist. In diesem Fall müssen die **Nichtnegativitätsbedingungen** $\mathbf{x} \geqq 0$ beachtet werden. Wir haben sie im Zweiten Kapitel nie explizit angegeben; wollen es aber hier im Sinne einer genaueren Darstellung tun.

Existenz von Extrema

Das zentrale Problem im Rahmen der Optimierungstheorie ist die Frage, ob eine reellwertige Funktion $f: X \to R$, $X \subset R^n$, im zulässigen Bereich X überhaupt Extrema besitzt. Die Beschreibung ihrer (lokalen) Eigenschaften und ihre (numerische) Ermittlung sind nachgelagerte Probleme.

Für das Existenzproblem sind die Eigenschaften der Funktion f und des zulässigen Lösungsbereichs ausschlaggebend.

Für unsere Zwecke sind folgende Aussagen bedeutsam: Nach dem Satz von *Weierstrass* besitzt jede stetige Funktion f, die auf einer kompakten Teilmenge X des R^n definiert ist, in X ein Maximum und ein Minimum.[1] Ist $X \subset R^n$ kompakt und konvex und $f: X \to R$ stetig und konkav [strikt konkav], dann besitzt f in X ein globales Maximum [ein strenges globales Maximum]. Ist $X \subset R^n$ kompakt und konvex und $f: X \to R$ stetig und konvex [strikt konvex], dann besitzt f in X ein globales Minimum [ein strenges globales Minimum].[2]

Abbildung 4.6 zeigt eine stetige Funktion $f: X \to R$, die auf dem abgeschlossenen und beschränkten Intervall $X = \{x: a \leqq x \leqq b,\ a, b, x \in R\}$ definiert ist.

---

[1] Siehe hierzu beispielsweise *Beckmann, Künzi* (1984), S. 67, *Takayama* (1974), S. 30.

[2] Zu den letzten beiden Sätzen siehe beispielsweise *Beckmann, Künzi* (1984), S. 75f., *Intriligator* (1971), S. 15.

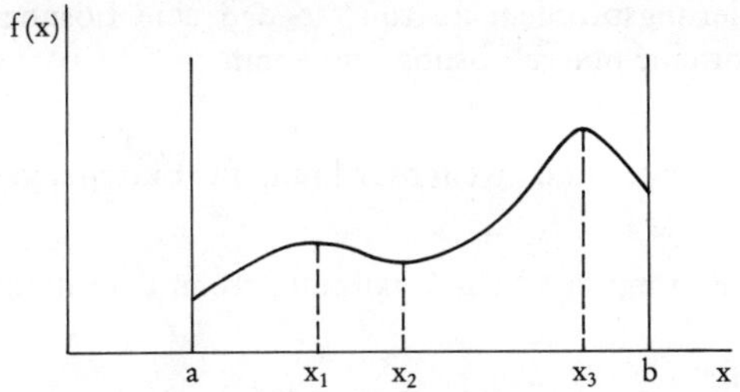

Abbildung 4.6

Diese Funktion hat ein globales Minimum in x = a, d.h. auf dem Rand des Intervalls X. Sie hat in x_2 ein lokales Minimum, da $\forall\, x \in A = \{x: x_1 < x < b\}\; f(x_2) < f(x)$. In x_1 besitzt sie ein lokales Maximum, weil $\forall\, x \in B = \{x: a < x < x_2\}\; f(x_1) > f(x)$. x_3 ist das globale Maximum von f. Es liegt im Inneren des zulässigen Bereichs von X.

Der Satz von *Weierstrass* sichert uns demnach nur die Existenz von Extrema. Er sagt nicht, wo sie liegen und ob außer globalen, nicht auch lokale Extrema auftreten. Diese werden ausgeschlossen, wenn die wesentlich schärferen Voraussetzungen der beiden anderen Sätze erfüllt sind.

Sofern wir die Extrema differenzierbarer Funktionen betrachten, können wir Extrema im Inneren des zulässigen Bereichs durch ihre Ableitungen charakterisieren. Liegen Extrema hingegen auf dem Rand des zulässigen Bereichs, ist dies nur beschränkt möglich, da die Ableitung als Grenzwert für beliebige (positive oder negative) h definiert ist, auf dem Rand von X aber entweder nur positive oder negative h zugelassen sind.

II. Extrema ohne Nebenbedingung

Wir betrachten von nun an genügend oft differenzierbare reellwertige Funktionen. Da Differenzierbarkeit an einer Stelle **x** eine lokale Eigenschaft einer Funktion ist, beschreiben die nachfolgenden Bedingungen, denen Maxima und Minima genügen müssen, nur lokale Extrema.

Zunächst unterstellen wir, daß der zulässige Definitionsbereich X mit dem R^n identisch ist. Wir haben es dann mit einem unbeschränkten Optimierungsproblem zu tun, so daß eine Lösung, wenn sie existiert, nur eine innere Lösung sein kann.

Bedingungen erster und zweiter Ordnung für Extrema gewöhnlicher Funktionen

Sei $f: R \rightarrow R$. f hat in x^* ein Maximum, wenn definitionsgemäß für $h > 0$[3]

$$f(x^*) \geqq f(x^* + h) \quad \text{bzw.} \quad \frac{f(x^* + h) - f(x^*)}{h} \leqq 0$$

$$f(x^*) \geqq f(x^* - h) \quad \text{bzw.} \quad \frac{f(x^* - h) - f(x^*)}{-h} \geqq 0.$$

Läßt man h gegen Null gehen, erhält man daraus:

$$\left.\begin{array}{l} f'(x^*) \leqq 0 \\ f'(x^*) \geqq 0 \end{array}\right\} \Rightarrow f'(x^*) = 0.$$

In einem Maximum ist folglich $f'(x^*) = 0$. Analog zeigt man, daß ein Minimum in x^* gleichfalls $f'(x^*) = 0$ impliziert. $f'(x^*) = 0$ heißt Bedingung erster Ordnung für ein Maximum bzw. Minimum. Sie ist eine notwendige Bedingung.

Stellen wir nun f(x) im Punkt x^* durch eine *Taylor*reihe dar:

$$f(x) = f(x^*) + f'(x^*)(x - x^*) + \frac{1}{2} f''(z)(x - x^*)^2,$$

$$z = \lambda x + (1 - \lambda)x^*, \ \lambda \in (0, 1).$$

Ist x^* ein Extremum, ist $f'(x^*) = 0$. Soll x^* ein Maximum sein, muß demnach

$$f(x) - f(x^*) = \frac{1}{2} f''(z)(x - x^*)^2 \leqq 0$$

gelten. Analog erhalten wir für ein Minimum die Bedingung[4]

$$f(x) - f(x^*) = \frac{1}{2} f''(z)(x - x^*)^2 \geqq 0.$$

---

[3] Das Ungleichheitszeichen in der zweiten Gleichung wird von $\leqq$ zu $\geqq$, da mit $-h$ dividiert wurde.

[4] Im Falle strenger Extrema, müssen die Ungleichheitszeichen erfüllt sein, wofür $f''(z) < 0$ bzw. $f''(z) > 0$ erforderlich ist.

$(x - x^*)^2$ ist stets positiv. Ein Maximum [Minimum] liegt demnach dann vor, wenn $f''(z) \leqq 0$ [$f''(z) \geqq 0$] gilt. Ist f'' stetig, d.h. $f \in C^2$, folgt $f''(x^*) \leqq 0$ aus $f''(z) \leqq 0$.[5]

$f''(x^*) \leqq 0$ [$f''(x^*) \geqq 0$] heißt **Bedingung zweiter Ordnung** für ein Maximum [Minimum]. Die Bedingung zweiter Ordnung ist ebenso eine notwendige Bedingung wie die erster Ordnung.

Ist $f \in C^2$, läßt sich zeigen, daß aus $f''(x^*) < 0$ folgt $f''(z) < 0$ [$f''(x^*) > 0 \Rightarrow f''(z) > 0$], d.h. $f''(x^*) < 0$ [$f''(x^*) > 0$] eine zusammen mit $f'(x^*) = 0$ hinreichende Bedingung für ein strenges Maximum [Minimum] ist.[6] Da aus $f''(z) > 0$ aber nicht $f''(x^*) > 0$ folgt, ist $f''(x^*) > 0$ und analog $f''(x^*) < 0$ zusammen mit $f'(x^*) = 0$ keine notwendige Bedingung für ein strenges Maximum bzw. strenges Minimum. Beispielsweise hat $f(x) = x^4$ in $x^* = 0$ ein Minimum, obwohl dort $f''(x^*) = 0$ ist.

$f'(x^*) = 0$ ist notwendig und hinreichend für ein strenges lokales Maximum, wenn f in einem Intervall um x^* strikt konkav ist. Ist f in einem Intervall um x^* strikt konvex, so ist $f'(x^*) = 0$ notwendig und hinreichend für ein strenges lokales Minimum.[7]

Bedingungen erster und zweiter Ordnung für reellwertige Funktionen mit mehreren unabhängigen Variablen

Die Bedingungen erster und zweiter Ordnung für reellwertige Funktionen $f: R^n \rightarrow R$ sind Verallgemeinerungen der oben abgeleiteten Bedingungen für Extrema einer gewöhnlichen Funktion.

---

[5] **Beweis:** Angenommen, $f''(x^*) > 0$, aber $f''(z) \leqq 0$. Ist f'' stetig, gibt es zu jedem $\varepsilon > 0$, also auch zu $0 < \varepsilon < f''(x^*)$, ein $\delta > 0$, so daß $\forall\, x \in (x^* - \delta, x^* + \delta) \Rightarrow f''(x) \in (f''(x^*) - \varepsilon, f''(x^*) + \varepsilon)$. Für $\lambda \in (0, 1)$ ist aber mit x auch $z = [\lambda x + (1 - \lambda)x^*] \in (x^* - \delta, x^* + \delta)$ und damit $f''(z) \in (f''(x^*) - \varepsilon, f''(x^*) + \varepsilon)$, so daß $f''(z) > 0$, was unserer Annahme widerspricht. Analog beweist man $f''(z) \geqq 0 \Rightarrow f''(x^*) \geqq 0$.

[6] Ist $f''(x^*) < 0$, wählen wir ein $\varepsilon > 0$, so daß $0 < \varepsilon < |f''(x^*)|$. Ist $f \in C^2$, gibt es zu diesem ε ein $\delta > 0$, so daß $\forall\, x \in (x^* - \delta, x^* + \delta) \Rightarrow f''(x) \in (f''(x^*) - \varepsilon, f''(x^*) + \varepsilon)$. Wiederum ist für $\lambda \in (0, 1)$ mit x auch $z = \lambda x + (1 - \lambda)x^*$ Element von $(x^* - \delta, x^* + \delta)$, so daß $f''(z) \in (f''(x^*) - \varepsilon, f''(x^*) + \varepsilon)$ und somit $f''(z) < 0$ folgt.

[7] Diese Aussagen folgen unmittelbar aus der oben genannten Eigenschaft strikt konkaver und strikt konvexer Funktionen. Ist f strikt konkav, ist $f(x) < f(x^*) + f'(x^*)(x - x^*)$, so daß $f'(x^*) = 0 \Rightarrow f(x) < f(x^*)$. Andererseits kann x^* nur ein Maximum sein, wenn $f'(x^*) = 0$. Analog zeigt man, daß $f'(x^*) = 0$ notwendig und hinreichend für ein Minimum ist, wenn f strikt konvex ist, d.h. $f(x) > f(x^*) + f'(x^*)(x - x^*)$.

Sei $\mathbf{x}^* = (x_1^*, x_2^*, \ldots, x_i^*, \ldots, x_n^*)$, $\mathbf{x}^* \in R^n$, ein Maximum von f. Definitionsgemäß muß für alle x_i^* und $h_i > 0$ gelten:

$$f(x_1^*, x_2^*, \ldots, x_i^* + h_i, \ldots, x_n^*) - f(x_1^*, x_2^*, \ldots, x_i^*, \ldots, x_n^*) \geqq 0$$

$$f(x_1^*, x_2^*, \ldots, x_i^* - h_i, \ldots, x_n^*) - f(x_1^*, x_2^*, \ldots, x_i^*, \ldots, x_n^*) \geqq 0$$

bzw.

$$\frac{f(x_1^*, x_2^*, \ldots, x_i^* + h_i, \ldots, x_n^*) - f(x_1^*, x_2^*, \ldots, x_i^*, \ldots, x_n^*)}{h_i} \geqq 0$$

$$\frac{f(x_1^*, x_2^*, \ldots, x_i^* - h_i, \ldots, x_n^*) - f(x_1^*, x_2^*, \ldots, x_i^*, \ldots, x_n^*)}{-h_i} \leqq 0.$$

Strebt h_i gegen Null, folgt

$$\left.\begin{array}{l} f_i(x^*) \geqq 0 \\ f_i(x^*) \leqq 0 \end{array}\right\} \Rightarrow f_i(x^*) = 0.$$

Folglich erhält man als Bedingung erster Ordnung

$$\nabla f(\mathbf{x}^*) = 0,$$

$$\nabla f(\mathbf{x}^*) = (f_1(\mathbf{x}^*), f_2(\mathbf{x}^*), \ldots, f_i(\mathbf{x}^*), \ldots, f_n(\mathbf{x}^*)).$$

Wie man sich leicht vergewissern kann, gilt sie auch für ein lokales Minimum von f.

Stellt man $f(\mathbf{x})$ an der Stelle $\mathbf{x}^*$ durch eine *Taylor*reihe dar,

$$f(\mathbf{x}) = f(\mathbf{x}^*) + \nabla f(\mathbf{x}^*)(\mathbf{x} - \mathbf{x}^*)^T + \frac{1}{2}(\mathbf{x} - \mathbf{x}^*) H(\mathbf{z}^*)(\mathbf{x} - \mathbf{x}^*)^T,$$

$(\mathbf{x} - \mathbf{x}^*) = (x_1 - x_1^*, x_2 - x_2^*, \ldots, x_i - x_i^*, \ldots, x_n - x_n^*)$, ist wegen $\nabla f(\mathbf{x}^*) = 0$

$$f(\mathbf{x}) - f(\mathbf{x}^*) = \frac{1}{2}(\mathbf{x} - \mathbf{x}^*) H(\mathbf{z}^*)(\mathbf{x} - \mathbf{x}^*)^T \leqq 0,$$

$\mathbf{z} = \lambda\mathbf{x} + (1 - \lambda)x^*$, $\lambda \in (0, 1)$, für ein Maximum an der Stelle $\mathbf{x}^*$ erforderlich. Für ein Minimum muß

$$f(\mathbf{x}) - f(\mathbf{x}^*) = \frac{1}{2}(\mathbf{x} - \mathbf{x}^*) H(\mathbf{z}^*)(\mathbf{x} - \mathbf{x}^*)^T \geqq 0$$

erfüllt sein. Für strenge Extrema muß in den beiden vorstehenden Ausdrücken nur das Ungleichheitszeichen gelten.

In Analogie zum Fall einer gewöhnlichen Funktion läßt sich zeigen, daß es für ein strenges Maximum (Minimum) hinreichend ist, wenn außer $\nabla f(\mathbf{x}^*) = 0$ die quadratische Form $(\mathbf{x} - \mathbf{x}^*)\, H(\mathbf{x}^*)\, (\mathbf{x} - \mathbf{x}^*)^T$ negativ (positiv) definit ist.[8]

Intuitiv einzusehen ist diese Forderung, wenn man berücksichtigt, daß $(\mathbf{x} - \mathbf{x}^*)\, H(\mathbf{x}^*)\, (\mathbf{x} - \mathbf{x}^*)^T$ das Differential von $df = \nabla f(\mathbf{x}^*)\, (\mathbf{x} - \mathbf{x}^*)^T$ ist. $(\mathbf{x} - \mathbf{x}^*)\, H(\mathbf{x}^*)\, (\mathbf{x} - \mathbf{x}^*)^T$ ist eine Näherung für die Veränderung von df, d^2f geschrieben. In $\mathbf{x}^*$ ist $df = 0$. $d^2f \leqq 0 \; (\geqq 0)$ besagt damit, daß jede Veränderung der unabhängigen Variablen den Wert der Zielfunktion zumindest nicht zunehmen (abnehmen) lassen darf. Mit Blick auf *Abbildung 4.7* ausgedrückt, welchen Weg man im R^n auch einschlägt, es darf nur bergab (bergauf) gehen.

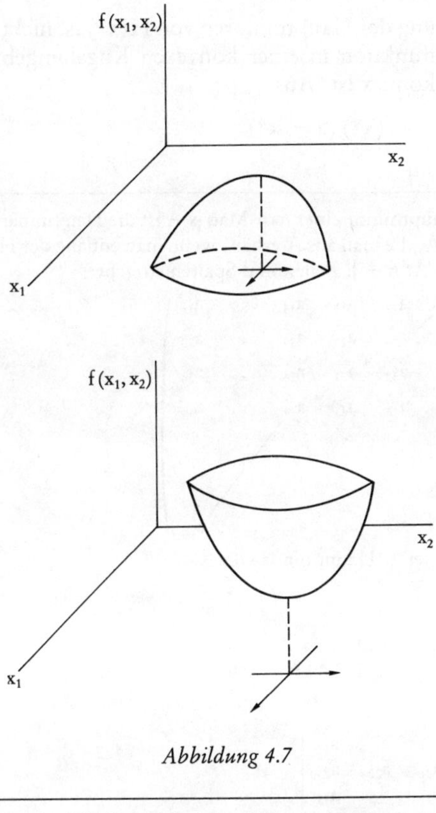

Abbildung 4.7

---

[8] Für einen Beweis siehe beispielsweise *Milleron* (1972), S. 303 f.

Die quadratische Form $(\mathbf{x} - \mathbf{x}^*)\, H(\mathbf{x}^*)\, (\mathbf{x} - \mathbf{x}^*)^T$ ist genau dann negativ definit, wenn die Vorzeichen der n-Hauptminoren von $H(\mathbf{x}^*)$[9] alternieren:

$$D_1 = f_{11} < 0,\ D_2 = \begin{vmatrix} f_{11} & f_{12} \\ f_{21} & f_{22} \end{vmatrix} > 0,\ D_3 = \begin{vmatrix} f_{11} & f_{12} & f_{13} \\ f_{21} & f_{22} & f_{23} \\ f_{31} & f_{32} & f_{33} \end{vmatrix} < 0, \ldots,$$

$$D_n = (-1)^n |H(\mathbf{x}^*)| \geqq 0.$$

Die quadratische Form $(\mathbf{x} - \mathbf{x}^*)\, H(\mathbf{x}^*)\, (\mathbf{x} - \mathbf{x}^*)^T$ ist genau dann positiv definit, wenn die Vorzeichen aller n-Hauptminoren von $H(x^*)$ positiv sind, $D_i > 0\ \forall\ i = 1, 2, \ldots, n$.

Die Überprüfung der Hauptminoren von $H(\mathbf{x}^*)$ ist nicht notwendig, wenn die Zielfunktion in einer konvexen Kugelumgebung von $\mathbf{x}^*$ konkav bzw. konvex ist. Aus

$$f(\mathbf{x}) \leqq f(\mathbf{x}^*) + \nabla f(\mathbf{x}^*)\, (\mathbf{x} - \mathbf{x}^*)^T$$

für konkave und

---

[9] Der k-te Hauptminor einer nxn-Matrix A ist die Determinante der Untermatrix von A, die man aus A erhält, wenn man entlang der Hauptdiagonalen (→) von A, n − k Zeilen und Spalten streicht:

$$A = \begin{pmatrix} a_{11} & a_{12} & a_{13} & a_{14} & \ldots & a_{1n} \\ a_{21} & a_{22} & a_{23} & a_{24} & \ldots & a_{2n} \\ a_{31} & a_{32} & a_{33} & a_{34} & \ldots & a_{3n} \\ a_{41} & a_{42} & a_{43} & a_{44} & \ldots & a_{4n} \\ \cdot & \cdot & \cdot & \cdot & & \cdot \\ \cdot & \cdot & \cdot & \cdot & & \cdot \\ \cdot & \cdot & \cdot & \cdot & & \cdot \\ a_{n1} & a_{n2} & a_{n3} & a_{n4} & \ldots & a_{nn} \end{pmatrix}$$

Folglich ist der 1. Hauptminor von A

$$a_{11},$$

der zweite

$$\begin{vmatrix} a_{11} & a_{12} \\ a_{21} & a_{22} \end{vmatrix} = a_{11}\, a_{22} - a_{12}\, a_{21},$$

der dritte

$$\begin{vmatrix} a_{11} & a_{12} & a_{13} \\ a_{21} & a_{22} & a_{23} \\ a_{31} & a_{32} & a_{33} \end{vmatrix},$$

usw.

$$f(\mathbf{x}) \geqq f(\mathbf{x}^*) + \nabla f(\mathbf{x}^*)(\mathbf{x} - \mathbf{x}^*)^T$$

für konvexe Funktionen (s. o. Abschnitt B.II) folgt, daß $\nabla f(\mathbf{x}^*) = 0$ notwendig und hinreichend dafür ist, daß f in $\mathbf{x}^*$ ein lokales Maximum bzw. Minimum besitzt. Ist f strikt konkav [strikt konvex], so daß in den vorstehenden Ausdrücken jeweils nur das Ungleichheitszeichen gilt, ist $\nabla f(\mathbf{x}^*) = 0$ notwendig und hinreichend für ein strenges lokales Maximum [Minimum]. Ist f im gesamten zulässigen Bereich streng konkav [streng konvex], ist $\mathbf{x}^*$ ein strenges globales Maximum [Minimum] von f.

Nichtnegativitätsbedingung

In vielen ökonomischen Optimierungsproblemen geben negative Lösungen keinen Sinn und müssen deshalb ausgeschlossen werden. Der Bereich zulässiger Extrema einer reellwertigen Funktion ist damit auf die Menge nichtnegativer n-Tupel reeller Zahlen beschränkt. Die Bedingung erster Ordnung für ein Extremum muß daher modifiziert werden.

Angenommen $f: R^n \supset X \rightarrow R$ besitzt in $\mathbf{x}^*$ ein lokales Maximum. Sei $x_i^* = 0$, d. h. die Lösung für x_i liegt auf dem Rand des zulässigen Bereichs. Aus der Definition für ein Maximum folgt für $h > 0$

$$\frac{f(x_1^*, x_2^*, \ldots, x_i^* + h, \ldots, x_n^*) - f(x_1^*, x_2^*, \ldots, x_i^*, \ldots, x_n^*)}{h} \leqq 0.$$

Für $h \rightarrow 0$ folgt daraus

$$f_i(x^*) \leqq 0.$$

Da ein negatives x_i ausgeschlossen ist, können wir $f_i(x^*) \geqq 0$ nicht herleiten. Dies wäre nur möglich, wenn x_i im Inneren des zulässigen Bereichs liegt, d. h. $x_i^* > 0$ ist. Dann erhielten wir wie oben abgeleitet auch $f_i(\mathbf{x}^*) \geqq 0$ und folglich $f_i(\mathbf{x}^*) = 0$. Ist $x_i^* = 0$ und folglich $f_i(\mathbf{x}^*) \leqq \leqq 0$, gilt $x_i^* f_i(\mathbf{x}^*) = 0$. Diese Bedingung ist auch erfüllt, wenn $x_i^* > 0$ und folglich $f_i(\mathbf{x}^*) = 0$. Zusammenfassend können wir daher die Bedingung erster Ordnung für Extrema im R_+^n wie folgt formulieren:

$$f_i(\mathbf{x}^*) \leqq 0$$

$$x_i^* f_i(\mathbf{x}^*) = 0.$$

III. Extrema unter Nebenbedingungen in Gleichungsform

Wir wenden uns nun dem Problem zu, die Extrema einer reellwertigen Funktion zu bestimmen, wenn der Bereich zulässiger Lösungen durch Nebenbedingungen in Gleichungsform auf eine Teilmenge X des R^n oder R^n_+ eingeschränkt ist. Damit überhaupt ein Auswahlproblem vorliegt, darf die Menge X nicht leer sein. Eine notwendige Voraussetzung dafür ist, daß die Anzahl voneinander unabhängiger Nebenbedingungen kleiner ist als die Zahl der Variablen der Zielfunktion.

Ein Beispiel: Es sei $f(x_1, x_2)$, $f \in C^2$, unter der Nebenbedingung $g(x_1, x_2) = b$, $g \in C^2$, zu maximieren. Wir nehmen an, in $\mathbf{x}^* = (x_1^*, x_2^*)$ liege eine Lösung dieses Problems. Nach dem Satz über implizite Funktionen kann in der Nähe von $\mathbf{x}^*$ aus der Nebenbedingung eine Variable als Funktion der anderen dargestellt werden. Wir wählen x_1 und damit $x_2 = x_2(x_1)$, so daß $dx_2/dx_1 = -g_1/g_2$, vorausgesetzt, daß $g_2 \neq 0$.[10] In der Nähe von $\mathbf{x}^*$ können wir folglich f als Funktion einer Variablen darstellen: $f(x_1, x_2(x_1))$.

Die beiden notwendigen Bedingungen für das Maximum einer Funktion mit einer Variablen sind (s. o.):

$$f'(x_1^*, x_2(x_1^*)) = f_1 + f_2 \frac{dx_2}{dx_1} = 0 \text{ bzw. } f_1 - f_2 \frac{g_1}{g_2} = 0$$

$$f''(x_1^*, x_2(x_1^*)) = \left(f_{11} - \frac{f_2}{g_2} g_{11}\right) - 2\left(f_{12} - \frac{f_2}{g_2} g_{12}\right) \frac{g_1}{g_2} + \\ + \left(f_{22} - \frac{f_2}{g_2} g_{22}\right)\left(\frac{g_1}{g_2}\right)^2 \leqq 0.$$

Zu diesen Bedingungen gelangt man aber auch über ein anderes Vorgehen, das insbesondere für umfangreiche Probleme der einfachere Weg ist. Wir setzen $\lambda := f_2/g_2$ und definieren eine Funktion $L(x_1, x_2, \lambda)$ wie folgt:

$$L(x_1, x_2, \lambda) = f(x_1, x_2) + \lambda(b - g(x_1, x_2)).$$

Diese Funktion heißt **Lagrangefunktion** und die Variable λ wird **Lagrangemultiplikator** genannt. Da für alle x_1, x_2 aus dem zulässigen

[10] Ist $g_2 = 0$, aber $g_1 \neq 0$, numerieren wir die Variablen um, und können wie beschrieben fortfahren. Ausgeschlossen muß $g_1 = g_2 = 0$ sein.

Bereich $b - g(x_1, x_2) = 0$, muß das Maximum von L in x_1 und x_2 mit dem Maximum von f zusammenfallen. Notwendig dafür ist

$$L_1 = f_1 - \lambda g_1 = 0$$

$$L_2 = f_2 - \lambda g_2 = 0.$$

Aus der Ableitung von L nach λ gewinnt man die Nebenbedingung

$$L_3 = b - g(x_1, x_2) = 0,$$

die im Maximum ebenfalls erfüllt sein muß.

Berücksichtigt man in den ersten beiden der vorstehenden drei Gleichungen die Definition von λ, reduzieren sie sich auf $f_1 - f_2\, g_1/g_2 = 0$, d. h. auf die oben abgeleitete Bedingung erster Ordnung.

Mit Hilfe von λ läßt sich die Bedingung zweiter Ordnung umschreiben zu

$$(f_{11} - \lambda g_{11}) - 2(f_{12} - \lambda g_{12})\frac{g_1}{g_2} + (f_{22} - \lambda g_{22})\left(\frac{g_1}{g_2}\right)^2 \leqq 0.$$

Nun ist $L_{11} = f_{11} - \lambda g_{11}$, $L_{12} = f_{12} - \lambda g_{12} \equiv L_{21} = f_{21} - \lambda g_{21}$ (da $f_{12} = f_{21}$, $g_{12} = g_{21}$), $L_{22} = f_{22} - \lambda g_{22}$. Wir bilden nun die sogenannte **geränderte Hesse'sche Matrix $\bar{H}$**. Sie besteht aus der *Hesse*'schen Matrix von L bezüglich x_1 und x_2 mit dem Gradienten der Nebenbedingung als Rand:

$$\bar{H} = \begin{pmatrix} 0 & g_1 & g_2 \\ g_1 & L_{11} & L_{12} \\ g_2 & L_{21} & L_{22} \end{pmatrix}.$$

Da $\det \bar{H} = (-1)\left[L_{11} - 2L_{12}\left(\frac{g_1}{g_2}\right) + L_{22}\left(\frac{g_1}{g_2}\right)^2\right] g_2^2$, ist $f''(x_1^*) \leqq 0$, wenn $\det \bar{H} \geqq 0$.

Auf gleichem Weg kann man für ein Minimum als notwendige Bedingung zweiter Ordnung $\det \bar{H} \leqq 0$ ableiten.

Im Unterschied zum Maximierungsproblem ohne Nebenbedingung müssen nicht die Vorzeichen aller Hauptminoren von $\bar{H}$ geprüft werden, da durch die Nebenbedingung $dx_2 = x_2 - x_2^*$ als Funktion von dx_1 bestimmt wird und somit keine frei wählbare Größe ist.

Bedingungen erster und zweiter Ordnung für Extrema unter Nebenbedingungen in Gleichungsform

Das vorstehende Beispiel mag genügen, um die nachstehend aufgeführten Bedingungen für das allgemeine Optimierungsproblem zu motivieren. Dieses Problem ist:

$$\underset{\mathbf{x}}{max}\, f(\mathbf{x})$$

unter der Nebenbedingung

$$\mathbf{g}^T(\mathbf{x}) = \mathbf{b}^T,$$

$\mathbf{x} = (x_1, x_2, \ldots, x_n) \in R^n$, $\mathbf{b} = (b_1, b_2, \ldots, b_m) \in R^m$, $\mathbf{g} = (g^1, g^2, \ldots, g^m)$, $m < n$, $r\,[J(\mathbf{x}^*)] = m$.[11]

Wir definieren die *Lagrange*funktion

$$L(\mathbf{x}, \boldsymbol{\lambda}) = f(\mathbf{x}) + \sum_{j=1}^{m} \lambda_j (b_j - g^j(\mathbf{x})),$$

$\boldsymbol{\lambda} = (\lambda_1, \lambda_2, \ldots, \lambda_m)$, und bilden die geränderte *Hesse*'sche Matrix $\bar{H}$:

$$\bar{H} = \begin{pmatrix} 0 & \ldots & 0 & g_1^1(\mathbf{x}^*) & \ldots & g_n^1(\mathbf{x}^*) \\ \vdots & & \vdots & \vdots & & \vdots \\ 0 & \ldots & 0 & g_1^m(\mathbf{x}^*) & \ldots & g_n^m(\mathbf{x}^*) \\ g_1^1(\mathbf{x}^*) & \ldots & g_1^m(\mathbf{x}^*) & L_{11}(\mathbf{x}^*) & \ldots & L_{1n}(\mathbf{x}^*) \\ \vdots & & \vdots & \vdots & & \vdots \\ g_n^1(\mathbf{x}^*) & \ldots & g_n^m(\mathbf{x}^*) & L_{n1}(\mathbf{x}^*) & \ldots & L_{nn}(\mathbf{x}^*) \end{pmatrix},$$

deren Rand jetzt aus der *Jacobi*matrix von $\mathbf{g}(\mathbf{x})$ bei $\mathbf{x}^*$ hervorgeht. Mit $\bar{H}_{m+k}$, $k = 1, 2, \ldots, n - m$, bezeichnen wir diejenige Untermatrix von $\bar{H}$, deren letztes Element in der Hauptdiagonalen $L_{m+k,\, m+k}$ ist, so daß $H_{m+n-m} = H_n = H$.

---

[11] $r\,[J(\mathbf{x}^*)]$ ist die Kurzschreibweise für den Rang der *Jacobi*matrix der Nebenbedingungen an der Stelle $\mathbf{x}^*$, d. h. die maximale Anzahl linear unabhängiger Spaltenvektoren von $J(\mathbf{x}^*)$. Ist $r\,[J(\mathbf{x}^*)] = m$, kann das Theorem über implizite Funktionen angewandt werden, und $n-m$ der x_i können als Funktionen der restlichen x_k dargestellt werden. Nur unter dieser Voraussetzung, die im Fall von $m = 1$ zu $g_2 \neq 0$ wird, liefert das *Lagrange*verfahren notwendige Bedingungen für ein likales Maximum. $r\,[J(\mathbf{x}^*)] = m$ ist eine sog. Regularitätsbedingung.

Notwendig dafür, daß f in $\mathbf{x}^*$ ein Maximum unter den Nebenbedingungen $\mathbf{g}^T(\mathbf{x}) = \mathbf{b}^T$ besitzt, ist,

$$\left.\begin{array}{ll} L_{x_i} = f_i(\mathbf{x}^*) - \sum_{j=1}^{m} \lambda_j g_i^j(\mathbf{x}^*) = 0 & \text{für alle } i = 1, 2, \ldots, n \\ L_{\lambda_j} = b_j - g^j(\mathbf{x}^*) = 0 & \text{für alle } j = 1, 2, \ldots, m \end{array}\right. \qquad (I)$$

$$\det \bar{H}_{m+k} \begin{cases} \geqq 0 \text{ für ungerades m und ungerades k} \\ \leqq 0 \text{ für ungerades m und gerades k} \\ \leqq 0 \text{ für gerades m und ungerades k} \\ \geqq 0 \text{ für gerades m und gerades k.} \end{cases} \qquad (II)$$

Notwendig dafür, das f in $\mathbf{x}^*$ ein Minimum unter den Nebenbedingungen $\mathbf{g}^T(x) = \mathbf{b}^T$ besitzt, ist außer (I), daß

$$\det \bar{H}_{m+k} \begin{cases} \leqq 0 \text{ für ungerades m und für alle k} \\ \geqq 0 \text{ für gerades m und für alle k.} \end{cases} \qquad (II)'$$

Hinreichend für ein strenges Maximum [Minimum] ist außer (I), daß in (II) [(II)'] jeweils das Ungleichheitszeichen gilt.[12]

Nichtnegativitätsbedingung

Die Bedingungen erster Ordnung müssen analog zum unbeschränkten Optimierungsproblem modifiziert werden, wenn nur nichtnegative Lösungen zugelassen sind. Wir erhalten dann

$$L_{x_i} = f_i(\mathbf{x}^*) - \sum_{j=1}^{m} \lambda_j g_i^j(\mathbf{x}^*) \leqq 0$$

$$x_i^* L_{x_i} = x_i^*[f_i(\mathbf{x}^*) - \sum_{j=1}^{m} \lambda_j g_i^j(x^*)] = 0.$$

IV. Zusammenfassung

Um einen raschen Überblick über die behandelten Optimierungsprobleme zu ermöglichen, listen wir in der nachstehenden Übersicht nochmals Problemstellung und Bedingungen erster Ordnung auf.

---

[12] Zu diesen Bedingungen siehe u. a. *Chiang* (1974), S. 373–391, *Intriligator* (1971), S. 31–36, *Milleron* (1972), S. 304–309.

Problemstellung	Optimumsbedingung erster Ordnung
(1) $\max\limits_{\mathbf{x}}\,[\min]\, f(\mathbf{x})$	$f_i(\mathbf{x}^*) = 0, \ \forall\ i = 1, 2, \ldots, n$
(2) $\max\limits_{\mathbf{x}}\,[\min]\, f(\mathbf{x})$ *unter der Nebenbedingung* $\mathbf{x} \geqq 0$	$\left.\begin{array}{l} f_i(\mathbf{x}^*) \leqq 0 \\ x_i^* f_i(\mathbf{x}^*) = 0 \end{array}\right\} \forall\ i = 1, 2, \ldots, n$
(3) $\max\limits_{\mathbf{x}}\,[\min]\, f(\mathbf{x})$ *unter der Nebenbedingung* $\mathbf{g}^T(\mathbf{x}) = \mathbf{b}^T$	$f_i(\mathbf{x}^*) - \sum_{j=1}^{m} \lambda_j g_i^j(\mathbf{x}^*) = 0, \ \forall\ i = 1, 2, \ldots, n$ $b_j - g^j(\mathbf{x}^*) = 0, \ \forall\ j = 1, 2, \ldots, m$
(4) $\max\limits_{\mathbf{x}}\,[\min]\, f(\mathbf{x})$ *unter der Nebenbedingung* $\mathbf{g}^T(\mathbf{x}) = \mathbf{b}^T$ $\mathbf{x} \geqq \mathbf{0}$	$\left.\begin{array}{l} f_i(\mathbf{x}^*) - \sum_{j=1}^{m} \lambda_j g_i^j(\mathbf{x}^*) \leqq 0 \\ x_i^*[f_i(\mathbf{x}^*) - \sum_{j=1}^{m} \lambda_j g_i^j(\mathbf{x}^*)] = 0 \end{array}\right\} \forall\ i = 1, 2, \ldots, n$ $b_j - g^j(\mathbf{x}^*) = 0, \quad j = 1, 2, \ldots, m$

Mit: $\mathbf{x} = (x_1, x_2, \ldots, x_n)$; $\mathbf{g} = (g^1, g^2, \ldots, g^m)$;
$\mathbf{b} = (b_1, b_2, \ldots, b_m)$; $m < n$.

Die Bedingungen erster Ordnung sind für die Probleme (1) und (2) notwendig und hinreichend, für ein strenges lokales Maximum [Minimum], wenn f in einer konvexen Umgebung von $\mathbf{x}^*$ strikt konkav [strikt konvex] ist. Nach den eingangs angeführten Sätzen sind die Bedingungen erster Ordnung für die Probleme (3) und (4) notwendig und hinreichend für ein strenges globales Maximum [Minimum], wenn die durch $\mathbf{g}^T(\mathbf{x}) = \mathbf{b}^T$ bzw. $\mathbf{g}^T(\mathbf{x}) = \mathbf{b}^T$, $\mathbf{x} \geqq \mathbf{0}$, festgelegte Menge zulässiger Lösungen kompakt und f über dieser Menge strikt konkav [strikt konvex] ist. Sofern in ökonomischen Problemen die Zielfunktion nicht a priori strikt konkav bzw. konvex ist, sind die Bedingungen erster Ordnung zusammen mit denen zweiter Ordnung hinreichend für strenge lokale Extrema. Im Fall unbeschränkter

Optimierungsprobleme implizieren die hinreichenden Bedingungen zweiter Ordnung die strikte Konkavität bzw. Konvexität von f.[13]

V. Beispiele

Optimaler Konsumplan

Betrachten wir nochmals das Entscheidungsproblem

$$\mathit{max}_{q_1, q_2}\ U(q_1, q_2)$$

unter der Nebenbedingung

$$p_1 q_1 + p_2 q_2 = y$$
$$q_1, q_2 \geqq 0,$$

aus dem der optimale Konsumplan eines Haushalts hervorgeht.

Für $p_1, p_2, y > 0$ ist die Menge $B = \{(q_1, q_2): p_1 q_1 + p_2 q_2 = y, q_1, q_2 \geqq \geqq 0\}$ beschränkt, abgeschlossen und konvex (s. o. Abschnitt A. I in diesem Kapitel). Ist U stetig, existiert nach dem Satz von *Weierstrass* ein Maximum im Inneren oder auf dem Rand von B.

Die *Lagrange*funktion ist

$$L(q_1, q_2, \lambda) = U(q_1, q_2) + \lambda[y - p_1 q_1 - p_2 q_2],$$

woraus unter Berücksichtigung der Nichtnegativitätsbedingungen

$$\begin{aligned} U_1 - \lambda p_1 &\leqq 0 \\ U_2 - \lambda p_2 &\leqq 0 \\ q_1[U_1 - \lambda p_1] &= 0 \\ q_2[U_2 - \lambda p_2] &= 0 \\ y - p_1 q_1 - p_2 q_2 &= 0 \end{aligned}$$

als Bedingungen erster Ordnung folgen. Ist der Grenznutzen beider Güter für $U_1(0, q_2)$ bzw. $U_2(q_1, 0)$ unendlich groß, $\lim_{q_1 \to 0} U_1\ (q_1, q_2) = \infty$ bzw. $\lim_{q_2 \to 0} U_2\ (q_1, q_2) = \infty$, so daß die Indifferenzkurven die Koordinatenachsen nicht schneiden, kommt nur eine innere Lösung in Frage, d. h. es ist

[13] Eine Funktion $f: R^n \supset X \to R$ ist dann strikt konkav [strikt konvex], wenn die *Hesse*'sche Matrix negativ (positiv) definit ist. Siehe hierzu beispielsweise *Takayama* (1972), S. 121 f.

$q_1, q_2 > 0$
$U_1 = \lambda p_1$
$U_2 = \lambda p_2.$

Andernfalls kann eine Randlösung, wie in *Abbildung 4.8* gezeigt, auftreten:

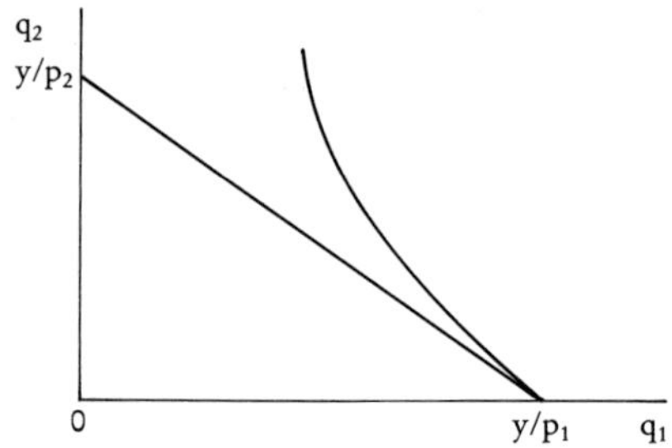

Abbildung 4.8

Hinreichend für ein strenges lokales Maximum im Inneren von B ist

$$\det \bar{H} = \begin{vmatrix} 0 & -p_1 & -p_2 \\ -p_1 & U_{11} & U_{12} \\ -p_2 & U_{21} & U_{22} \end{vmatrix} > 0.$$

Diese Bedingung ist erfüllt, wenn U strikt quasi konkav ist, d. h. die Indifferenzkurven strikt konvex sind: In diesem Fall sinkt die Grenzrate der Substitution, d. h. $d(U_1/U_2)/dq_1 < 0$. Berücksichtigt man, daß die Indifferenzkurve implizit q_2 als Funktion von q_1 festlegt, so daß für ihre Steigung, die Grenzrate der Substitution, gilt

$$-\frac{dq_2}{dq_1} = \frac{U_1(q_1, q_2(q_1))}{U_2(q_1, q_2(q_1))},$$

impliziert die Annahme vom Sinken der Grenzrate der Substitution, daß

$$\frac{d(U_1/U_2)}{dq_1} = \frac{U_2U_{11} - U_1U_{21} + U_2U_{12}\frac{dq_2}{dq_1} - U_1U_{22}\frac{dq_2}{dq_1}}{U_2^2} < 0.$$

Einsetzen von $dq_2/dq_1 = -U_1/U_2$ führt zu

$$\frac{d(U_1/U_2)}{dq_1} = \frac{1}{U_2^3}[U_2^2 U_{11} - 2U_1U_2U_{12} + U_1^2 U_{22}] < 0,$$

wenn $U \in C^2$, so daß $U_{12} = U_{21}$. Die Annahme der Unersättlichkeit bedeutet, daß $U_1, U_2 > 0$, so daß $d(U_1/U_2)/dq_1 < 0$, wenn der Ausdruck in eckigen Klammern negativ ist. Dann ist aber auch det $\bar{H} > 0$. Entwickelt man nämlich det $\bar{H}$ nach der ersten Spalte, erhält man det $\bar{H} = -p_2^2 U_{11} + 2p_1p_2U_{12} - p_1^2 U_{22}$. Berücksichtigt man die Bedingungen erster Ordnung, wird daraus det $\bar{H} = -\frac{1}{\lambda^2}[U_2^2 U_{11} - 2U_1U_2U_{12} + U_1^2 U_{22}]$, so daß det $\bar{H} > 0$ für $[\cdot] < 0$.

Im Falle einer inneren Lösung mit det $\bar{H} > 0$ legen die Bedingungen erster Ordnung nach dem Satz über implizite Funktionen in der Nähe des Nutzenmaximums q_1, q_2 und λ als Funktionen von y, p_1 und p_2 fest. Aus dem totalen Differential der notwendigen Bedingungen können demzufolge die Vorzeichen der partiellen Ableitungen der Nachfragefunktionen $q_1(p_1, p_2, y)$ und $q_2(p_1, p_2, y)$ abgeleitet werden. Wir verzichten auf diese Analyse zugunsten eines anderen Zusammenhanges. Dazu bilden wir die maximierte *Lagrange*funktion L^*:

$$L^* := L(q_1^*(y), q_2^*(y), \lambda^*(y)) = U(q_1^*(y), q_2^*(y)) + \lambda^*(y)[y - p_1q_1^*(y) - p_2q_2^*(y)],$$

wobei $q_1^*(y)$, $q_2^*(y)$ und $\lambda^*(y)$ die Lösungen der Bedingungen erster Ordnung bei gegebenem y sind.[14] Wir berechnen nun die Veränderung des Maximums von L bei einer Lockerung der Einkommensrestriktion, dL^*/dy, die mit einer Änderung des Nutzenmaximums identisch ist, da $L^* \equiv U^*$ und folglich $dL^*/dy = dU^*/dy$:

$$\frac{dU^*}{dy} = \frac{dL^*}{dy} = U_1\frac{dq_1^*}{dy} + U_2\frac{dq_2^*}{dy} - \lambda^*p_1\frac{dq_1^*}{dy} - \lambda^*p_2\frac{dq_2^*}{dy} + \frac{d\lambda^*}{dy}[y - p_1q_1^* - p_2q_2^*] + \lambda^*$$

bzw.

$$\frac{dU^*}{dy} = \frac{dL^*}{dy} = [U_1 - \lambda^*p_1]\frac{dq_1^*}{dy} + [U_2 - \lambda^*p_2]\frac{dq_2^*}{dy} +$$

[14] Der Einfachheit halber berücksichtigen wir die Abhängigkeit von p_1 und p_2 nicht explizit.

$$+ \frac{d\lambda^*}{dy} [y - p_1q_1^* - p_2q_2^*] + \lambda^* = \lambda^*,$$

da die Ausdrücke in eckigen Klammern gemäß den Bedingungen erster Ordnung im Nutzenmaximum Null sind. Damit ist gezeigt, daß das optimale λ, λ^*, dem Nutzenzuwachs entspricht, der mit einer Veränderung des Einkommens einhergeht, d. h. λ^* ist der Grenznutzen des Einkommens.

Kostenminimierung

Das im Abschnitt B.II.2 beschriebene Kostenminimierungsproblem lautet

$$\mathit{min}_{n,k}\ c = wn - vk$$

unter der Nebenbedingung

$$\bar{q} = g(n, k)$$

$$n, k \geqq 0.$$

Die Bedingungen erster Ordnung hierfür sind

$$\begin{aligned} w - \lambda g_1 &\leqq 0 \\ v - \lambda g_2 &\leqq 0 \\ n[w - \lambda g_1] &= 0 \\ k[v - \lambda g_2] &= 0 \\ \bar{q} - g(n, k) &= 0. \end{aligned}$$

Kann in der Produktion auf keinen Faktor verzichtet werden, kommt nur eine innere Lösung mit $w - \lambda g_1 = 0$ und $v - \lambda g_2 = 0$ in Frage. Die Bedingung zweiter Ordnung, die zusammen mit der erster Ordnung hinreichend für ein Minimum ist, lautet:

$$\begin{vmatrix} 0 & -g_1 & -g_2 \\ -g_1 & -\lambda g_{11} & -\lambda g_{12} \\ -g_2 & -\lambda g_{21} & -\lambda g_{22} \end{vmatrix} = \lambda[g_2^2 g_{11} - 2g_1g_2g_{12} + g_1^2 g_{22}] < 0.$$

Die Annahme einer abnehmenden Grenzrate der Substitution (strikt konvexe Isoquanten),

$$\frac{d(g_1/g_2)}{dn} = \frac{1}{g_2^3} [g_2^2 g_{11} - 2g_1g_2g_{12} + g_1^2 g_{22}] < 0,$$

ist dafür notwendig und hinreichend, sofern $\lambda, g_2 > 0$.

$g_2 > 0$ haben wir vorausgesetzt. $\lambda > 0$ zeigen wir, indem wir nachweisen, daß λ die Grenzkosten der Produktion sind. Bei $g_1, g_2 > 0$ kann die Produktion nur zunehmen, wenn auch der Faktoreinsatz wächst, so daß jeder Produktionszuwachs einen Kostenzuwachs bedingt, sofern $w, v > 0$. Für $\lambda \neq 0$ können nach dem Satz über implizite Funktionen n, k und λ als Funktionen von $\bar{q}$ aufgefaßt werden. Die minimierte *Lagrange*funktion ist demnach

$$c^* \equiv L^* := L(n^*(\bar{q}), k^*(\bar{q}), \lambda^*(\bar{q})) = wn^*(\bar{q}) + vk^*(\bar{q}) + \lambda^*(\bar{q}) [\bar{q} - g(n^*(\bar{q}), k^*(\bar{q}))]$$

und wir erhalten

$$\frac{dc^*}{d\bar{q}} = \frac{dL^*}{d\bar{q}} = [w - \lambda^* g_1] \frac{dn^*}{d\bar{q}} + [v - \lambda^* g_2] \frac{dk^*}{d\bar{q}} + \frac{d\lambda^*}{d\bar{q}} [\bar{q} - g(n^*, k^*)] + \lambda^* = \lambda^*,$$

weil die Ausdrücke in eckigen Klammern im Kostenminimum Null sind.

Gewinnmaximierung

Im Abschnitt B.III des Zweiten Kapitels haben wir folgendes langfristiges Gewinnmaximierungsproblem formuliert:

$$\max_{n, k_1, k_2} \quad pf(n, k_1, k_2) - wn - v_1 k_1 - v_2 k_2$$

Die Bedingungen erster Ordnung hierfür lauten für eine innere Lösung

$$pf_1 - w = 0$$
$$pf_2 - v_1 = 0$$
$$pf_3 - v_2 = 0.$$

Die Bedingung zweiter Ordnung, die zusammen mit den vorstehenden Gleichungen hinreichend für ein Maximum ist, lautet

$$pf_{11} < 0, \quad \begin{vmatrix} pf_{11} & pf_{12} \\ pf_{21} & pf_{22} \end{vmatrix} = p^2[f_{11}f_{22} - f_{12}^2] > 0,$$

$$\begin{vmatrix} pf_{11} & pf_{12} & pf_{13} \\ pf_{21} & pf_{22} & pf_{23} \\ pf_{31} & pf_{32} & pf_{33} \end{vmatrix} = p^3[f_{11}f_{22}f_{33} - f_{11}f_{23}^2 - f_{33}f_{12}^2 - f_{22}f_{13}^2 + 2f_{12}f_{13}f_{23}] < 0.$$

Wir wollen annehmen, daß diese Bedingung erfüllt ist, was impliziert, daß die Produktionsfunktion strikt konkav ist (s. Fußnote 13). Untersucht wird nunmehr, welchen Einfluß Lohnsatzänderungen auf die Arbeitsnachfrage ausüben. Aus den Bedingungen erster Ordnung erhalten wir nach dem Satz über implizite Funktionen folgendes lineare Gleichungssystem

$$\begin{pmatrix} pf_{11} & pf_{12} & pf_{13} \\ pf_{21} & pf_{22} & pf_{23} \\ pf_{31} & pf_{32} & pf_{33} \end{pmatrix} \begin{pmatrix} dn \\ dk_1 \\ dk_2 \end{pmatrix} = \begin{pmatrix} dw - f_1 dp \\ dv_1 - f_2 dp \\ dv_2 - f_3 dp \end{pmatrix}$$

und hieraus

$$\frac{\partial n}{\partial w} := \left.\frac{dn}{dw}\right|_{dp = dv_1 = dv_2 = 0} = \triangle^{-1} p^2[f_{22}f_{33} - f_{23}^2],$$

wobei $\triangle < 0$ die Determinante der Hesse'schen Matrix von G ist. Wir gehen davon aus, daß das Grenzprodukt eines Faktors sinkt, wenn dieser Faktor vermehrt in der Produktion eingesetzt wird, $f_{ii} < 0$, $i = 1, 2, 3$. Desweiteren sei das Grenzprodukt eines Faktors um so größer, je größer die Inputmengen der anderen Faktoren sind, $f_{ij} > 0$, $i, j = 1, 2, 3$, $i \neq j$. Der dritte Hauptminor der Gewinnfunktion kann demnach nur negativ sein, wenn $f_{11} [f_{22}f_{33} - f_{23}^2] < 0$, so daß $[\cdot] > 0$ sein muß. Damit erhalten wir:

$$\frac{\partial n}{\partial w} < 0.$$

Stellen wir dieser langfristigen Betrachtung die kurzfristige Gewinnmaximierung gegenüber. k_2 ist nun auf $\bar{k}_2$ fixiert und wir erhalten als hinreichende Bedingung für ein strenges lokales Maximum

$$pf_1 - w = 0$$
$$pf_2 - v_1 = 0$$
$$f_{11} < 0$$
$$p^2 [f_{11}f_{22} - f_{12}^2] > 0.$$

Die komparativ-statische Analyse bezüglich des Arbeitsnachfrageeffektes einer Lohnänderung ergibt nun:

$$\frac{\partial n}{\partial w} := \left.\frac{dn}{dw}\right|_{\substack{dv_1 = dp = 0 \\ k_2 = \bar{k}}} = \frac{f_{22}}{p[f_{11}f_{22} - f_{12}^2]} < 0.$$

Bilden wir die Differenz zwischen langfristigem und kurzfristigem Effekt einer Lohnänderung auf die Arbeitsnachfrage, so erhalten wir

$$\frac{\partial n}{\partial w} - \left.\frac{\partial n}{\partial w}\right|_{k_2 = \bar{k}} = \{\triangle p[f_{11}f_{22} - f_{12}^2]\}^{-1}\{f_{22}^2 f_{13}^2 + f_{23}^2 f_{12}^2 -$$
$$- 2f_{22}f_{12}f_{13}f_{23}\} < 0.$$

Langfristig sinkt demnach die Arbeitsnachfrage bei einer Lohnerhöhung stärker als kurzfristig. Der Grund hierfür ist, daß langfristig Arbeit auch durch das kurzfristig fixe Kapital substitutiert wird.

Das in diesem Beispiel zum Ausdruck kommende allgemeine Prinzip wurde von *Samuelson* Le Chatelier Prinzip getauft.[15]

Literatur zum Vierten Kapitel

Baumol (1977), Abschnitt 1–4; *Beckmann Künzi,* Band I (1973), Band II (1973), Abschnitt 1–5, Band III (1984), Abschnitt 1–3; *Felderer, Homburg* (1984), Mathematischer Anhang; *Intriligator* (1971), Chapter 2, 3, Appendix A, B; *Milleron* (1972); *Schofield* (1984), Chapter 1; *Varian* (1985), Mathematischer Anhang.

[15] Siehe hierzu *Samuelson* (1947), S. 36–79.

Symbolverzeichnis

Relationen

$a = b$	Gleichheitszeichen; a ist gleich b
$a \equiv b$	Identitätszeichen; a ist dasselbe wie b; dies mag kraft Definition oder eines Truismus so sein. Ein Beispiel für letzteres ist $(a + b)^2 \equiv a^2 + 2ab + b^2$. Meist verwendet man auch bei Identitäten das Gleichheitszeichen. Für die mathematische Analyse besteht jedoch ein wichtiger Unterschied zwischen Gleichheit und Identität. So ist $g(x) = f(x)$ der Schnittpunkt zweier Funktionen, während $g(x) \equiv f(x)$ bedeutet, $g(x)$ und $f(x)$ sind ein und dieselbe Funktion.
$a := b$	Definition; der Ausdruck a wird durch den Ausdruck b definiert, so daß $a \equiv b$, weshalb man häufig auch das Identitätszeichen anstelle des Definitionszeichens verwendet. $a =: b$ schreibt man, wenn b durch a definiert wird.
$\approx$	annähernd gleich
$a > b$	Größerzeichen; a ist größer als b
$a < b$	Kleinerzeichen; a ist kleiner als b
$a \succ b$	Starke Präferenzrelation; das Güterbündel a wird dem Güterbündel b vorgezogen.
$a \succsim b$	Schwache Präferenzrelation; das Güterbündel a ist zumindest nicht schlechter als das Güterbündel b.
$a \sim b$	Indifferenzrelation; ein Konsument ist zwischen den Güterbündeln a und b indifferent.

Mengen

$a \in A$	Elementzeichen; a ist Element der Menge A; $a \notin A$ bedeutet dann, a ist kein Element der Menge A.
$A \subset B$	Teilmenge; A ist Teilmenge von B, auch $B \supset A$ geschrieben.
$A \cup B$	Vereinigungsmenge; Menge aller Elemente, die zu A und/oder B gehören.
$A \cap B$	Schnittmenge; Menge aller Elemente, die zu A und B gehören.
$A \setminus B$	Differenzmenge; Menge aller Elemente, die zu A, aber nicht zu B gehören.
$\bar{A}, A^c$	Komplement; Menge aller Elemente, die nicht zu A gehören.
$A \otimes B$	Kartesisches Produkt; $A \otimes B = \{(a, b),: a \in A, b \in B\}$
R^n	n-dimensionaler reeller Zahlenraum; Menge aller n-Tupel reeller Zahlen; R^n_+ ist die Menge aller n-Tupel nichtnegativer reeller Zahlen.
$\Vert a \Vert$	Norm eines Vektors; wir haben sie als euklidische Norm definiert: $\Vert a \Vert := (a_1^2 + + a_2^2 + \ldots + a_n^2)^{1/2}$, $a \in R^n$. Für $a \in R$ ist sie mit dem Betrag von a, $\vert a \vert := \sqrt{a^2}$ identisch.
$d(x, y)$	Metrik; die euklidische Metrik $d(x\ y) := [(x_1 - y_1)^2 + (x_2 - y_2)^2 + \ldots + (x_n - y_n)^2]^{1/2}$, $x, y \in R^n$, gibt den Abstand des Punktes x vom Punkt y an.
(a, b)	offenes Intervall; $(a, b) := \{x : a < x < b, a, b, x \in R\}$
$[a, b]$	abgeschlossenes Intervall $[a, b] := \{x: a \leqq x \leqq b; a, b, x \in R\}$

Lineare Algebra

A Matrix;

$$A = \begin{pmatrix} a_{11} & \dots & a_{1n} \\ \cdot & & \cdot \\ \cdot & & \cdot \\ \cdot & & \cdot \\ a_{m1} & \dots & a_{mn} \end{pmatrix}$$

$\mathbf{a}$ Zeilenvektor;
$\mathbf{a} = (a_1, a_2, \dots, a_n),\ a_i \in R,\ i = 1, 2, \dots, n$

$\mathbf{a}^T$ Spaltenvektor;

$$\mathbf{a} = \begin{pmatrix} a_1 \\ a_2 \\ \cdot \\ \cdot \\ \cdot \\ a_n \end{pmatrix},\ a_i \in R,\ i = 1, 2, \dots, n$$

$A\mathbf{x}^T$ Produkt einer Matrix mit einem Spaltenvektor; das Ergebnis ist der Spaltenvektor

$$\begin{pmatrix} a_{11}x_1 + a_{12}x_2 + \dots + a_{1n}x_n \\ a_{21}x_1 + a_{22}x_2 + \dots + a_{2n}x_n \\ \dots \\ \dots \\ \dots \\ a_{m1}x_1 + a_{m2}x_2 + \dots + a_{mn}x_n \end{pmatrix}.$$

Im Gegensatz dazu ist

$\mathbf{x}A$

der Zeilenvektor

$(a_{11}x_1 + a_{21}x_2 + \dots + a_{n1}x_n, \dots, a_{1n}x_1 + a_{2n}x_2 + \dots +$
$+ a_{mn}x_n),$

so daß im Regelfall $\mathbf{x}A \neq A\mathbf{x}^T$.

det A oder $|A|$ Determinante;
eine der Matrix A zugeordnete reelle Zahl, wenn $a_{ij} \in R$, wobei A eine quadratische Matrix ist, d. h. soviele Zeilen wie Spalten besitzen muß.

$$|a_{11}| = a_{11}, \quad \begin{vmatrix} a_{11} & a_{12} \\ a_{21} & a_{22} \end{vmatrix} = a_{11}a_{22} - a_{12}a_{21}.$$

Die Determinanten von Matrizen mit mehr als zwei Zeilen und Spalten berechnet man, indem man sie auf 2 × 2-Determinanten zurückführt. Auskunft darüber gibt jedes Lehrbuch zur Linearen Algebra.

Logische Zeichen

$p \Rightarrow q$	Folgezeichen; die Aussage p impliziert die Aussage q, d. h. q folgt aus p. In diesem Fall ist p hinreichend für q. Andererseits ist q notwendig bezüglich p. $\Leftarrow$ drückt den umgekehrten Sachverhalt aus.
$p \Leftrightarrow q$	Äquivalenz; p ist notwendig und hinreichend für q. q ist ebenso notwendig und hinreichend für p, so daß beide Aussagen äquivalent sind. Man sagt auch, q folgt „genau dann", wenn p vorliegt.
	für alle
	es gibt
$\vee$	logisches oder; gebraucht im Sinne von entweder oder
$\wedge$	logisches und; gebraucht im Sinne von sowohl als auch

Sonstige Zeichen

Σ	Summenzeichen; $x_1 + x_2 + x_3 \equiv \sum_{i=1}^{3} x_i$
Π	Produktzeichen; $x_1 \cdot x_2 \cdot x_3 \equiv \prod_{i=1}^{3} x_i$
$n!$	Fakultät; $n! \equiv 1 \cdot 2 \cdot 3 \cdot \ldots \cdot n$

Literaturverzeichnis

Arrow, Kenneth J./Gerard Debreu, Existence of Equilibrium for a Competitive Economy, in: Econometrica, Vol. 22 (1954), S. 265–290.

Baumol, William J., Economic Theory and Operations Analysis, 4. Aufl., Englewood Cliffs (Prentice-Hall) 1977.

Beckmann, Martin J./Hans P. Künzi unter Mitwirkung von *R. Landtwing,* Mathematik für Ökonomen I, 2. Aufl., Berlin, Heidelberg, New York (Springer) 1973.

Beckmann, Martin J./Hans P. Künzi unter Mitwirkung von *R. Landtwing,* Mathematik für Ökonomen II, Berlin, Heidelberg, New York (Springer) 1973.

Beckmann, Martin J./Hans P. Künzi, Mathematik für Ökonomen III, Berlin u. a. (Springer) 1984.

Blaug, Mark, The Methodology of Economics, Or How Economists Explain, Cambridge u. a. (Cambridge University Press) 1980.

Böventer, Edwin von, u. a., Einführung in die Mikroökonomie, 3. Aufl., München, Wien (Oldenbourg) 1984.

Brinkmann, Gerhard, Ökonomik der Arbeit, Band 1, Grundlagen, Stuttgart (Klett-Cotta) 1981.

Brinkmann, Gerhard, Ökonomik der Arbeit, Band 3, Die Entlohnung der Arbeit, Stuttgart (Klett-Cotta) 1984.

Cezanne, Wolfgang, Grundzüge der Makroökonomik, München, Wien (Oldenbourg) 1982.

Cezanne, Wolfgang/Jürgen Franke, Volkswirtschaftslehre, Eine Einführung, München, Wien (Oldenbourg) 1983.

Chiang, Alpha C., Fundamental Methods of Mathematical Economics, 2. Aufl., New York u. a. (Mc Graw-Hill) 1974.

Claassen, Emil-Maria, Grundlagen der makroökonomischen Theorie, München (Vahlen) 1980.

Debreu, Gerard, Theory of Value, An Axiomatic Analysis of Economic Equilibrium, New York (Wiley & Sons) 1959.

Dornbusch, Rüdiger/Stanley Fischer, Makroökonomik, München (Oldenbourg) 1985 [Übersetzung aus dem Amerikanischen von U. Schittko].

Duesenberry, James S., Income, Saving, and the Theory of Cosumer Behavior, Cambridge, Mass. (Harvard University Press) 1949.

Duwendag, Dieter, u. a., Geldtheorie und Geldpolitik, 3. Aufl., Köln (Bund) 1985.

Fehl, Ulrich/Peter Oberender, Grundlagen der Mikroökonomie, Eine Einführung in die Produktions-, Nachfrage- und Markttheorie, 2. Aufl., München (Vahlen) 1985.

Felderer, Bernhard/Stefan Homburg, Makroökonomik und neue Makroökonomik, Berlin u. a. (Springer) 1984.
Friedman, Milton, A Theory of the Consumption Function, Princeton (Princeton University Press) 1957.
Gabisch, Günter, Haushalte und Unternehmen, in: Vahlens Kompendium der Wirtschaftstheorie und Wirtschaftspolitik, Band 2, München (Vahlen) 1981, S. 1–55.
Gandolfo, Giancarlo, Economic Dynamics: Methods and Models, 2. Aufl., Amsterdam, New York, Oxford (North-Holland), 1980.
Gordon, Robert J., Macroeconomics, 3. Aufl., Boston, Toronto (Little, Brown and Company) 1984.
Haslinger, Franz, Volkswirtschaftliche Gesamtrechnung, 3. Aufl., München, Wien (Oldenbourg) 1984.
Helmstädter, Ernst, Wirtschaftstheorie I, Mikroökonomische Theorie, 3. Aufl., München (Vahlen) 1983.
Helmstädter, Ernst, Wirtschaftstheorie II, Makroökonomische Theorie, 2. Aufl., München (Vahlen) 1981.
Henderson, James M./Richard E. Quandt, Mikroökonomische Theorie, Eine mathematische Darstellung, 5. Aufl., München (Vahlen) 1983 [Übersetzung aus dem Amerikanischen von W. Meißner].
Henrichsmeyer, Wilhelm/Oskar Gans/Ingo Evers, Einführung in die Volkswirtschaftslehre, 5. Aufl., Stuttgart (Eugen Ulmer) 1983.
Herberg, Horst, Preistheorie, Eine Einführung in die Mikroökonomie, Stuttgart u. a. (Kohlhammer) 1985.
Heuss, Ernst, Grundelemente der Wirtschaftstheorie, Eine Einführung in das wirtschaftstheoretische Denken, 2. Aufl., Göttingen (Vandenhoeck & Ruprecht) 1981.
Hicks, John R., Mr. Keynes and the „Classics": A Suggested Interpretation, in: Econometrica, Vol. 5 (1937), S. 147–159.
Hicks, John R., Capital and Time, A Neo-Austrian Theory, Oxford (Clarendon Press) 1973.
Hildenbrand, Werner, On the „Law of Demand", in: Econometrica, Vol. 51 (1983), S. 997–1019.
Houthakker, H. S., The Pareto Distribution and the Cobb-Douglas Production Function in Activity Analysis, in: Review of Economic Studies, Vol. 23 (1955–1956), S. 27–31.
Intriligator, Michael D., Mathematical Optimization and Economic Theory, Englewood Cliffs (Prentice-Hall) 1971.
Issing, Otmar, Einführung in die Geldtheorie, 5. A., München (Vahlen) 1984.
Keynes, John Maynard, The General Theory of Employment, Interest, and Money, New York (Harcourt, Brace and Co.) 1936.
Klaus, Joachim, unter Mitarbeit von *Gerd Hahn,* Produktions- und Kostentheorie, Stuttgart (Gustav Fischer) 1974.
Kromphardt, Jürgen, Wirtschaftswissenschaft II: Methoden und Theorienbildung in der Volkswirtschaftslehre, in: *Willi Albers u. a.* (Hrsg.), Handwör-

terbuch der Wirtschaftswissenschaft, Band 9, Stuttgart u. a. 1981, S. 904 bis 936.

Malinvaud, Edmond, Lectures on Microeconomic Theory, Amsterdam, London, New York (North-Holland) 1972.

Merk, Gerhard, Grundbegriffe der Erkenntnislehre für Ökonomen, Berlin (Duncker & Humblot) 1985.

Milleron, J.-C., The Extrema of Functions of Several Variables with or without Constraint on the Variables, in: *Edmond Malinvaud,* Lectures on Microeconomic Theory, Amsterdam, London, New York (North-Holland) 1972, S. 299–313.

Monissen, Hans G., Makroökonomische Theorie, Band 1, Sozialprodukt, Preisniveau und Zinssatz, Stuttgart u. a. (Kohlhammer) 1982.

Monissen, Hans G., Makroökonomische Theorie, Band 2, Geldmenge, Beschäftigung und Inflation, Stuttgart u. a. (Kohlhammer) 1982.

Muellbauer, John, Aggregation, Income Distribution and Consumer Demand, in: Review of Economic Studies, Vol. 42 (1975), S. 525–543.

Müller, J. Heinz, Produktionstheorie, in: *W. Ehrlicher u. a.* (Hrsg.), Kompendium der Volkswirtschaftslehre, Band 1, 5. Aufl., Göttingen (Vandenhoeck & Ruprecht) 1975, S. 57–143.

Neumann, Manfred, Theoretische Volkswirtschaftslehre I, Makroökonomische Theorie: Beschäftigung, Inflation und Zahlungsbilanz, 2. Aufl., München (Vahlen) 1983.

Neumann, Manfred, Theoretische Volkswirtschaftslehre II, Produktion, Nachfrage und Allokation, München (Vahlen) 1982.

Neumann, Manfred, Theoretische Volkswirtschaftslehre III, Wachstum, Wettbewerb und Verteilung, München (Vahlen) 1982.

Ott, Alfred E., Marktformen, in: *Willi Albers u. a.* (Hrsg.), Handwörterbuch der Wirtschaftswissenschaft, Band 5, Stuttgart u. a. 1980, S. 104–113.

Ott, Alfred E., Grundzüge der Preistheorie, 2. Aufl., Göttingen (Vandenhoeck & Ruprecht) 1974.

Parkin, Michael, Macroeconomics, Englewood Cliffs (Prentice-Hall) 1984.

Rettig, Rolf/Dieter Voggenreiter, Makroökonomische Theorie, 5. Aufl., Düsseldorf (Werner) 1985.

Richter, Rudolf/Ulrich Schlieper/Willy Friedmann, Makroökonomik, Eine Einführung, 4. Aufl., Berlin u. a. (Springer) 1981.

Rittenbruch, Klaus, Makroökonomie, 3. Aufl., München, Wien (Oldenbourg) 1984.

Rose, Klaus, Einkommens- und Beschäftigungstheorie, in: *W. Ehrlicher u. a.* (Hrsg.), Kompendium der Volkswirtschaftslehre, Bd. 1, 5. Aufl., Göttingen (Vandenhoeck & Ruprecht) 1975, S. 183–245.

Samuelson, Paul A., Foundations of Economic Analysis, Cambridge (Harvard University Press) 1947.

Schlicht, Ekkehart, Grundlagen der ökonomischen Analyse, Reinbek bei Hamburg (rororo) 1977.

Schneider, Helmut, Mikroökonomie, 4. Aufl., München (Vahlen) 1986.

Schofield, Norman, Mathematical Methods in Economics, New York (New York University Press) 1984.
Schumann, Joachen, Grundzüge der mikroökonomischen Theorie, 4. Aufl., Berlin u. a. (Springer) 1984.
Siebke, Jürgen/H.-Jörg Thieme, Einkommen, Beschäftigung, Preisniveau, in: Vahlens Kompendium der Wirtschaftstheorie und Wirtschaftspolitik, Band 1, München (Vahlen) 1980, S. 73–154.
Siebke, Jürgen, Preistheorie, in: Vahlens Kompendium der Wirtschaftstheorie und Wirtschaftspolitik, Band 2, München (Vahlen) 1981, S. 56–111.
Stobbe, Alfred, Volkswirtschaftslehre I, Volkswirtschaftliches Rechnungswesen, 6. Aufl., Berlin u. a. (Springer) 1984.
Stobbe, Alfred, Volkswirtschaftslehre II, Mikroökonomik, Berlin u. a. (Springer) 1983.
Streissler, Erich/Monika Streissler, Grundzüge der Volkswirtschaftslehre für Juristen, Wien (Manzsche Verlags- und Universitätsbuchhandlung) 1983.
Takayama, Akira, Mathematical Economics, Hindsdale, Ill. (Dryden-Press) 1974.
Varian, Hal R., Mikroökonomie, 2. Aufl., München, Wien (Oldenbourg) 1985 [Übersetzung aus dem Amerikanischen von M. Weigert].
Weintraub, E. Roy, Microfoundations, The Compatibility of Microeconomics and Macroeconomics, Cambridge u. a. (Cambridge University Press) 1979.
Weise, Peter, u. a., Neue Mikroökonomie, Würzburg, Wien (Physica) 1983.
Woll, Artur, Allgemeine Volkswirtschaftslehre, 8. Aufl., München (Vahlen) 1984.

Sachverzeichnis

Klaus/Schleicher
Räumliche Wirtschaftspolitik

Grundlagen und strukturpolitische Konzepte

Von Prof. Dr. *Joachim Klaus* und Dr. *Hans Schleicher*

1983. IX, 147 Seiten kl. 8°. Kartoniert DM 16,80
ISBN 3-8006-0994-0
(WiSt-Taschenbücher)

Die räumliche Wirtschaftspolitik ist ein Bereich, in dem es besonders lohnend ist, alternative Konzeptionen miteinander zu konfrontieren. Auf diese Weise können die ordnungspolitischen und sogar weltanschaulichen Ausgangspunkte und Konsequenzen deutlich herausgestellt und analysiert werden.

Nach einem Aufriß von Grundlagen und wichtigen Elementen der räumlichen Wirtschaftspolitik wird in diesem Buch die Breite ihrer Ausprägungsformen und konzeptionellen Alternativen in zwei Schritten dargestellt: Zunächst anhand der konkreten, diametral gegensätzlichen praktizierten Politik in den beiden deutschen Staaten, sodann anhand der stark unterschiedlichen Vorschläge zur Reform bzw. Neuorientierung in der Bundesrepublik. In bezug auf diese alternativen Konzeptionen werden die kontroversen Grundhaltungen systematisch und im Detail herausgearbeitet. Das Ergebnis ist ein zusammenhängender Überblick über die Wechselbeziehungen zwischen den Konzeptionen und der Ordnungspolitik sowie über deren jeweilige weltanschauliche Fundierung.

Verlag Vahlen München